西方日本研究丛书

刘东　主编

危机年代

日本、大萧条与农村振兴

[美]克里·史密斯　著

刘静　译

江苏人民出版社

图书在版编目(CIP)数据

　　危机年代:日本、大萧条与农村振兴/(美)克里
·史密斯著;刘静译. --南京:江苏人民出版社,
2018.1
　　(西方日本研究丛书)
　　书名原文:A Time of Crisis:Japan,the Great
Depression and Rural Revitalization
　　ISBN 978 - 7 - 214 - 20003 - 7

　　Ⅰ.①危… Ⅱ.①克… ②刘… Ⅲ.①经济萧条—影
响—农业发展—研究—日本—现代 Ⅳ.①F331.3

　　中国版本图书馆 CIP 数据核字(2016)第 305523 号

A Time of Crisis:Japan,the Great Depression,and Rural Revitalization
by Kerry Smith , was first published by the Harvard University Asia Center,
Cambridge,Massachusetts,USA,in 2001. Copyright © 2001 by the Presi-
dent and Fellows of Harvard College. Translated and distributed by permis-
sion of the Harvard University Asia Center.
The Simplified Chinese edition published 2018 by Jiangsu People's Publishing
House.
江苏省版权局著作权合同登记:图字 10 - 2009 - 335

书　　　　名	危机年代:日本、大萧条与农村振兴	
作　　　者	(美)克里·史密斯	
译　　　者	刘　静	
责 任 编 辑	曾　偲	
责 任 监 制	王列丹	
装 帧 设 计	刘葶葶	
出 版 发 行	江苏人民出版社	
出版社地址	南京市湖南路 1 号 A 楼,邮编:210009	
出版社网址	http://www.jspph.com	
照　　　排	江苏凤凰制版有限公司	
印　　　刷	江苏凤凰新华印务集团有限公司	
开　　　本	880 毫米×1230 毫米　1/32	
印　　　张	14.625　插页 5	
字　　　数	368 千字	
版　　　次	2018 年 1 月第 1 版　2020 年 7 月第 2 次印刷	
标 准 书 号	ISBN 978 - 7 - 214 - 20003 - 7	
定　　　价	58.00 元	

(江苏人民出版社图书凡印装错误可向承印厂调换)

目　录

总序：西方日本研究丛书

　　这又会是一个卷帙浩繁的移译工程！而且，从知识生产的脉络上讲，它也正是上一个浩大工程——"海外中国研究丛书"的姊妹篇，也就是说，它们都集中反映了海外学府（特别是美国大学）研究东亚某一国别的成果。

　　然而，虽说两套书"本是同根生"，却又完全可以预料，若就汉语世界的阅读心理而言，这后一套丛书的内容，会让读者更感生疏和隔膜。如果对于前者，人们还因为禀有自家的经验和传统，以及相对雄厚的学术积累，经常有可能去挑挑刺、较较劲，那么对于后者，恐怕大多数情况下都会难以置喙。

　　或许有人要争辩说，这样的阅读经验也没有多少不正常。毕竟，以往那套中国研究丛书所讲述的，乃是自己耳濡目染的家常事，缘此大家在开卷的过程中，自会调动原有的知识储备，去进行挑剔、补正、辩难与对话。而相形之下，眼下这套日本研究丛书所涉及的，却是一个外在文明的异样情节，人们对此当然只会浮光掠影和一知半解。

　　不过，设若考虑到这个文明距离我们如此之近，考虑到它在当今国际的权重如此之大，考虑到它跟传统中华的瓜葛如此之深，考虑到它对中国的现代化历程产生过如此严重的路径干扰与路径互动，那我们至少应当醒悟到，无论如何都不该对它如此陌生——尤其不该的是，又仅仅基于一种基本无知的状态，就对这个邻近的文明抱定了先入为主的态度。

　　还是从知识生产的脉络来分析，我们在这方面的盲点与被动，至少在相当大的程度上，是由长期政治挂帅的部颁教育内容所引起的。正如上世纪50年代的外语教学，曾经一边倒地拥抱"老大哥"一样，自从60年代中苏分裂以来，它又不假思索地倒向了据说代表着全球化的英语，认定了这才是"走遍天下都不怕"的"国际普通话"。由此，国内从事日本研究的学者，以及从事所有其他非英语国家研究的学者，就基本上只能来自被称作"小语种"的相对冷门的专业，从而只属于某些学外语出身的小圈子，其经费来源不是来自国内政府，就是来自被研究国度的官方或财团。

正因此才能想象，何以同远在天边的美国相比，我们反而对一个近在眼前的强邻，了解得如此不成正比。甚至，就连不少在其他方面很有素养的学者和文化人，一旦谈起东邻日本来，也往往只在跟从通俗的异国形象——不是去蔑视小日本，就是在惧怕大日本。而更加荒唐的是，他们如此不假思索地厌恶日本人，似乎完全无意了解他们的文化，却又如此无条件地喜欢日本的产品，忽略了这些器物玩好的产生过程……凡此种种，若就文化教养的原意而言，都还不能算是完整齐备的教养。

与此同时，又正因此才能想象，如此复杂而微妙的中日关系，如此需要强大平衡感的困难课题，一旦到了媒体的专家访谈那里，往往竟如此令人失望，要么一味宣扬一衣带水，要么一味指斥靖国神社。很少见到这样的专门家，能够基于自己的专门知识和专业立场，并非先意承旨地去演绎某些话语，而是去启迪和引导一种正确的阅读。

那么，除了那两种漫画式的前景，更广阔的正态分布究竟是怎样的？总不至于这两个重要邻邦，除了百年好合的这一极端，就只有你死我活的另一极端吧？——由此真让人担心，这种对于外来文明的无知，特别是当它还是极其重要的近邻时，说不定到了哪一天，就会引发代价惨重的、原本并非不可避免的灾祸。确实，要是在人们的心理中，并不存在一个广阔的理解空间，还只像个无知娃娃那样奉行简单的善恶二元论，那就很容易从一个极端走向另一个极端。

作为一介书生，所能想出的期望有所改善的手段，也就只有号召进行针对性的阅读了，并且，还必须为此做出艰苦的努力，预先提供足够的相关读物；此外，鉴于我们国家的大政方针，终将越来越走向民主化，所以这种阅读的范围，也就不应仅限于少数精英。正是诸如此类的焦虑，构成了这套丛书的立项理由——正如在上一套丛书中，我们曾集中引进了西方自费正清以降的、有关中国研究的主要学术成果，眼下我们在新的丛书中，也将集中引进西方自赖肖尔以降的、有关日本研究的主要研究成果。

我们当然并不指望，甫一入手就获得广泛的反响和认同。回想起来，对于大体上类似的疑问——为什么满足理解中国的精神冲动，反要借助于西方学界的最新成果？我们几乎花去了二十年的不倦译介，才较为充分地向公众解释清楚。因而，我们现在也同样意识到，恐怕还要再费至少十年的心血，才能让读者不再存疑：为什么加强理解日本的途径，也要取道大洋彼岸的学术界。不过我却相信，大家终将从这些作者笔下，再次体会到怎样才算作一个文化大国——那是在广谱的意义上，喻指学术的精细、博大与原创，而并非只是照猫画虎地去统计专著和论文数量，而完全不计较它们的内在质量。

我还相信，由于这套丛书的基本作者队伍，来自我们二战时期的盟国，所以这些著作对国内读者而言，无形中还会有一定的免疫力，即使不见得全信其客观公正性，至少也不会激起或唤醒惯性的反感。此外，由于这些著作的写作初衷，原是针对西方读者——也即针对日本文化的外乡人——所以它们一旦被转译成中文，无意中也就有一种顺带的便利：每当涉及日本特有的细节和掌故时，作者往往会为了读者的方便，而不厌其烦地做出解释和给出注释；而相形之下，如果换由日本本土学者来处理，他们就不大会意识到这些障碍，差不多肯定要一带而过。

不待言，这面来自其他他者的学术镜子，尽管可以帮助我们清洗视野和拓宽视角，却不能用来覆盖我们自身的日本经验，不能用来取代我们基于日文材料的第一手研究——尤其重要的是，不能用来置换中日双边的亲历对话，以及在此对话中升华出来的独自思考。而最理想的情况应当是，一旦经由这种阅读而引起了兴趣和建立了通识，大家就会追根究底地上溯到原初语境去，到那里以更亲切的经验，来验证、磨勘与增益它们。

无论如何，最令人欣慰的是，随着国力的上升和自信的增强，中华民族终于成长到了这样一个时刻，它在整个国际格局中所享有的内外条件，使之已经不仅可以向其国民提供更为多元和广角的图书内容，还更可以向他们提供足以沉着阅读和平心思考这些图书的语境。而这样一来，这个曾在激烈生存竞争中为我国造成了极大祸害的强邻，究竟在其充满曲折与陷阱的发展道路上，经历了哪些契机与选择、成功与失败、苦痛与狂喜、收益与教训，也已足以被平心静气地纳入我们自己的知识储备。而借助于这样的知识，我们当然也就有可能既升入更开阔的历史长时段，又潜回充满变幻偶因的具体历史关口，去逐渐建立起全面、平衡、合理与弹性的日本观，从而在今后同样充满类似机遇的发展道路上，既不惮于提示和防范它曾有的失足，也不耻于承认和效仿它已有的成功。

我经常这样来发出畅想：一方面，由于西方生活方式和意识形态的剧烈冲击，也许在当今的世界上，再没有哪一个区域，能比我们东亚更像个巨大的火药桶了；然而另一方面，又因为长期同被儒家文化所化育熏陶，在当今的世界上，你也找不出另一块土地，能如这方热土那样高速地崛起，就像改变着整个地貌的喜马拉雅造山运动一样——能和中日韩三国比试权重的另一个角落，究竟在地球的什么地方呢？只怕就连曾经长期引领世界潮流的英法德，都要让我们一马了！由此可知，我们脚下原是一个极有前途的人类文化圈，只要圈中的所有灵长类动物，都能有足够的智慧和雅量，来处理和弥合在后发现代化进程中曾经难免出现的应力与裂痕。

　　此外还要提请注意，随着这套丛书的逐步面世，大家才能更真切地体会到，早先那套连续出版了一百多种，而且越来越有读者缘的"海外中国研究丛书"，在其知识创化的原生态中，实则是跟这套"西方日本研究丛书"相伴而生的。作为同一个区域研究的对象，它们往往享有共通的框架与范式，也往往相互构成了对话基础和学术背景。而由此也就不难联想到，尽管西方的区域研究也在面临种种自身的问题，但它至少会在同一个地区谱系中，或在同一个参考框架下，把中日当作两个密不可分的文明，来进行更为宏观的对比研究——这就注定要启发我们：即使只打算把中国当作研究对象，也必须蔚成一种比对日本来观察中国的宽广学风，因为确有不少曾经百思不得其解的难题，只要拿到中日对比的大框架下，就会昭然若揭，迎刃而解。

　　最后，由于翻译此套丛书的任务特别艰巨，既要求译者通晓英文，又要求他们了解日本，也由于现行的学术验收体制，不太看重哪怕是最严肃的翻译工作，给这类唯此为大的学术工作平添了障碍，所以，对于所有热心参赞此项工程的同侪，我既要预先恳请他们随时睁大眼睛，也要预先向他们表达崇高的敬意；并且——请原谅我斗胆这样说——也为他们万一有什么"老虎打盹"的地方，预先从读者那里祈求谅解。当然，这绝不是一个"预先免责"的声明，好像从此就可以放开手脚去犯任何错误了。可无论如何，我们想要透过这套书提供的，绝不是又有哪位译者在哪个细节上犯下了哪类错误的新闻，而是许多译者经由十分艰苦的还原，总算呈现在图书中的有关日本文明的基本事实——无论知我罪我，我还是把这句老实话并出来，以使大家的目力得以穿透细枝末节，而抵达更加宏大、久远和深层的问题！

刘　东

2009 年 8 月 16 日于静之湖·沐暄堂

表格、地图和图形

图形

缩略语

KST　喜多方市立图书馆市志编纂室。福岛县喜多方市关柴村文
　　件汇总手稿存放室。

NSS　武田勉、楠本昌弘编著,《农林渔村经济振兴运动史资料汇
　　编》,第一、二部分。

SMY　关柴村公所

TGT 63　帝国议会众议院。第 63 次帝国议会众议院议事提要。

TGT 64　帝国议会众议院。第 64 次帝国议会众议院议事提要。

致 谢

　　这本有关关柴的论著承蒙许多素昧平生者的无私帮助。1990年我以研究生和富布莱特学者的身份到东京大学社会科学研究所做访问研究。西田美昭教授欣然应允做我的导师,还特意介绍我和一位研究生"助教"认识,从而在我做有关大萧条时期日本农村的课题研究初期阶段时能够时常为我审校文献资料。数月后我的助教田崎公司(现为大阪商业大学教授)向我谈及他正在编写福岛县喜多方市的地方史,并问我是否有兴趣前去那里参阅当地的史料。田崎本人和喜多方素有渊源,一则他是为数不多的从当地考入东京大学的学子,再则由于他本人对明治时期的历史怀有浓厚的职业兴趣,使他时常能够重归故里。在接下来的几天里,田崎邀请我和他一同去档案馆,并引领我探访了这座城市。他的观点极富见地,对我启发很大,虽然他只是提供了一些文档资料,但十分丰富。田崎的邀请令我受益匪浅,使我有机会接触到当地独特的社会群体以及那段不同寻常的往事。

　　许多村镇在记载文档和保管年代史籍时大多很随意,我所关注的那段并不久远的历史也概莫能外。激发当地人保存史料的动因本来就屈指可数,而往往会有诸多因素迫使他们不得不销毁史料。太平洋战争末期,为防止官方文件落入占领军之手,常规的做法是销毁大量资料。火灾、疏忽以及存储空间的有限也加剧了史料遭受破坏的进程。然而关柴却是一个例外,这要归功于田崎教授。他耐心的指导和对日本历史的深刻见解具有无可估量的价值,所以我要特别感谢他对我的帮辅。

本文的研究与撰写也得益于许多他人的指教与帮助。首先感谢为我的研究提供便利的图书管理员和档案管理员，感谢东京大学经济学图书馆、农业科学图书馆以及社会科学院图书馆友善而又乐于助人的工作人员。农业经济国家研究所为我提供了不可多得的期刊资料。还要特别感谢喜多方市图书馆城市历史编纂委员会的工作人员，他们协力为我提供了大量关柴村和周边地区的材料，无私地奉献了宝贵的时间、资源以及诚挚的友谊。好客的编委会成员也为我提出有益的建议。

我还受到了来自多种渠道的资助。作为哈佛大学的住校研究生，多项外语及地区研究奖学金使我能够潜心研究。在日本访学期间，我受到日美教育委员会的富布莱特计划（1990—1991）、教育部富布莱特计划（1991—1992）、埃德温赖肖尔日本研究所和哈佛大学（1992—1993）的慷慨资助，这些机构在我博士论文研究的重要阶段向我提供了大力支持。东京大学的社会科学研究所接纳了我，并允许我访问图书馆，多年来我们保持着良好合作关系。那里的学者和工作人员为研究日本的西方学者提供了极大帮助。在全国人文捐赠基金会为高校教师和独立学者设立的奖学金以及东北亚理事会亚洲研究协会的旅费补助的资助下，我完成了论文打印稿（1998—1999）。庆应义塾大学也在设备方面给予了大力协助。

阿尔贝·克雷格教授从多方面促成了这一项目。多年来他耐心的指导、详细的分析对我完成这项研究工作具有无可估量的价值。哈罗德·博莱索教授、卡罗尔·格鲁克教授、安德鲁·哥顿教授以及詹姆斯·L.麦克莱恩教授花费了大量时间为我提出建议。斯蒂芬·弗拉斯托斯教授评阅了最初几稿的几章内容，劳拉·海恩和托马斯·黑文斯也不吝赐教。向布朗图形服务公司的A.米歇尔的精湛技艺致意，感谢她绘制的地图。维多利亚·斯科特缜密的编审使原稿大为增色，一位不知姓名的读者提出的宝贵建议也为书稿最后定稿做出了巨大贡献。

　　我还同样蒙恩于日本学者。特别要感谢东京大学社会科学所的西田美昭教授的热心帮助。他不仅花费时间为我答疑解惑，而且专程陪我前往喜多方对从事这项研究所需的相关文件进行详尽的查阅。一直以来，他所提出的建议对我都至关重要，他独到的见解曾无数次地为我指引方向。同为社会科学所的加濑和俊教授与我分享了他正在研究的有关失业政策的成果，并阅读了农场债务相关章节的初稿，他总是乐于帮助我，使我更深刻地认识两次大战之间的日本。中村正典教授和大石嘉一郎教授在我做有关大萧条的初期研究阶段时悉心指点，而且大石教授在撰写《喜多方市市志》一书的百忙之余仍不辞辛劳地为我进行指导。同时我还要感谢为论文做出评论并一直鼓励我的森武麿和大门正克两位教授。庆应义塾大学的河合孝夫教授也付出了大量时间给我提出建议。

　　日本和美国的朋友们不仅是我思想的源泉，更是我的诤友，为我提供了大有裨益的批评和帮助。芭芭拉·布鲁克斯、桑德拉·威尔逊和良久德松和我分享了他们有关20世纪30年代那段历史的写作经验，拉里以及泰·法雷克为我对众多论题的认识正本清源。我的同窗路易莎·鲁宾芬凭借她对大萧条时期扎实细致的了解，使我更清晰地认识到我的研究目的和范围，同时她还阅读了我所撰写的有关内容并做出评论。迈克尔·莫拉斯基、南希·埃布尔曼以及杰弗里·莱塞在我处境艰难时，总能给予我最坚定的支持。喜多方的穴泽一家和高泽一家数次为笔者尽地主之谊。东京的托尼·欣德及其家人曾一次次地盛情款待我并不时地鼓励我。辻一家人也一直为我倾力相助。

克里·史密斯

第1章
处于危机时代的日本

　　日本在20世纪30年代初期所遭遇的困境是此前的现代日本闻所未闻的，必须寻求一个新字眼方能形容这种进退两难的境地。经济溃败时期的惯常用语"衰退"抑或是"萧条"都不够确切，而普通百姓往往用一些更有力的词汇来谈论这场空前的困境。谈到所面临的危难时局，他们认为正如已经失去掌控的这个国家一样，人们的生活正陷入难以自拔的"僵局"。国内外的节节挫败使人震惊，唯一可以确信的是在历史的长河中日本已经步入一个新的时代。单从问题的一两个方面来看，30年代初日本所面临的困难也许不难解决。不幸的是，片面地处理问题并非当下明智的选择。日本在许多方面所面临的重重危机，困境之艰难常令历史评论家不堪重负、畏缩不前。对许多公民而言，此时的日本无论是在外交、政治，还是在社会历史方面都意味着"非常时期"，也就是危机时代的到来。①

　　如果没有太平洋战争，如今人们对日本大萧条的记忆和美国的大萧条也许并无二致，回想起来无非是经济崩溃、政治动荡以及深刻的社会变革。30年代初所发生的事件不仅在日本现代史上史无

---

① 广告商和讽刺作家爱用的术语。"非常时期"出现在各种促销广告中，从药品到电唱机到无数对大众文化的弊病时评中。参见大江忍编著的《昭和日本史》中的"非常时期"，第33—40页。又见桑德拉·威尔逊著的"日本的资产阶级与村民：资产阶级和30年代初的危机"（第125页）一文中对"危机"一词的解读。

前例,而且也令置身其中的人们深感不安。作为改变一代人和一个时代的历史印记,战争和美军占领日本远比大萧条更能在人们的记忆中留下挥之不去的印象,这一点证明了日本在三四十年代的侵略行为所造成的破坏力的彻底性。无怪乎现代日本对大萧条时期的历史记忆总是缺失的,抑或是将其纳入随后的国家和个人的悲剧性范畴。

当历史学家谈到 30 年代的时候,总是会论及专制极权统治是如何占据主导地位的,或是去探讨中国及太平洋地区战争的起源及其进程。他们多年的研究成果构筑了一幅卓有成效的图谱,不仅有力地说明了日本是怎样走向战争的,而且清晰地解释了发生在东京的重大事件以及由政府、军队和商界高级领导阶层的重要决定。但当涉及到如何理解日本其他地方所发生的事情以及精英阶层之外的日本平民的状况时,这一描绘就不那么令人信服了。① 倒不是说这幅图谱有缺陷,只不过它在试图说明问题的过程中暴露出一定的局限性。

本论文的研究表明 30 年代的种种事件并非仅仅意味着战争来临的先兆,因此笔者着力于研究东京权力中心以外的发展状况,特别是注重研究人们的社会生活以及农村的经济发展。这一研究方法对于日本学者而言并不陌生,原因是长久以来,经济危机及其对农村社会的影响力一直都是学者重点研究的对象。② 大家(包括我在内)对农村课题的关注源自日本农村对国民经济的重要作用,此

---

① 戈登的著作《日本战前的劳工与君主立宪民主》能够很好地拓宽我们对二三十年代的日本非精英阶层的理解。其他著作还包括:唐纳德的"东京:大萧条的岁月,1927年至 1933 年";黑斯汀斯的"东京的周边环境和国家,1905—1937"。

② 学者对这一时期普遍关注的程度可以从如下著作中找到佐证:隅谷三喜男编,《昭和恐慌》;东京大学社会科学研究所编,《昭和恐慌:法西斯时期的国家与社会》;大石嘉一郎,《世界大恐慌和日本资本主义》;中村政则,《昭和历史》第 2 卷,《昭和恐慌》。

外它还是政治变革和社会变革的重要阵地。日本农村对于大萧条及其破坏力总是能够动态地做出创新性的回应,不仅从各个方面努力修复经济衰退对农村家庭的直接破坏,还从整体上为农村社会创造出一套长远的解决方案。虽然农民不得不使用请愿和公众呼吁的手段来迫使政府提供一揽子的农业补贴和改革政策①,但平民大众并没有诉诸于暴力来应对经济衰退,甚至在大萧条时期急速加剧的劳工冲突和佃租纠纷也仅仅是牵扯到少数工人和农民。笔者通过揭示日本国民社会为规避暴力和绝望所作的种种尝试,试图从更贴近乡村民众的视角来探索处在危机时代的日本为我们带来的借鉴意义。

20世纪30年代,日本在相对较短的时间内经历了数个迅速而又重大的社会变革时期。这个国家对于经济崩溃、自然灾害以及平民骚乱已经司空见惯。第一次世界大战及其随后的经济繁荣、1912年明治天皇驾崩、在1894—1895年中日甲午战争以及10年后的日俄战争中取得的两次军事胜利等事件都在某种程度上标志着社会正处于转型期。历次事件的发生都会触动政府努力做出及时反应,来满足老百姓的需要,维护正常的社会秩序;而且历次事件也都意味着新型的公众文化和话语的兴起。

然而30年代初的危机却不同于此前的历史事件。经历过1868年明治维新正反两面影响的上了年纪的公民还记得当时正值旧政权的解体,而新生力量的崛起开始将日本转入到一个现代而又强大的国家。他们发现30年代和明治时期有相似之处,都处在内忧外患的动荡时期。30年代在外交上屡屡失败的日本同西方以及中国的关系正在向不可预知的方向迈进。日本已经在亚洲正式拥有殖民地(其中包括朝鲜、台湾以及一些较小的领地),但正是由于它对中

---

① 在工业化进程中的西方也曾使用过类似的方法。详见沃洛夫·威尔和斯戈科普编著的《美国社会政策的政治背景》。

国难以抑制的觊觎之心，为其招来了最大的麻烦。[1] 在世界列强中，日本在中国的境遇是独一无二的；日本公司在华投资比任何一个西方国家都要大得多，这意味着一旦中国关闭长久打开的大门，日本将面临更为重大的损失。然而由于日本对中国的强硬姿态，再加上许多日本人对中国和中国人表现出明显的鄙视，这种一味追求利益的做法引起来自学生、工人以及形形色色的政治活动家的反殖民主义的抗议。为保障日本的缔约利益，承担保卫满洲里安全的关东军于1931年对中国军队发动了精心策划的进攻。这一行动使国际上对日本政策的批评指责声一浪高过一浪。西方列强愿意在中国问题上妥协，而日本却坚持不让步，这一强硬的态度使日本越来越孤立无援，也使许多日本人普遍开始认为他们正处于易受攻击、饱受威胁的孤立境地。

而在国内，政治问题加剧了内忧与外患。自19世纪末以来，政党就已逐步在政治舞台上崭露头角，但直到第一次世界大战后才开始公开地发挥作用。从战后到1932年，允许国会下院的多数党组建内阁的做法几乎已成了一种惯例。而且，1925年选民急剧扩张到几乎所有的成年男性。1928年的下院选举首次检验了这一新型统治关系。因此大萧条之前的10年标志着公众参政的普遍性达到新的高度。

然而经济溃败以及满洲里问题致使政党职能作用的有效性不断受到人们的质疑。民主以及与之相应的社会调停也同样受到挑战。在许多观察家看来，日本也许需要一种比西式民主更为专制的新生力量来应对眼下的局势。在巩固各自地位方面，两大主流政党政友会和民政党终究是难有作为。虽然两党在政策上时常有相似之处，但民政党在应对大萧条对国内的冲击时动作尤为迟缓，而且

---

[1] 见梅耶尔·杜乌斯和皮亚蒂编著，《日本在中国的非正式帝国，1895—1937年》，彼得·杜乌斯，"导言/日本在中国的非正式帝国，1895—1937年：概览"，第 xi—xxix 页。

两党都被认为不擅长保护日本在国外的利益。两党也时常表现出对选民漠不关心,而此时在政府内部,权力的天平开始背离政党,转而倒向军队和官僚,所以当政党开始丧失统治地位时,很少有人提出反对意见。① 几次政变企图和令人震惊的暴力行动标志着政党执政时代的终结以及官僚和军部掌权时代的开始,但这些事件并没有引起太多关注,仅仅引发了精英阶层和大众百姓对日本前途的忧虑。1932 年之后,这种"新式的""无党派式的"领导统一了思想,为日本指了一条明确的方向,但与此同时日本政府和民众的关系也发生了显著变化。

30 年代急剧的社会动荡折射出日本在外交和政治上的激变。整个 20 年代,地主与佃农、工人与雇主间的纠纷火箭式地升级,而且在 30 年代初也丝毫没有减弱的迹象。工人和佃农不断地向工会或其他形式的社会激进主义寻求帮助,试图改善劳动环境;然而在以驯顺为美德的家长式统治的日本政府看来,这种对立策略令他们无法容忍,因此就连一些比较温和的反抗行为都遭到了一次又一次的镇压。二三十年代,妇女更广泛深入地参与社会生活,这使问题变得越发复杂。在这些变革中,许多观察家进一步挖掘出日本文化衰败的证据,并竭力维持日渐瓦解的传统日本文化。

最后值得一提的一点是,大众文化成为导致大萧条时代危机的重要成因。20 年代的日本和许多西方国家一样,也历经了新潮的休闲娱乐繁盛时期,各色充满色情、荒诞不经、光怪陆离的娱乐方式备受推崇。② 一种能够催发流行文化并使之持续发展的大众媒介在两次世界大战之间逐渐形成,并推动了肉欲主义的盛行,这无疑拉大

---

① 伯格,《1931—1934 年日本政权中的政党》。

② 西尔弗伯格,"现代日本的咖啡厅服务员";马丁,"战前日本的流行音乐与社会变迁";以及矢野,"用流行歌曲解读现代日本,1914—1932 年"。

了城乡差距，更是加剧了现代与传统之间的鸿沟。① 各类新技术、无线电收音机和更具活力的媒体以及出版业的发展都达到了以往前所未有的高度，赢得了广大的听众和读者。日本举国上下饱尝30年代危机的苦果，危机的波及面可谓史无前例。消息的公开度更强了（当然这在国家对新闻进行审查的限度内），但同时民众也更易受到运动的摆布，通过宣传来改变大众的观点进而达到左右其行动的目的。收音机在20世纪20年代首次进入寻常百姓的家庭，并于30年代成为主导性传播媒体。② 到30年代中期，期刊杂志广为流行，而且发行量达到创纪录水平。这一时期的读者迫切期待能读到小说、评论以及卡通漫画，他们试图去理解并体验自己生活圈以外的世界，尽管他们所了解到的这个世界已被新闻界和政府过滤。电影也作为重要的媒体登场，用来撒播概念与思想。③

尽管这段时期对于人的一生而言极为短暂，但对许多普通日本

---

① 岩崎晃，"新媒体的发展"；以及田崎信义，"都市文化国民意识"。

② 卡萨，《日本1918—1945年的国家与大众媒体》中详细描述了收音机的普及过程。

③ 1933年的电影《处在危机中的日本》就属此例。该片由日本最大的国家级日报《每日新闻》出品，以冗长的"讲话"为主要特点，而后出场的是主演陆相荒木贞夫。他准确地描述了日本所面临的众多来自国内外的挑战。尽管电影时常向观众表明日本以往的战争战绩（伴有日俄战争英雄东乡和满洲里的画面，无疑在暗示苏联对日本的威胁），但是电影清晰地传达一个信息——那就是日本正面临一股新的敌对势力，而这股势力来自不同的方向。影片展示出形形色色的敌对势力：男男女女们身着西式服装，从他们时常光顾的银座进进出出，对其身边的人以及周围邻国熟视无睹。所列敌人不乏共产党、西方音乐家等象征堕落势力。所谓"英雄"形象是那些穿着传统服装的寻常百姓，那些在田间地头辛勤劳作的人们（常常出现的镜头是乡村田野和稻田），当然也包括军人。《处在危机中的日本》引导观众既要用历史的眼光，又要放眼未来，才能寻求一条出路：用简单的传统方法可以解决农村问题，而用未来的眼光则可以增强科技和物质力量。如何将这两大矛盾视角结合在一起形成切实可行的政策，也是化解危机的一条出路。有关电影的详细介绍参见阿贝·马克·诺那思，"未来的压力：日本1946年纪实片"。有关更多电影和流行文化的评论，见哈尼斯，"大正大阪的传媒文化"；以及西尔弗伯格，"铭记珍珠港"。

人而言,发生于 20 年代末并延续到 30 年代初的危机令他们深感前途叵测。原有的社会关系和社会阶层正在分崩离析,人们感到无所适从,不知该何去何从。[1] 正是在这种情形下,长期存在的惯例才有可能遭到质疑;新的阶层也就应运而生了,甚至出现了令人意想不到的社会阶层。

因此,密切关注农村变革,在于人们面对大萧条的具体困难所做的尝试,为我们解读现代日本平民如何应对这个时代的根本性问题提供了新视角。农村社会怎样才能保留传统文化的精华,同时又能很好地面对未来呢? 在什么情况下传统不得不向新的思想和习俗妥协? 农业在现代经济中扮演着何种角色? 城市与农村的分界线在哪里? 其间的界线又当怎么划分? 30 年代经济与社会的双重危机迫使居住在村镇的农民一次次地公开面对这些问题。他们所进行的探讨使解决方案不再扑朔迷离,而且为大萧条之后所风行的社会变革和意识形态变革指明了方向。农村在许多层面上都积极地重塑自我,然而就在这时,战争却将其热情和精力引向了另一条道路。[2]

---

[1] 特纳,《戏剧、场景与隐喻》,第 38—39 页。

[2] 城市对危机的感受截然不同。尽管危机并没有过去,但它带给城市的变迁在本质上和农村存在区别。制造业和农业相比不仅衰退周期短,而且和农村相比,城市在应对危机时,不论是个人还是公众都显得势单力薄。30 年代初急剧扩张的失业救济工程也仅仅停留在规模上,在种类上并没有增加。大萧条留下的宝贵经验中虽然包括为雇员赢得失业金的尝试,但这些步骤也仅仅属于渐变式变革,并不是什么革命性飞跃(尽管工人也是尽力在争取这笔失业补贴)。对两次战争之间失业救济政策的讨论见加濑和俊,"战前日本失业救济自强的展开过程(1)","战前日本失业救济自强的展开过程(2)"。农村救济和改革运动号召农村实行自我振兴,强调在农业和农村生活的各个层面进行大力改革的重要性。而这样的措辞在讨论工人和城市问题中通常并不多见。

《盛产牛奶与蜂蜜的土地》

然而,如果想描绘 20 世纪 30 年代农村社会转型过程的话,还有几重障碍需要逾越。在那个时期,很少有社会成员会想到把他们身边所发生的事情用文档记录下来,而政府也不大擅长详细地追踪记录村镇是如何在这一进程中发展的。贺川丰彦的小说《盛产牛奶与蜂蜜的土地》是当代描述农村危机最具影响力的作品之一,事实上这部小说有意地模糊了事实与虚构的局限。关于这部作品有两点值得一提。首先这是一本让许多农民后来为之鼓舞并且印象深刻的著作。[①] 正如所说的那样,它为我们了解 30 年代初农民如何看待变化中的时局开启了一扇窗户。其次,贺川的小说和笔者的本部论著都在密切关注单个社会集群的发展状况;《盛产牛奶与蜂蜜的土地》揭示了使用这一研究方法的长处与弊端。身为基督教社会活动家兼前劳工运动组织人的贺川丰彦在 1934 年 1 月出版的流行杂志《家之光》中开始连载小说的第一部分,1935 年 12 月发表了最后一部分即第 20 章。同年日本知名杂志《改造》以书的形式出版了《盛产牛奶与蜂蜜的土地》。[②] 尽管此书在农村读者群中广为流传并备受欢迎,在世界文坛中却没有一席之地。作为小说,这部作品有诸多缺点,比如说,有雕琢的痕迹和过于夸张的笔法。这部小说既有传奇历险故事的成分,又有浪漫文学的色彩,还在很大程度上有为日本工业合作运动争辩的味道,这本书以令人炫目的速度谈论着一个

---

① 安达生津,"《家之光》的历史",第 71 页。
② 笔者读到的贺川丰彦的小说《盛产牛奶与蜂蜜的土地》,是玛丽安·罗默·德雷帕翻译版本(伦敦:霍德和斯托顿出版社,1937 年)。30 年代农村最流行的杂志是《家之光》。

又一个农村危机。① 而穿插于其间的是简洁清晰而又富有激情的艺术手法,贺川把农村的两难境地刻画得入木三分。农民为摆脱大萧条所作的挣扎以及书中核心部分描述的戏剧性情节都在当时日本各个村镇上演着。

故事开始于 1931 年,24 岁的田中东助决定离开家乡的小农场。和小说中所有其他地方一样,其故乡大盐村在现实中确有其名,坐落在会津盆地东部的山峦中,与福岛县的其他地区隔山相望。促使东助做出离家决定的原因有两个,一则因为他希望能减轻家庭负担,当时由于丝绸市场崩溃,他们一家只能靠吃蚂蚱和鳞茎植物才能存活下来;再则因为他相信能够找到一条拯救家乡和家人的出路。从大盐出发,东助开始了一系列的历险旅程,一路上他逐渐认识到工业合作运动的意义并学会了一些工作方法。在长野县浦里村的一个合作组织的帮助下,他掌握了卖鱼等谋生技能。一个山里人在荒郊野岭救了他,教会他如何靠大自然的恩赐生存下来,并帮他在东京高门寺一带创办了消费者联合会。但由于过度劳累和伤痛他病倒了,在一家由联合会开办的医院治疗期间,善良的医护人员教会他怎样为农村地区的人们实施医疗救治。

当东助重返家乡福岛时,他已经充分做好了重振乡村经济的准备。但总是麻烦不断,他的雄心壮志遭到狡猾劲敌强有力的阻挠。以地主的儿子和国会议员为首的当地豪强不择手段地企图挫败东助的每一次努力,起初他们恶毒的谣言、捏造的诬告和公然的诈骗曾一度将东助陷入众叛亲离的境地,迫使其计划流产。就在这一紧要关头,东助意识到他的方法确实存在问题。在他热忱地改造家乡旧貌的过程中,他只关心自己能为家乡人做些什么,埋头专注于自

① "工业合作社"的说法多少有些误导,却是从日文"产业合作"精确翻译过来的,误导的原因在于这一说法是在暗示该组织源于工业,但实际上是乡村农业合作社,提供农产品销售、购买日用品、提供便捷的信贷和技术服务。

己所倡导的计划,并一味地认为只有自己的目标才最为重要。贺川让东助从挫折中明白一个简单的道理,那就是只有通过变革农村才有可能生存下来,单靠强有力的领导并不能摆脱困境。也就是只有赢得了每一位社会成员的支持,才能真正实现振兴农村的目标。

虽然改革的初次尝试失败了,但东助认为失利的原因并不是因为他做事的火候过了头,而恰恰在于他做得还很欠缺。对于他们所遇到的问题,村民们显然不满足于当局零星的回应,而东京所起草的解决方案对他们而言不仅远水难解近渴,更是画饼充饥。贺川笔下的日本农民希求能过上更美好的生活,但只有由他们自己来主宰未来的发展方向才可能实现这一梦想。针对眼前的现状,东助调整了和当地豪强的斗争策略,构想出具有决定意义的农村改革措施。这次他注意倾听全村人的意见,并赢得了所有人的鼎力支持,因而立即扭转了不利局面。地主的儿子因被指控诬告东助而获罪入狱,然而狡诈的国会议员却溜之大吉。东助和他的支持者安排合作社以公道的价格买下了地主所有的土地,将一部分土地分给当地的佃农,并把剩余土地建成地方疗养院,专供从纺织厂返乡的妇女治疗职业病。

这些改革举措终于开始奏效,改变了村子的发展面貌。在东助的指导下,农民学会了养殖兔子和山羊(成为村里乳品业的奶源;东助又引进了养蜂技术供当地的蜂巢产出蜂蜜),他们还种植新作物,在自给自足的同时增加了收入。到故事接近尾声时,已是 30 年代的中期,大盐的经济已经充分恢复,能够派遣自己的青年妇女代表团去冲绳帮助当地人们振兴和发展经济。小说的最后一幕是东助作为主要发言人出席全国工业合作活动家大会。所有与会人员都倾心接受了他的农村改革措施。在他谢幕之际,观众的欢呼声不绝于耳,东助立誓要用他在大盐的所学来拯救所有的乡村,乃至最终挽救整个国家的经济。

《盛产牛奶与蜂蜜的土地》用虚构的形式反映了 30 年代农村生

活的一些基本现状。农村和整个国家的经济需要得到拯救，这一点毫无疑问，但既不是为了作者贺川，也不是为了读者。《盛产牛奶与蜂蜜的土地》的出版恰逢日本现代历史上最严重的饥荒时期，紧跟着就是大萧条最严酷的艰难岁月。书中的各个章节详细地描述了危机所带来的破坏痕迹。所刻画的事件、地点以及问题都为即将亲历其中的读者所熟悉。低下的医疗救助、大萧条之后农村经济的赤贫、饥荒、警察对左翼的一次次镇压、娼妓成风以及土豪和政客的不法行为，这些书中所讲述的事件都非常真实可信。① 正如单个农民不可能一一去经历东助所有的遭遇那样，小说并不屈从于想象出一个比读者所了解的真实世界更美好的农村。

然而，《盛产牛奶与蜂蜜的土地》并不满足于记录枯燥冗长而又令人近乎绝望的农村生活。书中一再强调农村生活可以有机会变得更好，而且扭转这一局面的机会就掌握在普通民众手中。小说还勾勒出30年代初的危机对日本所造成的破坏程度。贺川不仅描绘了大萧条对农业家庭和村落的深刻影响，而且还记录下他们对此所做出的回应，因而再次引起熟悉这一背景的农民读者的共鸣。到小说在《家之光》首次问世时，史无前例的全国农村振兴运动已经在农村开展了一年有余。随着大萧条的到来，日本举国上下都在积极地进行自救行动，因地制宜地开展形式各异的经济与社会改革。东助在大盐所实施的办法和目标都源自现实中活生生的实例。他的困境并非简简单单地让乡村恢复到大萧条之前的状态。他正处于不进则退的境地，而且他最终排除万难取得了巨大进展，其成功之处在于为大盐谋求了一个比过去更加美好的将来。②

---

① 贺川做了细致的功课，文中谈到的价格和农业管理都相当精确。安达生津"《家之光》的历史"，第74—75页。

② 东助绝非《愤怒的葡萄》里的汤姆·乔德；《愤怒的葡萄》记录的愤怒与绝望和贺川所描绘的农村截然不同。见列文，"美国文化与大萧条"，书中谈到美国大萧条时代有趣的流行文化。

贺川在不经意间对小说的重大主题做出了论述,他注意到 30 年代初那场最终演变成全国性的危机,对地方而言却是感受得最为深刻、了解得也最为透彻。在 30 年代初划定为日本现代社会历史分水岭的种种标志性事件,即大萧条的极大破坏力、为振兴农村而进行的大胆尝试以及大萧条后个人与国家间的关系转型,所有这些社会转型期的重大特征都能在农村找到最为可靠的佐证。对于我之前提到的关于过去与现代、农业与工业以及农村与城市之间紧张关系的重要问题,在我看来,解答这一问题的关键无论如何都要从农村入手。

贺川在讲述大盐的故事时有一些优势,其中一个优势便是不必拘泥于事实。作为一部虚构作品,《盛产牛奶与蜂蜜的土地》中贺川虚构出的乡村振兴同读者所处的大萧条蹂躏过后的现实世界之间的距离似乎可以忽略不计。在东助的盛产牛奶和蜂蜜的农场上,人们振兴农业的良好意愿无条件地占了上风。然而正如其他地方的农民所发现的那样,为了能够从大萧条中恢复元气,他们在现实生活中所做的挣扎远远要比小说中所描绘的复杂得多,而且和小说所勾勒的圆满结局相比,他们的未来更是风雨飘摇。对绝大多数人来说,农村振兴这一目标仍遥不可及。

本书虽然在题材上和《盛产牛奶与蜂蜜的土地》有相似之处,都聚焦于农村,但在解决文献资料不足这一问题时,笔者采取了和小说虚构手法截然不同的解决方案。本文选取关柴为例证,根据当地几个村庄保留下来的丰富详实的档案记录,借用人们振兴经济的切身体验,[1]展开与此段历史相关内容的广泛研究。

关　柴

沿着虚构世界中田中东助的振兴之地大盐一路走下去,就能抵

---

① 收集这些材料的重要性已在致谢部分谈到。

达关柴村。两地相距仅数公里之遥。距大盐最近的火车站在当地最大城镇喜多方,大盐通向那里的主干道从山间蜿蜒而下穿过关柴,路两侧是稻田和灌溉渠。关柴坐落在会津盆地东北部的山峦之中,但村子绝大部分位于平坦而肥沃的平原地带。

30 年代初,关柴有数千居民,多数是种植稻米的农民,大萧条令几乎所有人一贫如洗。当地居民也许会认为他们比小说中东助所在大盐村的农民要幸运,由于有着和书中描述的相同遭遇,他们深有感触,而东助的成功也令他们备受鼓舞。"如果我们袖手旁观而无所作为的话,"关柴的知事于 1934 年这样写道,"那么每过一年,我们的家园将日渐荒芜,美好的传统习俗也会化为乌有。"①当时关柴已进入大萧条的第四个年头,几个月前刚刚经历过有史以来本国最严重的大饥荒,正在急切地寻找解决办法。当东助振兴农村的虚构故事发表之时,现实世界中的关柴也正在开始追寻一条真正的发展道路。

关柴是一个非同寻常的地方。根据史料显示,在战前的绝大部分时间里,佃农与地主间、居民与当局之间从未发生过争端。也没有任何迹象表明激进党派、农会或是民族主义组织在此设立据点进行活动。根据各种流传的说法,关柴村是符合普通老百姓生存需要的地方。30 年代这里居住着几百户农民家庭,大部分以种稻和养蚕为生。他们在大萧条期间的遭遇与附近农民的状况差不多,有着和全日本农民相同的经历,因而具有一定的可比性。从能够进行衡量的各个方面而言,关柴及其村民具有相当的普适性。

当然,谈起差异性,关柴一带的人们有一系列独特的特点。比如说,关柴当地的方言、独一无二的手工业,再比如说,这里的人们

---

① 关柴村公所(此后简称 SMY),"经济振兴委员会补助金请愿书",1934 年 7 月 20 日。《1934 年经济振兴》,喜多方市立图书馆市志编纂室(此后简称 KST)。

有史以来总要对东京历届"新"政府怀有抵抗心理。① 所有这些特性使关柴地区不同于福岛县乃至全国其他地方。但与此同时,关柴还具有和 30 年代其他村落相似的许多共同点。关柴及其附近地区的人们完全在县一级和全国的政治管辖和教育体系范围之内。选民通常会对主流党派投出支持票,而报纸和杂志的普及(更不用说收音机了)则意味着到 30 年代时所有的日本人都在分享一种共同的民族文化。这一地区的经济基础是农业和轻工业,这两大产业都受益于连接从会津地区到东京以及到达北部地区的铁路。诸如喜多方或是附近若松这样的城镇为关柴提供了市场、医院以及其他生活便利设施。从以上几方面来看,关柴和日本其他农村地区并无太大区别。

关柴对改革进程的热情使这个村庄显得与众不同。作为全国最重要的改革计划实施地,关柴的确因其成功而赢得了县里的奖励,并在一定程度上引起了媒体的关注。仅凭这一点,就足以使这个村子鹤立鸡群了,然而实质上和其他村庄并没有什么天壤之别,因此很快便泯然众人矣。一旦追求改革的机会中断,关柴就蜕变成一个普通得不能再普通的村子了。而恰恰是它的这种从各个方面表现出的常态,使关柴村对课题的研究意义重大。许多对大萧条时代的农村研究都着眼于关注那些不同寻常的社会群体,原因或是因为当地领导人取得的瞩目成就,或是因为他们所选取的独特方法。因而很难断定在和大萧条抗争的过程中所涌现出的这些想法和目标是否能够代表其他地区,是否具有普遍意义。

---

① 位于会津若松的城堡见证过一幕发生在新任明治政府和忠于幕府旧政权信徒之间的血腥景象。19 世纪 80 年代再起纷争,全国性的自由和民权运动风起云涌。1882 年当地一位活动家被捕,在喜多方引发警察和市民的冲突,致使多名市民杀、受伤或入狱。见鲍温,《日本明治时期的反叛与民主》,第 8—31 页。(鲍温提到的中禅寺在关柴。)弗拉斯托斯,《日本德川时期的农民抗议与暴动》,书中对那里万象更新的地方运动以及这一地区的历史渊源的分析很有启发性。

与上述案例相反,关柴恰好提供了一个有力的佐证,说明即便是普通百姓也能造就出如此丰富多样的人物。我们在设想大萧条会给人们的生活带来什么样的影响,甚至又推测普通百姓是怎样开始支持逐步走向专制集权的政府,而所有这些推定都有赖于我们对置身其中的人们的行为方式进行大致的了解。尽管个案研究不能给出所有答案,但显然在关柴,我们有机会观察乱世之中平民百姓的生活百态。

本书希望通过引用关柴村的经历来进一步了解日本现代史上那段短暂却举足轻重的历史时期。和30年代社会面貌尤为相关的国内三大事件分别是大萧条、振兴农村的漫长斗争以及策动战争的暗流。这几大事件交织在一起,改变了整个国家的命运。本章下一节内容就着眼于这三大事件的发展,并试图了解20世纪30年代其他方面的紧张局势。

经济振兴与发展现代农村

寻求解决30年代初社会和经济危机的出路这一举动具有超出想象的深远意义。前所未有的政府军费开支仅仅是试图解救国家危机、特别是解除农村困境的一揽子计划中最为醒目的举措。在整个大萧条期间以及经济危机彻底解除的几年中,国家和个人努力克服经济危机的不良影响,数以百万计日本人的生活和工作都因此而改变。[1]

----

① 这些规划适用人群非常有限。例如从1932年起开始实行的《救济法》仅为少部分的老弱和需要救助的失业者提供补贴。1933年政府考虑到农村健康状况,开始逐步在全国实行健康保险制度,到1939年才最终得以推行。见平良浩二,"日本的公共援助";见惠庆利,"美国和日本社会福利制度的发展"。中央政府开始越来越多地为地方分担财政开销,村镇的负担却随着税收收入锐减不堪重负。见大石嘉一郎,"昭和恐慌与地方财政,以农村经济为中心",第81—148页;大藏省昭和财政史编纂室编,《昭和财政史》,第14卷,第158—178页。

大规模的城市失业救济计划推行了几年时间,后来这一政策终于惠及一贫如洗的农民。新的农业政策帮助农民偿还债务,获取低息贷款,并鼓励他们参加当地农业合作组织。1932年的夏末,政府承诺对农村进行为期三年的补贴计划,而这一项开支已大大超出过去的标准。国家计划投入大约8亿日元来推行公众就业计划,并帮助各地参与该计划的人们支付费用。此外又通过债务再融资贷款和其他形式的"补贴"信贷向农村注资8亿日元。这样一来,三年共花费了16亿日元,补贴形式包括现金和贷款两种。如此巨大的数额表明政府对农村问题的重视程度。作为众多新计划的管理者,农林省成为这次政府农村改革的先锋力量,见证了政府对农村投入从1931年到1932年仅一年间就增加了80%。而农林省1934年预算是1930年的两倍多,这一数字是1926年政府拨款的三倍。[1] 显然,农村问题已成为政府工作的重中之重。

与政府对农村预算政策相配套的还有其他更为全面的改革。1932年"农林渔村经济振兴运动"开始进行。这大概是日本应对农村经济危机最有意义的一次尝试。这次运动不仅在地方经济领域实行全面改革,还涉及教育、农业管理、农村文化以及社会生活等诸多方面。对于参与其中的成千上万村镇居民而言,这场运动和其他救济计划以及改革措施一起成为20世纪30年代农村生活中不可或缺的部分。

无独有偶,日本农村所推行的有关社会组织、经济管理以及百姓个人生活的新举措,在受大萧条影响最严重的其他许多国家可以找到类似做法。备受尊敬的农业科学学者那须弘教授是经济振兴计划委员会委员,负责该计划的监督工作,一次他向其他委员详细讲述了他在1933年夏季旅美的一段遭遇。那须和位于华盛顿特区

---

[1] 大藏省昭和财政史编纂室编,《昭和财政史》,第5卷,第145—146页,第3卷,第5—7页。

的农业部官员进行会晤,并就美国正在进行的经济恢复计划以及日本的经济振兴运动展开讨论。那须说他发现美国官员对日本所做的尝试印象非常深刻。"他们对我国的'经济振兴'运动表现出高度兴趣,"他讲道,"而且美国还会密切关注这一运动的未来前景。"接着他又说:"美国推行的'农业调整法案'对农业生产开始产生宣大的影响,而俄国的五年生产计划也促进了农业发展。我不知道将日本农村经济振兴计划同美俄的计划相提并论是否合适。但我认为这是全世界这一领域最大的三个运动之一。①"

显然,那须发现了日本在农村改革方面的努力和他所了解的美俄在此方面所做的尝试之间存在共通之处。有趣的是,在国家社会主义党统治下的德国也在极力控制农村债务问题,这同样也是日美要面对的头等大事。② 所有这些国家的政府都在积极采用新的干预政策来冲抵大萧条的负面影响,并且都把恢复农村经济和改善农民状况作为国家的首要任务。

比起我们所了解到的其他国家的情况,日本在制定和执行救济和振兴政策时的确有独到之处,但从几个层面上才能显示出其独特性。比如说,那须认为美国幅员辽阔和农户分布分散这两大特点将会阻碍改革者实现目标,而日本则不会遇到此类问题,因为农民生活和农业生产都集中在小规模的村庄,而且村子之间相距并不遥远。

也许有人会简单地认为,日本政府积极运用政策干预社会与经济的做法不仅不新鲜,而且由来已久。比如说,和美国不同,日本的大萧条救济政策是改善国计民生的一个举措,而且与此前政府所推

---

① 农林省经济振兴部编,"第二次农村经济振兴中央委员会非正式记录",1934 年 7 月,农林渔村经济振兴运动史资料汇编(此后简称 NSS)1:2,第 245—246 页。
② 对德国政策作出概述的两本著作分别是法夸尔松的《犁与万字符》以及霍尔特的《德国 1918—1934 年的农业政策》。又见凯斯,"20 世纪 30 年代初期的农村债务整理"。

行的政策也没有太大背离。黎民百姓非常期待国家能够投入进来，帮助他们应对大萧条的不良影响。

这样就会产生另一种观点。正如谢尔顿·加龙等人所指出的那样，对现代历史学家的一个挑战就是在研究政府制定政策引导民众改良社会的进程中，他们该如何梳理出决策产生的动因？这些决策究竟是出自国家还是政党、抑或是源于右翼极端分子还是左翼极端分子？[①] 这一研究思路为解答有关农村救济方面的问题提供了线索，表明政府官僚、农村改革家和普通农民代言人的迫切要求是一致的，他们在日本产生危机的起因和解决出路上的观点不谋而合。基于相同的利益，官员和改革家积极地启动农村振兴计划、大力推行农村生活、农业经济和乡村机构方面的改革。这些地方和国家利益趋于一致的做法和改变个人和集体生活方式的改革运动一直持续到战后。诸如努力废止娼妓、形成并增强女性话语权以及现在仍旧风行的提倡公民节俭和节约的运动，所有这些尝试都无一例外地反映出国家与个人之间在合作上的相似之处。[②] 本论文也着力于研究在农村改革中持续存在的这几种合作方式。

我认为，和日本相比，我们更容易发现大萧条时代美欧诸国表达愤怒的方式及其阐明行动计划的途径。惠·龙、考弗林神父、甚至连南方佃农联合会都在代替国家制定政策，发出他们清晰有力的声音。[③] 欧洲纳粹党及其统领在制定政策时，不仅越俎代庖，而且变本加厉，更加残酷无情。然而，日本在寻求政治和社会变革的途径时，通常自始至终都是在政府内部进行。研究者们试图阐释日本30年代初到40年代初的发展进程时，很难找到可信的证据来证明曾有

[①] 加龙，"反思日本历史的现代化与现代性"。

[②] 加龙，"塑造日本人的思想"。

[③] 见布林克利，《抗议的声音》，其中对惠·龙与考弗林二人做了精彩分析。又见梅茨，《新政政策与南方农村贫穷》。

非政府力量来担当重要角色,代替官方行使职权;然而大量的证据表明掌控日本时局的是军队和官僚,他们拥有绝对的控制力来左右人们的行动和思想。

但是,我们越是了解30年代城乡社会所发生的事件,就越发发现当局左右局势的掌控力其实并不强。为农村带来救济和振兴的是一群形形色色的社会活动家、主流农民组织的领导人、普通人以及与之志同道合的官员。来自政府权力阵营以外的声音和做法在普通农民大众中广受欢迎,而且许多建议被政府采纳而成为具体的救济计划。曾经一度,严重的经济危机为活动家们公开参与有关救济的全国辩论创造了许多机会,而一旦救济立法获得通过,这样的机会就会大大减少。这样一来就为在地方层面上进行持续努力创造了条件,而这正是游说者和活动家们孜孜以求的首要奋斗目标。

农民及其代言人们通过描绘大萧条对农村社会的破坏力迫使政府关注农村问题。他们在倡导解决方案时,反复强调在地方层面上采取行动的重要性,并坚持只有从长计议才能取得真正意义上的成功。人们虽然在其他方面难以取得一致意见却似乎都能够认同这一观点。与其说他们是对经济危机的细节问题或是恢复经济的道路看法相同,倒不如说是对日本农村的社会和经济前景有共同的认识。这一点从早期关于农村救济的争辩中可以窥见一斑,大家旋即达成共识,认为只有依靠以社会为基础的经济改革,才能化解眼下的这场危机。

"救济"这一用词,以及后来的"振兴",很快成为受农学家、地主和农民欢迎的口头用语。唯一始终反对这个观点并拒绝使用这一用词的集团是极左翼分子,他们坚持将这场论辩置于完全不同的立足点,要求他们的观点和方案能够得到重视。但对所有其他人而言,要想最为透彻地理解30年代这场国内危机,就得以农村经济和农村社会这两大视角为观测点。这两大视角代表了各方面广泛的意见,涉及采取何种适当的经济模式、农村社会如何才能融入日本现代社会。从这一意义上说,农民有很大的自由度来思考这场萧条及其种种后果,并做出选择。与此同时,这一系列史无前例的危机也令许多日本人意识到将这两大视角结合起来的重要性,也就是说要将农村经济和农村社会融合在一起来看待日本农村问题。这一全新而特异的结合令人感到30年代的问题似曾相识,甚至令解决问题的难度加大了。

就其本质来说,救济和改革这两大政策牵动了众多公民的心。一些人的担心关乎到眼下的生存大计。国家是否提供补助、或者说给予补助的种类和时机对于许多失业的城市居民和身无分文的农民来说至关重要。其他方面的顾虑则关系到长远利益。在制定和实施大萧条时代的救济与改革政策时,关于国家对公民的责任心、社会群体的性质以及社会应该如何发挥作用等方面的质疑也卷入其中。

因此,振兴计划针对的是现代日本最为持久的两大难题。首先是经济和与之相关的雇佣、居住和生活方式在20世纪30年代处在剧烈变化的进程当中,农场和农村被多数日本人最为熟悉的工厂和城市所取代。多年来,轻工业取代农业而成为经济增长的动力,在这一进程中轻工业经济成分正不断发展壮大。然而,从30年代初开始,重工业和大型公司日益起到支配性作用。这一发展的结果导致城乡居民生活水平产生巨大的差异,工厂特别是重工业企业雇员都集中在城市,这意味着日本农村很少能够从当地经济发展中受益,他们不大可能获得更高的收入以及其他方面的好处。和企业、商业所获取的利润相比,相对高额的耕地赋税使许多农民和地主认为他们承担着过于沉重的负担而看不到任何回报。最好的学校、最佳的医疗保障以及日本成为现代化国家的社会转型最为显著的标志也只能在城市中找得到。30年代的农民及其代言人认为发生在农村社会的事件是史无前例的,因此也需要独一无二的解决方案。

另一个令30年代与众不同的因素是明治时期(1868—1912)和

大正时期(1912—1926)向现代社会迈进的众多推动力依然活跃,而且一直持续到经济危机时期。现代化对于农民及其家庭的重要性和意义则反映在他们对经济振兴的追求中。明治末期和大正时代的典型特点是公众对于教育、文化、城市生活的兴趣和他们在家庭和工作场所追求一种更为理性、甚至是科学的生活方式。这些推动力在日益强大的有关现代性公众话语权方面也有着显著表现:民众在努力争取更好的教育,越来越主动地参与政治,而且以公众或是个人的形式积极致力于改革。① 研究表明,这些推动力同样也在促使公众特别是农民对大萧条及其随之产生的危机做出回应。

历史上对于走向太平洋战争前10年的评价用词总是着力渲染其倒退性和压制性趋势,这当然也值得注意,但这些用词对动态流行文化的持续状态以及地方一级的改革努力却轻描淡写。毫无疑问,整个国家在30年代末期开始走上极权政治的道路。然而这并不等于说就可以抹杀居民点、乡村和工厂的发展,恰恰是发生在这一层面的发展可以说明普通民众及其社会集群是怎样应对这些复杂而又不同寻常的变革。当地方对于全国性的问题初步形成一些解决方案时,民众表达出他们渴望提高生活水平以及长久以来渴望步入现代社会的愿望。这其中包括努力加强和扩大现有的农村体制,并且希望能够扩大他们行使职权的范围。农民不懈地学习农业新技术,起草详细的经济发展计划,并试图改善农村基础设施,如改善公路交通以及卫生设备、开办合作社等等。振兴计划最终也深入到了家庭。守时、节俭、登记账目以及家庭预算只不过是改革家为了试图改变个人家庭生活方式所做的诸多尝试之一,而他们往往能够得偿所愿。

迄今为止,关于振兴运动的分析多为虚夸不实之词,研究者往

---

① 对于此类问题的独到见解见米尼基洛,《日本竞争的现代性》。又见西尔伯曼和谷鲁图尼安合编的《危机中的日本》。

往把农村改革和战争时期的种种做法混为一谈，因而他们将本次运动描绘成这样一幅景象：本质上倒退，性质上即便不是法西斯也属于极权统治，而且认为该运动对于理解大萧条前这一时期乃至战后时期也无关紧要。[1] 笔者采用与之相异的连贯性研究手段，这种连贯性研究方法可以在近来试图持续追踪战前、战时和战败投降后的社会三者之间有何关联的著作中找到根据。[2] 在类似关柴这样的农村社会里，诸如更强大的农业组织、更高效的耕种方式以及先进的培训合格农民的方法等等，这些经济振兴的现代元素对许多农民而言都有利于他们向前迈进。然而，在随后几年中，许多这样的改革和"向前迈进"在多个层面上最终沦为日本动员全体民众的工具。为把农民拉出大萧条的泥潭而不断壮大的合作社组织却成为现成的动员工具；(本意为在激烈竞争的市场经济中的农民提供一线生机的)农业技术的改进在稍后的 10 年间却轻而易举地调整为生产军需用品。同样，作为繁荣的先决条件的社会团结却轻易地被用来压

----

[1] 战争结束后不久就有学者对经济振兴运动进行了初步评论，其中包括小平权一，"农村经济振兴运动的研究史及标准农村行为准则运动"(1948 年 1 月)；石田武，《近代日本政治构造研究》(1956 年)，第 35—36 页；井上春丸，《日本资本主义的发展、农业以及农业政策》，(1957 年)，第 355、361 页。第二波更为深入的研究始于森善三，"昭和初期农村经济振兴运动，以山形县为例"(1968 年)，第 91—116 页；森武摩"日本法西斯主义的振兴与农村经济振兴运动"(1971 年)，第 135—152 页。森武摩之后的学者受其启发，开始把视线集中到农村寻找问题的答案，甚至有些偏离了原来的轨道，因为森武摩曾建议他们重读他本人的早期著作。见森武摩，"农村危机的信号"(1985 年)，第 135—166 页。有关大萧条和救济的精彩例证见西田美昭编，《昭和恐慌的农村社会运动》；中村政则，"经济振兴运动与农村统合"，第 197—262 页；大石嘉一郎和西田美昭编，《近代日本的行政村》；海野福重，"农村经济振兴运动与农村产业合作社，"第 109—133 页。中村政则提到的长野县浦里村成为著名的振兴与重建的示范村，以至于成了官员、皇室成员、军人参观考察的必到之地，甚至是 1940 年希特勒青年团的旅游到访之地。

[2] 例如冈田正胜的《近代日本与农村社会》以及森武摩和冈田正胜共著的《该地区的战时与战后》。

制不同意见。换言之,存在有多种方式将经济振兴的现代思想和做法天衣无缝地与发动全面战争的全国总动员糅合在一起。

现代性的歧义在大萧条时期的日本随处可见。战败投降后一些经济振兴的信条旋即再次出现,农村社会又一次在追寻经济稳定发展以及在日益都市化的日本谋求安身之处,这表明这种情形并非30年代所独有。①

---

① 本杰明·施沃茨在1962年写的并非现代化,而是现代性。在谈到现代性和文化、政治乃至社会结构的关系时,作者明确将其形容为"歧义或'具有多种意味'。现代性还满足了多种需求,甚至这些意图有时相互矛盾。我感到,现代性需要这种含混性,即现代化和其他可能性之间的不定关系。或许任何地方的社会和文化不可避免地随着现代化进程而改变,但不能说这一地区就注定受历史进程的左右。"(霍尔,"对日本现代化认识的改变,"第29—30页。)非常感谢安德鲁·戈登在笔者撰写本章时指引我关注施沃茨的评论。

第2章

地理位置

火车穿过东京以北 225 公里处的郡山市郊，之后向西驶入会津一带的山脉地区。这种火车比主干线上的蒸汽快车体型小、速度慢，因而更适合穿越盘旋的弯路和隧道。铁路穿过日本第四大湖猪苗代湖南部和磐梯山右翼北部地区。虽然湖景从眼前一闪而过，却依旧能够看得到铁路两旁的山峰，山坡植被茂密，山峰先是平缓，而后则趋于陡峭。①

过去磐梯山的景色更为壮美，但由于 1888 年 7 月 15 日最近一次火山喷发，1/3 的山体踪迹全无。火山喷发致使附近 500 余人丧生，但所幸留下一座壮丽的双峰以及美丽森林掩映下的众多湖泊。自火山活动恢复平静以来，磐梯山一侧山峰的断层面显得尤为突出，山峦环绕着会津盆地平坦肥沃的狭长地带，这片土地宽约 13 公里，而长度几乎是宽的 3 倍。坐落在盆地北端的村庄关柴和喜多方，1954 年之后则成为喜多方市的一部分。

我初次探访此地，火车驶过山脚下，厚厚的积雪覆盖着大地，窗外纷纷扬扬的雪花盘旋飞舞着，飘落到铁路沿线。火车远离东京驶入会津盆地时，途经道口的鸣笛被周围的山峦吞噬，笛声因而显得低沉。

---

① 高村光太郎的诗歌"山脚下的两侧"开始是这样写的："磐梯山背部从中间裂开，两翼陡峭的斜坡，眈视着 8 月的天空。裙裙般的余脉延伸到远方的大草原。"高村，《智惠子抄及高村光太郎的其他诗歌》，第 118 页。其妻智惠子是福岛人。

东北地区

　　由于长久以来远离中心，东北地区在日本的社会和文化领域显得格外与众不同。平定西部各省的动乱后，数百年来东北一向都是前线地区，就这样一直持续到现代初期，若是没有兵家相争，这一地区应该属于边远地区。尽管此地归德川家族管辖，17 世纪的诗人兼旅行家芭蕉却清晰表达了他离开江户（东京）穿越白川屏障到达北方之行所具有的含义。① 这并非一次简单的旅行。不仅在当时，直到现在他的诗都令读者想起《奥之细道》中所描绘的北方荒凉的粗犷美（图 1）。②

　　自 17 世纪以来东北就和日本其他地区有很大不同，直到 20 世纪初这种差异依旧很明显。这一地区人口相对稀少，占日本总面积 1/5 的东北六县 1930 年的人口仅为日本总人口的 1/10。整个日本只有最北的岛屿北海道人口比东北地区更为稀少。③ 直到现在，作为日本最大的地区（比关东和近畿两地的面积总和还要大），东北也在最荒凉地区之列。奥羽山脉的山脊从青森南部延绵到关东平原，而其他更小的山脊将这一地区隔离成更小的区域。大部分地区是森林覆盖的山地，因而和其他地方一样，这里只有很少一部分土地适合耕种。④

　　更麻烦的是，那里的农田还受天气挟制。日本大部分地区雨水充沛，气候温和，而且光照充足，很适合种水稻。但东北的气候却并

----

① 白川屏障距离今天的郡山不远。
② 松尾芭蕉，《奥州小道》，唐纳德·基恩译。
③ 1930 年 12% 的东北人住在城市；城市化程度是全国平均水平的一半。协调会，《东北地方社会和经济的特殊性》，第 11 页。
④ 1932 年为 13%，而关东地区几乎达到 30%；只有富山和北海道的土地耕种量不足。协调会，《东北农业研究》，第 30 页。

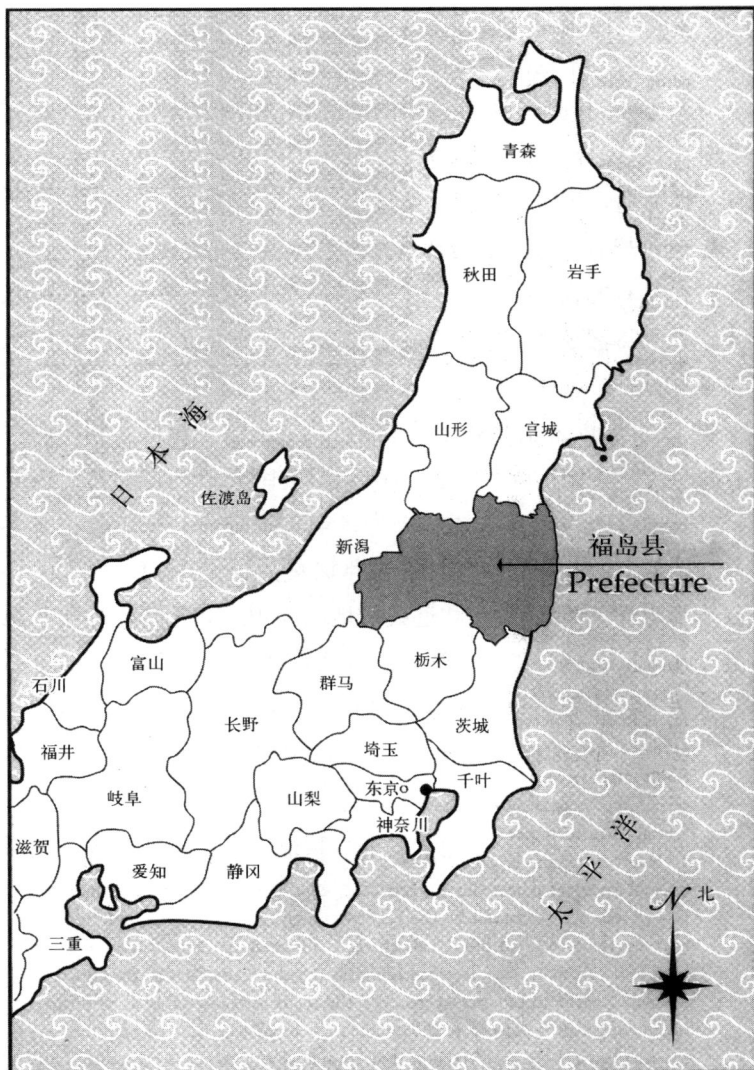

图1　日本东北地区

非如此适宜,寒冷天气持续时间更长,而且冷得早,和全国其他地方相比,此地夏季饱受阴雨、低温天气的滋扰,收成总是欠佳。1934 年大饥荒(详见第 7 章)只不过是那里长期作物收成不好的最近一次表现而已。①

尽管有上述种种不利条件,农业依旧是东北的经济命脉。1929 年这一地区就有将近一半的产值来自农业,而农业在全国的总产值中仅占不到 1/4 的份额。② 东北六县的农户比例高于非农户,而从整体而言,30 年代初日本其他地方的非农比例早已高出农业人口。虽然有个别县的农业人口比重较高(比如冲绳),但大体上东北跟不上两次大战之间的工业转型以及雇佣关系的转变步伐。③ 由于就业机会匮乏,人们不大可能选择务农以外的工作。采矿业是当地重要的收入及就业来源(特别是福岛县),东北地区遍布着无数小型工厂,但大规模雇佣技术工人的雇主却是少之又少。重工业固然可以利用东北工资较为低廉这一便利条件,但发展进程异常缓慢,而以纺织业为主导的轻工业却随处可见(又是以福岛为最甚),雇员多为短期雇工,而且工资微薄。尽管外出务工已成为补贴收入的唯一选择,但这对当地多样化经济的发展而言却是杯水车薪。④

在其他方面东北也显得较为特殊。比如,地主和佃农的关系和其他地方的佃租关系差异很大,以至于学者将其描述为独一无二的"东北型"佃租关系,其特点是两者之间有着"传统"的义务和责任感。20 世纪初的一二十年间,城市周边的农村地区开始逐渐接受商

---

① 小说家太宰治于 1944 年描述了其位于本州北端的家乡津轻:"1615 年夏丰臣秀吉的力量在大阪城堡被摧毁,而时隔 350 年后,60 次歉收。这意味着几乎每隔 5 年都要经历一次荒年。"太宰治,《回到津轻》,詹姆斯·韦斯特霍温译,第 63 页。

② 协调会,《东北农业研究》,第 23 页。

③ 协调会,《东北地方社会和经济的特殊性》,第 11—12 页。

④ 在福岛,男人通常南下到东京或是到关东的工业市镇找工作,而该地区居民则北上从事渔业或林业工作,同上,第 25—30 页。

业合同式的土地租种方式,佃农可以自行选择种地或务工。然而这种变化在北方地区进展得极为缓慢,以致观察家延续使用类似"主与仆"这样的词汇来形容那里依旧存在的封建式地主统治和农民对地主的遵从。①

日本最大的地主多居住在东北,他们手中握有大片土地。地主的权力表现在以下几个方面,一则他们征收相对高额的租金,二则在较为发达地区他们时常从各个层面干涉佃农的生活(在 20 年代以前一直如此),再则体现在地主与佃农之间很少发生冲突,这一低冲突率一直持续到 30 年代。② 有组织的佃农运动在东北发展得非常缓慢,这也说明此地有别于其他地区。

依赖农业、地处偏远等不利因素都令当地居民付出了代价,而大萧条更是使他们的生活雪上加霜。30 年代初东北地区的人均收入明显低于平均水平:在占全国 1/10 人口的东北,人均收入仅为全国的 1/20。家庭必需品的开支也高于全国平均水平,东北仅食品消费一项就占整个开支的 51%,而全国平均值为 42%。③ 女性结婚年龄偏早,尽管新生儿死亡率很高,家庭人口规模要比其他地方大。新生儿死亡率居高不下的原因主要在于医生匮乏,20 世纪 20 年代末,没有医生的村庄数量逐年增加,从 1927 年的 550 个增长到 1931 年的 598 个。在当年全国没有医生的社会群体中有 1/5 来自东北。④

在各项指标中,只有教育超过了全国平均水平。义务教育阶段的入学率非常高,和其他地方的农民相比,东北农户至少会把一位家庭成员送到农业技术学校。30 年代初,此地教育和培训方面的家

---

① 协调会,《东北地方社会和经济的特殊性》,第 4—5 页。
② 同上,第 53 页。
③ 在东北地区,土地税比收入所得税盈利多,但在其他地区却不会这样。同上第 60—62、64、68 页。
④ 仅福岛县就有 206 个村庄缺少医生;居民多达 521 939 人。同上第 62—64 页。

庭开支达到甚至高出全国平均水平。他们对教育的重视似乎可以从当地学生的勤奋程度上反映出来。在 1933 年举行的全国考试中，东北学生的得分高于平均分。虽然操着浓重的口音，也许正是由于地处偏远，孩子们的日文成绩尤其好，高达 69 分，再次超过全国 57 分的平均分。[1]

一个看似微不足道却十分有力的数据进一步说明了东北的城乡差距和地域差距正在日益加大。1930 年，日本 90% 的家庭至少拥有一个电灯。由于通常按照灯泡数来收费，因此可以确切地获知灯泡总量：当年每百名日本人有 57 个灯泡。与之相比，东北地区 80% 的家庭有电灯（考虑到以农村人口为主的因素，这一数字已经比较可观了），当地每百名居民有 34 个灯泡。虽然后面还要作专章讨论，但值得指出的是，1930 年到 1935 年间全国其他地方的灯泡数量增幅很快（新增 590 万个，增加了 16%），而东北地区却很难维持这一增长水平。1935 年仅比 1930 年增加了 6%，而和那里较高的人口增长率相抵之后，拥有灯泡的家庭数量在此期间实际下降了。福岛的情形更糟糕：1930 年到 1935 年间电力公司减少了 18 652 个电灯的供电，致使拥有灯泡的户数下降了 6%。曾经是每百人拥有 34 个灯泡的福岛，到了 1935 年下降到 32 个。

这一数字与灯火通明的大城市反差强烈。1930 年东京有 98% 的家庭拥有至少一个电灯，而且灯泡数量比人口多（每百名居民有 113 个）。到 1935 年时，一个普通东京人拥有的照明数是福岛居民的四倍。[2]

---

[1] 协调会，《东北地方社会和经济的特殊性》，第 63 页。

[2] 作者的统计数据来源包括《大日本帝国统计年刊》(1920—1937)，内阁统计局，《昭和 10 年国政调查报告》第 1 卷，《全国版》，第 124—125 页；《福岛县志》第 13 卷，第 1115 页。

福岛和会津

1868 年德川幕府垮台后不久，会津地区成为了一个县。直到
1876 年，会津和东边相邻的两地区合并成全国第三大县福岛，位于
东北六地区最南部。将会津纳入福岛县这一做法是个全局性举措，
从更广泛意义上来看，合并促进了人口融合。由于会津的地理形态
及其政治局势，合并显得格外重要。会津地域辽阔，在德川政治体
系中是面积最大的辖区之一，在现代初期曾一度由松平家族管辖，
该家族来自于盆地最南端的要塞。由于松平家族与德川的血缘关
系，即便是在德川幕府最后的日子里，松平家族依旧拥有强有力的
支持者，在明治时期会津地区的武士抵抗皇室统治比其他地区都要
持久。会津—若松市过去曾是德川政权首府，明治时期武士道的忠
诚精神在该地区逐渐盛行，这一带的人们无意反抗中央政权的统
治，这恰恰表明了"明治寡头"的建国计划实现了既定目标（图 2）。[1]

会津盆地有两个市中心。火车一穿过磐梯山就驶向若松市。
地处盆地东南部边缘的若松在 30 年代是该地区最大城市，同时也是
最重要的商业枢纽。北上十多英里就到了第二大城市喜多方。若
松有 4 万多人从事贸易，这反映出这座昔日的要塞之城如今依然是
会津盆地的贸易和服务重镇。松平家族为维护其利益，竭力控制几
乎所有商品及农作物的销售。正如斯蒂芬·弗拉斯托斯所言，当地
统治者禁止农民转让土地，阻挠一切变革，目的在于保护农民种稻
的积极性以及确保收成，毕竟水稻是眼下最重要的作物。[2] 继旧政
权垮台后，新型现代经济开始在明治时代的框架下发展，这一地区

---

[1] 见格鲁克，《日本的现代神话》讨论了这一进程及结果。

[2] 弗拉斯托斯，《日本德川时期的农民抗议与暴动》，第 76—77 页。弗拉斯托斯在书
中详细讨论了德川政权倒台后在会津地区爆发的起义。

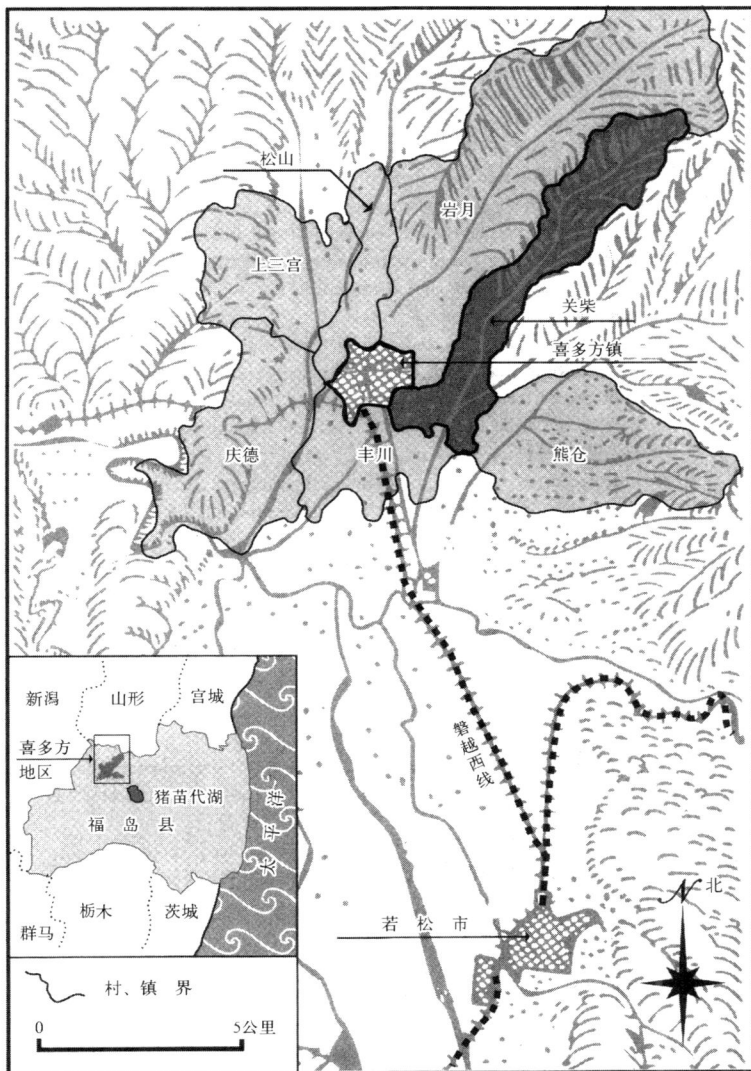

松山

岩月

上三宫

关柴

喜多方镇

庆德

丰川

熊仓

磐越西线

新潟　山形　宫城

喜多方
地区

猪苗代湖

福岛县

栃木　茨城

群马

若松市

N 北

村、镇 界

0　　　　　　5公里

图 2　会津盆地

的农民和手工业者扩大了生产,而他们早已急不可待地准备跃跃欲试了。①

铁路连接并开拓了新市场,为经济向现代化转型提供了便利条件。而在德川时代,主要交通网大多绕过这一地区,不是青睐北上的捷径线路,就是垂青沿海地区。② 1887 年从东上野站到郡山的铁路竣工(同年晚些时候修通到达仙台)创造了有利条件,使当地的政客和商人有机会四处游说将铁路修到他们那里。1899 年新修的郡山到若松的磐越线开始运营,5 年后延伸到了喜多方,1917 年,该线路向东延伸到太平洋沿岸,向西修至日本海。尽管这段旅程仍旧漫长,但到 20 世纪初从会津盆地到东京等大城市的行程时间由几天缩短为几小时。③

若松和喜多方在当地农民以及制造业者和全国市场之间起到了出色的媒介作用。曾经贵为奢侈品的会津漆器现已成为寻常百姓人家的日用品,而当地陶窑也逐渐将产品转型,以适应电力产业对绝缘体的需求。④ 当地清酒酿造商首次将产品扩大到县级市场,之后开始将越来越多的产品用船运往全国各地。和半个多世纪以前一样,30 年代同样重要的经济作物还有丝绸和棉花。失去了政治和军事地位的若松多年来一直设法在经济领域谋取一席之地,毕竟自 30 年代以来日本经济转型在会津盆地也有启动迹象。但丝绸、清

---

① 丰田尧,《东北的历史》,第 2 卷,第 232—238 页。喜多方发展编委会编,《会津喜多方的发展》,第 283—284 页。会津若松市出版会编,《会津的历史》第 332—335 页。

② 丰田尧,《东北的历史》,第 2 卷,第 165—166 页。

③ 30 年代初时,东北地区普遍都通了铁路,至少政府是这么估计的。该地区的铁路公里数与县面积比率略高于全国平均水平,而铁路公里数与人口比则是全国的两倍。该地区的公路保有量也高于全国水平。协调会,《东北地方社会和经济的特殊性》,第 30 页。

④ 大石嘉一郎,《福岛县百年史》,第 107—110 页。

酒和漆器并非当下迅速发展的行业,而当地水稻种植也有着自身的麻烦。虽说旅游业在逐步弥补其他行业的不足,但也是前途未卜。

当火车驶离会津—若松北上驶向喜多方时,一片片农舍和稻田不时映入眼帘,旋即倏忽而过。一些住所已明显有岁月的痕迹,尽管有相当一部分房子是新近设计建造的。和全国其他地方一样,福岛县农村和城镇之间以及住宅和企业之间的界限已不再泾渭分明,但是这里和东北许多地方一样人烟稀少,很少能见到有人在附近活动。[1] 30 年代福岛和全国人口密度的差距虽较为明显,但并不十分显著:日本本土每平方公里有 169 人,而福岛有 109 人。[2](30 年代初会津 100 多个社区中只有两个人口过万,一个是若松,另一个是喜多方。)到 1995 年这一差距不断加剧,全国平均人口密度是福岛的 2 倍。[3] 城乡之间的人口密度差距同样在明显加剧。1930 年附近关东地区人口密度大约是福岛的 4 倍,1995 年关东地区每平方公里不动产上的人口密度是福岛的 12 倍。当我们了解到这种真真切切的差异并非完全出自想象时,就不难理解为何如今的会津对苦恼的都市人那么有吸引力了。

喜多方

离关柴村最近的一站是会津的另一座城市喜多方,距若松以北十余英里。直到明治时期,"喜多方"一直是具有地理方位概念的词汇,指的是要塞城以北的大多数领地,而实际上"喜多方"的假名写作"北方"两个汉字。当会津盆地北端的五个村落合并为一个城镇

---

[1] 有关日本和欧洲不同经历的讨论见西田美昭,"从火车车窗看去"。
[2] 数字针对的是 1930 年。协调会,《东北地方社会和经济的特殊性》,第 6 页。
[3] 1995 年日本平均每平方公里的人口是 337 人,但福岛县则仅有 155 人,东北六县只有 147 人;1995 年的数据来自总务厅统计局编,《日本统计年刊》,第 34—35 页。

时，据说当地居民不喜欢这个名字，原因是"北方"这一概念是基于偏南一些的若松市人对该地的方位性认识，因此这两个字的读音没变但意思改变了。德川时期这五个村庄在规模扩张的同时，其重要性也与日俱增，吸引了手工业者和小型商业企业。本地通往米泽以西的公路就在附近，随着时间的流逝，当地人开始效仿管理当局定期进行市场交易。① 明治初期所成立的城镇原来仅由村庄组成，这说明不仅人口成分发生了变化，当地商业也在迅速发展壮大。②

　　喜多方在明治时期多少有着非比寻常的地位，尽管当地人并不愿刻意宣传这段历史。1882 年福岛县的新任知事宣布他打算在会津地区修筑一系列公路主干道，以此来改进通往山形、新潟乃至东京及其以南的交通状况。这些工程对会津居民而言是笔不小的负担，但他们不甘任人宰割，整个夏季当地针对税收以及筑路计划和审议的反对声音不断高涨。正如罗杰尔·鲍文所言，抵制税收等形式的抗议活动是自由民权运动领袖发出的挑战，甚至是在全国范围内对当局统治的挑战。③

　　一些反对派领袖就住在喜多方及其附近，在政府加强镇压的过程中，警察逮捕了几名当地活动家，把他们关进警察局。1882 年 11 月底，一群声援者对此次拘捕进行抗议，加之一些因犯被押送到若松（其中有关柴的宇田精一，他既是县议会成员，又是针对政府抗议活动的重要人物），抗议活动升级为暴乱。在人群四处逃离时，警察至少杀了一名抗议者，并伤及数人。接下来的一周内，成千上万人被捕，被定罪为"煽动闹事"或叛国罪。尽管法庭减少了多项指控，并推翻多条上诉定罪，但毫无疑问，喜多方事件在很大程度上削

① 喜多方市市志编委会编，《喜多方市市志》，第 8 卷，第 236—239 页。
② 喜多方发展编委会编，《会津喜多方的发展》，第 320—324 页。
③ 鲍温，《日本明治时期的反叛与民主》，第 8—31 页。

弱了自由民权运动。①

然而此次运动并没有在喜多方及周边地区形成激进的政治团体。一些被控告的活动家,包括宇田精一在内,和当地政客一样四平八稳地继续他的政治生涯。从 1905 年至 1917 年,宇田任关柴知事,原竹中平藏在 1893 至 1917 年间担任喜多方知事,而且于 1921 至 1925 年间连任这一职位。② 除了 1918 年因为大米而引发骚乱期间该地区有些许死水微澜外,喜多方和周边地区很少再次成为公开政治运动或是社会动荡的策源地。原竹知事的继任者的任期通常都很长,从 1926 到 1946 年,这 20 年间喜多方仅有 2 位知事。

20 到 30 年代的选举模式同样表现出在国家主流党派之间关系稳定而且毫无悬念。这几年间先是由民政党占得先机,而后政友会后来居上,在随后几年中取得优势。即便是 1928 年扩大选举权后,③这种平衡也很少能被打破。政治家到城市和附近村庄拉选票,不是大搞政治演说与集会,便是发表攻击对立党派的批评性言论。④在二三十年代,政友会的坚定分子八田庄吉持续当选全国该党派最受欢迎的候选人之一,他总是把喜多方作为其竞选的必到之地。其对手民政党的做法完全相同,在 1928 年到 1937 年的 5 次选举中,每当两党解散内阁成员时,双方将该选区的国会议员席位由 13 个削减到 10 个(2 名独立候选人也可以赢得席位)。在喜多方的历次大选中,有 42%的选民投政友会的票,44%的人则投给了民政党。而民政党往往在附近村庄的选民中以微弱优势占得上风。比如关柴居

---

① 鲍温,《日本明治时期的反叛与民主》,第 28—31、289—292 页。

② 喜多方市市志编委会编,《喜多方市市志》,第 8 卷,第 247、643 页。

③ 20 世纪 30 年代,福岛选派 9 名代表到国会;其中山郡的喜多方及周边地区选出了 5 名代表。远征纪念史观光会,《远征之后》,第 55、56、58 页。众议会事务局,《众议会议员总选举一览》(1932 年)。第 19 期(1936 年)、第 20 期(1937 年)、第 21 期(1943 年),第 18—21 卷。

④ 例如,见《福岛民报》,1930 年 5 月 18 日;1931 年 8 月 12 日;1931 年 8 月 26 日。

民将刚过半数的选票投给了民政党,35% 的选票投给政友会,其余
则投向独立候选人。① 尽管像八田那样的政治家能够赢得当地的支
持,但没有一个政党能够左右当地政权。

骚乱一旦平息,喜多方的运气在其他方面有了改观。1904 年火
车站竣工给当地商业和农业带来福音。几家开设在城里的纺织厂
利用当地蚕茧原料以及廉价的农村劳动力资源,直到太平洋战争末
期,蚕业和相关产业链一直都是喜多方地方经济的重要组成部分。
根据 1933 年的一次县级调查显示,两家当地最大的工厂雇了大约
570 名纺织工,其中 529 名为女性。② 然而和会津若松一样,喜多方
的工厂和现代制造业鲜有关联,只有一个特例,那就是庞大得令人
生畏的“昭和技术”(前身是昭和电工)的工业园区就位于喜多方火
车站对面的铁路南侧。虽然早在 30 年代末,作为国家制造业基础设
施建设分流计划的一部分,该厂的筹建计划就已在进行之中,但直
到 1942 年才开始动工兴建,而计划生产的铝制品直到战争结束后才
加工出来。但除此之外,喜多方及其周边地区就再无其他重工
业了。③

也许正因为这一原因,战争期间喜多方才没有成为美军轰炸的
目标,当地及周边地区和公路得以幸免于难。自此以来,多数建筑
物并没有翻新改建,因而和 30 年代的地图与照片相比,喜多方市的
许多地方并无太大改变,例如民居前的花园、商铺门面的面貌与之
前并无二致。一出火车站,铝厂从视线中消失,这不免给人一种错
觉,以为这座城市就是 30 年代的喜多方。

大萧条即将来临的前几年,喜多方市的产业构成主要是制造业

① 远征纪念史观光会,《远征之后》,第 55、56、58 页。众议会事务局,《众议会议员总
选举一览》。
② 福岛县,《制纸工厂》,福岛县编,《福岛县志》,第 13 卷,第 435 页。
③ 此地的污染问题波及面很广,并彻底摧毁了当地养蚕业。喜多方市市志编委会编,
《喜多方市市志》,第 8 卷,第 890—892 页。

和历史悠久的本地特产销售,还包括用于维持当地及附近农民生计的商业活动。虽然很难获得精确的数据,但许多分析家都一致认为,战争爆发之前的几年间,蚕业、酿酒业和漆制品构成了该市的三大支柱产业。虽然也一直在销售酱油和大酱,销路却很一般。[1] 1913年该市约有1/5的住户(投降前的最后一年才能够得到可靠数据)自称是农民,而另有1/5居民从事制造业。[2] 其余人则从事商业活动,其中大部分人在城市从事各种买卖。他们组织当地农产品的销售和运输,将丝绸销往横滨,把稻米运到东京,将蚕茧卖到长野,并带回原材料、食品以及本地所需要的其他材料。喜多方的街道两旁店铺林立,在这样一个繁荣的小城里,人们能够想到的铺子应有尽有:鱼店、服装店、果蔬店、诊所[3]、饭店,当然还有银行。

　　创办于1900年的会津银行喜多方支行是当地首家银行。(支行由当地一位有实力的商人矢部善兵卫监管,其子与之同名,曾在大萧条期间恢复当地经济中起到重要作用,详见第9章。)不久,安田银行和福岛商业银行相继开业,到20年代中期时几家郡山银行也在喜多方开设分支机构。绝大多数银行都经受住了大萧条金融风暴的考验,但也有例外。开设于1915年的第107号银行在1927年金融危机后突然倒闭,之后再也没有恢复营业。这座城市的所有储户,包括个人储户在内,损失了几乎所有存入这家银行的存款,至于官方是否履行了还款承诺,我们不得而知。[4] 除银行外,在喜多方还有其他几家金融机构。成立于1931年的公立当铺在夹缝中顽强生存

---

[1] 喜多方市市志编委会编,《喜多方市市志》,第8卷,第351—354页。

[2] 到1950年,仅有5%的住户是农民,而从事制造业和商业的住户却达到37%与27%。同上,第343—344页。

[3] 1937年该镇有12位内科医生、6位牙医以及19位助产士。从1923年起一家私营医院开始为当地病人提供诊疗服务,但直到1943年才建造了县喜多方医院,为当地人实施广泛的医疗救治。同上,第377—378页。

[4] 同上,第370—373页。

下来,更不用说当地信用社以及几家非银行类的信贷机构,他们依赖当地居民发展其客户,向其提供银行难以做到的服务项目。

喜多方还是设在会津盆地北部的众多官方或半官方行政机构所在地。比如全国性组织帝国农会就设在此地,虽然其会员大多分布在周边农村。到 1926 年国家取消县一级独立办公机构时,其县级办事处一直都设在城里一幢高大的西式二层楼中。警察局始终都在,而喜多方警察局负责监控喜多方市、附近其他两座城市及其周围 30 多个村庄。[1] 警察总是能够出面处理该地区的事件,尽管在平息喜多方暴乱事件中他们所扮演的角色并不属于正常的日常工作范围。

喜多方也是本地区高一级的教育机构所在地。除已有的当地两年制初中之外,在当地官员和社区领导人的多年游说和多方筹款之后,1920 年喜多方中学终于建成竣工。而在此之前,整个会津地区只有一所中学,因此这所新增校舍对喜多方而言是一次重大胜利。到 20 年代末,学生可以进入女子高中和商业职业学校就读,因而增加了当地人接受教育的机会。[2]

基于上述原因,在大萧条之前的几年中,人们有理由对这座城市及其周边社区的未来持乐观态度。20 年代末喜多方及其周围农村有 34 000 多居民。1929 年若松有 46 000 人,尽管和若松市相比喜多方并不算大,但在这里及其周边地区拥有足够多的人口和企业,使之在经济和政治上的地位举足轻重。[3] 一方面当地的经济和农业及蚕业保持紧密的联系,而另一方面会津盆地的北端还是复杂的金融网络和社会机构的所在地。这些都为年轻人的前程、经济的

① 喜多方市市志编委会编,《喜多方市市志》,第 8 卷,第 325—327 页。

② 同上,第 384—388 页;喜多方市市志编委会编,《喜多方市市志》,第 6 卷,第 167—169 页、628—629 页。又见山郡役所编,《福岛县山郡志》对该郡的管理进行了详细的考察。

③ 喜多方市市志编委会编,《喜多方市市志》,第 6 卷,第 824—827 页。

增长以及喜多方发挥其更为重要的区域性作用提供了有利机会。而大萧条的到来证实了这些有利因素是如此不堪一击。

喜多方终于由城镇转变为城市,虽然这一天直到 1954 年才姗姗来迟。和其他地方一样,喜多方城市转型的动力并非来自内部,而是由外部的行政指令促成。1954 年该镇的边界扩大到周边 7 个村庄,合并成为一个行政区域。[①] 从多种意义上讲,这其实是 19 世纪末以来全国合并高潮的一部分。当德川政权倒台的时候,喜多方镇周围有数百个小村庄。到 19 世纪 90 年代末,就只剩下喜多方以及松山、岩月、关柴、熊仓、丰川、庆德和上三宫这 7 个村子,其他的小村庄则并入这 8 个行政区域。1954 年这 7 个村庄被纳入到喜多方市的管辖范围内,标志着城镇和农村长期以来的这种行政关系已进入尾声。

关　柴

四条河流决定了关柴的地形走向。田付河、姥堂河、见野森河和押切河自西向东从山间流向会津盆地的中心。河流汇集在一起形成更大的扇形冲击河床,并造就了肥沃的农田。长期以来,尽管精心修筑的河道中流淌的河水多用于灌溉和水库蓄水,现代关柴的狭长陆地却依然以古老的河道作为地标走向。[②]

关柴村的疆界从东北部的高曾根山脚下连绵到西南部的浊川(图 3)。最宽处仅有 3.5 公里,最长不到 11 公里。从村子南端出发沿任意一条小道或是乡间交错的马路北上,你会发现几个特点。首

---

① 喜多方市市志编委会编,《喜多方市市志》,第 8 卷,第 247、643 页。

② 关柴水坝的水源来自姥堂河和浊川上游。1940 年大坝开始修建,但 1956 年方才完工。最初的修建用意是储备灌溉水源;30 年代末,一连几个夏季村子及附近地区饱受旱灾折磨。喜多方市市志编委会编,《喜多方市市志》,第 8 卷,第 672—675 页,第 6 卷,第 310—315 页。

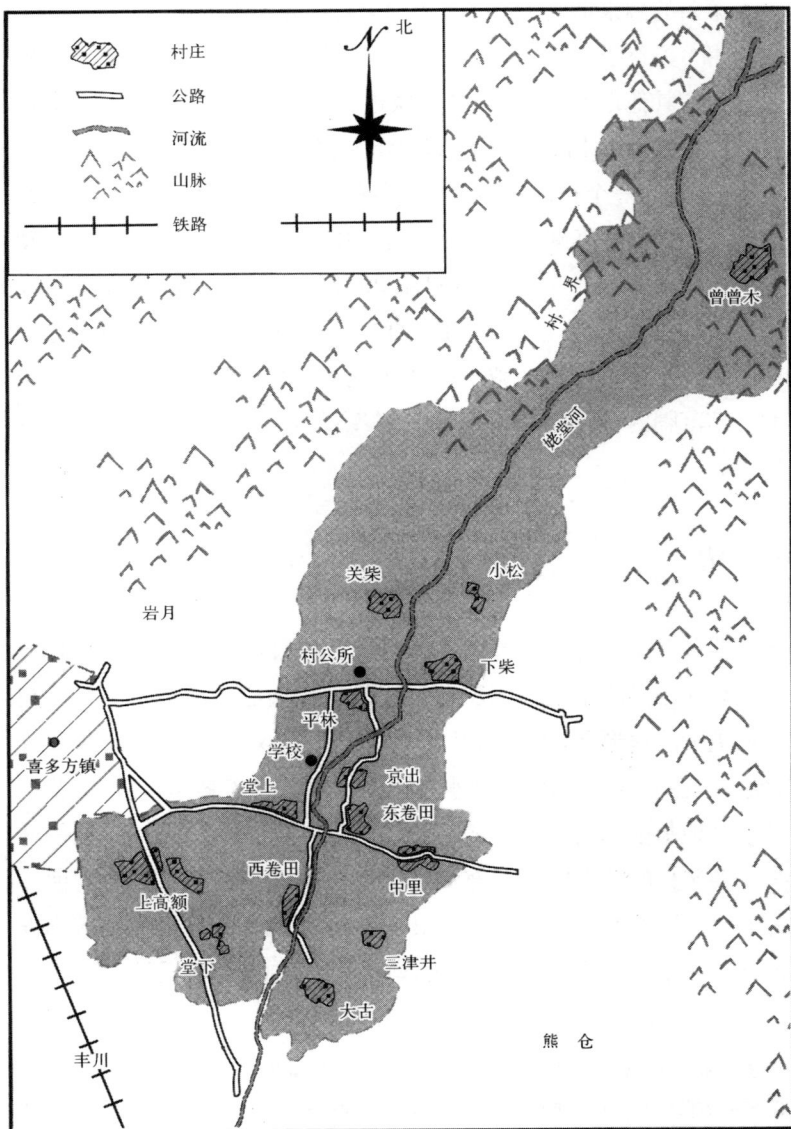

图例	
	村庄
	公路
	河流
	山脉
	铁路

N 北

岩月

曾曾木

村界

姥婆河

关柴　　小松

村公所　　下柴

平林

学校　　京出

堂上　　东卷田

喜多方镇

西卷田　　中里

上高颖

堂下　　三津井

丰川　　大古

熊仓

图3　关柴村

先,村里大部分地区地势低洼平坦,全村总面积 24 平方公里,而占总面积 3/5 的中部和南部地区海拔约 270 米。① 大部分田地仍在种植稻米,田垄间的灌溉渠交错在一起,呈网状分布。尽管也有植被,但在稻田中视线很少被遮挡,所以眼前所呈现的景象很容易让人联想到 30 年代的关柴。

村子以北 1/3 的地段,地面开始有些坡度,稻田和郁郁葱葱的小山交织在一起。关柴北部平均要比南部高 60 到 100 米,随着地势的抬升,灌溉沟渠越来越少,旱地逐渐增多。村里多数稻田比四周的路稍低一些,由于北部地势高出几米的缘故,春天透过连绵的植被能够看到山顶的房屋。

关柴村南北地形的差异对植被的影响很大,而且不仅仅表现在小气候、土壤类型和灌溉条件的差异等方面,当然,这些条件对作物的产量和种类有直接影响。附近森林广布也同样重要。北面山上覆盖着种类各异的林种,有山毛榉、雪松、榉木与七叶树,此外还有丰富的动植物资源。北方和其他地方的差异泾渭分明,步入其中仿佛村子已经走到尽头,地图则显示前面还有很远。尽管在最北端居民稀少,关柴村的边界一直延伸到会津盆地边缘的山脚下。对 30 年代的农民而言,能够进入附近森林的意义重大。这里的山林为村民提供了重要的资源,而这是身处盆地深处的人们所不具备的便利条件。

自西向东贯穿村子的两条主干道不仅为去往喜多方提供了便利,还可以到达另一个方向的白川镇或北上进入磐梯山背面的高原。紧临村子西南侧是 121 号公路,沿着这条德川时代修建的公路

---

① 关柴在当地属于中等规模的村子,比喜多方(4.2 平方公里)和丰川(8.7 平方公里)大,比熊仓(21.5 平方公里)和山都(20.1 平方公里)略大些,却要比岩月(47.98 平方公里)小许多。喜多方市市志编委会编,《喜多方市市志》,第 8 卷,第 258、549、625—627、703、781、859 页。

可北上至山形县,而向南穿过会津若松市可直达日光市。村子中部有几家小商店簇拥在路旁,但绝大部分的商业活动都集中在周边的镇子里,这种情形一直到延续到今天。对多数村民来说喜多方步行即可轻松到达,如果骑上自行车到镇子里购物或是办事则会更加轻松。1927年后定期公交车的通行使这一行程更加便捷。

借助棋盘式的小路即可在村子里穿行,而借助狭窄的马路可以轻松抵达田间地头。如今关柴的大小公路大都笔直而且维护得很好,而30年代的地图则显示当时的情况和现在有些出入。过去的稻田边界很不规则,因而田间小路显得曲曲折折。战后土地所有权合理化改革之后,道路变得笔直,但在30年代,维护并扩大现有公路网则是艰巨而复杂的事务。

早在很久以前关柴及其附近地区就有人居住了。绳文时代(公元前10 000—前300)就曾对这一地区的居民做过记录,尽管直到16世纪左右才出现文字记载,但的确有人类在前面所提及年代中在此居住过。① 德川早期这里就有十几个小农庄,在当地统治者的眼中,这些村庄各不相同,而且人口分布不均,从几十人到几百人不等。从30年代的关柴地图上一眼就可以看出这一时期村民传统的生活和劳作方式遗风尚存。现在的关柴村缺少中心,没有一座建筑群或是居民聚居地能够明确代表权力所在地或是人口集中地。相反,眼前只能看到小规模的农户聚居群,而且都有小路和农田相通,周围则被大片田地包围。关柴村有14个小村落,绝大部分自成一体,虽然彼此相距不远,但都有各自独立的神社、税收系统以及社会、政治机构。

和其他成千上万的村庄一样,随着喜多方镇的重组与合并,关柴村的行政权力日趋集中。到19世纪80年代末,明治政府在10年

---

① 喜多方市市志编委会编,《喜多方市市志》,第8卷,第629、633—635页。

间将村镇的数量削减了近 80%。① 到 1877 年 12 个村落中的 7 个合并到关柴村,最后一次合并完成于 1889 年。

之所以大力推行村镇合并,受到诸多因素的驱使,但绝大部分原因和明治政府意欲强加给当地的新赋税有关。对小村子而言,实行义务教育代价太过昂贵,此外还有一系列小村庄难以承办的昂贵而复杂的产业。② 和管理数量众多的小村庄相比,政府对少量大村镇的管控相对容易。财政以及行政方面的监管力度加大了。新成立的村子负责收税并选拔地方官员组成村委会(依次向上一级类推选出知事),但具体操作时很大程度上是由内政部和县级政府当局自由裁决。正如福武所言,明治政府的目的“并不是认可居民自治的民主权利,而是形成一个公民必须尽其义务的强制性体系”③。

政府试图消解居民对当地权威的效忠,力图加强地方行政中心的凝聚力,这些努力也很奏效。在形成现代国家公民的过程中,仅把村庄合并起来还远远不够,其效果远不及义务教育和征兵,而这两项举措往往能够有效地加深公民对他们和国家之间关系的理解。④ 然而对现代农村政策的制定者而言,改变这种狭隘思想将会是一个难以企及的长期目标。

面对变革所掀起的如此强大的冲击力,地方势力却依然顽固不化,原因之一在于各种形式伪装之下的旧势力依然残存。将各村合并成一个村庄并不能把以往的嫌隙一笔勾销。同其他地方一样,关柴保留了原来的社会生活和经济活动基本模式。在给新形成的村落起名时,居民继续沿用原有村名以保留其对当地的身份认同感,而这意味着 30 年代的关柴村下属 7 个区以及 14 个小村子。地图上

----

① 福武直,《日本的农村社会》,罗纳德·P.多尔译,第 157 页。
② 福武直,《日本的农村社会》,第 156 页,描述了这一进程,又见斯坦纳,《日本的地方政府》,第 46—47 页。
③ 同上,第 157 页。
④ 格鲁克,《日本的现代神话》,第 204—205 页;派尔,“日本民族主义技术”,第 65 页。

显示一些区就标在原来村落的上面,而其他区则将几个村子涵盖在内。这 7 大区以及 14 个小村子依次是:关柴(关柴村)、下柴(下柴、曾曾木、小松)、平林(平林)、三井(京出、东卷田、堂上)、上高额(上高额)、西堂(堂下、西卷田)、丰芦(中里、三津井、大古)。

合并 40 年后,许多家庭仍住在由先人命名的村子里,其住所还聚集在老地方。关柴和上高额是最大的村,分别有 66 家和 53 家农户,但其他村子大都只有这两个村的一半大。比如关柴最北边的小松村仅有 18 家农户。1925 年至 1929 年间,关柴有 426 户人家,而在接下来的 5 年中,农户数仅增加到 433 个。[1] 意料之中的是,这一地区村落之间的土地等财富的分布也不均衡。

近几年来,城市扩张在这一地区蔓延,新增家庭令曾是泾渭分明的村界日渐模糊。当然多数情况下,村子从哪里起始或到哪里终止还是不会弄错的。因为村周围的农田就是各村的分界线。一些小村落在村边界的重要地段设置了周边地区的地图作指引。小松村就是个很好的例子。这些地图向来访者展示了住户的姓名、居住分布位置,甚至还有家谱。在小松村的地图上,我找到了 20 世纪 90 年代初许多家庭的姓氏和 30 年代小松村地名之间的众多密切联系。

这些村子中的住户和农舍紧密相邻,不断扩建的古老砖木混合结构的农舍与为数不多的现代风格的二层独立小楼毗邻。旧式房子曾经很适合大家庭农户居住,再加上添置了大屏幕电视和其他现代化便利设施,老屋继续发挥着优势。当地的仓房虽然充盈,但不再堆满谷物或食品,而是用来放置农具、自行车以及其他日用工具。

关柴的地理面貌并没有什么值得一提的独特之处。和其他村子一样,村中或是田间点缀着几棵异常高大古树。这些古树往往预

---

[1] 关柴村的人口因此比喜多方要少得多,在这十年期间喜多方约有 2 400 户居民。关柴甚至比岩月村(约 600 户)以及熊仓(1925—1929 年 533 户)要少,但大致上和丰川和山都差不多,或者还要稍多一些。

示着此处是当地神道神社的所在地,而神社的存在提醒着后人,当地人仍在这里济济一堂,并沿袭着先人传下来的古老仪式。20 世纪初,明治政府曾试图削减神社数量,规定在特定地区只允许保留一座神社,其目的是想削弱地方的凝聚力以敦促地方效忠国家,但这些努力都以失败告终。关柴和其他地方一样,人们不愿意神社远离他们的生活,于是把其他露天场所当作精神避难所。

村西北的禅寺附近就发生过类似情况,进而产生了持续的效果,也许在人们的记忆当中,令人印象尤为深刻的是,喜多方事变前夕这里曾是自由与民权活动分子聚集的场所。寺庙虽然不及寺中伫立的镰仓时代的雕塑(来源不详)年代久远,建筑及其环绕其间的古树却也显得十分古老。紧靠寺院的池塘吸引了野鹅等野生动物;多次到访之后,在我看来并无太多证据表明这里曾受到席卷喜多方那场风波的影响。

这里其他公众活动的场所虽不如寺院年代久远,分布却更为集中。第一个关柴村公所从 1889 年一直使用到 20 世纪 30 年代初。虽早已决定兴建一所新的村公所,但村委会内部就建造成本问题总是争论不休,直到 1931 年才达成共识。新址选在平林,新的村公所直到 1933 年初才竣工完成。这座新办公楼就坐落在通往磐梯高原的公路北侧,直到关柴村被吸纳到喜多方才完成了其使命。在 1978 年公开出售之前先后被派作多种用途。[1] 当地警局也有类似经历。建于 1899 年的第一座村大会堂于 1936 年迁往平林,这座数千平方英尺的建筑一直被用作警局,直到 1978 年另一处警局盖好才迁址,因而这里就成了平林居民的会议厅。

多年来,关柴的孩子们分散在几所相距很远的小学就读。直到 1906 年村里设立关柴小学(同村公所和警局的办公地点一样,校址选在平林),来自不同村子的学生才得以在同一所学校念书。

---

[1] 喜多方市市志编委会编,《喜多方市市志》,第 6 卷,第 666 页。

1926 年又增加了高年级课程,便于上得起学的孩子继续就读,完成六年制义务教育之外的课业。据报道,义务教育年限内的入学率非常高。据称,20 世纪 30 年代中期有 98% 的学龄童在校就读,这意味着当时有多达 700 名学生接受十几位全职或兼职教师的教育。①

20 世纪二三十年代,关柴村的小学生毕业后可以继续进入地处喜多方的中学就读,前提是他们必须通过难度很大的考试,但许多人往往是进入当地的职业学校。多年来,该村教育体制的组织工作处于不停的波动状态,虽然一直在承诺举办小学毕业后的教育培训,但结果并不理想。30 年代学校仍在不停地更名,1932 年曾经是村里的"附属技术学校"变为国民职业学校,翌年更名为关柴农业国民学校。② 正如理查德·斯梅瑟斯特所言,到这一时期为止,职业培训大多面向农业,虽然他们也开设了覆盖面(由于性别差异而有所区别)较广的日语,一些学校开设历史、伦理课,还有一些学校开设技术培训课。③ 1926 年后,职业学校的男生获准进入当地青年培训中心,接受额外的军事训练和伦理教育。

1935 年,为配合新国策,培训中心与农业学校合并为关柴青年学校。所开设的新课程将实用的职业培训与道德和爱国主义教育相结合,同时为男生增设军训内容,并面向女生开设家政学课程培训。国家的目标是确保农村每一个处于受教育阶段的孩子都能上得起学,关柴官员宣称他们在 30 年代已经完成了这一任务。④ 战后

① 喜多方市市志编委会编,《喜多方市市志》,第 6 卷,第 638—639 页。
② 据村子报道,那一年学校内有 52 位男生、107 位女生。喜多方市市志编委会编,《喜多方市市志》,第 8 卷,第 685 页。
③ 斯梅瑟斯特,《战前日本军国主义的社会基础》,第 41—43 页。
④ 同上,第 41—43 页谈到青年学校。到 1937 年 4 月 1 日,关柴青年学校已有 95 位男生、65 位女生,这意味着所有适龄学生都在学校就读。喜多方市市志编委会编,《喜多方市市志》,第 8 卷,第 686 页。

的教育改革撤销了青年学校,因此关柴只留下一所小学和一所中学,在同喜多方合并后,成为更大教育体系中的一个组成部分。

当代关柴一些永久性机构和地标的存在暗示着和 30 年代的关联之处。当我漫步在关柴乡间的小路上,感受此处的现实世界和我所研究的档案世界中的社会场景之间的关联时,心中甚感欣慰。与此同时,30 年代和眼前的 90 年代关柴相比,二者之间并无太多共同点。居民也许会觉得自己以及周围人和过去一定有某些必然联系,但曾经的关柴村如今却无法成为鲜活再现过去农村生活的博物馆。诚如许多农村研究者所指出的那样,在过去 60 年中,农村生活经历了彻底的改造。[①] 农村农业社会为融入主流社会进行土地改革、机械化等诸多方面的变革对关柴产生了深刻的影响。

20 世纪 30 年代,绝大部分关柴居民都是农民。20 年代末一直到整个 30 年代,有 90% 的从业人员将其职业登记为"务农",只有极少数人从事其他行业。其中有 50 人在此期间经商(占从业人口的 3%),而其他职业还包括临时工,其从业人数从 1928 年的 80 人减少到 1931 年的近 60 人。[②] 从 1933 年的逐户调查来看,有 371 户全职农业家庭、25 户兼职农业家庭,仅有 2 户全职制造商,10 户全职商人。[③]

自那时起,出于照顾家里老人的责任心,务农已成为大部分家庭的兼职。在此居留的年轻人在附近公职机关和工厂工作,只有少数情况下才会偶尔下地干些农活。许多年轻人则选择离开家园,到

[①] 多尔,《篠畑:日本村庄的肖像》;R.J.史密斯,"在日本大都会中寻觅一席之地",第 189—216 页。

[②] "农民"在这里包括全职和兼职农民。到 1933 年,村里一直沿用这两种仅有的分类方法来统计,当时仅有不到 100 位兼职农民。SMY,《统计表》文件,1929—1939 年,KST。

[③] SMY,《1934 年经济构成规划基本调查》,KST。还有 5 户属于公职人员或"自由"职业者(例如教师),另有 12 户全职或兼职"其他"不甚明确的职业。

别处寻找发展机会;这期间喜多方人口减少在某种程度上可以说明这一现象。做这样的选择不仅可能而且也极为常见,这是由农业本身的行业特点决定的。20世纪30年代,农业活动比其他任何时候都更稳定、更有收益,也更有规律。位于小学对面的当地农业合作组织、或称农协,负责收购大米等作物,再以高额补贴价格出售给政府,在政府和农户间充当中间人角色,并通过价格的杠杆引导农民种植政府需要的作物,同时还要保护农民利益免受各种侵害。在战争即将结束时,约有一半土地租给佃农,但是到土地改革结束时,就只剩下8%的租种地了。① 扶摇直上的土地价格使许多农民至少在账面上致了富,但出于保护其利益而制定的法律一般来说并不鼓励农民出售土地。由于这些相对仁慈的新法律,自60年代以来,大多数农民家庭在日本经济大发展的进程中与城市家庭分得了一杯羹。

30年代,战后农村的经济复苏前景并不明朗。当经济危机在关柴蔓延开来时,当地社会活动家和农民在寻求重塑社会及经济版图的可能性,以期形成一个更为强大、更加独立的社会群体。没有人公开请求进行声势浩大的改革,但最终证明变革对日本农村的稳定和繁荣非常有必要。30年代的解决方案所针对对象的范围非常狭隘。然而在寻求出路的过程中,引发了一些根本性问题,而这些问题至今仍在困扰着日本:在席卷全国的经济和社会变革中,农村社会将如何参与其中? 怎样把不同阶层而且十分分散的农民组织协调起来,来最大限度地满足其利益? 在接下来的几章中,将探讨身处危机时代的农村是如何努力解决问题,并最终通过何种方式挽救自身命运。

---

① 喜多方市市志编委会编,《喜多方市市志》,第8卷,第670—671页。

第 3 章
农村大萧条

1931 年 12 月中旬的一个周六,当地首个在满洲里阵亡的士兵遗体运抵喜多方车站。此后这一幕在全国各村镇不时上演,当地小学的师生们早早地集合起来,前来迎接几个月前刚满 22 岁的下士山崎雅美回到故土山都。[①] 冰冷站台上的这一肃穆场景不加掩饰地提醒着人们,村子外面的世界时刻都在演绎着悲剧。

对关柴及周边地区的居民而言,满洲里事件连同一系列不断演变的戏剧性事件给人一种异样的感觉,让人感到 20 世纪 30 年代初这些不计后果的事件正在将日本拖入危机,前途堪忧。为支持派到中国大陆的士兵,关柴小学生为其捐款,而他们的父母则因收成每况愈下陷入困顿,人们渐渐明白东京当局已无力挽回当下的局面。[②] 甚至当山崎下士的遗体抵达车站时,这里便立刻成为国民宣泄恐惧的场所。

始于 1930 年的大萧条差不多持续到 1935 年才结束,此次危机对日本农村的打击可谓史无前例。源自各种背景的危机同时袭来,纠缠在一起,其错综复杂性到了难以破解的程度。1931 年 9 月,关东军在满洲里发动了一系列侵略活动,使满洲里政权脱离了中国的统治,并扶植建立了一个傀儡政府。涣散的东京政府无力控制正在发生的各

---

① 猪俣悦造,"停战前后的记录情况",第 8 页。又见喜多方市市志编委会编,《喜多方市市志》,第 6 卷,第 760 页,其中对山崎之死有详细记录。

②《福岛民报》,1931 年 11 月 29 日。

类事件,不久被迫调整和西方的外交关系,以应对眼下的新局势。

本章开头的这幕悲剧不会就此打住,山崎下士只不过是第一个为此付出生命代价的当地士兵而已。因在经济和外交方面执行不力遭到质疑,政届和商界领袖在 20 世纪 30 年代初频频成为暴力恐怖袭击的目标。仅在 30 年代的前两年,就有两位首相、曾为财务大臣的三井株式会社总干事以及驻首相官邸的警察田中戈罗死在恐怖分子手中。伴随着这一系列连锁性事件,政党内阁最终于 1932 年 5 月 15 日倒台。

青年农民、陆军和海军军官共同参与的武力攻击事件不仅使大萧条危机更为突出,还显露出三个发展态势。首先是农村经济危机迅速波及各个层面,稻米和丝绸价格一路暴跌,并在谷底徘徊多年,此后 10 年间农产品价格跌宕起伏(其中大部分时间在下跌),农民燃起的希望一次次破灭。与此同时,城市工业经济的溃败又令农村雪上加霜,加剧了对农村社会的侵害;一方面农业负债累累,另一方面收成忽好忽坏,即便是在水稻创纪录的丰年中收入也少于往年。任何形式的经济滑坡都会使农户蒙受损失;而多重危机一旦合力发难,产生的危害则要大得多。许多家庭很快便入不敷出,直接威胁到了他们的偿付能力、健康状况和社会稳定。

第二个至关重要的问题是不断加大的城乡差距。自萧条之初开始,农村与城市之间的差距就已经开始逐年加大。人口统计上的变化就与此有关。1920 年有 1/8 的日本人住在人口超过 10 万人的城市,而到 1935 年时则变成了 1/4。在这 15 年期间,增加的人口有超过 80% 被城市中心消化吸收,结果在 1935 年产生了 34 个 10 万人以上的大城市,而在 1920 年只有 16 个这样的大城市。[1] 随着城市的扩张,产生了一种生动活跃的都市文化,尽管对于农村的年轻人而言极具吸引力,但许多农村观察员认为,这种文化体现出的轻浮

---

① 田崎信善,"都市文化与国民意识",第 179 页。

与堕落令人反感。工业化更是一种都市现象，而农村却与之无缘；高收入、生活水平的提高往往首先在城市里应运而生。农村总是迟一步享受到医疗设施（包括医生的救治）、电灯、电话或者收音机这类现代化所带来的福利。1930 年，收音机这一最新大众传媒的听众发展壮大到 100 万人，但城市居民比农民拥有一台收音机的机会要多得多。[①] 大萧条只会加剧人们心中的恐惧，因为城市的财富积聚及其现代繁华正是牺牲了农村的发展机会换来的。

大萧条带来的第三个后果是涌现出农村事务代言人。地租制度造就了一批激进主义分子和农本主义者。20 世纪 20 年代这两股势力在人数和力量方面都得到了发展壮大，虽然激进主义分子时常遭到政府的打压，到 30 年代时已逐渐失势。

正如安·沃斯沃等研究者所主张的那样，这两大农村思想和激进主义有许多共同点。二者都吸引了从地方到全国各个层面的新一代年轻领袖人物，都在寻找出路来解决难以驾驭的经济问题，而无论是当地精英还是国家似乎都在刻意回避这些棘手的问题。[②] 在 20 年代末和 30 年代初成熟起来的年轻一代的农民不仅有经验，而且受过培训，和当时农村社会中多数当权者有着很大的不同。崛起的新兴一代的特点是渴求新知、渴望自我提升，但愈演愈烈的大萧条使其难以坚持这一初衷，他们既无法大展身手，又不愿听从那些当地当权者墨守成规的建议。参加"5·15"事件的农本主义者就表达了这种情绪；而当地激进主义分子则以其他较为隐蔽的方式进行改革尝试，这样做既不大张旗鼓，又避免了流血事件。农村妇女也时常加入这一行列，一方面她们可以寻求新的社会角色定位，另一

[①] 1932 年 1/4 的城市家庭拥有收音机，而在农村这一比例仅占 5%。卡萨，《国家和日本的大众媒体，1918 年至 1945 年》，第 88、94—97 页；岩崎晃，"新媒体的展现"，第 240、244 页。

[②] 沃斯沃，"农村社会的转型，1900—1950"，第 557—559 页。

方面她们得以摆脱社会强加在女性身上的规约与限制。①

20 世纪 20 年代的危机

30 年代初使农民备受折磨的问题不全是新问题。农产品价格下跌、固定开支以及担心难以偿付债务这些农民所关心的突出问题,在大萧条来袭之前就早已存在,而且并不鲜见。30 年代初农村危机在长达 10 年的不确定的经济发展中就有所预兆,同时国家财富基石的地位向农业过渡迟缓也为这些问题爆发埋下了伏笔。

一战前后,日本在商业方面所取得的瞩目成就改写了原有经济格局,由先前的以农业和轻工业为主的模式转变成以科技为导向的复杂、现代而又多样化的经济模式。日本由债务国转变为债权国,而且新生的重工业在无需国家悉心呵护的情况下首次出现运转良好的态势。这次战争把外国商品的竞争赶出了国内市场,而允许日本本土公司向国外西方制造业发起挑战。在这场冲突中工业产出增加了 70% 以上,并带动了就业岗位的急剧增长,而且用于生产力的资本投资也大幅增加。日本造船厂在 1915 年仅建造了 8 艘船,而 1918 年就建成并命名 174 艘轮船。② 其他行业也取得类似成果,至少表现为工人工资水平上涨以及就业机会增加。与此同时,重工业工人的工资超过其他行业,这反映出在两次世界大战期间,财富和资本在更广泛的范围内流向大型企业。③

经济繁荣期的到来对农民而言却是喜忧参半。农业以外的就业机会增加了,许多青年男女把握住这一机会成为工人。扩张的经济也加大了对一些农产品的需求。工厂的工人以及不断增加的城

---

① 圆子玉井,《民族主义的阴影下》。

② E. 悉尼・克劳考,"工业化和技术变革,1885—1920",第 53、104 页。

③ 康三山村,"1911—1930 年的日本经济",第 327—328 页。

市人口需要大量稻米，而农民则乐意为其提供这一农产品，尤其当战争打响时，可以以更高的价钱出售军需粮食。

起初，米价的上涨趋势与其他所有消费品价格趋于同步，但其后粮价便开始一路飞涨。1918 年消费者需支付相当于 3 年前 3 倍的价格，大致是同期其他消费品涨幅的 2 倍。对种植者来说，1917 至 1918 年粮价暴涨是日本现代历史年度涨幅最大的一次。1915 至 1916 年间，蚕茧价格涨了几乎一半，第二年又涨了 45%，而且在接下来的 2 年里呈现螺旋式上涨趋势。1919 年（蚕茧的涨幅和大米类似），蚕茧价格是 1915 年的 3 倍多。①

涨价最终波及到几乎所有农产品，并达到空前的程度。有记载显示了关柴农民炫耀摆阔的场面。他们被突如其来的财运冲昏了头脑，致使其在消费时举止轻率，据说他们喜欢四处丢掷 5 日元或是 10 日元的钱币，仿佛他们钱多得烧得慌，这一反常行为甚至引起官方编委会的注意并记录下来。② 这种得意洋洋的心情可以理解。在农民最近的记忆中从未有过此类经历，当经济繁荣带来的暴富袭来时，他们并未做好充分的心理准备。

然而当经济蓬勃发展时，有迹象表明问题将至。一战的最后一年，米价这一基本日常必需品的价格快速扬升已完全超出许多家庭购买能力，而 1918 年夏，有关有人囤积大米的谣言点燃了民众的怒火，在全国激起了大面积的骚乱，甚至时有暴力冲突。③ 八月喜多方约有 700 多人花了一个晚上围攻米商和富人住宅，"鼓励"他们捐献钱粮。在福岛县的其他地方上演了相同的一幕，日本农村和无数城

---

① 梅村等编，《农业与林业》，第 9 卷中《1868 年以来对经济长期数据预测》，第 160—161、168—170 页。所有农产品的价格表现出类似的发展趋势。
② 喜多方市市志编委会编，《喜多方市市志》，第 8 卷，第 646 页。
③ 见路易斯，《骚乱分子与公民》。

市中心也同时爆发了"米骚乱"。[①]

　　对于农村社会的许多居民而言,需要面临的问题是他们既是大米等作物的生产者,同时又是消费者。为满足兑付现金的迫切需要,农户通常选择卖掉所有或是绝大部分收获的稻米。这样做的家庭可以稍后再回购所需大米;那些以养蚕或种植其他经济作物为主要收入来源的地区则根本不种米或是只种极少量的稻米,因此几乎完全依赖市场来满足其口粮需求。

　　上述体系之所以得以运转,是由于并不富有的农民预见到了一年中米价的波动区间。剧烈的价格波动会使农户难以糊口,因此米价涨幅过于悬殊并不符合所有农民的利益。尤其是佃农常常陷入窘境,因为他们在收获季节以最为低廉的价格出售大米,而晚些时候米价上扬,他们又因糊口需要而被迫买米。地主和其他有现款的人则将米囤积起来,待米价抬高后再卖出,从而获得更高的利润。对佃农而言,新兴活跃的经济不仅减少了潜在的赚钱机会,也使租佃关系日趋紧张。经济繁荣带来的其中一个后果是涌现出富有前瞻性的农民运动,运动的目标之一是为佃农创造更为公正合理的环境,因而运动有时也能获得成功。

　　繁荣之后的经济低谷对农民的打击接踵而至。经济衰退首当其冲也是最显而易见的冲击始于 1920 年的米价波动。一战之后全球农产品价格急速下跌,日本农民的日子过得也并不舒坦。从 1910 年到 1920 年的 10 年中,米价至少有 7 年在上涨或保持不变,但在接下来的 10 年中有 8 年在下跌。[②] 更糟糕的是,维持农场经营以及养家糊口的费用却没有与农作物价格下跌速度一致。这对多数农民来说也是一个需要应对的新局面。在 20 世纪 20 年代之前的 30 年

---

① 喜多方市市志编委会编,《喜多方市市志》,第 6 卷,第 157 页。又见大石嘉一郎,
　　《福岛县百年史》,第 156—163 页。

② 梅村等编,《农业与林业》,第 160—161 页。

中,只有 4 年的农产品价格高于或持平于农业家庭的消费价格指数。一战后这一模式被打破了。在 1920 至 1929 年这 10 年间,有 5 年农民的消费水平超过农产品价格水平,而在 1920 至 1934 年 15 年间则有 10 年消费价格指数高于农产品价格指数。[①] 上一次消费价格和农产品价格差额过大是在 19 世纪 80 年代中期的松方通货紧缩期间(松方通货紧缩发生于 1884 年——译者注),但即便是在当时两者的悬殊差距很快就消除了,比两次世界大战期间恢复快得多。[②]

这一时期的另一特点是由交替出现的繁荣与衰退所带来的剧烈动荡,但这是农民极不愿意看到的。从 1876 年到 1940 年,农业商品价格的年增长率或下降率超过 20% 的情况只出现了 11 次,然而仅在 1915 年至 1920 年间就发生了 6 次振幅最大的价格波动。1915 至 1935 年间只有 4 年丝绸价格的年增长率或下降率超过了 10%;而波动率超过 20% 的年份却多达 13 年,其中又有 8 年波动率超过 40%。米价涨幅最大的一年出现在 1917 至 1918 年的战前时期,跌幅最大的年份是在 1929 至 1930 年期间。要想找到发生在 1915 至 1916 年间的蚕茧价格最大涨幅的参照物,就只能追溯到 1876 年了,而 1929 至 1930 年蚕茧价格的自由落体式的下跌则更是史无前例。[③]

农业衰退的部分原因应归咎于国家所采取的政策。“米骚乱”过后,喜多方的地方领导人开始有计划地做出回应,向居民廉价出售稻米;从全国范围来看,原隆首相领导下的新内阁也在更大范围

---

① 大川等,《价格》,第 8 卷,《1868 年以来对经济长期数据预测》,第 135—136 页。梅村等编,《农业与林业》,第 160—161 页。

② 有关二次大战之间经济和农业讨论的英文资料见康三山村,“1911—1930 年的日本经济”,第 303—306 页;以及帕特里克,“20 世纪 20 年代的经济混乱”,第 216—220 页。

③ 梅村等编,《农业与林业》,第 160—161 页。这基于农民接受的价格指数。

内推行类似计划。① 这些计划中的一项措施是增加大米进口。通过降低进口关税,可以刺激朝鲜和台湾米商自愿向日本出口稻米,政策的制定者希望保证国内供应量的充足和稳定,从而降低消费品价格。1916年至1917年大米进口为25万吨,而10年后激增到近170万吨。到30年代,1/6的大米来自进口,其中绝大部分产自朝鲜和台湾。②

农民组织并不赞成政府鼓励进口的政策。他们的担心后来得到了印证,大量的进口作物的确会拉低国内米价。由于价格时涨时跌,剧烈动荡的表征在20年代的前5年还未完全显现出来。1924年市场在经历了一次短暂上冲后便掉头向下,价格出现了明显下降趋势。1925年之后的6年间米价持续下跌。

政府和农民组织都在试图寻求出路,设法平抑市场上农产品的价格波动,但都未能奏效。随着1921年《水稻法》的颁布,上述行动框架开始逐步形成,通过政府购买的形式,从理论上讲国家有能力随时控制市场上大米的总量。③ 米骚乱之后很快就颁布了这一法令,政策的制定者仍旧担心是否能够以低价来确保国内米市充足的供应量。直到20年代中期帝国农会和其他农村代言人争取到修订这一法案的机会,才促使政府在平抑价格的同时也要尽力避免价格下跌得过低。④ 纵使这番努力使局面有了一定改观,但政府的购买力有限,无法维持米价的稳定。一战结束时米价接近每石(180升)50日元,到1929年跌了一半,创下了20年来的新低。

---

① 路易斯,《骚乱分子与公民》,第14,30,244—246页;大豆生田稔,“20世纪20年代的粮食政策”。

② 约翰逊,“二战期间日本的食品管理”,第47、264页。毋庸置疑的是日本进口粮食给台湾和朝鲜的农民和消费者带来巨大灾难。

③ 宫崎陆治,“大正民主主义农村和政党”,讨论了两次大战之间政治对推动农村政策所起的作用。

④ 大豆生田稔,“20世纪20年代的粮食政策”,第52—53页;农林大臣办公厅总务科编,《农林行政史》,第4卷,第174—175页。

丝绸市场也不容乐观。尽管相比稻米生产商,养蚕业组织得更为有序,农业界院外活动集团的游说效率也更高,但蚕农对抬高丝绸价格并无良策,就连稳定价格这一点都做不到。问题的症结之一源于丝绸业的交易性质,日本蚕茧通常投放到美国的丝绸市场。日本的原料供应商除了减少出口来试图压低价格外,无力左右海外市场。其中的问题并不简单,1925 年是创纪录的一年,在出口收入中仅丝绸及其制品就贡献了超过 10 亿日元,在所有的出口商品总价值中占 45%。在美国的丝绸市场上日本的产品占 4/5 的份额,日本出口的丝绸有 90% 流入了美国。① 而在 1929 年日本对美国的出口达到了创纪录的水平,由此也带来了几乎创纪录的出口收入。②

大萧条前夕,更多人加入到养蚕业以及桑蚕丝线的生产中,其从业人数和产量创下了历史纪录。即使在价格动荡的 20 年代,养蚕业仍在扩张,因为蚕农希望通过出售更多的蚕茧来弥补收入上的潜在损失。1915 年人均出产蚕茧接近 235 磅,而到 20 年代末人均产量已多达 400 多磅。③ 1929 年全国养蚕业的产量比 1920 年增加了60%,而在这 10 年期间大米的产量波动则小得多。④

随着产量的增加,养蚕业的种植面积也在不断扩张。明治时代末,几乎有 2/3 的产区位于日本东部,但到了昭和时代初,东部和西部产区几乎平分秋色。⑤ 更广泛的分布则意味着美国市场的风吹草动会影响到整个日本农民的生计,只要市场一出现衰退就会对以养蚕业为收入来源的广大农民带来致命的打击。其影响的程度不一。

---

① 农林大臣办公厅总务科编,《农林行政史》,第 3 卷,第 955 页。

② 小野诚一郎,"昭和恐慌与农村救济政策",第 7 页。

③ 农林大臣办公厅总务科编,《农林行政史》,第 3 卷,962 页。

④ 同上,第 975 和 1089 页。1915—1919 年间与 1925—1929 年间蚕茧产量增加了一半。农林大臣办公厅统计科编,《农林处统计表 1925—1937 年》。

⑤ 农林大臣办公厅总务科编,《农林行政史》,第 3 卷,960 页。

全国约有 40% 的农户养蚕,出售蚕茧所得的收入占农民总收入的 12%。① 然而在 1929 年的长野有 4/5 的农户养蚕,70% 的农业收入来自该产业。福岛是另一个养蚕大县,当地经济中养蚕业的地位举足轻重。70% 的农户养蚕,养蚕所得收入占 1/4,在该县养蚕业最密集的地区所得收入占农业总收入的 1/3。②

20 年代试图稳定丝绸市场的种种尝试都不尽如人意。这些努力往往局限于购买丝绸或是增加储备来维持高价,但很难令所有蚕农达成一致意见,更不谈不上靠大量收购丝绸来撬动价格杠杆了。20 年代末政府一直在推行刺激政策鼓励出口商减少出口,但即便是在当时也收效甚微。与此同时,蚕农被放任自生自灭。政府对农民提供有限额度的低息贷款,同时鼓励蚕农长期储备蚕茧,这些举措和出口政策如出一辙,但规模却小得多。③ 这些政策明确表明政府承认农民家庭的确需要帮助,和其他农村救助政策的通病一样,这样的政策支持不仅力度有限而且不起作用。

价格问题由于"1927 年昭和银行危机"愈演愈烈。尽管这次金融震动仅仅直接影响到很少一部分农民,但对农村社会的负面影响却相当严重。对福岛最大的冲击是地方银行急剧减少,而且和当地纺织业密切相关的几大重要的金融机构也消失得无影无踪。1927 年以前福岛有 44 家银行在运营,而在昭和危机期间 33 家银行倒闭。④ 正如大石嘉一郎所言,银行急剧减少是福岛许多银行实力弱小所致,它们行动迟缓,没能跟上全国银行合并的趋势。即便是在大藏省加大金融部门间的整合力度期间,20 年代福岛地方企业家还在忙于开办新银行。

① 照冈修三,《日本农业问题的展开》,第 2 卷,第 64 页。
② 日本银行福岛分行,《福岛县农村状况》,第 620—622 页。
③ 农林大臣办公厅总务科编,《农林行政史》,第 3 卷,第 1012—1015 页。
④ 大石嘉一郎,《福岛县百年史》,第 182—183 页。

众多地方银行倒闭给了外来金融机构可乘之机,20 年代末它们纷纷前来寻求立足点;1927 年外来银行吸纳存款仅占存款总额的 11%,而到 1931 年却超过了一半。[1] 当银行倒闭时,储户要么永久损失存款,要么经过长期等待才能挽回部分损失。从长远来看,借贷机构的减少特别是地方银行的锐减意味着向银行借钱变得异常地艰难。外来银行不大可能借钱给不符合借款条件的人,而 1929 年大萧条后没有多少人能够达到借款条件。[2]

大萧条:农村危机和金融危机

1929 年底,一位驻纽约外务省商业秘书在给国内的报告中认为,对于美国日益严重的经济问题日本"没有必要感到过度悲观"。[3] 这一漫不经心的态度当然不对,但他写这份报告时,适逢许多日本人也极度愿意相信眼前的麻烦几乎快要结束了。经历了 10 年的经济衰退,复苏趋势并不明朗,但 1929 年让人觉得经济似乎要回归到正常的轨道。新一届政府承诺将通过紧缩开支以及回归金本位制度来稳定经济,最后还承诺要让经济回到更为繁荣的状态。虽然新政府的提议似乎很少直接针对日本的农村问题,但 1929 年的农民不愿相信情形会变得更为糟糕。他们同样也估计错了。

1929 年民政党内阁宣布回归金本位制,并于翌年 1 月开始执行,由此拉开了经济崩溃螺旋式下降的序幕。对于这一决定人们期待已久,而且他们有充分理由这样期待。回归金本位至少可以结束

---

① 大石嘉一郎,《福岛县百年史》,第 186 页。
② 安富邦夫,《昭和恐慌期贫农政策史论》,第 5 卷。
③ 小野诚一郎,"昭和恐慌与农村救济政策",第 34 页。

汇率波动的局面,而且更容易获取外资银行的贷款。① 一些国际巨头也参与到促成金本位回归的进程中,这一点引起了身为财务大臣的民政党人井上准之助的注意。这些因素也都促使政府决定回归到 1917 年的汇率,也就是金本位制最后一年的汇率水平。

在随后的 12 年中,汇率波动致使日元日益贬值;金本位回归势必导致出口商品价格昂贵,并给国内带来通货紧缩的压力。对这一计划持批评意见的人认为此举会对经济造成损害,实在是得不偿失。②

回归金本位的计划一经公布,1929 年中期物价便应声缓慢下跌;与此同时,浜口内阁开始大幅削减政府开支,此举更是助长了经济通缩的态势。当东京得悉华尔街金融崩溃的信号,试图要改变经济发展的轨道时,却为时过晚,日本经济此时已经踏上一条凶险之路。1929 年至 1931 年间,日本国民总产值几乎下降了 1/5,由于出口总值下降了 40% 以上,导致东京股票市值损失了一半。③ 由于工厂倒闭或大幅减产,失业人口急剧增加。

纺织业遭到重创,这一行业的遭遇集中地体现了全球市场对国内经济、尤其是农村的影响力。1929 年 9 月,日本丝绸在纽约售价为每磅 5.25 美元,13 个月后则跌至 2.50 美元。④ 在接下来的 3 年

---

① 正如中村政则所言,正是由于汇率不稳定,致使政府和一些商人赞成重回金本位和固定利率。美元对日元的汇率 1927 年间变动 68 次,而 1928 年更是多达 91 次。见中村政则,《昭和恐慌》,第 2 卷,第 228 页。

② 不应当忽略对实际情况的考虑。回到 1917 年的金本位会导致日元对黄金的比率随意拨动,也将意味着改写 1897 年立法。1929 年民政党仍旧是国会中的少数党,这一局面将会持续到 1930 年 2 月的大选。即便浜口内阁愿意改变利率,但也难以赢得投票支持汇率变动。回到金本位和废除 1917 年大藏省指令一样简单。同上,第 220—221、236—237 页。

③ 有关这些迹象的详细讨论见同上,第 271—275 页。强调加强经济作用的另一类观点见迪克·K.南投与真嗣洋二,"高桥是清与日本大萧条时期的复兴"。

④ 水沼智和,"昭和恐慌",第 191 页。

中丝绸价格仍在下跌。生产商仍在不间断地生产丝线,出口商还在持续向国外出口,但盈利远远低于美国大萧条之前。1929 至 1931 年间出口到美国的丝绸折合成美元总价值下降了几乎 1/3,到 1934 年时总值还不到 5 年前的 1/4。[①] 国内蚕茧价格下跌也如出一辙,给许多靠养蚕业谋生的农户带来严重冲击。

日本农村在其他方面也容易受到伤害。大米市场也在 30 年代初遭遇暴跌,但责任在东京政府的政策,而不应归咎于华尔街。政府在"米骚乱"之后制定的农村政策促进了国内以及殖民地产稻区的产量,并因此平抑了国内米价。1929 年大米价格大约是 1925 年价格水平的 3/4,仅为 1919 年米价最高时的一半多一点。[②] 由于 1930 年初金本位回归,米价轻微下挫,但令农民欣慰的是,7 月米价又回到前一年的同期水平。但当年夏天的好气候以及农民娴熟的种地技术这两大利好因素反而害了他们,1930 年取得史无前例的大丰收。最初对产量的估计预计为 6 690 万石(1 石 = 180 升——译者注),或者说比过去五年平均产量高 12%。[③] 10 月份当政府公布预计产量时,米价应声暴跌,而且自此跌势不减。仅 9 月至 10 月间每石米的价格就跌了 1/3,而新年之后农民们又得知米价会跌到大萧

----

① 出口商通过开拓新市场的方式弥补了价格下跌带来的损失,包括拓宽国内市场,但是 1934 年他们仍旧向海外出口了 2/3 的国内商品,其中 80% 运往美国。这表明自 1929 年以来销往美国的蚕丝减少了大约 30%。1930—1932 年的蚕丝总出口量比 1925—1927 年间增加了 13%。清水洋二,"农业和地主制",第 262—264 页。中村政则,《昭和恐慌》,第 2 卷,第 271—275 页。

② 大川等,《价格》,第 170 页。

③ 这些估计数据最终作了细微修改,稍稍抬升了一些;但是 1930 年并没有将该纪录保持太久。1933 年是大丰收的一年,产量高达 70 900 000 石。直到 1955 年才打破这一纪录。见梅村等编,《农业与林业》,第 168 页;《日本经济年报 3》(1931 年)202—204。

条前几年的一半。[1]

价格下跌并不仅限于大米,而是波及到所有农产品。[2] 在某些情况下,丰产只会给米价下跌带来压力,但工资水平、消费价格、贷款以及物价水平的普遍下跌都导致农产品价格下跌。在出口不利和创纪录的产量过剩这两大利空因素的刺激下,蚕茧价格下跌得最早,跌幅也最大。1929 年,一个标准单位的蚕茧售价约为 7 日元,一年后价格仅为 3 日元,而到 1931 年时蚕茧价格仅为 1925 至 1927 年价格水平的 1/3 多一点。玉米、大麦和荞麦价格比 1929 至 1931 年跌了 40% 多,到 1932 年鸡肉和鸡蛋价格跌至大萧条之前当年价格水平的一半。

总而言之,尽管农民拼命产出更多的大米和蚕茧来弥补损失,1929 至 1931 年两年间农产品的收入损失仍高达 45% 左右。[3] 1933 年又刷新了前一年的大米丰产纪录(1939 年再次刷新)。1930 年蚕茧养殖户打破了 1929 年的记录,而 1933 年又几乎再创新高。

在大萧条之初的几年中,各类农产品价格的下跌对农业社会和农村家庭的影响可以从关柴的情形中得到明显的体现。那里的农民种植种类各异的农作物,而且在这 10 年期间农产品的品种更加丰富。大萧条开始时当地通常种植大米、大麦、柿子等水果、大豆和各

----

[1] 此番比较是针对 1925—1927 年。《日本经济年报 3》(1931 年):204;清水洋二,"农业和地主制",第 256 页。

[2] 结果,出于对佃租、经济作物和农业实践差异性的考虑,日本学者通常不会认定仅发生了一次农业经济危机,而是认为至少有三次危机,危机次数取决于所涉及地区的具体情况。近畿地区由于已经完成了商业化进程,长野和周边几个县以及东北地区的桑蚕业最为典型。因而本章的讨论对此多少做了概括;至于具体分析的例子参见照冈修三,《日本农业问题的展开》,第 2 卷。

[3] 清水洋二,"农业和地主制",第 165 页。农林大臣办公厅总务科编,《农林行政史》,第 3 卷,第 975、1089 页。大川等,《价格》,第 170 页。中村政则,《昭和恐慌》,第 2 卷,第 307 页。1931 年农产品价格总体上相当于 1925—1927 年间的 52%。

种蔬菜。农民养的鸡不仅产肉还能产蛋,而他们在春夏两季悉心照料下的蚕宝宝到了秋天就能够收获蚕茧。如表 1 所示,整个 30 年代,关柴的农产品特别是大米的产量一直保持在相当高的水平。大萧条开始后产量比前几年要高。具有讽刺意味的是,1934 年的灾荒季节紧跟在该村创纪录的大米丰产之后到来,而且之后几年的产量也高于平均水平。直到 1943 年关柴的大米产量才回落到 20 年代正常的较低水平。同样明显在产量方面上涨的还有大麦、蚕茧、柿子等当地经济作物。① 在经济下滑最严重期间以及随后的几年中,农民向土地要产量的能力总是高于往年。

表 1　　1925 年至 1939 年喜多方农业生产产量一览表

商品	1925—1939 年平均水平	1930	1931	1932	1933	1934	1935	1936	1937	1938	1939
大米	11 008	12 801	12 905	12 783	14 585	5 817	12 698	12 698	13 918	12 557	14 333
指数	100	116	117	116	132	53	115	115	126	114	131
大麦	778	1 125	826	1 163	1 439	630	1 189	1 189	1 107	466	1 031
指数	100	145	106	150	185	81	153	153	142	60	133
蚕茧	4 304	5 652	5 652	4 898	6 704	5 112	5 712	—	5 588	4 701	5 421
指数	100	120	131	114	156	119	133	—	130	109	126

注释:大米和大麦以石为计量单位,蚕茧以贯为计量单位(1 石＝180 升;1 贯＝3.75 千克)。1928 年春季的蚕茧产量和 1929 年大米和大麦的产量不详。
数据来源:喜多方市市志编委会编,《喜多方市市志》,第 6 卷,796—799 页。

　　然而,正如表 2 所示,大幅度的丰产并不能弥补由萧条引起的物价下跌所带来的损失。1930 年大米、蚕茧以及其他农产品价格的跌势太猛以致农民种再多的作物也无法弥补收入损失,结果导致农民种得越多却赚得越少。直到 1937 年,农民出售每石米所赚得的收入

① 村文献记录显示整个 30 年代大豆和鸡肉产量逐渐在减少,而木材和木炭的产量在攀升。见喜多方市市志编委会编,《喜多方市市志》,第 6 卷,第 796—799 页。

表 2 1925 年至 1939 年喜多方农业生产值一览表

商品	1925—1939 年平均水平	1930	1931	1932	1933	1934	1935	1936	1937	1938	1939
大米	¥313 088	¥205 198	¥194 339	¥245 146	¥283 972	¥145 425	¥318 794	—	¥405 232	¥392 912	¥582 36
指数	100	66	62	78	91	46	102	—	129	125	186
麦子	7 607	7 834	4 977	5 798	10 723	5 322	9 348	—	13 703	6 392	16 893
指数	100	103	65	76	141	70	123	—	180	84	222
蚕茧	32 577	14 767	15 987	15 695	34 272	10 446	19 243	13 580	26 433	19 768	44 089
指数	100	45	49	48	105	32	59	42	81	61	135
日元价值 小计	392 617	261 934	252 109	309 113	368 243	195 208	—	—	492 067	483 783	754 731
指数	100	67	64	79	94	50	—	—	125	123	192
户均(日元) 产值	922	609	588	716	843	448	—	—	1 093	1 095	1 705
指数	100	66	64	78	91	49	—	—	119	119	185

注释：除指数外所有数据均来源于村公所对当地农产品（按现价）进行日元货币价值换算。当地官员还将农产品换算后的日元值按农户数量均分，得出"户均日元价值"。""日元价值小计"包括获取日元价值中未列出的作物种类（如木材、鸡肉和鸡蛋、木炭等）。在这一阶段已列出的作物占有关农产品总值的 80%—90%。1929 年只能获取到日元价值小计和户均日元价值这一数据，当年没有具体作物的数据。

数据来源：喜多方市志编纂委员会编，《喜多方市志》，第 6 卷，796—799 页。

才恢复到 20 年代的平均水平。与此同时,蚕茧的价格直到 1939 年才恢复到 1925 至 1929 年期间的价格水平。① 总体而言,直到 1935 年甚至是 1936 年,关柴农民的收入水平才恢复到 1930 年以前的水平。

收支状况

经济波动是怎样影响农村社会的? 在大萧条期间,生活水平显著下降或者说大米等农产品价格下跌所带来的影响是否被化肥等消费品的价格下跌抵消了? 这些问题之所以难以解答,不仅因为所掌握证据的性质有问题,而且还源于这些问题所涉及的范畴太广。比如说,如果我们兴趣的着眼点是对大萧条造成的影响进行广义的考察,就会得到如下证据:尽管日本农村家庭过得不如 20 年代好,但总体而言他们终究还是经受住了大萧条的考验。理查德·斯梅瑟斯特曾这样认为,考虑到统计数据所显示的有关收入、开支以及福利方面的金融指标,对绝大多数农民而言,1930 至 1934 年这段时期虽然"使日本农民处于窘迫的境地",但算不上令人绝望。② 例如,化肥价格的跌幅与其他农产品差不多,甚至更大。③ 正如斯梅瑟斯特所言,30 年代初农民并没有减少商品化肥的用量,实际上随着农产品价格下跌,为追求产量反而用得更多。④

支持上述观点的另一证据是收入减少会导致农业家庭削减家庭开支。由农林省所开展的一项全国农业家庭经济调查显示,除 1939 年这一年外,从 1921 年到整个 30 年代期间每年农民的开支都

① 大川等,《价格》,第 170 页。对福岛价格变化的预计见日本银行福岛分行,《福岛县农村状况》,第 618—619 页。
② 斯梅瑟斯特,《日本 1870—1940 年农业发展与佃租冲突》,第 101 页。
③ 大川一志、筱原三代平以及拉里·迈斯纳,《日本的经济发展模式》,第 388 页。农林省农务局,《广阔的发祥地 1939 年》,第 52 页。
④ 斯梅瑟斯特,《日本 1870—1940 年农业发展与佃租冲突》,第 98—99 页。

少于收入。① 换言之，从农村群体的综合数据表现来看，农村大萧条并未给农业家庭带来长期而又严重的经济混乱。

这种研究方法由理查德·斯梅瑟斯特在分析两次大战之间的佃农和地主关系时所采用，它有如下几个优点。例如，通过数据可以清晰地看到 30 年代的生产力的确有了显著提高，而且在这 10 年间农民不断追求农产品的多样化及其他方面的扩大生产。这些数据还表明，大部分农民所经历的挫折并非永久性的。此外，尽管佃租冲突和大萧条间的关系错综复杂，但从表面上看，有理由认为一些佃农利用经济下滑向地主争取到了更有利于自己的条件。②

既然统计数据显示农村大萧条并未给农民家庭带来什么严重影响，那为什么还有那么多人对此表示出质疑，并展开旷日持久的争辩呢？③ 许多有关 30 年代日本农村的学术研究与斯梅瑟斯特引用的数据相同，却得出较为悲观的结论：这些学者认为此次经济危机比上述数据量化出的结果表现得更为严峻，波及面也更广，他们还认为此次大萧条是多数日本农民人生的分水岭。得出如此迥异的结论是完全有可能的，原因之一在于将上述数据当作论据存在严重的缺陷。长久以来，学者普遍认为针对农户的调查虽然在某些方面具有一定价值，但并不能说明所有问题。从对农村家庭调查来看，在大萧条期间农业经济发展相对稳定，农民收支也能保持平衡，况且这一调查是在农林省的监管下完成的，这份独一无二的信息来源具有价值，但是很容易让人联想到这些数据不过是反映农民经历的典型实例中的一个横断面而已。调查取样的范围非常狭窄，包括

---

① 照冈修三，《日本农业问题的展开》，第 2 卷，第 67—75 页。斯梅瑟斯特，《日本 1870—1940 年农业发展与佃租冲突》，第 94—95 页。

② 斯梅瑟斯特，《日本 1870—1940 年农业发展与佃租冲突》，尤其是第 5 章。

③ 评论界对斯梅瑟斯特著作的回应也部分地涉及到这一问题；见沃斯沃，"回顾一战后日本农业发展与佃租冲突"；西田美昭，"一战后明治地主制和佃租冲突的流变"；斯梅瑟斯特，"挑战权威和权威批评"。

1928 年的 210 户、1931 年的 334 户农户，而这 2 年的农户数合计将近 14 000 000 户。调查对象多为土地持有者或有土地使用权的富有农户，因此调查反映的是农村社会中相对富裕阶层的生存状况。从其他方面也可以看出调查存在偏差，因为完成这项调查需要具备保存信息等技巧，而这一调查技巧在农民人口中分布不均。在搜集数据方面也存在问题，此外调查内容方面的变动也使问题进一步趋于复杂，更难在时间跨度上进行对比。①

况且即便是这些量化的证据不令人怀疑，然而揭开上述数据的面纱后，便显露出当代关于大萧条的艰辛与恐惧，这些描述不仅清晰明确，而且令人信服。这一系列定性分析的证据包括对农村大萧条的新闻报道和半虚构的小说、各级政府的官方报道、私人委托的调查研究以及截止到 1932 年浩如烟海的当地呼吁政府实施救济与改革的请愿书。整个国家上上下下到处都充斥着大萧条的材料，而当救济工作迫在眉睫时，这类材料就更多了。

为农村提供救济的一个额外收获是对大萧条的影响做了详细的文献整理工作。由于 30 年代以前有关细节层面的信息很少被留存下来，知事和其他当地官员开始记录周围所发生的变化以及他们为克服眼前的危机所做的努力。记者对农村甚至是偏远村庄进行跟踪报道。新闻记者出现在农村可谓是件新鲜事，而在报道中不仅记录下了他们的发现，也表达了他们的期待。

关柴在分析大萧条对当地经济影响时揭示出一些严重问题。1934 年 9 月末，关柴官员起草了一份系列报告，试图衡量出萧条对当地农户的影响（见表 3）。他们的评估建立在当月早些时候所采集

---

① 大内力，《农家经济》，第 6 卷，第 36、49—54 页；西田美昭，《近代日本农民运动史研究》第 73—75、104—121 页。照冈修三，《日本农业问题的展开》，第 2 卷，第 67—75 页。官方对有关大萧条造成影响的地方调查结果的不信任态度见日本银行福岛分行，《福岛县农村状况》，第 618 页。

的数据,因而不足以反映饥荒对全年的影响。即便如此,这些数据仍清晰地反映出 1934 年的生活水平较之 1929 年或 1924 年大幅下降。消费支出超过了收入,户均负债率非常高(翻了 5 倍),关柴数十名年轻人为谋生路不得不远走他乡。

离开村子去附近城市或工厂找工作并不是什么新鲜事,但在大萧条期间,这其中的意味与以往相比大不相同。首先,在大萧条爆发的最初几年中,经济崩溃蔓延到日本的城市和工厂,致使成千上万的城市居民失业,也大大降低了农村人口在城市的就业能力。[1]更糟糕的是,许多新近失业的人口最初也来自农村,当他们离开工厂回到家乡时,家里又多一张嘴吃饭,他们成为负担。[2] 在 30 年代开始的解雇和工厂倒闭后,子女们把在外挣得的工资拿回家中贴补家用,但这些工资很快便化为乌有。

官员们还有其他方面的担忧。由于收入下降,农民的债务开始攀升,因而在青黄不接时,时常有相当一部分农民口粮不够吃。表 3 显示了 1924 年、1929 年以及 1934 年在对关柴农户的统计中,有超过一半的家庭在青黄不接时断了口粮。1929 年比 1924 年缺粮农户多了 30 户左右。尽管产粮农户缺粮的可能性很小,但是佃农通常要上交相当一部分大米来充作地租,还需卖出一部分来购买日用必需品,同时随着大萧条愈演愈烈,他们还要支付拖欠债务的利息。大

---

[1] 经济滑坡给工厂工人和城市居民带来了巨大的困难。据非官方预计,城市失业人口达到 1 500 000 到 3 000 000 人之多,占总劳动力的 20—40%。而官方的数据则低于 7%;失业者并没有受到充分重视。见风早八十二,《日本社会政策史》,第 303—304 页,书中谈到政府调查方法的一些缺陷。他预计有 3 000 000 人失业。其他非官方预计,见"失业问题的实际情况及对策",《经济学家》8.14(1930 年 7 月);角谷干夫,"恐慌与国民初级阶段",第 254—255 页。中村政则同年对失业人数作出的估计为不到 2 400 000 人;见中村,《昭和恐慌》第 2 卷,第 294—295 页,又见原彰,"经济周期",第 401—402 页。

[2] 角谷干夫,"恐慌与国民初级阶段",第 256—257 页。

米的价格跌得越低,农民要想挣得和去年或前年相持平的收入就得出售更多的米,从中可以看出农民缺粮的原因所在。

表3　1924年至1934年关柴缺粮状况

年份	收入	支出	缺口粮的农户	户均负债	外出务工的男性青年	外出务工的女性青年
1924	1 263	1 263	203(48%)	300	23	16
1929	870	727	232(55%)	1 000	32	22
1934	715	935	236(54%)	1 500	67	23

注释:"缺口粮的农户"是指在青黄不接的时节缺乏口粮。只有出于经济原因离开家乡的年轻人才被纳入到最后两栏的统计中。来自该村小村落留存下来的8份报告显示各村之间存在着悬殊的差异。比如,在下柴的报告中,该村的收支基本平衡,然而每年的报告显示京出的支出与收入的比例是2比1。所预计的食品短缺情况也同样存在很大的差别,下柴、大古和中里的报告中显示有不到10%的农户将会缺粮,而京出和堂下预计将有一半以上的农户缺粮。

数据来源:SMY,"针对农作物减产的调查委员会",1934年9月28日,1934年劝业文件附页,KST。

从1933年到1934年收获之前,关柴约有236户或者说超过一半的农户发觉口粮不足。这些数据反映出缺粮出现在1933年大丰收之后,并非由1934年大幅减产造成。在丰产的情况下,缺粮的农户数仍旧居高不下,这充分说明了当地农民把大米迅速变现的心情有多么迫切。较高的收成既不能保证农民用充足的口粮把粮垛堆得高高的,也无法给关柴农民带来衣食无忧的安全保障。1934年的情形尤其令当地官员担忧,因为那年秋季的收成将会是他们记忆中最糟糕的一次,这一点几乎已成定局。如果关柴有一半的农民在丰年之后没有足够的余粮储备,就不难想象当大幅减产来临时将会是怎样一种情形。

针对当地更为详细的调查反映出大萧条带来的全面冲击。另一项名为"基本调查"的调查对反映收支严重失衡的表3进行补充说明。此次基本调查的重点是经济振兴计划的筹备工作,1934年由村公所主持开展,旨在为经济改革和振兴计划的展开提供家庭经济等方面的基准信息。调查方式是对关柴农户挨家问询，把居民对过去一年即 1933 年发展状况的回顾记录下来。比如其中一个调查项目是让农户估算当年农业收入以及提高产量所需成本，并计算生活消费开支等等。

调查完成后，经过村一级的校对，上交村公所进行汇总，最终形成关柴村基本调查总表。村公所官员将 1933 年的收入与支出列成项，把各项数据合计后得出该村当年盈余总额为 54 875 日元。根据这份调查可得出关柴户均盈余 126 日元。① 这一盈余数据说明在收入减少的情况下，农民在维持农业生产的同时也努力做到了收支平衡，这表明农民已经为应对艰难时日做出了相应调整。

然而当地官员对调查结论并不满意，他们坚持认为当地农村社会正处于危急的关头。一些人担心调查结果不准确。后来村公所官员大力向村民推广记账的方法，这表明农户中很少有人熟悉记账的方法和概念，因此他们不大可能将 1933 年的所有开支一一记录下来。当地官员意识到数据匮乏，但对个人以及各个小村庄所进行的调查仍大有裨益，因为调查结果打破了广为流传的有关农村大萧条的单一描述。

由小松村村民提交的经济振兴计划（下文将做详细讨论）也可以说明该村的家庭收入状况。通过对比总收入与总支出可以看出，小松村总计 18 户的农户中只有 5 户收入超过了支出。而事实上，1933 年其余 13 户的支出比收入多出 4 190 日元，户均赤字将近 300 日元。②

根据 1933 年农户缴纳特别税的金额，此次调查还将农户进一步

---

① SMY，《1934 年经济复兴计划基本调查》，KST。

② 我曾经比较了所有报道中农业和其他方面总收入和总支出（包括生产、家用和其他开支项目），并对赤字进行计算。如果村落中所有家庭收支情况都包括在内的话，那么赤字总额仅有 2 521 日元，户均负债降到 143 日元。

分类。特别税是对相关财富进行初步衡量的工具,因为通过对村民财产及其他资产征税可以产生相当一部分税收收据,也经常被用作划分农户的标准。① 此次基本调查将关柴农户分成 3 组:缴税 25 日元以上的高收入层农户、缴纳 10 至 25 日元的中等收入层农户和缴纳不足 10 日元的"底层"农户。

1933 年关柴只有 34 户或者说不到 1/10 的农村家庭属于"高收入阶层"。中层农户有 104 户,约占总数的 1/4。其余的 282 户则处于最底层,在关柴所有农户中占比 2/3。② 小松村农户整体上要好于关柴。1933 年该村 18 户农户中,有 8 户属于低纳税阶层、6 户为中层阶层、4 户位居上层阶层。尽管小松中高收入农户的比例高于关柴其他小村落,但总体上该村收入水平仍处于整个关柴收入区间的低端。③ 8 户最低收入水平的农户处于赤字状态,1933 年的户均赤字额达到 203 日元。在 6 户中等收入农户中有 3 户入不敷出,户均赤字额为 191 日元。在小松 4 户上层纳税户中 3 户也处于赤字状态,虽然赤字额较低,但户均仍赤字 162 日元。1933 年那些收入最少的家庭遭到最为沉重的打击,尽管所增加的收入似乎对这一打击起到一定的缓冲作用,但是损失在所难免。④

在 5 户收入有盈余的农户中,有 3 户处于中等税收等级,各有 1 户分别属于低等和高等税收档次。1933 年收入盈余最多的

① 关于特别农户税作用的讨论,参见大石嘉一郎,"昭和恐慌与地方财政",第 87—102 页。

② 该百分比数据是基于对 420 户进行调查的基础上得出的。SMY,经济复兴计划基本调查,1934 年,KST。

③ 该村当年的户均纳税额是 12.8 日元,中层农户户均纳税 11.8 日元。关柴户均纳税 11.1 日元,小松村的纳税水平接近关柴村的平均水平。小松村(准备)经济复兴的调查。1934 年 10 月,KST。

④ 很难确定拥有土地与否和农户的赤字负债程度之间的关系,因为在小松只有一户人家完全没有土地。该户赤字高达 430 日元,在当地位居赤字第 2 位。而拥有土地最少的 3 户人家和土地最多的 3 户人家也都有赤字。

是处于中等收入阶层的宇田一家,根据该户自己的估算,到年底时盈余46日元。同处在中等收入阶层的佐藤佐吉知事一家的收入盈余为29日元,而原胜一家则几乎收支相抵,略有盈余,收入仅比支出多0.1日元。[①] 有8个子女的佐藤长太一家缴纳4日元多一点的税金,因而是缴税额度最低的农户,扣除支出后当年盈余不到1日元。村里缴税金额位居第2的渡边彦卫一家盈余也不到19日元。

1933底年关柴账面上的收入盈余在整个村子里的分布并不均衡。虽然总的来说当地的收入大于支出,但村公所之中没有人认为这些数据所得出的顺差值有这么大。基本调查似乎证实了(而非质疑)当地的普遍看法,那就是整个关柴村正处于极度困窘的危难之中。

进入大萧条的第3年,小松的绝大部分家庭一直无法弥补农产品价格波动所造成的损失。尽管化肥等其他商品的价格也在下跌,尽管农民的主要农作物的收成超过了以往任何时候,尽管各个家庭经济条件悬殊很大,然而无一例外他们都在艰难地维持生计,即便如此仍旧入不敷出。发生在小松的这种状况势必也在关柴其他村落上演着。由于基本调查没有对1933年以前的数据进行搜集,当地官方无法比较此次调查所显示的结果比以前更好还是更糟,但是他们完全有理由认定其结果是更为糟糕。

债　务

在大萧条期间农民似乎什么都缺,但惟独有一样东西不缺,那就是债务。农村的债务问题在整个20年代都一直令农林部和帝国农会的官员们感到担忧,他们担心的部分原因在于没有人知道到底农民欠了多少债、也不清楚债权人是谁。他们所能做出的估算是根

---

① 据记载,原胜一家1933年收入赤字不到1日元,该赤字被计入当年的收入盈余中。

据官方债权人所记载数据得出的,这些债权人包括银行、信用社以及其他公开的信用机构。问题是没有人能够估算出所有这些债权人的放贷数额总数,在各类私人民间债权人中也存在着巨大的潜在借贷空间,而几乎可以肯定的是,这部分借款额没有被记录下来。其结果是,在大萧条之初,不论是国家还是农业组织都无法对农民的负债情况做出准确的估算,更无从测算经济滑坡究竟会对农村家庭的财力造成怎样的影响。

经济萧条之初就已在进行的村一级调查证实了农村社会深陷债务的泥沼这一事实,农民对此早有预感,而政府仅仅是担心而已。农产品价格急剧下跌和农户收入骤减则意味着越来越多的家庭无法偿还债务。他们正面临即将失去土地(前提是他们有土地可以失去)、财产和谋生手段的困境。

早在 1930 年时,农民组织和农业政策评论员们就对农村债务提出了警示,尽管当时没能引起足够的重视。[①] 价格的急剧下跌和农业收入的锐减迅速将农村家庭本来能够承受的债务转变成不堪承受的重负。当大米的售价为每石 40 日元(和 20 年代中期的价格相同)时,原先这些农户尚且能够偿还利息和本金,但当米价跌至不到原来价格的一半时他们的处境就很窘迫了。更为糟糕的是,经济衰退使借款变得尤为困难。银行已有的呆坏账使得他们无法再额外地冒险贷款给农民。因此,农民能够借到的钱,往往来自当地那些收取高额利息的放债人和商人。然而,急需用钱买种子和化肥的农民之所以找他们借钱也是走投无路,而且只要价格继续下跌,他们就无法摆脱这种债务缠身、收入减少的泥沼。

1932 年以请愿者为首的一些人要求政府介入债务问题。这些要求很大程度上是基于对债务问题的第一手观察,也来自对负债数额的估算。与其说开展全国范围的调查能提供解决债务的思路,倒

---

① 帝国农会与当年发布了农村债务解决计划的草案,另见香山鹿造,"铲除负债!"。

不如说它引发的警示作用更为有效,至少调查让政策决策层大致了解了这次危机的波及范围。当政府官员开始着手调查 30 年代早期农村的情况时,他们才意识到所有农户正负债累累。估算得出的数据显示农民欠了银行、信用社和私人放贷者 40 到 60 亿日元的巨额债务,平均每家农户欠款高达 800 至 1 000 日元。

在经济下滑之前,债务问题并没有严重到值得做反复调查的程度。上面引用的估算数据源自 1929 年由帝国农会所做的调查,而当时人们刚刚开始认真对待农村的债务问题。[1] 随后又进行了其他几次调查,在 1932 年 6 月农林大臣后藤派遣专业人士到长野、岩手、新潟和兵库调查债务问题。7 月公布的结果显示全国债务已远超 47 亿日元,平均每户负债 837 日元。[2] 1935 年所做的一次类似调查则得出 49 亿日元的总欠款额。[3]

全国调查在也县级和村级的数次调查中获得佐证,而地方级别的调查勾勒出更暗淡的前景。比如说,新潟户均负债 2 300 日元,山梨户均负债超过 1 200 日元,福岛 17 000 户接受调查的家庭有 86% 背负债务,户均欠债 1 590 日元。[4]

1932 年当许多调查结果公之于众时,债务问题已凸显为困扰农

---

[1] 农林省农务局,"实行农家债务清理事例",1931 年 10 月,NSS1:5,第 128 页。小平权一 1931 年撰文严厉批评帝国农会调查所使用的方法,但另一方面他又认为他们对低端区间的预测很有可能是准确的。见小平,《最近国内外农业金融状况考察》,第 126—142 页,讨论了此次调查。同上,《农业金融论》,第 876 页,小平在结论时认为农业总债务接近 40 亿日元。

[2] 农林大臣办公厅总务科编,《农林行政史》,第 2 卷,第 195—197 页。又见西田美昭,"开展农民经营",第 965 页。见《东京日日新闻》,1932 年 6 月 4 日;《东京朝日新闻》,1932 年 6 月 5 日。

[3] 农林大臣办公厅总务科编,《农林行政史》,第 2 卷,第 197—198 页。最高估计债务总额是 60 亿日元,来自《日本农林年度报告》,引自照冈修三,《日本农业问题的展开》,第 2 卷,第 79 页。

[4] 照冈修三,《日本农业问题的展开》,第 2 卷,第 80 页。

村的危机性问题。所欠债务的数额更印证了人们的观点,而且令人更为清晰地意识到农民所处困境的窘迫。由于在大萧条开始之前很少有人重视债务问题,报纸的读者们不免对农民所欠债务数目感到大为震惊:1932 年 47 亿日元的欠款是当年所有农产品收入总额的 2 倍多,而且几乎是政府预算的 2 倍半,也超过了国民生产总值的 1/3。尽管做这样的对比不够清晰直观,但在一些地方户均欠款相当于当地农户两三年农业收入的总和。[1] 和近年来国家严峻的赤字问题一样,农村的债务问题不容忽视。

20 世纪 30 年代初,关柴面临一系列债务问题。首当其冲是该村缺少足够的金融机构来满足居民的需求。1934 年关柴拥有 1 家信用社、5 家贷款公司,有 12 家农户向这些机构借款。尽管这些信贷机构看似数目众多,但村里的官员指出由于信贷机构稀缺,致使每年的利率居高不下,高达 12% 到 20%,比银行的利息高出一倍多。有官员这样写道:"年复一年的高息借款将他们推向了痛苦的深渊。"

和信用社相比,当地农民更倾向于将钱存在银行和邮政储蓄所,这一选择使得情势更加恶化。由于只有信用社愿意投放无需担保的贷款,官方的信贷机构又总是拒绝向村里较为贫困的家庭放贷,因而农户们只好转向私人高利贷。因此农村社会不仅有必要对沉重的债务负担采取措施,还应当对当地普遍存在的这种信用方式做出调整。[2]

---

[1] 照冈修三,《日本农业问题的展开》,第 2 卷,第 79—80 页,比较了农业生产产值和农业收入的比价。(以目前的物价水平来看)1932 年的 GNP 是 137 亿日元。见大川高松和山本,《国民收入》,第 200 页。

[2] SMY,《1934 年经济复兴计划基本调查》,KST。存款从地方金融机构流向国家储蓄机构的现象十分普遍,特别是 20 年代末许多银行倒闭之后,这一趋势愈演愈烈。见福岛县,"农村凋敝状况及其对策",第 593 页。加濑和俊,"农村债务整理政策的立案过程是满洲里事件期间农业政策体系的一方面",对大萧条时期债务和减轻债务政策作出最佳分析。

关柴经过多次调查才厘清居民的欠款额和债权人。1932年夏末做了一次债务调查；为了配合经济振兴计划，1934年又做了几次调查。这些调查对债务问题的切入角度虽然略有不同，但给后来的数据比对造成了不小的麻烦。1932年关柴村的官员估计该村居民的总欠款额为600 260日元，每户平均欠银行、私人放贷人以及信用社1 500日元。① 1934年经济振兴债务调查（见表4）仅仅对居民所申报的实际欠款额进行统计。因此1934年的调查较为准确，但所得数据有赖于居民是否毫无保留地申报了向银行等机构的贷款及存款数额。然而在做最后一次估算时，村公所得到的数据却比原来高出许多。他们认为该村的实际欠款额约为800 000日元，高于1932年的水平，而且比1934年村民们所申报的数据高出1倍多。因此得出户均负债1 839日元的数据，这相当于当年村民农业收入的4倍。调查所得数据显示当地社会正逐年陷入债务缠身的泥潭。②

此次调查不仅向关柴的决策者展示了债务问题的严重性，同时也说明了资金来源和流向。有109户贷款，这一数字远远低于297户居民申报的欠款户数。他们把将近一半的借款用于维持生计。通常居民们将贷款用于支付吃、穿等生活必需品。在所有借款中，商业贷款仅占不到1/3的份额，另有大约1/5用于支付其他项目的支出，大概包括诸如婚礼、缴税、医疗（也就是说，这些项目介于商业消费和日常的"生活"消费之间）。

---

① SMY，"对不景气情况调查和对策一事的快报"，1932年8月6日，《1932年庶务关系文件》，KST。这一数据接近县里1931年对户均债务的估计。福岛县，"农村凋敝状况及其对策"，第594页。
② SMY，《1934年经济复兴计划基本调查》，KST。遗憾的是，这一部分的调查并没有提供确凿来源对关柴官方所认为的800 000日元债务进行分解，也未能说明这一数据是怎样得出的。

表 4　1934 年关柴经济振兴债务调查

贷方/ 贷款用途	商业	生活 消费	灾后 恢复	其他	总 计	百分比
个人 （关柴辖区内）	¥21 700	¥39 150	¥3 000	¥25 200	¥89 050	27%
个人 （关柴辖区外）	18 600	61 850	2 300	21 500	104 250	32%
银行,信用社	46 800	32 300	1 100	19 843	100 043	31%
其他	4 100	30 000			34 100	10%
关柴村欠 款总额	¥91 200	¥163 300	¥6 400	¥66 543	¥327 443	100%
户均欠款总额	¥210	¥377	¥15	¥153	¥755	
百分比	28%	50%	2%	20%	100%	

注释：基本调查计算得出的村庄欠款额为 341 190 日元，但计算有误。笔者认为表中
所示数值稍低的总额为正确值。1934 年 12 月的调查对关柴借款情况进行以下
分类分析：有 14% 的贷款利息低于 7%，27% 的贷款利息在 7% 至 10% 之间，
38% 的贷款利息在 10% 至 15% 之间，另有 17% 的贷款利息高于 15%。参见
SMY 关柴村公所，佐藤和福岛县经济部部长，"农产业科债务调查"，1935 年功
业报告 KST。

数据来源：《经济复兴计划基本调查》，1934 年，KST。

　　此次调查印证了关柴居民严重依赖私人债主这一事实。1932
年调查显示，有超过 20% 的村民借贷方来自银行、信用社或政府，而
1934 年经济振兴调查表明这一数据上升到 30% 多一点（见表 4）。
但与此同时，在 1933 年关柴欠款总额中私人债权人的比重却高达近
60%。其中绝大部分金额，确切地说，债务总额近 1/3 都来自关柴村
辖区外的私人债主。这次调查将本地和外地债权人区分开来，也许
意在衡量本村内部究竟在多大程度上受借贷关系左右。当基本调
查在关柴展开的时候，关柴决策者也在思考化解现有债务危机的最
佳方案，在这种情形之下借款从何而来就显得格外重要了。因为通
常当地的债权人要比外地的债权人容易协商。

　　上述表中所示的贷款用途和贷方来源之间存在着密切联系。
约有一半的来自银行、信用社和政府贷款用于商业项目，只有 1/3 多
一点的借款用于生活消费。与之形成鲜明对比的是，来自私人债权

人的借款有一半以上用在生活消费上。用于商业用途的贷款位居第三,仅次于"其他"用途的贷款。这种模式多少在人们的预料之中,其成立的前提是银行等金融机构通常将贷款收入和农业相关的专项项目,因而需要农民将土地或其他资产抵押后方能获得贷款。对于那些用于商业用途之外的贷款需求,高额利息的私人债权人是他们的唯一的选择。

关柴居民因此而卷入复杂的借贷关系之中。高息借、贷款行为已是司空见惯。据村公所记载,银行和信用社统一收取11%的贷款利息,而向私人借钱却需要支付高达15%的利息。只有典当行的利息更高一些,但在债务总额中所占比例很小。假定调查中私人借款利息一律为15%(实际的数字相当接近这一利率水平),就不难理解当地债务问题的严峻程度。每年关柴的欠款人单向私人债主支付的利息就高达28 995日元,此外还要支付给银行和信用社11 000日元的利息。①

这一相当可观的数字反映出关柴的债务情况,但对福岛或是整个日本的农村社会而言也概莫能外。和关柴和福岛相比,福岛以外的农民往往更倾向于以略低的利率向金融机构借款,但在整个日本,农村负债问题已相当普遍,债务已经演化为典型问题。②

这也就说明了当商品价格下跌时,即便是所有花费也在下降的情况下债务问题为什么仍旧会对农民造成致命性的打击。经济的下滑不仅没有对债务资本产生影响,而且利率仍居高不下。和税收一样,需要偿还的利息以及债务负担已成为农民生活恒常不变的主题,即便他们生活中的其他方面都在随着下跌的价格不断做出适应

---

① 调查显示银行等信用机构向关柴居民贷款113 599日元,但只有100 043日元显示出属于债务范畴。11 000日元的数据是通过取较小的债务数额,并乘以11%的年利率得出的。

② 日本银行福岛分行,《福岛县农村状况》,第627—632页。

性的调整。

在紧邻福岛的新潟县,有位名叫西山浩一的佃农在日记中记载了他为尽力还债所历经的种种辛酸与无奈。浩一的父亲多年累计欠下了数目庞大的债务,当他执掌家事时,偿还债务成了他的责任。到 1933 年时他欠债数千日元,而借给他钱的 25 位债权人多数是亲戚和村里富有的邻居。他在 1932 年日记中记载的几乎全是累累债务和一笔笔新账,为了还清原有债务,他不得不向新债主又借了 10 到 20 日元。[①] 西山将一部分借款用于开办小商店(因而可以补贴家里由于农业收入减少而产生的经济紧张),一部分借款用于购买必需的农用物资,而且和关柴的所有农民一样,他将绝大部分借款用于维持家中日常的吃穿用度。

西山浩一用了好几年时间才将一家人从偿还贷款的紧张而又窘迫的境地中解脱出来。从某些方面上讲,也许他的经历不具有代表性,却能够证明贷款对农村家庭的意义所在,同时说明了由此而产生的借贷关系在农村社会中具有怎样的重要地位。债务对现代农业潜在的破坏作用已是不可避免,而眼下的当务之急就是尽力减轻债务对农村社会的冲击,只有这样日本政府才能实行下一步的一揽子救助计划,最终将整个农村从大萧条的水火中解救出来。

农村社会的重重危机

佐藤知事担心"美好的传统习俗将日渐式微,而农村的衰落趋势也将日复一日地加剧",这一想法表明农村社会正处于危难之中。阴跌的农产品价格以及高涨的债务已成为威胁农村家庭生存的现实问题,出于对这些家庭各自不幸的担忧,也担心大萧条正在造成

[①] 西山浩一、西田美昭、久保康,《西山浩一日记:从 1925 年到 1950 年》,第 1280—1282 页。

的破坏力及其未来可能产生的负面影响,知事试图竭力挽救农村社会并尽力维护传统体制,但困难重重,一筹莫展。①

　　1933 年到 1934 年间,佐藤知事能够罗列出一长串困扰关柴的问题,从拖欠税款及教师工资乃至解散村级机构和社区组织。所有问题逐渐摧毁了当地精英阶层非常看重的安全感,也引发了人们对村子内部日益严峻的分化形势的担忧。官方对大萧条及其影响力的描述总离不开佃租和阶层问题,但都未能摆到桌面上讨论,总是遮遮掩掩、闪烁其词,和"维护和谐、协力合作、共同对付危机"之类的字眼联系在一起,最后再佐以一系列措施来勉强支撑业已摇摇欲坠的农村社会。由于在乡村这一层面上无力挽回佃租和阶层冲突,更加剧了不断恶化的经济危机的复杂局面,尤其是当农会和佃农间的矛盾开始在整个东北地区蔓延开来时,情况变得更加棘手。20 世纪 30 年代人们很少会看到"农业问题"或是"农户问题"这样的字眼,但"乡村问题"却不绝于耳,时常挂在每个人的嘴边。

平民的生活

　　关柴靠村公所征收税金来维持为村民服务的办公开销。中央政府仅提供极少的日常补助,这就意味着绝大部分的教师工资、社会服务及公共事业工程等方面的费用都需由村里自行解决。两次世界大战间的十几年中,由于政府进行多次工程和项目资金募集,再加上扩大教育规模,当地村、镇一级的政府预算开支一路猛涨。②教师工资和其他同教育相关的开支在关柴总预算中占了 40% 到 50% 的份额,从 1918 年的不到 8 000 日元增长到 1928 年的 25 000

① SMY,"经济公平委员会禁止女性参与的请愿书",1934 年 7 月 20 日。《经济公平》,1934 年,KST。

② 1925 年当地支出是 1912 年的 4 倍多;当地财政新增支出项目部分明细见大藏省昭和财政史编纂室编,《地方财政·昭和财政史》,第 14 卷,第 3—7 页。

日元,而在接下来 5 年中,平均教育经费则接近 21 000 日元。[1]

尽管 20 世纪 20 年代中期政府进行数次税改,但即使在并未发生经济下滑的 20 年代末,税收仍旧入不敷出。村镇政府试图通过贷款(在 1913 年到 1929 年间全国的地方赤字增长了 21 倍多)来弥补这一亏空,但这很难算得上是一劳永逸的财政良策。[2] 在大萧条爆发之初,当地官员试图尽力削减开支,但他们很快发觉诸如教育和其他由中央委任的项目开支这类属于固定开支所占份额相对庞大,而且很难压缩,难以有效地削减预算。正当农村经济局势开始恶化之时,雪上加霜的是,中央政府号令当地管理层推行比以往更激进的公共设施建设和社会福利改革,这越发加重了地方财政负担。

在类似关柴这样的村子里,大萧条使得赋税的征收变得异常艰难,有时甚至是难以执行。农民和其他居民要么不再支付所欠税金(占 1932 年福岛未偿付税金总额的 1/3),要么尽可能拖延缴税时间。由于村里的财政状况已经岌岌可危,哪怕税收有一点减少就会危及到整个村子基础服务的正常运转。当地的民间组织也遭遇到类似的境遇,一旦会员停止捐助,许多原先非常活跃的社团和服务机构就会无法运转,这就意味着官方和民间的基础服务机构都受到了大萧条的冲击,而此时恰恰是农村社会最需要他们的时刻。[3]

媒体和政府评论家都很看重服务机构的运转问题,将其看作当地秩序混乱程度的风向标,同时还格外关注学校这一衡量农村民生疾苦的指标。教育经费是农村家庭最不愿意削减的一项开支,即便是在大萧条最不景气的岁月里也很少有人会让自己的孩子辍学。

---

[1] 喜多方市市志编委会编,《喜多方市市志》,第 6 卷,第 812—817 页。

[2] 大藏省昭和财政史编纂室编,《地方财政·昭和财政史》,第 14 卷,第 64 页。

[3] 照冈修三,《日本农业问题的展开》,第 2 卷,第 82 页。新潟一个村的官员说,由于拖欠税收,导致农村社会的教育、卫生、公共工程、文献资料记录、家庭资料备案、青年培训以及寺庙和神殿的修缮都受到影响。冈田正胜,《近代农村与农村社会》第 249—251 页。

因而当地学校不仅没有关闭,而且一直满员,显然这里寄托着当地社会对未来的期望。[1] 但与此同时各级村镇的学校也是表现农村生活状况的窗口,而且随着大萧条的日益加剧,学校这扇窗口开始展现出这种紧张气氛。

当地教师工资主要靠村镇的预算支付,这笔费用在总预算中占很大比重。作为国家未来栋梁的守护者,教师理应受到尊重,而且在正常情况下当地也能够支付得起这笔开支。然而教师的待遇丰厚(但按农村的收入水平来说并非高得离谱),况且他们和当地人的联系也不那么密切,因此在大萧条这种非正常状态下,教师的工资首当其冲地成为当地财政赤字的受害者。在1932年的福岛,大约有一半的村镇拖欠当地教师的工资,另据报道拖欠的时间长达9个多月之久。[2]

尽管时事评论员承认在过去也曾拖欠过教师工资,但从未出现过大面积地拖欠数额如此巨大的事件。1934年底,福岛已几乎成为全日本拖欠教师工资最多的县。会津的福岛民报总是爱登载一些支付教师工作的罕见事例,从中可以看出1934年确实有近一半的人拖欠过教师的工资。[3] 在整个农村类似的情形已是司空见惯。全国和当地的媒体在报道此类事件时总是充满赞许的口吻,新闻界不是对连续数月未得报酬但仍继续授课的教师表示感激,便是对这些难以驾驭的问题困扰当地社会深表同情。[4]

---

[1] 冈田正胜,《近代农村与农村社会》,第255页。

[2] 日本银行福岛分行,《福岛县农村状况》,第604、606页;大石嘉一郎,"昭和恐慌与地方财政",第107页;《福岛县民报》,1931年6月12日。

[3] 1932年10月福岛县拖欠教师工资260 000日元,1934年8月欠下超过130 000日元的工资。日本银行福岛分行,《福岛县农村状况》,第660—662页;《福岛县民报》,1932年6月17日。

[4] 田村功,"青森县农村危机记实对策与负债调查",第135页;《泉南日日新闻》,1932年6月4日;《福冈日日新闻》,1932年7月14日。

关柴拖欠工资的现象比其他地方较早出现,早在 20 年代末期就不得不靠短期贷款来支付教师工资。到了大萧条爆发之初,村财政赤字更加严峻。1924 年佐藤知事就任的头等大事就是说服那些欠税的村民补缴税款。[1] 他随后成立的税务机构,定期收缴税金上交村财库,也许正因为如此,才避免了拖欠税款导致再次拖欠教师工资的境地。

即便这样,在大萧条最初的几年里遭到催讨税款的人数仍在急剧增加,1927 年到 1930 年人数至少翻了一番。1930 年底,村公所警告要没收 340 位欠税的村民的财产,而这一数字是 1927 年的两倍兰多。[2] 彻底执行此类罚没财产前,村公所公布农户详细的财产目录,通过公开拍卖来偿付所欠税款。在关柴记录的财产清单中列出了大量有待售的服装、家具、自行车等家用物品。有些家庭数次历经财产拍卖,他们一直在竭力避免家产被一次性没收的厄运。

如同记者所描绘的发生在 1932 年鸟取县村公所的那幕场景,有些地方就曾一次性没收欠款村民的财物:

> 夜班值班室的墙上挂着十多个钟表,这里看起来更像是钟表行,所有的表都非常陈旧,而且满是烟渍,挂在那里看起来十分古怪。屋子的角落里堆着高高的榻榻米,而对面的角落里则堆放着一摞摞的隔扇和拉窗。隔扇诉说着岁月的痕迹,曾经雪白的拉门如今已变成了灰黑色,而拉窗则被孩子们的手蹂躏得破败不堪。在屋中的另一角有一个小箱子、一张小书桌,仿佛昨天孩子还在上面练习写

[1] 阿布正,"有关农林渔村复兴功臣表彰一事",1936 年 5 月 30 日,《经济复兴》,1937 年,第一卷,KST。新闻界盛赞关柴村的债务偿付率,见《福岛县民报》,1937 年 6 月 1 日,以及 1938 年 4 月 17 日。

[2] SMY,"与全村概况相关的文件集",1929 年 1 月、1932 年、1935 年、1937 年、1939 年,KST。

字似的，另外还有几口锅和一个火盆之类的杂物，这里简直就像是个二手杂货店。①

与拖欠教师工资和税款的报道相关的内容还时常涉及农村儿童堪忧的生活状况。尽管孩子们仍坚持到校上学，但老师和其他观察员都深知不同于经济危机前，学生们不再能吃得饱、穿得暖，甚至连基本的生活保障都无法满足。② 例如孩子们带到学校的午餐的质和量都在明显下降。在岐阜县的一个村子里，老师为回应某些学生吃不饱的说法，对孩子们的午餐进行了临时检查，结果竟有几十名学生不愿打开饭盒，理由是他们不觉得饿。但当老师打开饭盒，才发现大部分人只带了掺着大米的大麦和一点点竹笋。

在教育部最终估算的 1932 年中期 2 万名挨饿的儿童中，很难确定究竟有多少孩子长期营养不良，又有多少孩子只是最近才忍饥挨饿，之所以得不到确切的数据，是因为教育部当时并没有重视这一问题，其理由是按惯例地方会给予帮助，确保儿童有足够的食物。显然形势已经发生变化，国家承认确实存在的问题。也有证据表明教师将学生吃不饱饭看作是大萧条更为广义的一种表现。③

儿童忍饥挨饿、教师工资得不到偿付、村民交不起税以及当地民间机构的解体，所有这些都是农村收入锐减引发的问题，从多个角度证明了经济下滑不仅削弱社会结构，而且影响人们的日常生活。即使有些地方能像关柴那样避免某些方面问题的发生，但很少

①《大阪每日新闻》，1932 年 6 月 23 日，引自角谷义治"农村救济对策和社会政策的界限"。其他报道也描述了发生在当地当铺的类似情况，母亲把孩子的玩具换成现金，用来购买食品或是看病。见《泉南日日新闻》，1932 年 6 月 24 日。

② 官方对此话题的说法见农林省蚕丝局，《对养蚕农户的影响》，第 6、15—16 页。

③《东京朝日新闻》，1932 年 7 月 28 日；角谷义治"农村救济对策和社会政策的界限"，第 283 页；田村功，"青森县农村危机记实对策与负债调查"，第 135—136 页；剑持诚一，"昭和恐慌与北方传教士"，第 208 页；《日本经济年报》（1932 年）：124—136。

会完全不受任何影响。在一些手头很紧的村子里物物交换早已司空见惯,另据一位长野的居民讲就连死人都受到经济不景气的影响。村里人想尽一切办法找借口不去参加葬礼,因为按照习俗需要给痛失亲人者送礼金以示安慰。他说,如果确是有人前去拜祭,人们会写写一张"30 分"或是"50 分"的欠条,将收到条子的人叫到一旁解释说,"非常抱歉,不过等我卖了蚕茧,或是经济好转一些,我一定会把欠的帐还上。"[1]

社会分化

农村家庭一方面拥有团结一致共渡难关的经历,另一方面在本质上又存在着四分五裂的潜在可能。据统计 1933 年关柴缴税最高的 34 户"上层"农户户均基本生活开销 855 日元(花费包括衣食住行、医药、教育和娱乐)。104 户中等收入家庭平均开销只有 345 日元,而绝大多数农户(有 282 户属于低收入家庭)户均生活开销仅为 196 日元。[2]

在大部分的开销项目中,34 户高收入纳税大户和其他人的差距据称要远远大于中低收入农户之间的差距。高收入家庭的食品、饮料等吃喝方面花费约 247 日元,而中低收入家庭的此类开销则分别为 88 日元和 79 日元。1933 年低收入农户在教育和医疗方面的开销仅为 22 日元和 11 日元左右,而与之毗邻的那些最富有的家庭则分别花费 69 日元和 205 日元。[3] 惟有在娱乐开销上高收入家庭没有超过其他农户,其中包括短途旅行、抽烟以及玩乐等消遣活动,

---

[1] 北信浓恐慌政策协会代表,"采纳农村救济请愿",第 25 页。

[2] 没有考虑到家庭规模大小这一因素;在小松村,农户平均下来最多缴税 10 日元,中等规模的人家缴税不到 8 日元,而最低也需要缴付 7 日元。值得一提的是,税额的区分度并没有反映出村级调查中农户开支的巨大差异。

[3] 注意调查中"卫生"一栏不仅包括医疗开销,还包括化妆品、美发、理发与修面的费用,至少反映出富裕农户和贫穷农户之间的一些消费差距。

中等收入的家庭每年在此方面的花费约为 25 日元,低收入家庭仅为 5 日元,而收入最高的家庭则花费 15 日元。

除日常的生活开销外,农户还需时常操办婚丧嫁娶或生孩子之类的仪式,而在这方面高收入家庭再次显示出和其他农户之间的巨大差距。比如大户人家的葬礼一般花费 107 日元,相比之下,中、低收入的家庭埋葬亲人仅花费 67 日元和 35 日元。高、中、低收入家庭花费在庆祝生孩子和新兵入伍的花费则差别不大,分别为 12、13、9 日元和 60、45、41 日元。村里最穷的家庭花在佛事仪式上面的费用并不比最富有的家庭少,花费高达 12 日元,仅比富户少 1 日元。[1]

由于只有关柴 1933 年的消费数据,无法得悉这种消费模式是否在以后数年有所改变,更无从知道大萧条是否加剧了高、低收入家庭之间的消费差距,尽管二者之间的消费悬殊会变得更大的可能性很大,但并没有确凿数据。虽然有诸多的限制,然而此次调查还是确认了一些值得一提的差距,表明农村的贫富分化并不仅仅停留在人们的主观臆想上。花费 35 日元和花费 107 日元举办葬礼当然无法等同;一个每年只能花费 11 日元看病抓药的贫困家庭所享受到的医疗待遇当然无法和是其 6 倍乃至 20 倍的中、高收入家庭相提并论。由此可见不仅城乡之间的收入差距在拉大,就连农村社会内部也存在严重的贫富分化。究竟如何或者说是否应该应对这一问题才能最为有效地消除大萧条所带来的不良影响,是农村制定政策的管理层和农业社会所要面临的问题所在。能否像以往的一贯做法那样,为农民提供紧急援助使其摆脱赤贫和挨饿的困境就可以万事大吉了,还是说此次经济危机非比寻常,需要采取完全不同的应对措施?

其他方面的差距和潜在分化也显露了出来。其中一个根本性问题表现在土地问题上。虽说并非所有 30 年代初期的农村社会

---

[1] SMY,《1934 年经济复兴计划基本调查》,KST。

矛盾都源于土地及其所有制问题,但它的确是农村社会内部纷争中最为突出的实际问题。整个 20 年代佃租冲突一直十分激烈,明争暗斗的频率之高更是史无前例。正如安·沃斯沃所言,佃农有史以来第一次相信他们有可能通过努力和谈判的途径摆脱贫困,并能为其家人带来更加幸福的生活。① 当农村经济危机日益恶化时,许多观察家担心佃农的希望会化为泡影,在贫农和富庶邻家间的生活水平差距日益加大的情况下,他们会愤怒地揭竿而起,将整个农村社会拖入和他们一样的惨境。尽管如此灾难性的佃农哗变从未发生过(仅仅出现在当地豪强的梦魇中以及农民运动积极分子的激进梦想中),大萧条的确给佃租冲突的性质带来广泛而又显著的变化。

即使对于像关柴这样一个没有发生过重大冲突的村子而言,佃租关系也是一个尤为棘手的问题。在整个 20 年代期间,在商业更为发达的中西部地区,佃农和地主常常由于佃农要求减租而陷入旷日持久的激烈斗争。1926 年第一次冲突浪潮达到顶峰,其间发生了2 751 次冲突,有超过 15 万佃农和接近 4 万地主参与其中。② 虽说只涉及到了很少一部分的农村人口,但如此长时间地公开表达不满传递了一个信号,说明日本的农村社会已经进入到一个新的历史阶段。不断高涨的农会运动对策划斗争目标发挥了关键性作用,此外越发剧烈动荡的市场经济、佃农教育水平的提高以及国家对农政策的调整也起到了推波助澜的效果。③ 工厂也发生了类似有组织的运动,来要求更优厚的条件和更高的地位。然而和罢工运动不同的是,佃租冲突往往趋向于邻里间的地方性矛盾,因而只是从个人层

---

① 沃斯沃,"农村社会的转型,1900—1950",第 578 页。
② 1926 年,农田制度修正编著委员会,《农田制度修正》,第 2 卷,第 50—51 页。
③ 见沃斯沃,"农村社会的转型,1900—1950",书中详细描述这一发展情况。又见多尔,《日本的土地改革》,对战前的佃租关系进行精辟分析。

面上对长期以来的服从-效力模式提出质疑而已。①

当 20 年代冲突在日本西部地区蔓延时,关柴农民很少公开表现出类似的不满,在这一点上他们体现出整个东北地区农民的典型特点。不像岐阜县、大阪府和兵库县这些佃农运动的中心地区,东北六县在组织佃农发动斗争方面相对滞后。1917 年到 1931 年间,这一地区只发生过 2 000 次有记载的争斗,还不到全国总量的 1/10。② 但这并不意味着这里的佃租关系就不紧张。1919 年,关柴的一位官员这样写道:"即便是发生了饥荒,地租也绝不会减免,哪怕是少交一粒谷子都不行。倘若只是晚交一天租子,地主也会马上前来逼债。"③

关柴的地主似乎一点也不比别处的地主仁慈——他们都相当苛刻,但当情势所逼时也会给佃农一些回旋的余地,正像 1934 年灾荒期间他们所做的那样。④ 学者们在解释为何 20 年代东北地区相对较少发生农民暴动时,往往强调两个因素在起作用,一则因为当地缺乏有效的运动将佃农组织起来,二则因为那里没有建立起像西部那样发达的商业中心。在东北地区,佃农就业的机会较少,又缺乏佃农组织的支持,加之东北的地主似乎更倾向于留在村子里守着土地过日子,而不像大阪府、岐阜县等发达地区,越来越多的地主放弃土地转行到别的行业。⑤ 因此学者们普遍认为,和日益趋于合约

---

① 佃租矛盾也显示出比罢工持续时间长的趋势;正如西田所说,1936 年超过一半的佃租冲突持续了一个多月的时间,而仅有不足 3%的劳资冲突相持这么久的时间。西田美昭,"战前日本劳动运动与农民运动的性质",第 288—299 页。

② 沃斯沃,《日本的地主》,第 96 页。

③ 喜多方市市志编委会编,《喜多方市市志》,第 8 卷,1991 年,第 648 页。

④ 同上;SMY,来自佐藤佐吉向福岛县经济部的报告,"佃耕佃租调查",1936 年 8 月 24 日,《自耕农》1935—1937 年的文件,KST。30%的稻田租期于 11 月到期,有 50%的租约 12 月到期,其余的稻田来年 1 月到期。

⑤ 沃斯沃,《日本的地主》,第 130—133 页。

化以及商业化的西部相比,东北地区的佃租关系更具传统性及个人
色彩。

就在农村经济日益恶化时,佃租冲突开始显现出新特点,东北
地区不受其他地区影响的这一特性消失殆尽,开始受到大萧条等外
部环境的冲击。在 1932 年到 1941 年间,东北地区的佃租冲突数量
翻了 6 倍。在此期间爆发的冲突占全国的 1/4 多,使全国的农民斗
争在 1935 年达到了 6 824 的创纪录水平,是 1928 年的 3 倍多,同时
也是 1929 年的 2 倍。[①] 1930 年福岛在全国发生农民运动次数排名
第 33 位,而到 1932 年则上升到第 8 位,而且在 1932 年至 1937 年间
它几乎年年被列为发生农民运动最多的十大县之一[②]。从 1920 到
1929 年间政府所统计出的福岛佃农冲突仅有 89 例。到 1932 年时
福岛仅一年就爆发了 82 次此类事件,到 1936 年时更是达到了顶峰,
多达 471 次。会津地区的冲突从 1928 年的 7 次上升到 1936 年的 75
次;而同时期在山郡发生冲突的次数更是翻了一番多,从 5 次增加到
11 次。福岛县的佃农农会成员从最初几个人激增到 1935 年的 80
多家农会的约 4 000 名成员,此外还有另一个迹象表明东北地区的
农村社会正在经历一场史无前例的变革。[③]

大萧条期间,虽然没有任何单个的潜在因素导致日本东北地区
佃租冲突激增,但最常提及的农民运动问题源于地主收回土地自己

---

① 沃斯沃,《日本的地主》,第 97 页;农田制度修正编著委员会,《农田制度修正》,第 2
卷,第 50—51 页。

② 大石嘉一郎,《福岛县百年史》,第 215 页。

③ 佃租冲突的数据来自农林省农业局,《1930 年耕作年报》,1930 年 9 月,和《1939 年
耕作年报》,1939 年 12 月,以及喜多方市市志编委会编,《喜多方市市志》,第 6 卷,
第 593 页。注意庄司吉之介在其对福岛佃租冲突的研究中提出了不同数据。见庄
司,"地方昭和恐慌与农民劳动者的运动",第 223—228 页,240 页。1934 年是该县
唯一不在前十名之列的一年。西田美昭,"农民运动与农业生产",第 296—297、
300—301 页;福岛县编,《福岛县县志》,第 15 卷,第 235 页;同上,《福岛县县志》,第
16 卷,第 182—189、592、609—610 页。

耕种,他们还试图将土地出售给其他人。尽管农民通常不止租种一家的土地耕种,但是哪怕仅仅失去一块土地的租种权也会给佃户带来严重的后果。

造成福岛乃至整个东北地区佃农冲突升级的原因有两个,一是因为部分佃农反对没收土地(值得注意的是,更多农民放弃公开斗争,顺从地主的要求),二是因为他们渴望获准继续耕种土地。1935年东北各县爆发的佃农运动中,几乎有70%起因于佃农要求更多的权利或是地主要求收回土地;其中有2/3的佃农要求允许他们继续租种土地。福岛佃农都有类似的经历。① 冲突的激增以及其驱动因素的性质,终结了那些长期认为东北地区对佃租冲突具有免疫力的人的原有想法。

表5　1926年至1938年关柴的农户情况

	有地的农民	有地的佃农	佃农	其他	合计
1926	101	171	114		386
1928	90	156	123	1	370
1933	86	161	124		371
1934	83	160	137		380
1935	80	163	140	7	390
1938	83	170	147		400

注释:在所有资料来源中,数据并不总是一致。比如1933年经济振兴调查就提供了
　　不尽相同的农户拥有土地情况的统计数字。
数据来源:喜多方市市志编委会编,《喜多方市市志》,第6卷,第239—240、270、495
　　页;第8卷,第670页。

大萧条以来,关柴虽然没有像东北其他地区那样发生公开的佃农冲突,却无法避免潜在矛盾。当地官员和农村问题观察员的看法

---

① 照冈修三,《日本农业问题的展开》,第2卷,第138页。见140—143页,谈到了秋
　　田的佃租冲突。又见沃斯沃,《日本的地主》,第130—133页;日本银行福岛分行,
　　《福岛县农村状况》,第665页。

相同,都担心目前的土地供需最终会供不应求。① 昂贵的土地被赋以重税,它不仅是一切食物的来源,而且也是社会和经济地位的保障。尽管半数关柴村民拥有土地(1933 年约有 2/3 的农户拥有少量土地),但佃农家庭所占比例要高于福岛乃至全国的平均水平(见表5)。② 他们完全依赖其他地主向其出租大部分(1947 年接近 60%)的土地(稻田和山地耕地合计总量)。③

　　1923 年关柴村土地详细调查以及为配合经济振兴计划所进行的大萧条相关研究都表明,村里的大地主只有为数不多的几个将小块土地出租出去,更多的小户地主的做法与其正相反。虽然对这些调查需要做谨慎的解读,但它们似乎说明了日本农村普遍存在的土地所有关系和租借关系。多数地主出租出去的土地面积还不到一町(略低于一公亩)(此为 1923 年的数据,此后的数据不详),而且绝大多数佃农向多个地主租种土地。④ 这两项调查还显示佃租关系不同于以往任何一种寻常模式:人们不仅向周围邻居,甚至还向邻村的地主租借土地,这样一来关柴佃农始终处在一种极为复杂的关联

① 这一数字略微超过户均拥有土地面积以及关柴农民平均拥有土地的面积。有关村公所对农村土地不足问题的评价见《经济复兴计划基本调查》,1934 年;以及 SMY,佐藤知事和福岛县教务部部长,"对农林渔村外出打工的调查",1934 年 12 月 20日,《劝业》文件 1934 年,KST。

② 划分土地持有人兼耕种人这一类别意味着农户所拥有的土地全部由自己耕种,耕种自有土地及租种他人土地的农户被划分为土地持有人兼佃农,而那些完全租种土地的农户被划分到佃农之列。尽管有时可以把各类分得再细一些,但为了便于研究,这三种类别已经足够充分了。1930 年 27% 的农户是佃农,而这一比例一直持续了 10 年之久。1930 年福岛县佃农比例也是 27%,但到 1937 年时增加到31%。歌谣修史编,《日本农业基础统计》,1977 年,第 67 页;福岛县编,《近代资料》,第 3 卷,《福岛县县志》,第 13 卷,第 34—37 页。

③ 喜多方市市志编委会编,《喜多方市市志》,第 8 卷,第 657 页。这些数据来自1947 年。

④ SMY,《1923 年田地自耕耕作段别町》,KST。(反别/段别为日本土地面积计量单位,1 反别/段别约合 990 平方米。——译者注)

交易和债务关系之中,其复杂程度已不能用简单的二分法将它划分为贫穷的佃农和富裕的地主两种情况。

就富有的地主而言,1936 年关柴居民中有 7 户拥有面积超过 10 町的土地。由于户均耕地面积仅为 2 至 3 町,显然这些人会将其耕种不了的土地租出去。上高额村最大的地主远藤吾拥有的土地最多,包括 54 町的稻田和 11 町的山地。事实上,他所拥有的土地中仅稻田一项就超过了该村其他农户土地的总和。其余 6 户户均稻田面积约为 15 町,相对整个关柴而言,该村土地总量还算是比较多的,原因在于他们大部分的土地位于关柴边界附近。在关柴其他地方的地主拥有稻田的总量也只有 50 町左右,和佃农所租种的关柴以外的 130 町稻田相比,这一数目可谓少得可怜。[1]

一些外地地主就住在附近,比如喜多方商人矢部善兵卫,他把土地租给许多关柴居民。矢部和关柴佃农的来往非常密切,大萧条期间他还在推进当地各项改革方面起了主导性作用(详见第 9 章)。由此可见本地居民和外地地主间关系的复杂性,然而显而易见的是,当地佃农难免会与不太熟悉当地情况和实际需要的外地地主之间产生一些争端。在其他情形下,佃农和外地地主间的关系时常被视为极易引起冲突的事端。[2]

从 20 世纪 20 年代末到 30 年代初,关柴的佃租关系已经变得越来越普遍。这一发展趋势和政府所统计的全国整体情况形成了鲜明反差,在此期间佃农在全国农村人口所占比重中并发生没有太大

---

[1] 绝大多数人住在村南部。3 人住上高额、其余 3 人分别住在三津井、堂下和西卷田。不清楚其拥有土地的具体地点。假如所有土地都在村子以内,那么这些土地在所有稻田(142.1 町)中约占 28%,在关柴的山地(28 町)中占 20%。见 SMY,佐藤知事和经济部长,"有关自耕农创业资金借贷一事",1936 年 7 月 11 日,《自耕农》文件,1935—1937 年,KST。1934 年关柴非本地居民拥有稻田超过 131 町。SMY,《1934 年经济构成规划基本调查》,土地名目差别。

[2] 沃斯沃,《日本的地主》,第 105—106 页。

的变化。仔细观察数据可以进一步发现在日本西部一些地方所发生的佃农转化为地主人口这一现象掩盖了东北地区佃农增加的这一事实。尽管表面上看佃农人口一直保持稳定,然而佃农、地主和两者之间相互转化的各种中间状态显示出二者间的平衡正处于不断的变化中。当然,关柴的农民也许会这样认为:和 1926 年相比,1935 年那里少了 29 位自己耕种的地主以及拥有土地的佃农,而且多了 26 家佃户(见表 5)。因而到 1935 年,至少名下拥有土地的关柴农户比 1926 年减少了将近 10%。[①] 因此可以得出这样的结论,一些曾为地主的农民最终沦为佃农。

同样也反映出类似的趋势,关柴的土地耕种权从地主手中转向佃农手中。1925 年,超过 60% 的稻田由地主自己耕种,到 1934 年时这一数字下降到一半左右。从绝对意义上讲,在此期间由地主自己耕种的土地面积下降了 20%。尽管关柴(包括福岛)佃租人口比例低于全国平均水平,但对当地农民而言,这一数字并没有给他们带来多少安慰。

土地所有权、耕种权在谁手中以及租金的高低对农村社会而言都是头等大事,这一点在大萧条期间更是有过之而无不及。具有讽刺意味的是,大萧条爆发之时,国家本应直面佃租问题并奋力解决,却偏又磨磨蹭蹭直至最后完全陷入停顿。到 1931 年底时,继国会实施推进劳工组织的各项政策屡屡失败之后,为避免佃租冲突而向佃农提供法律保障的种种尝试陷入僵局。自 20 年代中期以来开始推行一项计划,为有意购买土地的人提供贷款,虽然从理论上讲,这一计划虽然值得一试,然而实际操作起来不仅难度大,而且也未能给佃农带来好处。直到 20 年代末这一尝试才稍见成效,但即便如此该

---

① 见喜多方市市志编委会编,《喜多方市市志》,第 6 卷,第 804—805 页。见福岛县编,《福岛县县志》,第 13 卷,第 94 页,记录了山郡的土地使用数据。山郡的佃农土地份额低于关柴的整体水平。

计划的受益人群只占佃农人口的极少一部分。① 由于在应对佃租问题时一筹莫展，农村社会就此而陷入经济危机。

这一危机甚至波及到了表面看似平静的关柴。佃租冲突仅仅是当地土豪乡绅和佃农关注佃租关系的部分原因。佃租关系因地因人而异，但总的来说，在许多地方，地主和富农都开始涉足政治并掌控了当地政府，他们时常干预佃农的生活，凡是独立的土地所有人都无法容忍这一行径。大萧条赋予佃租问题更为重要的实际意义，而此前的主基调是上文提到的政策和行政干预。眼下农村的经济现状似乎在呼唤新的举措来解决领导权和土地问题，而地主则无法担当这一重任。

有一个因素促使上述问题的解决成为可能，那就是教育的普及、征兵制度等举措使得佃农和地主各方面的差异都不断缩小。到20 世纪20 年代末，实用的农耕窍门和先进的农业技术不再由地主和富农独享，而领导农村的抱负和经验也同样不再专属于地主阶层，平头百姓也同样有机会参与其中。② 既然农村的年轻人有资格参与到社会生活的各个方面，束缚他们手脚的仅仅是眼下的佃农或贫农身份，那么他们完全有理由挑战当前的社会格局来大干一场。

30 年代初，由于不公平的教育机会、性别、代沟和政治主张等诸多方面的差异，在地主和佃农间、内部家庭成员之间、老一代乡绅和满怀抱负的年轻一代农民之间构成了极为复杂的关系格局。大萧条在进一步威胁农村社会的稳定，不断加速社会变迁的进程，不论是以佃租冲突急剧增多的形式，还是通过向当地权力阶层挑战这一更为微妙的形式。而上述种种变迁绝不会推进农村社会进行平稳

---

① 西田美昭，"农民运动与农业政策"，第 317—319 页；农林大臣办公厅编，《农林行政史》，第 2 卷，第 187—191 页。又见黑利，《没有权力的权威》，第 87—94 页，讨论了地主与佃户关系的缓和。
② 沃斯沃，"农村社会的转型，1900—1950"，第 564—566 页。冈田正胜《近代日本和农村社会》一书对这些变化的分析很有洞见。

的社会转型;大萧条后期的农村社会并未产生新的社会结构模式。但随着经济危机的持续恶化,许多农村社会开始形成他们特有的社会阶层。

国家危机和民族危机

1932 年 5 月 15 日,陆军、海军年轻军官以及民间土改运动人士对东京发动了一系列有针对性的攻击。目的是给这座城市制造混乱,借此推翻犬养首相为首的政府,以期在政权的真空状态下推行新的政策。他们取得的唯一战果是杀死了首相和一名警官,并有数人受伤;土改运动人士原本计划毁坏几座发电站,但据斯蒂芬·伏拉斯多兹的记载说,"他们连一个霓虹灯信号都未能熄灭。"①

这些人被指控为叛乱和谋杀罪,于次年 7 月开始第一次审判。陆军、海军军官分别受到各自军事法庭的起诉;而来自"爱乡塾"农村合作运动的成员桔孝三郎等人则由刑事法庭来起诉。所有的起诉过程都向媒体公开,允许公众在第一时间知晓被审判人员的犯罪动机和性格特点。虽然此次审判场面堪称壮观,也颇为正式,却偏离了是否该定罪或是判无罪的审判主题。

在法庭所提出的问题更像是要达到一种平衡:被告固然应该受到惩处,然而似乎很少有人怀疑这些叛乱军官们动机的纯粹性,而且许多人认为他们的所作所为并非出于私利。军方强化了叛乱军官虽过于狂热但又不乏真诚的形象,在这一点上陆军比海军表现得更为突出:一方面他们准许被告穿上体面的军装以维护其公众形象,另一方面还用舒适的小轿车接送被告到法庭,以彰显其在军界的地位。法官考虑得也很细致周到,给他们充分机会表达动机、对时局的担心以及对日本美好未来的展望,媒体对此也大肆进行了长

---

① 弗拉斯托斯,"剔除传统的农本主义",第 94 页。

篇细致的报道,光是报道桔孝的公开发言就花了长达3周的时间。①

从被告的证词中也看不出这些少壮军官在叛乱行动之后有什么进一步的行动计划,然而其证言在公众中引起了共鸣。军官和民间土改运动人士都谈到了伦敦海军会议对日本海军的不公,除了担心日本军事力量会因此而削弱、日本政坛也会滋生腐败外,他们还很担忧满洲里问题,同时表达了拯救日本农村的强烈渴望。"我们之所以采取这次行动,"一位军官在发表证言时说道,"其中一个原因就是要帮助那些来自东北地区的士兵的家庭。如果任凭事态继续发展下去的话,那里势必会爆发农民暴动。"②另一位被告在描述农村赤贫生活时,在场的听众潜然泪下(这在当时并不罕见,被告在陈述证词时,就连法官和律师也都为之动容)。③

和"5·15"事件一样,庭审打动公众的一部分原因在于此次事件将显而易见的所有问题汇集到了一起:农村危机、政治和意识形态上的腐败、对军事力量削弱的担心以及对日本的国际地位和满洲里问题的关注。④ 谋反者为解决上述问题而做出的种种努力似乎在表明:这些问题都能得到彻底了断,而且萦绕在国民心头的那种对未来的不确定感也将荡然无存。桔孝三郎等土改运动人士参与到此次谋反事件当中也令许多农民感到震惊,因为农民的境遇通常不会以这种方式得到极大改善。然而很少有人怀疑是否有必要关注农村社会,人们仍旧相信,土改运动也许会对农村未来的发展进程

---

① 饭沼治良,"政党政治与昭和农业饥荒",第165—168页;田崎信善,"都市文化与国民意识",第192页;保坂正康,《五·一五事件》,第325—335、348—354页。黑文斯,《农业与现代日本》,第247页。

②《东京日日新闻》,1933年7月28日。正如年轻官员所说,农民运动会使军人和家庭对立起来,这样只会削弱军队的力量。显然许多军官都很担心农村,但他们并非利己主义者,军队利益高于一切。

③ 保坂正康,《五·一五事件》,第327页。

④ 田崎信善,"都市文化与国民意识",第193页。

起决定性作用。

早在发生经济滑坡之前,形式各异的土改运动就已形成了一定的力量,不仅组织有序,拥有雄辩的、说服力强的发言人,而且在政府中也不乏支持者。桔孝和近藤生协等人所制定的行动纲领紧紧围绕农村这一中心,并非像看上去的那样落后、倒退。在他们的规划中,土改运动的方针显现出进步、理性以及现代的一面,他们所设想的解决农村问题的方法不仅灵活多变,而且深入人心。[①] 大萧条的到来也因此而为这些农村激进分子提供了出路和奋斗目标。绝望的农民比以往任何时候都更容易接受土改运动人士的改革建议,并在 30 年代初协助他们建立了组织。富有讽刺意味的是,他们所陈述的有关根本性改革、经济自给自足以及社会振兴的各项目标的实现恰恰仰仗这场严重的农村危机,除此之外,他们并无其他良策。

1932 年初,尽管农村前景日益惨淡,政府却并未采取任何措施。民政党内阁由于推行削减预算和重回金本位的政策而饱受质疑,大家纷纷谴责这一政策是大萧条的始作俑者。此前为应对紧急情况而进行的公共事业项目尝试,民政党并未全力地投入其中,而且收效甚微。1931 年 12 月,以犬养为首的政友党上台执政,尽管新任内阁许诺尽快取消金本位,这一政策较为可行,但并未提出解决农村问题的任何承诺。直到法庭审判"5·15"一案期间,农村前景仍旧不容乐观。

然而危机感和紧迫感并未完全消散。早在 1933 年夏天宣布有罪的裁决之前(民事法庭的裁定于 1934 年 2 月宣布),支持"5·15"一案被告的信件和请愿书如洪水般涌入政府及新闻机构。到 1933 年 12 月,据报道,政府已收到 1 148 000 份签名(许多是血书,也有许

[①] 见沃斯沃,"农村社会的转型,1900—1950",第 589—597 页。

多信件来自城市)请愿书。①《东京朝日新闻》报道说,他们收到了来自大洋彼岸的西雅图、洛杉矶、奥克兰和加利福尼亚的请愿信。显然其中一些请愿书是右翼组织和陆军候补生的有组织行动,但相当多的信件源自民间自发行动,尤其是有一部分信来自农村。也许最让人吃惊的是那些发自犬养家乡冈山县的信件;就连曾投票支持犬养的人们也一再地在长长的请愿书上签名要求从宽发落谋害首相的凶手。②

陆军公诉人仅仅要求判政变军官 8 年徒刑,但海军的惩戒要严厉得多,判处 3 人死刑,另有 3 人为终身监禁,其余人的刑期则为 3 到 6 年。在军事法庭听证会后,民事庭审方才开始,公诉人请求判处桔孝无期徒刑,而其追随者则被判处为期 7 至 15 年不等。③ 陆军的宣判于 9 月 19 日公布,随后的 11 月海军发布审判结果。陆军军官仅仅服刑 4 年,远远少于海军军事法庭对谋反头目 15 年的刑罚。

从某些方面而言,要求从宽发落的运动显然十分奏效,没有一名军官受到比法律所规定的更为严酷的惩罚。而此案中民事法庭的被告就不那么幸运了,当正式宣布审判结果时,有人听到被告律师的惊呼声。他们之所以吃惊是因为宣判的结果和公诉人所要求的年份几乎没有任何出入。比起受到军法起诉的军官而言,那些民事被告人并未从轻发落。④

---

① 饭沼治良,"政党政治与昭和农业饥荒",第 165—168 页;多尔和大内,"日本法西斯主义的农村根源",第 197 页。
② 保坂正康,《五·一五事件》,第 333 页。
③ 同上,第 331、358 页。
④ 这种审判方式并非"5·15"事件中独有。滨口刺杀案于 1933 年判为死刑,但很快就得到赦免,并与 1934 年获释。井上刺杀案在判无期之后也最终于 1940 年获释。刺杀团琢磨的菱沼五良在判无期之后同样得到赦免,并于 1940 年获释。他继续从政并获成功,战后加入自由民主党,并 8 次入选茨城县议会,最终当选议长直至1990 年去世。

1940 年,为纪念日本建国 2600 周年,众多服刑犯获得赦免,桔孝得以释放。而此时,当年他所卷入的那场危机早已烟消云散了。[1] 他们的位置也已有人取代。然而当他回归乡间故里时却发现眼下的农村已是今非昔比。第 4 章将会探讨农村社会活动家以及当地居民如何努力实现农村救济,并勾画出农村社会的未来蓝图。

---

[1]《东京朝日新闻》第二版中简略报道了桔孝释放的消息。保坂正康,《五·一五事件》,第 373 页。

第4章
拯救农村

　　不经意间，芥川信吉成了一个名不见经传的农民组织代言人。芥川出生于喜多方西边村子里的一个中等收入家庭，1931年末被同村人选为代表。① 该组织为临时性机构，但那年秋天全国各个村镇都专门设有类似的临时联盟。这个名为"山郡应对萧条人代会"的组织刚一成立，与会人员就已起草了十条建议，希望政府和当地官员能够采取措施力挽狂澜。他们要求对当地债务进行调查，降低贷款利率和税收，请求政府资助购买来年作物所需化肥，此外还提出其他稳定地方经济的倡议。② 芥川向最合适不过的倾诉对象——县镇长村长协会——表达了该组织的决心，然而请愿立即遭到回绝。据一家报纸报道，此举激起当地农民的"极度愤慨"。③

　　10个月之后芥川卷土重来，这次请愿与第一次大不相同。他提高了筹码，对政府的要求不仅更具体，而且所提建议对未来农村生活影响深远。芥川在请愿中明确表示：政府应当采取措施减轻农村债务负担，将化肥价格降低一半，由政府来负担所有义务教育的经费，并承担巨额地方救济款项，政府还应该出面解决农村人口过剩问题（或许可以通过向外移民的方式）。请愿还表达了更为宏大的

----

① 人们对芥川知之甚少。当地记载仅仅显示他是松山村居民，家里拥有少量土地。见《1931年松山村回忆录》以及《松山村公所土地税明记所》，第7册，1938年，KST。
②《福岛民报》，1931年10月8日；牛山健治，"昭和农业恐慌"，第179页。
③《福岛民报》，1931年10月8日、13日和23日，1931年。

农村经济振兴目标——实现"根本性振兴以及每一位公民的个人发展目标"。① 大约在 1931 年 10 月到 1932 年 7 月之间，芥川及其所代言的农民团体将一揽子救济农村的试探性想法转变成一系列有针对性的具体要求，这将对农村社会产生深远影响。更为重要的是，芥川还成功地说服那些曾经回绝经济振兴倡议的当地政要，和他站在同一战线上。

在这次请愿中，村镇知事郡级联盟的成员不仅同意详细审阅芥川的草案，在 1932 年夏草拟向高一级政府的请愿书时，还大量采纳了芥川的建议。序言部分甚至几乎完全引用芥川的原话；就这样，村知事、镇长公开表明支持芥川的农村"根本性振兴"计划。尽管他们似乎折中了芥川的一些想法，但仍有迹象表明他们大量照搬了农民的建议。例如，他们虽然没有谈到将化肥降至半价，却还是提出了降价建议。至于调整债务政策和由国家承办义务教育的两项请求，两份请愿书如出一辙；相同的请愿条款还包括：要求将国有森林的管理权移交给当地政府、在乡村启动救援计划以及改革教育制度。

当然，联盟也提出一些新见解，例如建议几家国有银行将贷款延期 3 年、稳定商品价格以及结束国有生产木炭的局面，但请愿书在语气和方针方面明显参照了芥川的原创思想。短短几个月之内，那些原先超出当地官员接受范围的想法很快成为公共政策的主导思想。② 而且这一趋势正在波及全国。

发生大萧条的次年夏天，农民和农村运动活动家掀起了一场史无前例的运动，目的在于重塑农村未来；而他们的努力也终于有了

---

① 当时芥川担任更名后的地方农民组织的代言人，该组织的新名称是山郡居民志愿者大会。SMY，"提出村、镇、市议会例会事项"，1932 年 7 月 16 日，《参与村镇议会山郡议会的记录：1931—1934 年》，KST。

② 同上，又见《福岛民报》，1932 年 7 月 18 日。报纸刊登文章报道了协会向有关大臣发送请愿书的计划。

结果,不仅成立了新一届的应急国会,还通过了一揽子声势浩大的巨额救援政策。这些政策之所以能够推出,既是经历近 2 年艰难时日的农村社会不满情绪爆发的结果,也反映出政治格局的演变过程。舆论普遍认为,新一任政友会内阁更有可能比前任执政党民政党舍得花钱,因为这既符合政友会的一贯传统,也和新任财长高桥是清的施政方针相一致。然而,直到 5 月初,农村救援也仅停留在公共政策或是预算讨论这些表面形式上,当年春天国会即将闭会,并未提出任何解决农村问题的实质性方案。

两起事件的发生改写了农村的未来。首先是桔孝三郎及其追随者卷入"5·15"事件(详见第 3 章)。毫无疑问,正是农村的悲惨现实迫使他们采取这样的行动。虽然桔孝对可能导致的后果始料未及,却在不经意间引起了公众、媒体乃至政府对农村的重视。由于显而易见的原因,包括警察、官僚和政客在内的政府在竭力防止农村社会动荡,避免出现失控局面。既然国家耗费大量人力物力来压制左翼组织及其思想,安全机构自然很难预计到来自其他方面的威胁(而且在"5·15"事件爆发前就更是始料未及了)。① 但是,犬养首相遇刺后,每一座村庄都潜伏着危险因素。媒体和公众注意到了这一变化,他们发现,在后"5·15"时代,在农村所发生的事件和涌现出的人物都明确显示大萧条所带来的冲击力。

另一事件是当年春天的请愿运动,原本水火不容的思想达到空前统一,各种力量汇聚到一系列组织有序的运动中,他们为农民请愿,请求政府援助。虽然不像桔孝的方法那么富有戏剧性,但是主张土地改革的请愿者、焦虑的地主和主流农民组织潮水般涌向媒体

---

① 政府注视农本论者的一举一动,但把绝大部分精力放在镇压左翼上。甚至在 1932 年事件之后,内务省的《社会运动状况》仅用去大约 70 页篇幅列举 1 600 个农本组织及其活动。就连当时已不再具有职能作用的共产党都占去相当一部分篇幅。内务省却较为详细地报道了农本主义运动。内务省刑法局编著,《日本现状因出版物泛滥需要革新》,第 6 卷,第 181—209 页。

和政府官僚机构,纷纷请求援助、要求改革,甚至还暗示性地威胁攻府,如果政府继续不作为的话局面将会失控,导致危机爆发。从 5 月到 8 月,从东京到全国的大小村庄,形形色色的阵营都在四处游说各自有关农村改革的独到见解。

主张土地改革的农本论者率先行动,并在许多方面成为推动力量。他们在请愿活动中要求长期延期偿付农业债务,这对债务缠身的农民而言有强大的吸引力。但此次运动的深远意义并不仅限于以往的债务问题,而是着眼于日本农村的未来;请愿仅仅是农本论者采取的第一步,其目标在于经过大胆改革后建立一个能够自主的新农村,而且他们所获取的每一个签名都至少代表一个潜在支持其主张的农民。签名人数先是攀升到 10 000,随后又翻了 10 倍,请愿运动借助一股不满情绪并推动其日益高涨。这一系列运动不仅暴露出现存制度无力回天,还表明当局对目前的大萧条束手无策。人们急切期待新体制和政策的出台。

更多的主流农民代言人抓住农本论者制造的机会,着手倡导一种完全不同的农村改革。在国会对是否向农村提供救济以及如何救济争论不休时,帝国农会起到了敲定基调的作用。比农本论者更进一步的是,他们的建议更接近救济政策的最后版本。两者的共同点在于,他们都热烈欢迎民众参与进来;百姓在当地集会,共同起草救援方案,并根据成员分布来决定游说集团的力量。而两者的区别在于,农本论者在倡导经济振兴的同时,还暗示着存在着激烈的政治变革和社会改革的可能性,而帝国农会的改革蓝图却更趋于保守。到 1932 年 8 月为止,帝国农会关于债务管理和经济振兴的倡议成为上至政府、下到民众谈论的焦点。由此可见,无人不在关心农村的未来。

在他们富有感染力的请求下,农村代言人说服公众和政府重新考虑日本农村的未来,呼吁人们挑战那种原先认为不可能实现的定式思维。20 世纪 30 年代初,农民、代表其利益的组织以及政策决策

者三者之间的交流最终在农村经济和社会生活领域启动了一系列
变革。由此引发的变革不仅重塑了农村和政府的关系,谱写了农村
新的历史,同时作为现代日本一部分,也确立了农村的新地位。本
章和下一章将讨论日本农村对改革的渴望,并着力探讨当年夏天形
成的救援计划所具有的政治意义和社会意义。

昔日的农村

老百姓极度渴望政府的援助,这说明大萧条给他们带来异乎寻
常的错位感,尽管这也在另一方面表明,现存资源和体制已无法满
足和保障农民的需求。大萧条开始之初,农村社会的组织形式、多
数乡村惯有的民间团体以及许多鼓励发展的农业政策都已运行了
几十年之久。那些制度和方法或许曾经发挥过作用,现在已是形同
虚设,如今的农村日渐凋敝。农村社会发觉他们在用 19 世纪 80 年
代的政策来应对 20 世纪 30 年代初的问题,这显然不合时宜。

自明治初期以来,举国上下为壮大农村而努力实施的现代化改
革就已在进行之中,自那时起,为跟上农村经济和社会快速变革的
步伐,政策制定者和社会活动家在苦苦挣扎。有关农村生活和政策
的争论总是停留在大家一再关心的问题上:自治、地方领导权、农业
生产、现代经济以及阶级矛盾和土地使用。其中最受关注的问题是
如何有效应对大萧条。

自治问题不仅关乎管理当地事务的自主程度,也关乎是否能建
立一个稳定而富有活力的农村社会。作为地方对国家政策的一种
思考模式,明治时期的政府管理者推动了自治政府的观念,这样既
可以保证政府监管,又能巩固和稳定社会机体。[1] 实现自治政策的
首要方面就是建立多层次的村级基层民间组织,开设诸如工业合作

[1] 格鲁克,《日本的现代神话》,第 189—204 页。

社、农业协会、报德社(下文将做详细讨论),后来还设立了在乡军人协会(战前日本预备役和退伍军人组织)和青年团,甚至还设有青年妇女组织。大萧条时期,农村成为众多组织的大本营;从工业合作社、农业协会、尤其是报德社的历史演变中,可以看出经济改革、社会稳定以及地方领导权这些错综复杂的问题在当地农村怎样交织在一起并相互作用。

工业合作社在平田东助及其同事品川弥次郎的手中开始起家,他们都是寡头政治家山县有朋的幕僚兼合伙人。二人均以主张通过立法保护农民利益而著称,同时在农民内部和地方与政府之间建立新的联系。为了使农村组织更为有序,他们采取的首要步骤就是建议准许农民成立自己的信用机构,但这项立法在1891年的国会中并未获准。平田毫不气馁,继续起草工业合作法,于1900年获得通过,他还在1905年创立了中央合作社。平田发现,为农民提供生计很有价值,而且他相信工业合作社可以发挥作用,帮助他们实现独立生活。平田解释说,"精神上的合作与团结连同物质上的合作与辅助,构成了工业合作社的内在意义。"①

合作社的目标是保持独立性,尽可能减少对政府的依赖,提供低息贷款、团购原材料、在当地产品进入市场的过程中消除中间商环节。为鼓励人们积极参与,所有人都可以获得会员资格,虽然在大萧条之前的几年中,会员规模远远低于理想水平,工业合作社的分布却相当广泛。②

与工业合作社形成反差的是,农业协会从一开始就显得平淡无奇,所涉及的领域也较单一。1899年《农业协会法》的通过标志着帝国农会在所有村镇建立了分支机构,运转费用由政府补贴,而且要

① 黑文斯,《农业与现代日本》,第64—72、80页。
② 到1914年,超过九成的乡村及城镇至少有一个合作社,同上,第83页。

求大地主参入其中。① 地主利益因此而获得成倍增长,因为他们通过帝国农会获得地方和国家的双重代表席位。农会的地方职能是传播农业技术和方法,许多地方分会支付当地农业技术员的全部或部分酬劳,他们的任务是指导农业生产过程,确保会员将最先进的农业技术运用到农业实践。位于东京的农会总部为地主利益游说;经过多年努力,终于推动了一部分税收负担从地主向工业转移。

明治时期的官员和富农还通过其他方式表达了他们的信念。明治维新前,二宫尊德(1787—1856)和全国报德社的思想就早已成为乡村生活的一部分。为实现政府和报德社在农村的各自目标,平田发挥着推动双方互助合作的作用。在发展实施 30 年代经济振兴的过程中,上述思想和组织都起到了重要作用,因此这里有必要作一番简要介绍。

二宫尊德毕生的著作和训诫为其弟子提供了丰富的思想源泉,他们将二宫的农村改良之道整理、评论并广为宣扬,这就是后人所熟知的"报德"思想。二宫以善于让赤贫的人们过上富足生活著称,在改善农民贫困生活的过程中,他主张以培养至诚、勤劳、分度、推让这四大品行为出发点(二宫倡导农民"多劳动、多赚钱、勤节俭!")②二宫认为,和个人境遇相比,致富秘诀同个人态度和自律性有着更为密切的关系。他解释说"平和的生活方式就是今天去山里砍回明天煮饭用的柴火,今晚搓好明天补篱笆用的草绳"③。在二宫的训导思想中,不仅将成功的责任牢牢地承载到个人肩上,同时还维护了农村的稳定秩序。用"报德"思想来解决贫困问题,并不是要

---

① 黑文斯,《农业与现代日本》,第 73—74 页。
② 这四项原则是至诚、勤劳、分度和推让。阿姆斯特朗,《就在黎明前》,第 232—234 页。又见黑文斯"19 世纪日本的宗教与农业",第 100—102 页。
③ 阿姆斯特朗,《就在黎明前》,第 232—234 页。

缩短贫富差距,而是号召人们更加辛勤工作。

二宫解决农村问题的方法的吸引力不仅停留在内容上,还在于他向农民传播其思想的方式。报德思想不仅包括一系列格言警句和富有哲理的评论,还通过建立村或乡一级的"报德社"来促进地方自治。德川幕府末期的地主和其他渴望改革农村社会的人们首先组建报德组织,到了明治初期已有几乎上千家机构;大部分位于东海地区,其中静冈县报德社的组建最为成功。这类当地机构有一整套制度来规范成员的行为,并制定组织的行动目标。成员每月参加一次会议,或讨论一些实际问题,或聆听有关"工业、教育、卫生或是道德主题"的讲座。[①] 当地报德组织除了负责宣传外,还发挥更为实际的作用,比如要求成员积攒至少 1/4 的年收入。会员把当地收入盈余汇聚成基金,供个人或公共项目使用。[②]

两大组织的存在证明了二宫的报德运动已扩展到全国并进行公开活动。自 1924 年以来,"大日本报德社"开始成为几乎日本所有的地方报德社团的伞式组织[③],发挥着代表并保护各成员团体的作用;而从 1906 年就开始运转的"中央报德会"的宗旨是传播二宫的训诫、推进对报德思想的研究。该组织于日本取得日俄战争胜利之后建立,其成员中有许多是显要的官员、商人以及赞成二宫的思想并盼望农村安定的知识分子。创始人有平田东助、一木喜德郎、冈田良平、柳泽政太郎等人,他们致力于发展战前政府主导下的社会政

---

① 阿姆斯特朗,《就在黎明前》,第 188 页。

② 同上,第 184、187、190—191 页。

③ 该组织将积极推进农村改革和积极振兴运动。八木茂树,《报德运动百年进程》,第 228—229、231、235 页。1924 年这一年同样标志着该组织加入道德劝导联盟。

策倡议,包括发动地方改良运动。①

地方改良运动是内务省的一个计划,其目的是要从多个层面迅速改善农村的管理和生活现状。官员希望将农村的政治和社会重心从基层村落转移到行政规模高一级的乡村。他们采取措施合并神祠,借以加强中央政府对乡村的行政管辖,还希望借助地方改良运动加强农村效忠国家的归属感。针对地方领导人制定的培训计划,其目的是加强农村和中央政府的联系。② 此外,由于发展经济被认为是确保农民继续效忠政府的另一种方式,内务省还鼓励村民采取合理方式致富。1901 年,内务省开展了一项针对当地农业改良调查和规划的运动(即市政税)。这次运动努力促成了当地农业组织及其下属机构率先在乡村推行农业技术改良。③

一战末期,政府对地方改良运动的兴趣开始减退。到那时为止,尽管官员对改良运动所取得的成效不为所动,但在地方行政管辖方面,该运动的确起到了推动作用。中央政府的改革热情并没有感染到地方,特别是在改革触及当地特权阶层利益的情况下。就连市政税都未能在乡村推行,哪怕此项计划很有望改善许多农民的生活状况。④ 然而地方改良运动的遗留成果却十分显著。随后报德运动在全国范围内如火如荼地开展起来。前面提到的中央报德社,在

----

① 坂田正年,"解说",第 9 页。平田从 1901 年至 1903 年担任农业和商业秘书,1908 至 1911 年任内务省大臣。一木在 1914 至 1916 年间任文部省和内务省大臣,后任枢密院及官内省大臣。1934 年他担任大日本报德社首脑。其弟奥田良平历任多届文部省大臣,并从事推广学校的军训工作。柳泽政太郎为文部省效力到 1908 年,之后成为成功的教育家。有关地方改良运动,参见派尔,"日本民族主义技术"。
② 派尔,"日本民族主义技术",第 52—53、59—60、65 页。
③ 见大石嘉一郎和西田美昭编著,《近代日本的行政村》,第 325—338 页,举例说明地方改良运动在基层乡村的推行过程。
④ 派尔承认改良运动并没有具体的目标,但又指出该运动的确成功地"和当地社会的领导层建立了系统联系并向他们灌输了国家的目标和思想"。派尔,"日本民族主义技术",第 65 页。

内务省官员的帮助下得以建立,他们希望借此来规范当地分支机构的活动。这样一来,官员和民间活动家无需费时费力讨论报德主义有何特质,而是通过这一机构来加强二宫思想的教化,从而达成"道德和经济之间的和谐关系"。显然这对统一思想很有号召力,即使并无达成这一目标的良策。那些想方设法稳定社会动荡局面的内务省决策者和当地政要发现,报德主义不仅可以把农民塑造成顺从而又勤劳的社会安定分子,还能使其避免受到激进思想的影响。①

在努力培育"地方政府"和社会和谐的进程中,其中一个收获就是把 30 年代初的农村社会变成了官方协会和半官方社团密布的网络。没有一个组织能够有效抵挡大萧条的影响。在对关柴主要机构的不完全统计中,所列出的机构有:青年团、在乡军人协会、青年妇女组织、妇女会、爱国妇女协会分会、村级农业协会、工业合作社以及村消防队。当地民间协会的成员在理论上可以交叉,也可以互为补充,这样可以保证活跃在多个社团中的农民以多种方式为社区服务。

随着村民生活轨迹的变化,社团成员也在不断更迭,青年男女离开原来各自的青年组织加入其他新组织,从中找到更合适自己年龄的新位置。② 这种会员关系将个人和同村人、同龄人联系起来,从

----

① (由平田东助领导的)内务省和报德思想之间的联系相当紧密,导致桂政内阁政敌以此为政治斗争的武器,指责鼓励报德思想是把国家引入倒退的歧途。坂田正年,"解说",第 8—9 页。中央报德社期刊《公民》成为重要的表达公众思想的半官方论坛,不仅关乎农村问题,而且涉及到同地方改革和领导力相关的所有事务。为适应读者需要,杂志文章由现任官员(多数来自内务省)、卸任官员以及报德社官员精心撰写。《公民》于 1906 至 1944 年间出版发行,1921 年的发行量约有 1 万份。有关该杂志的情况及其在 30 年代所起的作用,见威尔逊,"日本的官僚与农民"。我很感激威尔逊教授有关该杂志推动经济振兴运动的深刻洞见。

② 在关柴,允许不满 25 岁的年轻男子保留会员身份;而在其他地方,也常常见到会员身份延长至 30 岁。见西田美昭编著,《昭和恐慌下的农村社会运动》,第 379—384 页。

某种程度上加强了他们与外部世界的沟通。地方农会、工业合作社等机构具有双重身份,它们既是村级机构,又是国家组织的地方分会。在关柴,机构的从属关系层次多样,这种复杂的关系在全国十分常见,是多年来受到政府资助的组织在地方壮大发展的结果。①

尽管在世纪之交,政府对备受关注的农村生活和农业问题做出了正面回应,但是从地方改良运动开始推行到 1932 年夏,已经过去了 1/4 世纪的时间,这样漫长的时间足以令政府推行的那些计划光芒尽失。虽然在农村机构繁多(甚至过于繁多),乡村及其组织对于 30 年代初的危机却并不能做出充分的应对。在大萧条之前的风雨飘摇的 10 年中,经济颓势已经给农村带来了危害,因此到 20 年代末,在许多像关柴这样的村庄,民间团体的主体虽然完好无缺,但已形同虚设。正如第 3 章所述,到期未付的欠款造成的资金短缺把人们困在家里,由于资源紧缺,机构的运作能力也受到限制,勉强维持着门面。

面对这样的局面,政府无所作为,地方领导也软弱无力。佃租冲突的急剧增多充分表明,当地政要已经无力挽回社会动荡的时局。在和佃农组织、农本论者、以及其他社会活动家斗争的过程中,当地领导层及其机构已无力坚守阵地,难以维系其优势地位,而且面对一战后农村的社会变迁,政府也鲜有良策。

新一代地方领导力量的出现也加剧了农村社会的矛盾。到 20 年代末,出生于世纪之交的年轻一代成长为地方政坛的领导人。对于农村青壮年领导阶层而言,多年来,由于他们接受的是政府主办的教育,再加上军营生涯对他们的影响,因此和以往任何一代人相比,他们都有更强的民族使命感,也对自己的领导能力更有自信。在许多青年农民的眼中,那些在危机时刻为人们带来秩序和指导保

---

① 斯梅瑟斯特,《战前日本军国主义的社会基础》;黑文斯,《农业与现代日本》,第 80—85 页,格鲁克,《日本的现代神话》,第 189—204 页。

障的传统组织,在应对 20 年代末到 30 年代初的各种挑战时之所以反应迟钝,就是因为被过时的组织纲领和领导方式所拖累。直至 1932 年初,不论是帝国农会、还是任何一个被认可的农村代言人,都未能形成一个清晰的方案来应对农村危机。在大萧条之前的几年中,农会领导人为自己的权威阶层也的确提出过调低地租以及增加政府补贴的要求,却没能从更长远的角度对农村的未来做出谋划。1930 年,政府要求农会为农民家庭设计出应对经济衰退的措施,不料农会领导人的答复是,农民得学会自给自足和勤俭节约。农会建议农民尽其所能地激发出"一种自助、自励精神"。① 既然政府也采用如出一辙的做法,对处在挣扎中的农民家庭不闻不问,当年春天他们只好回到田间耕耘,而等待他们的是来势汹汹的叵测未来。

农民利益优先:争取救援的农本主义运动

大萧条期间,农本主义比以往任何时候都更有力地推动了政府政策向农村倾斜,并促使日本农村更清醒地认识自身。在意识形态领域,农本主义虽然一如既往地发挥作用,但并不引人注目。在斯蒂芬·伏拉斯多兹看来,"农本论者认为,在日本资本主义现代化范畴内,日本乡村是(唯一)能够超越阶级界限的社会空间",从世纪之交的前夕开始,他们就主张保留农村自身的特点,来和正在兴起的工业化和都市化潮流抗衡。②

然而农本主义不仅缺乏统领性的主导思想,而且同时存在几个

---

① 帝国农会编委会编著,《帝国农会事务》第 521—523 页。首批条款源自 1930 年 7 月底的一次会议决议。第二批来自农会 10 月 28 日至 11 月 1 日间召开的常规会议。会议敦促农户削减婚丧嫁娶以及日常消费开支(尽可能使用自制用品来代替日用商品),更多依赖集体统筹购销途径。
② 弗拉斯托斯,"传统:过去/现在文化与现代日本史"。见沃斯沃,"农村社会的变迁:1900—1950 年",及黑文斯,《农业与现代日本》对农本主义的详细论述。

版本。山崎信义、冈田淳、桔孝三郎、近藤生协及其合伙人长野彰和加藤宽治——在大萧条时代，这些人和农本主义思想及其行动都非常接近——但在关键问题上却分歧较大。尽管他们大都一致认可理想的社会形态的基石是农耕和农业生活，但在农业应该在何种程度上与工业共存、农村社会怎样与城市并存这些问题上却各执己见。他们虽然都蔑视资本主义、城市生活、中央政府及其官员，但农本论者内部却各自为战，在为如何最有效地实现各自目标争论不休；多数人倾向于渐进式变革，仅有少数人赞成激进方式。尽管桔孝在改进农村社会和农业生产时所主张的保守政策也结合了科学的现代方法，然而在同时代的农村社会活动家眼中却是不合时宜。他所追求的路线也反映出 30 年代初在农本主义阵营内部实难达成一致思想这个一贯特点，所以用温和方式实现其目标的难度就更大了。①

虽说农本论者难以实现农村的繁荣稳定这一目标，但他们至少在大萧条之初就已定位了许多农村改革的关键问题。山崎和冈田极有可能是最知名的农本主义理论家，也最接近主流思想。山崎除了在为帝国农会效力外，在整个 20 年代末，他还定期为工业合作社杂志《家之光》撰稿，该杂志在日本战败投降前一直拥有最广泛的农村读者。30 年代他的观点在杂志上一再得到宣扬。山崎倡导发展强有力的农村家庭以及勤劳、自治的农村社会，所提建议可行而又实用，而这一点也说明了旧的领导层日渐衰败以及新一代领导力量正在崛起。作为帝国农会的书记，冈田同样很有影响力，他坚定不移地认为，应当竭力抵制资本主义对农村社会的侵蚀。尽管农村社会对山崎和冈田的农村政策未曾表示过明显的认同，但二人明确的政策在农本论者内部得到了加强，很容易便获得了支持，而且在大萧条期间似乎还算实用。二人固然提出了比前人更高深的方案来

---

① 弗拉斯托斯，"剔除传统的农本主义"。

解决农村问题，但他们仍重申"和为贵"以及"自助"的主张，这对解救深陷大萧条困境中的农民而言无济于事。①

与此同时，在大萧条之初名不见经传的加藤宽治，开始因其行之有效的主张而备受欢迎，他倡导向外移民来解决国内的农村问题，并以此为基石，在国外建立一个理想的农村社会。很少有人能够在学历及农耕实践经验上与加藤相匹敌（在茨城县日本国民高等学校的经历使他比其他任何农本论者都更接近并熟悉农村社会现实）。同为东京大学农业系的毕业生，加藤和那须弘以及农林省官员小平权一关系密切，这两位朋友后来在制定大萧条时期农村政策时起着关键性作用。②

近藤是与众不同的理论家。其独特的农本主义观点认为理想社会应由自给自足且自治的农村社会组成，人人都和土地、自然及帝国体制相联系。现代社会不再具有合作、团结的美德，近藤将这些优点归结于日本的传统，但他认为农村社会仍有希望找回业已丧失的宝贵品质。近藤认为，要恢复农业和农村社会在国家经济、文化领域中的地位，就必须废除中央政府、官僚和现有政党，还要杜绝一切利己主义行为。这些激进策略可以看出，近藤是在按照过去的那种理想模式来实现自治农村。③

尽管近藤倡导激进式变革，但他并非要煽动狂热分子骚乱。官方将其方案评价为理想但不"现实"。④ 他希望在农村内部实现自主式的发展与变革，拒绝外部领导力量的干预。随着大萧条的持续，

---

① 安达生津，"《家之光》的历史"；同上，"自力更生运动的《家之光》"；黑文斯，《农业与现代日本》，第 155—162 页。

② 黑文斯，《农业与现代日本》，第 275—294 页；扬，《日本极权帝国》，第 318—325 页。

③ 安田凡夫，《日本法西斯主义与民众运动》，第 44 页；内务省刑法局编，《日本现状因出版物泛滥需要革新》，第 6 卷，第 184—186 页。

④ 注意这份评估报告写于近藤的追随者采取行动使其声名鹊起之前。内务省刑法局编，《日本现状因出版物泛滥需要革新》，第 6 卷，第 194—195 页。

经济形势每况愈下，近藤希望农民采取保护措施，但他信奉自给自足反对外部干预，致使他无法直接参与其中，发挥激起变革的作用。

然而，近藤关于农村变革的见解有很强的吸引力，激励着许多接触过其思想的人。尽管他从未受过控告，但警察担心其言论对1932年初谋杀井上准之助和团琢磨的凶手以及"5·15"政变未遂事件产生影响。他们还对其知己长野彰很感兴趣，因为他是当年春天请愿运动的头领。当时，长野已成功地把不同阵营的农本论者和农村活动家合并成一个临时联盟，考虑到内部成员之间的猜疑和公开的敌意等制约因素，这一成就算得上非同寻常。农村危机以及长野出色的协调能力促成了这种合作姿态。

从东京的家里开始起步，长野凭借其才智为30年代初的农本主义运动做出了重要贡献。作为近藤的长期合作伙伴，长野不仅精通运动的理论框架，而且熟知组织运动实践。他毕业于东京军事学院，是日本东亚扩张政策的忠实追随者，而在他结束军旅生涯后，转而回国内谋求事业发展。早在军队服役期间，他就结识了激进的民族主义者大川周明，并通过大川和理论界泰斗北一辉有过接触。但是，对长野理解日本国内问题影响最大的不是这些人，而是近藤。这两位福冈县人于1920年初次相遇，当时长野30岁出头，而近藤已是52岁；翌年长野以上尉军衔退役，而到了20年代末，他已同导师并肩作战，共同实现振兴日本的宏图壮志。[1]

长野在许多方面认同近藤的观点，但在实践的过程中则进行了较大幅度的变通。长野认为，农村应该把合并起来的现代乡村还原到明治时期的分散状态，而且要从政治上和文化上恢复乡村乃至小村落的自主性。为避免农村的生活质量倒退到最初的原始状态，长野建议将现代工业拆分开，在整个农村范围内重新分配，这样就可

---

[1] 朝日新闻社，《朝日人物自传：现代日本》，第1164页；黑文斯，"对现代日本农村自治的两种流行看法"，第251页。

以保证每个乡村享用到现代商品以及现代服务。规模过大的工厂或是过于复杂的生产,无法在农村分散经营,应当独立经营、另作管理。用这一方法可以避免出现诸如剥削和违法获利这些现代商业活动的毛病。他将这一过程描述为"把当下利益至上的经济模式转化为公共福利型的经济模式",而在这一过程中,实现了以人的需要为首要目的和最高宗旨的生产方式。在政治上,他所描述的自治农村社会将会使中央政府丧失大部分功能。而县级知事也会成为自治的农村和中央政府之间的唯一纽带。这样只会留下"五到六个"职能部门运转,长野解释说,由此节余下来的巨额办公经费将会大幅减轻农民的经济负担。①

当近藤还在对他心目中的理想社会津津乐道时,长野却在积极地将这一理想转化为现实。② 而且不同于桔孝急于求成的激进方式,长野选取了渐进式策略,这是因为其组织才能和游说经历造就了他沉稳的秉性。从 1931 年末到 1932 年初,长野竭力把农本论者和要求地方自治的活动家团结起来,组建统一的全国性组织。但是前期的努力收效甚微;刚成立的机构大多短短几个月时间就解体了。其中的一个例子便是日本乡村自治同盟,1931 年该组织由长野、桔孝、茨城县政治家、议会议员风见彰(他还是国民同盟成员)和

---

① 长野彰,"现实日本的改造",第 53—54 页。六大部门分别是内务省、外务省、防卫省、法务省、文部省和大藏省。正如马斯·黑文斯所说,长野无意解除中央政府,而是要尽量将其职能作用削减到最低限度。见黑文斯,"对现代日本农村自治的两种流行看法"以及内务省刑法局编,《日本现状因出版物泛滥需要革新》,第 6 卷,第 185 页。

② 长野发表的著作包括《地方自治的历史观》(1932 年)、五卷本的《地方自治研究》(1936 年)。发表的文章有"现实日本的改造"(1932 年 7 月;同期刊登在《经济天往》杂志上的还有小平权一和帝国农会秘书冈田笃的文章);"农村请愿运动的经过"(1932 年 10 月);"大萧条幕后的人——近藤生协的学说"(1933 年 10 月);"农村实际情况和其救济政策"(1934 年 2 月)以及"高桥财政与农村问题"(1935 年 2 月)。

近藤等人创立，他们希望把遍布全国的农本主义活动家团结在一起。该同盟提出了诸如"征服物质文化""营造农本主义文化"以及"创造自治社会"之类的口号，因此在当局看来，该组织显示出"农本主义地方自治思想"的典型特点。类似的同盟组织试图将这种思想传播到农村，并将当地农民组织起来，按照同盟宣言所设计的路线，共同缔造新的农村。[1]

但这说起来容易做起来难，很大一部分原因在于运动的领导成员内部产生了意见分歧。倘若赢得了农民的支持，同盟该怎么办，诸多如何组织农村的后续问题加深了大家的疑虑。同盟成立后不久就解散了。部分问题在于没有哪两个领导人能在农村问题的见解上达成一致意见。比如，据报道，近藤无意通过政治运动来推行其观点，而桔孝和长野两人却急于采取这种方式。像宫城伸一郎这类主张破坏城市的无政府主义者的出现，就证明了在同盟内部产生了分化，也说明基础广泛的组织要想在方针路线上取得共识是何等的艰难。

在乡村自治同盟解体后，长野试图卷土重来，这次则是通过农本联盟。联盟成立于1932年3月，很快便重蹈覆辙，于5月解散，成为内部争论无谓的牺牲品，他们所争议的问题无关紧要，无非是讨论是否应该建立由农本论者领导的政党。[2] 眼看成员就要各奔东西了，长野彰却还在思考他未来的计划。由于一位活动家提出的方案，引起了东京对联盟的兴趣。据报道，来自长野县松本市近郊的和合恒男，是第一个提出请愿运动的农本论者。

长野县盛产蚕茧，加之许多农户把女儿送到蚕丝纺织厂工作，因此和其他地方的境遇一样，由于蚕茧价格暴跌，各家各户都失去了两项重要收入来源。农户无法再靠蚕茧获利，也不能指靠女儿在

---

① 内务省警报局编，《从出版物看日本核心论的现状》，第6卷，第181—183页。
② 同上，第182页，又见安田凡夫，《日本法西斯主义和民众运动》，第389—394页。

工厂工作来补贴家用,而当地农民的困境引起和合恒男的极大关注。① 和合在从东京大学毕业后(主修日莲佛教专业),回到松本地区的老家,在茨城县加藤宽治创立的模范村呆了几年。和合把富有号召力的日莲教派和农本主义糅合在一起,敦促农民行动起来向政府争取更好的待遇。1930 年底,和合举行群众集会,第二年,他和其支持者开始出版《农民》,以此为发表其观点的论坛。② 1931 年,和合竞选长野县议会席位,其间发表了一篇有关农村债务、税收、物价及金融问题的演讲。③ 和合认为,只有降低税收、减免债务,普通的农民百姓才能挺过萧条。④ "将土地归还农民!""拯救被城市围困的乡村!"以及"按相应的物价减免债务和税收!"已经成为他争取候选资格的口号。

在以主流党派为主导的竞选中,和合获得 24 张选票,对于较晚参与竞选的选手而言,这一表现实属不俗,但并不足以赢得席位。⑤

---

① 当代对该县的描绘见长野县内务部农相科编,《长野县的贫困实情》(1932 年 8 月),NSS1:1,第 347—348 页。估计约有 4/5 的农户涉足养蚕业。1931 年的农业收入约为 1929 年的一半。

② 安田凡夫,《日本法西斯主义和民众运动》,第 191—210、229 页。他们每月发行量超过 1 700 份。1938 年 10 月之后刊物更名为《日之本》。

③ 永原丰,"1932 年'农村救济请愿运动'的得与失,实地农民协议会";安田凡夫,《日本法西斯主义和民众运动》,第 239—240 页。

④ 永原丰,"1932 年'农村救济请愿运动'的得与失,实地农民协议会",第 2 页;安田凡夫,《日本法西斯主义和民众运动》,第 219—220、231 页。和合同时承诺通过两步走的政策解决土地佃租问题。他将会把佃租削减一半,并制定地主佃农法把土地税而不是租金作为土地购买定价的基础。作为其建立公正租金体系计划的一部分,和合还对东京大学教授那须弘的计算结果加以利用。到请愿运动后期,和合将重点放在县一级的事务中。他越来越多地提倡建立一种帮助农民实行经济规划的制度。安田凡夫,《日本法西斯主义和民众运动》,第 242 页。

⑤ 安田凡夫,《日本法西斯主义和民众运动》,第 243—244 页。两位非主流候选人成功当选,分别获得 4 043 张选票(支持右翼民族主义者)和 4 695 张选票(支持全国劳农大众党)。

然而和合百折不挠,继续和其支持者一起大声疾呼要求变革,并加强了和东京活动家的联系。1931 年秋,和合首次和近藤生协碰面,并安排他到长野向农民面对面地宣讲其思想。① 3 月中旬在松本举行的首次大型集会上,和合对请愿运动公开表现出不以为然的态度,仅把它看作组织工具和对政府施压的手段。后来,他曾试图从农村内部着手来改变政府对农村懒散的不作为态度,在遭遇了碰壁之后,他更愿意从外部作进一步尝试。②

1932 年 4 月初,在长野彰的原宿总部开始发动全国性的请愿活动。长野把一群背景迥异的活动家召集到一起,许多是先前各个农本组织的旧将。其中包括和合、桔孝("5·15"事件之后没有参加)、来自设在新潟的全国农业协同联合会左翼的稻村隆一,以及国民改造社的无政府主义者宫城伸一郎。③(近藤在请愿运动中并未发挥直接的作用。他似乎也没有参与运动的策划,据报道说,在这种情况下,此次运动并不是什么好主意。)④他们共同为这一新组织起名,将其命名为地方自治农民协会。

协会首先采取的行动,是起草争取农村救援的请愿书,⑤包括三项内容:

1. 将农户的债务延期 3 年

---

① 和合将近藤的学说和精神形容为"创造新日本所需的重要国家宝库"。安田凡夫,《日本法西斯主义和民众运动》,第 247,395 页。

② 同上,第 399—400 页;永原丰,"1932 年'农村救济请愿运动'的得与失,实地农民协议会",第 3 页。

③ 泷泽允,《近藤生协》,第 172 页。1923 年稻村毕业于早稻田大学,随后旋即积极投身于农民运动。即使在请愿运动前,他就是一为名副其实的农村社会活动家。他于战后加入社会党,1955 年其兄淳藏死后入选新潟国会。1969 年退出政坛。

④ 同上,第 168 页。这一评论出自海军军官山岸广志。稻村对请愿运动之初的描述将长野、和合甚至桔孝置于风口浪尖。见稻田隆一,《稻田隆一君谈话速记记录》,第 108—109 页。

⑤ 安田凡夫,《日本法西斯主义和民众运动》,第 414 页。

2. 为所有农民提供化肥补贴

3. 向移居满洲里的移民提供 5 000 万日元的补助①

请愿书送达农村时，又附上解释性的补充说明。其中协会对每项条目产生的原因进行逐一阐释，把农村危机的严重程度引为证据，借此说明行动的必要性。另外，补充文书还在农村相对温和的资金需求和政府对大企业的巨额投入之间做了一番对比，借以向读者强调一点，那就是大萧条对每个人的影响不尽相同，因而农村不能和城市化以及工业化的其他地方相提并论。若要恢复农村的元气，在经济和文化领域重新获得应有的地位，就必须采取特别措施。

补充说明还解释说，债务延期偿付仅仅是防止农户和农村社会崩溃的缓兵之计；请愿者暗示，如果继续催促偿还债务，就很难预料会发生什么情况了。请愿者把农村的健康发展和整个国家的命运维系在一起，就避免了有人指控他们是在私利驱动下提出请愿要求。长野等人还非常仔细地为所提要求查找先例，证明以往政府也曾制定政策扶助过大企业。正如请愿书附注所言，1929 年政府就曾批准将国际汽船公司的债务由 10 年延期至 29 年。相形之下，农民要求"仅仅延期 3 年"还款似乎并不过分。②

请愿书附注还对其他方面进行类似的阐述。稻米和蚕茧价格下跌导致农民收入锐减，难以购买生活必需品。农户的主要消费品化肥，旋即成为无人买得起的奢侈品。恶性循环接踵而来：化肥用得越少，产量就越低，农民的收入则越少。这种困境甚至危及到驻上海的士兵，他们被迫开始为家里筹款，而与此同时，国内的化肥生产商以及其他大企业每年却能得到政府 1 亿 5 000 万日元的补贴

---

① 化肥补贴比例为每段耕地（一段相当于 993 平方米）补助 1 日元。10 段即为 1 町。

② 请愿文字源自《独立月报》，1932 年 6 月，第 5 页。见安田凡夫，《日本法西斯主义和民众运动》，第 30,52—57,404 页，谈到长野请愿运动的具体事例，其中包括 1927 年桑树种植失利事件。

（大致相当于请愿者要求的补助金额）。协会再次指出，政府愿意竭力帮助大企业，却对农民的死活弃之不顾，而且据他们估算，倘若从给大企业的1亿5 000万日元补助中拿出6 000万日元，就足以使每个农民享受到化肥补助。

资助移民满洲里所需的5 000万日元也可以从支援企业的国库中调拨。协会认为，政府应当从工业补贴划拨出3 000万日元，另外的2 000万日元可以从南满铁路的红利中支取。这些钱会补贴给那些愿意迁居满洲里的家庭；这样做不仅可以解决城乡的人口过剩问题，同时还能巩固日本的外交地位。

这三项倡议的灵感至少有一部分来自和合早期在松本地区开展的运动。和合早期成立的组织早就在倡导移民，并一直在讨论采取何种措施来减轻农村债务负担。农民显然对这些建议很感兴趣。况且如果把承诺补贴、政府现金补助以及延期偿贷这些措施加在一起，自然会在农村获得有力支持；这方面的吸引力也推动了协会大力开展请愿活动。以地方自治和大刀阔斧的改革所带来的种种好处为承诺来打动农民从来都不是件容易的事。大萧条给农民带来的伤害很大，但另一方面也使人们对农本主义的兴趣迅速高涨。如果长野彰及其同僚希望更多的人了解他们的想法，那么他们首先需要设法引起农民的兴趣，而请愿运动恰恰做到了这一点。

为匡扶正义（或者仅仅是为了引起上级对管理不善的注意）向当局直接请愿的这一做法，在日本农村的历史上由来已久。一些更为引人注目的农民起义则是和当地官员未能重视农民的要求有关，最著名的农村殉难烈士事件也是出于相同的原因。[①] 日本最有名的农民英雄佐仓宗五郎，通过直接向德川将军请愿的方式，拯救了村民。尽管他和村里的其他领导人一再请求上级重视农村危机，上面

① 例如，见沙伊纳，"仁慈的地主与可敬的农民"；凯利，《19世纪日本的尊重与蔑视》；沃索尔，《18世纪日本的社会抗议与流行文化》。

却总是置之不理。虽然佐仓因为破坏正常的请愿制度而给一家老小带来杀身之祸，但他在最后一次向将军"直诉"的请愿中，终于如愿以偿地为村民赢得了帮助。①

在统治者与被统治者之间的较量中，书面请愿给个人带来的损失较小，这在历史上不乏其例。德川时代广为流行的做法是，由地方官设立请愿意见箱。武士和平民都可以提意见，请愿箱让无缘接触到行政长官的人们有了发表看法的机会。地方官员会密切留意请愿箱中的要求和建议，并采用其中一些意见，将其纳入到地方政策中。②

明治政府掌权后，请愿箱很快就销声匿迹了，随之而去的是让高层听到百姓声音的机会，但还存在为数不多的官方渠道。例如可以向国会请愿。通常此类请愿由一位在任议员向请愿委员会提出申请，委员会来决定是否向国会上报。如果继续上报，由国会来表决同意与否；请愿获批后，再进一步向内阁或政府办公室提交。然而根据宪法规定，政府只能在接受请愿的前提下采取行动，因此在任何情况下，都不能胁迫政府执行请愿所提出的内容。

尽管这种正式请愿的效果有限，农民却不遗余力地行使这一权利，尤其是当他们处在困境的时候。例如，1922 年和 1923 年，农民用请愿的方式试图说服政府减税并向农村提供救助，但无功而返。在接下来的十余年中，直到 30 年代初，零零散散的请愿就一直没有中断过。1930 年 4 月的国会会议就收到 3 份有关农村问题和农业救济的请愿书。随着农村经济危机感的日益深重，请愿的步伐也在不断加快。到 1930 年 12 月国会会议时，请愿书的数字则攀升到124 份。斋藤内阁成立不久，1932 年 6 月的第 62 次国会会议收到了407 份和农业救济有关的请愿，而当年夏天的下一届会议则又收到

① 沃索尔编，《日本的农民运动》，第 35—75 页，讨论过此次事件。
② 罗伯特，"18 世纪的请愿运动"。

近 300 份请愿。① 许多请愿是长野请愿协会努力的成果。

1932 年召开了协会成立大会之后,和合等人将请愿内容印刷并寄给其支持者,在各地分发传播,并收集声援签名,最后寄回东京。协会成员的行动日程非常紧迫,他们需要向请愿委员会递交尽可能多的签名请愿书,这样才能有机会得到更高一级议会的回应,而定于 6 月初召开的国会会期也只有短短几周时间,因此时间非常紧迫。

当地媒体的关注也起了很大作用。从一开始,长野县的报纸就对运动进行了报道,3 月 3 日《信浓每日新闻》刊登了请愿的三项内容。报纸还时常公布会议和讲座的日程安排,以赢得更多的人来支持请愿。第一次公众集会的时间是 3 月初,尽管正值农忙季节,然而农民都积极参与,可见请愿热情之高涨。② 而在茨城、新潟等其他县则反响不那么热烈。那里的基层组织不如长野壮大,因为在长野县,和合拥有可以仰仗的坚定有力的支持者。和合曾经指望茨城桔孝的组织能够鼎力相助,但“5·15”事件后希望就很渺茫了。当地活动家仍在竭尽所能地收集有限的签名,代表尽可能多的县来表达请愿意愿。

协会成员在各自家乡和东京之间来回奔波,而长野彰则在东京游说,努力进行协调与疏通。到 5 月底为止,和合的分会连同地方自治农民协会在各地的伞式分支组织,一共收集到 3 万多份支持者的签名。按理说,这一庞大数字已经足以驱动请愿程序运转,但是协会成员仍旧难以令东京当局听到他们的声音。一则他们难以和国会接触,缺少一位议员来关照此事,确保委员会顺利获得通过请愿,并呈交到国会讨论。再则他们难以将请愿在更广大范围内普及。尽管请愿取得了成功,但从声援签名有几乎 90% 来自长野县这一事实来看,该组织的群众基础仍旧偏窄,不尽人意。

---

① 安富邦夫,“对昭和初期贫农政策的形成趋势与消减过程的若干考察”,第 150 页。
② 安田凡夫,《日本法西斯主义和民众运动》,第 415 页。

相对而言,结交政治同盟实际上要容易些。和合尽力争取出目长野县的议员的支持,东京其他成员也做着同样的努力,他们要赢得同乡议员对请愿的支持。协会成员尽其所能,试图约见新任农林大臣后藤文夫和藏相高桥。尽管他们成功地和农林大臣的副手石黑忠笃见面并交换意见,①但农相和藏相借口公务繁忙推脱不见。然而令人意想不到的是,近藤的影响力在此发挥了作用,他们最终赢得国会的大力支持。近藤将和合引荐给其仰慕者政友会成员(冲绳县)竹下义晴。② 竹下答应将请愿书递交国会,并尽其所能为农村救济争取支持力量。

赢得全国媒体的支持要困难一些。尽管长野县辖区内媒体报道量十分充分,但东京各大媒体对请愿运动却兴趣不浓。为了说服编辑更加重视请愿,东京七八位活动家扛着大包签名请愿书,逐家拜访各大新闻机构。③ 起初,他们运气不佳,到 1932 年 6 月 1 日国会会议开始时,全国最有影响力的媒体并没有对三项请愿内容进行报道。

这一不利局面很快得以改观。6 月 3 日《东京朝日新闻》开始报道请愿运动,文章介绍了农本论者怎样在 16 个县征集到 32 000 余份签名。报道还谈到地方自治农民协会和其前身日本乡村自治同盟、农本联盟之间的联系,但其间并没有提到桔孝和近藤。④ 报纸还

---

① 长野彰,《昭和农民速记》,第 28 页。

② 安田凡夫,《日本法西斯主义和民众运动》,第 422 页。长野彰,《昭和农民奋起速记》,第 29 页。

③ 长野彰,《昭和农民速记》,第 28—29 页。

④《东京朝日新闻》,1932 年 6 月 3 日。据内务省估计,这份包含三项条款的请愿书有将近 19 000 份签名,大大低于和合所估计的数字。参见《社会运动状况》,1932 年,第 928—930 页。另见帝国议会众议院,《帝国议会众议院议事速记录》,第 57 卷,第 204—205 页,第 58 卷,第 221—225 页。官方正式出版物仅记载该份请愿条款就耗费了 5 页多篇幅,大大超出了其他请愿运动。

援引国会议员竹下的话说,请愿所提出的问题并不是党派问题,而是关系到整个国家的重大问题,因而值得仔细研究。长野的话则更为直截了当:

> 我今天来移交所有的请愿书。当然,由于签名的收集工作在一些地区仍在进行之中,所以可能还会有更多。农民表现出不可思议的精神,一些地区的人们长途跋涉来到这里,就是为了能够把请愿呈给参议院。有意思的是,许多地方的人们决定,绝不再投票支持那些反对请愿的国会议员。因此,我们虽然对此次国会议案寄予厚望,但是特别会议的准备工作却并不充分,最后反倒会火上浇油。①

长野明确指出,不仅不可小看这股力量,还应关注请愿者参政议政的影响力。他说,所有签过名的请愿者正密切关注国会议案的进展,而且他们相信政治家会对事态发展负责。这番话对公众和政治家产生了作用,因为任何一个农民看了长野的一席话,无疑都会欣喜地发现自己也能和强大的政治力量有所关联。而其他读者则会对农村原有的一贯顺从形象感到疑惑,同时也会回味长野所说的"火上加油"一词的其中意味。

就在农本论者成功吸引媒体关注的同时,其他农村改革的倡导人也开始进入人们的视线。6月6日,也就是国会请愿委员会投票表决竹下提交的三项请愿要求的同一天,媒体还详细报道了各种形式的农村救济运动;普遍认为农本论者是其中的一个代表,而另一个代表则是北信浓恐慌政策协会。二者之间的区别非常有意思。虽说和农本论者一样,协会成员也来自长野县,但他们所代表的并非陷入危机的农民,而是忧心忡忡的地方精英。地主和地方官在协

----

① 《东京朝日新闻》,1932 年 6 月 3 日。

会中占主要位置;他们期望得到媒体和决策者的重视,而实际上也做到了这一点。[1] 他们一到东京,就轻而易举地接触到了高层官员:农林大臣后藤文夫、农林省区域局和大藏省银行局负责人以及发展银行行长都约见了他们。

就在他们即将启程返乡的那一天,他们还抽空和《东洋经济新报》的记者进行了圆桌会谈,话题涉及请愿及其对农村形势的看法。第二周,杂志刊登了会谈结果。协会成员和从其选区获得擢升的三位国会议员以及来自福冈的议员龟井嘉一郎聚集在一起。这几位议员连同风见彰、杉山基次郎一起帮助他们将请愿书递交到了国会。[2]

那份请愿书重弹农本主义老调,将如何处理债务问题看作恢复农村经济的核心内容:

1. 考虑到当下的经济问题,颁布法令暂缓还债。

2. 根据商品价格的下跌比例,减低债务。

3. 大幅减租。

4. 修改利息限制法,保证农村的年贷款率不超过3%;允许旧账转债为合法。

5. 当重要农作物遭遇减产,政府应予以补贴。[3]

在来东京之前,恐慌政策协会从长野县的池小方北作和埴科三郡的17个村庄收集了近5 000份签名。虽然这一数字在农本论者最终递交的签名中只占很少一部分,但协会的影响力并不限于支持

---

[1] 由于该组织成员地位相对较高(1932年2月首次组会),致使日本学者援引其成员的观点借以研究中产阶级农民的普遍观点和态度。安田凡夫,《日本法西斯主义和民众运动》,第404、407页。安富邦夫,"对昭和初期贫农政策的形成趋势与消减过程的若干考察",第146—147页。《独立月报》,1932年6月,第6页。

[2]《独立月报》,1932年6月,第6—7页。

[3] "对农村救济陈情的提问",《东洋经济报》,1932年6月18日,第28页。

者的多寡,重要的是此次请愿所带来的警示信号更具紧迫性。① 在对媒体中声明以及同决策者的商谈中,协会发言人开诚布公地解释了所提方案的必要性。他们说,若没有这些政策,农村势必会爆发暴动。发言人谈到许多家庭不堪忍受巨额的债务负担,而收入骤减也使偿还债务变得希望渺茫。② 现有机构也有负众望;他们抱怨说,信用社、农业协会或是政府资助的项目都无法助其一臂之力。③ 他们一致认为农村骚乱一触即发。在和政治家及媒体的会谈中,协会不仅详细描绘了农村社会正在遭受的厄运,还预见了事态的发展动向。考虑到农村的目前状况,再加上东京的不作为,他们担心会发生最糟糕的事情。④

农本论者的力量加上地方政要愤慨激昂的请求,迫使议会无计可施。1932 年 6 月 6 日下午,竹下将提案提交国会请愿委员会。他泪流满面地恳请国会马上接受三项请愿要求:

> 必须密切注视农村的赤贫状况。收入急速下降破坏了农户的生活根基。而年复一年累积的高额债务也动摇了日常生活的中心。农民生活的惨状不堪入目,目睹者无不为之动容。如今请求救济的呼声有如洪水之潮遍布全国。可怜这些陷入生死攸关危境中的农民已彻底绝望。

---

① 安田凡夫,《日本法西斯主义和民众运动》,第 404—405 页。又见《独立月报》,1932 年 6 月,第 6—7 页。

② "对农村救济陈情的提问",《东洋经济报》,1932 年 6 月 18 日,第 19—20 页。

③ 同上,第 22 页,北佐久郡北海上村的内川义节曾作此番评论。内川接着又说,1929 年附近一个村的知事曾做过债务调查。他发现户均负债约为 800 日元,并起草政策号召村民厉行节俭,不喝酒、不吃糖以及甜点。"3 年后的 1932 年,村里的债务情况怎样了呢?"内川问道。"每户负债约 1 500 日元。在这种情况下,我们不仅无法偿还债务,而且连吃饭都成了问题。除非国家采取措施解决债务问题,否则我们农民将无法生存。"

④ "对农村救济陈情的提问",《东洋经济报》,1932 年 6 月 18 日,第 25 页。

我们这个靠农业起家的国家,即将面临无法忍受的悲痛。希望大家能够马上采纳这项建议。[1]

委员会立刻一致同意了请愿条款,并呼吁政府想方设法执行请愿书中所提的倡议。据媒体记载,仿佛是"农民的呼喊,也就是在困顿生活逼迫下发出的求救声"促使委员会成员采取行动。[2]

然而,尽管公众对乡村救济的支持日益高涨,一些国会议员也对此热情不减,但推动第 62 次国会会议通过扶助农村的切实政策的希望却越来越渺茫。斋藤内阁刚刚执政,新任内阁和各党派都没有准备好成熟的救济方案。涌入国会的请愿建议和其他倡议都过于粗糙,有些甚至过于激进,无法形成合理可行的政策。作为补救方案,政治家们着手讨论是否需要召集一次国会特别会议,专门讨论农村危机。农本论者和其他农村代言人迅速抓住这一机会,急切盼望此次会议能够如期召开。对特别会议召开与否的表决于 6 月 13 日进行。"那一天闷热异常,"长野彰回忆说,"议会会议厅内令人窒息,但观众走廊内连一块立足之地都没有。连外面挤的都是人。在陈述议案时,所有人都坐直了竖着耳朵听,生怕漏掉一个字。"[3]

政友会和民政党都竞相提交议案要求召开一次特别会议;民政党敦促政府召开紧急会议制定政策,来应对金融、债务、调控生产和销售以及代表农业社会以及中小企业的利益来发展公共工程等问题。而政友会提案最后被一致采纳,其内容如下:

---

①《大阪每日新闻》,1932 年 6 月 7 日。竹下的演讲和 6 月 2 日大阪农协会议所通过的自我振兴决议有许多相似之处。见下面以及帝国农会事项编委会编,《帝国农会事项》,第 527—528 页。

②《大阪每日新闻》,1932 年 6 月 7 日。这篇文章连同当日发表在《中外商业》的一篇报道显示签名人数在 45 000 到 46 000 之间。

③ 安田凡夫,《日本法西斯主义和民众运动》,第 424 页。

鉴于内阁的使命，以及为了确保政府能够制定紧急情况应对政策，为急需安慰的人们提供适当的经济扶助和政策支持，特申请立即召开特别会议。有待讨论的开支和预算问题包括：合理分配现金、处理农村等地的债务问题、积极从事公共工程建设以及做好农业生产和其他重要农产区的调控工作。[1]

政友会（代表岛根县）的岛田俊夫的长篇演讲被掌声多次打断。他在发言中解释了政友会提出该提案的深层原因。"除非我们实行深入有效的紧急救援政策，"他警告说，"很难说我们这个社会未来会不会有巨大苦难降临，而这一天的到来也许并不遥远。（掌声）"[2]其他各大政党的代表都持支持态度，斋藤首相也表态同意，众议院投票一致通过了政友会的提案。[3]

因此，决议的通过确保了政府和各党派在接下来的几个月中专门为应对农村救援问题定期碰面，长野和其支持者又乘胜追击，计划筹备新的请愿运动。这回他们不再孤军奋战，公众对农村问题的兴趣与日俱增，前期请愿所取得的表面成果，以及第 63 次国会会议带来的前景，这些因素都使农民及其代言人相信，他们应该努力让当局倾听其意见。请愿力量的涓涓细流很快汇聚成一股洪流，为实现农村救援奔走呼吁。在国会于 8 月底再次召开会议前，和合、长野彰等人抓紧时间争取把握最佳时机。他们前期的成功反而加大了此事的难度；第一次请愿太成功了，导致当他们准备起草下一份请愿书时，原先同意让长野和和合起草请愿书的协会成员要求他们进

---

① 帝国议会众议院，《帝国议会众议院议事速记录》，第 57 卷，第 140 页。

② 同上。

③ 添田庆一郎为民政党代言；杉山基次郎则代表两大政党以外的代表；同上，第 140—141、144 页。

一步充实内容。甚至在请愿条款从三项充实到五项的情况下，协会内部脆弱的联盟开始针锋相对地争吵起来。

新请愿书请求延期还贷不是针对所有债务，而仅仅适用于政府贷款。有充分的理由采取这项措施。原来的要求没有具体说明何种欠款可以延付，因而可能会涉及到私人之间或是个人与信用社、银行之间的债务纠纷。新条款则明确规定只能延缓偿付由政府发放的贷款，因此比原来的请愿切实可行得多。

同样放弃的请愿条款还包括购买化肥补贴以及移民满洲里的补贴。取而代之的是要求资助耕地扩张计划；同时，一个迁出农村的农户，不论移居何处，都可获得政府 100 日元的资助，此项政策同样适用于迁入农村的农户。和合在别的场合也曾明确呼吁失业者和城市居民回到农村创业。和合农本主义的政治标签使他成为"城市的敌人"，但又为其成为"城市居民的朋友"留有余地。和合写到："失了业的兄弟以及工人兄弟们：离开前途漆黑一片的城市，到我们这里来吧，因为这里阳光灿烂，晴空一片！"[1]

长野彰的贡献在于他起草了一部分请愿书，号召政府在对农户进行财产没收处罚时，应限定资产没收的最高限度。其目的在于确保那些被罚没财产的农民不至于陷入无地可种的境地，或者说保证他们拥有用于满足最低需要的基本生活资料。同样，在长野的倡导下，佃农也有权获得用于维持生计的耕地。为达到这一目的，长野还特意请了一位专家来起草议案；风见彰正式向国会提交此提案，但在递交到委员会之后便搁置了下来。[2] 长野认为这些政策确保了最低生活保障，从而为典型的农村家庭提供安全保障。他说，这样一来，可以使农村更强大，并能支持鼓励农民坚持下去。长野相信

---

① 安田凡夫，《日本法西斯主义和民众运动》，第 424—426 页。
② 长野和竹下在接下来的几年中试图说服议会立法通过增补条款。

这也将"第一次为那些自力更生的农民提供保障基础"①。

新请愿的五项条款内容如下：

1. 政府发放的贷款可延期 3 年偿付，并给予利率优惠；

2. 通过修改《强制执行法》确保农民的生存权；

3. 投入 3 亿日元用以发展土地，资助扩展耕地；

4. 为移民提供教育服务；向每户移民或是迁居家庭提供 100 日元的奖金；向回到农村的人提供 3 年的稻米，每人每年可获 4 升[1升相当于 1.8 公升]的稻米；

5. 根据物价起伏来调整工资水平，修改工资法。②

最后一条请愿呼吁根据商品价格的变化调整工资，反映出对城乡差异、工农差异的担忧。尽管 30 年代以来农村家庭收入骤减，但每个人的处境都不尽相同。那些拿工资的人，特别是拿政府工资的人（例如政府和地方官员、地方教师），并没有遭遇收入水平急速下跌。国会会议希望第 5 条规定可以弥补收入不平衡这一不足。对于该项条款的重要意义，长野是这样描述的：

> 这反映出我国农民对那些靠工资吃饭的人的看法……农民对修改公务员工资法案有两种感觉。第一种观点认为，在农村社会形色各异的人都应该过着同样类型的生活。也就是说，那些想借助特权或特殊性来生活的想法是自私的，只会产生腐败和财阀（富豪）。通常他们应该和大众一起过着和普通老百姓一样的生活。从这种意义上来讲，只有那些靠工资生活的人才能过上奢侈生活。在

---

① 下面对自力更生作详细讨论。见长野彰，《昭和农民速记》，第 38 页，他于 1932 年 8 月 20 日发表公开声明，宣布补充条款。该法案强调食物、住所、耕地和穿衣等方面，这和后藤所描述的农村生活的基本要素十分接近。例子可参见黑文斯，《农村与现代日本》，第 193 页。

② 安田凡夫，《日本法西斯主义和民众运动》，第 425 页。

农村，月薪 100 日元的收入水平相当于地主收获 1 000 捆水稻的租金。

　　第二种观点是反对官僚政治。这种反抗情绪与日俱增，农民不仅强烈反对官僚政治的触角伸向社会生活的方方面面，而且反对官员腐败。①

农民的态度和长野一贯的反官僚立场相吻合，他还认为承担中央政府的开支已成为农民的巨大负担。请注意，长野在解释这项要求时说，这并不仅仅意味着通过削减工资来节约开支。用他的话来说，这项要求是要平衡生活水平，缩减社区内部巨大的贫富差异，并确保每个社区都能实现自治。

到 1932 年 8 月初，协会已准备就绪，8 月 11 日向各地寄出新请愿书。事件随后的发展过程和当年春天差不多；8 月底，协会收到 38 829 份签名，支持这份包含 5 项内容的新请愿书。② 在农村，地方集会激起了群众对请愿和自治思想的兴趣，而在东京，长野在官员和政治家周围游说。（7 月，长野从东京到新潟的途中，在喜多方地区短暂停留，他考察了当地的条件，还开展了一两次讲座。据县负责安全的官员报道说，他的演讲仅仅帮助当地支持者征集到大约 50 份签名。来自内务省的数字也印证了这一点，尽管他们还说上一次的三项请愿也不过只收到不到 200 份签名。）③他们原来在国会的同

---

① 长野彰，"农村请愿运动的结果"，第 91—92 页。

② 安田凡夫，《日本法西斯主义和民众运动》，第 431 页。根据内务省警报局提供的数据显示，《社会运动的状况》，1932 年，第 932 页，签名总人数为 42 505。和合估计的数字要少一些。

③《福岛民报》首次提到长野时将其描述为"建立新日本运动的先锋派人物"；在随后的文章中，其倡导的运动被形容为"烙上了深深的法西斯主义烙印"，强烈暗示说警方密切留意其一举一动的做法实属明智之举。《福岛民报》，1932 年 7 月 2 日，第 675、930、932 页。

盟竹下生病了,已经帮不上什么忙,幸好国民同盟的风见彰接替了他。风见彰安排长野彰与和合同国会副主席见面,这样可以当面递交请愿书。① 请愿委员会与 8 月末投票通过该份请愿,而且第二天全体成员会议同意了委员会的决议。②

农本论者的残余影响

1932 年 8 月之后,长野彰和地方自治农民协会的成员在促成农村救济方面不再发挥显著作用。他们在公众面前有如昙花一现。然而,由协会领导的请愿运动在说服政府为农民迅速采取行动方面起着重要作用。协会不仅引起了公众对农民境遇的关注,请愿的具体要求也促成其他组织提出应对方案。比如,延期偿付债务的呼吁对那些更为成熟组织的影响力巨大。帝国农会等组织很快提出了较为和缓的应对债务问题的方案。和协会所提出的任何一项要求相比,他们的农村救济政策和政府最终采纳执行的方案要接近得多。

面对这样的结果,长野彰既不吃惊也没有坐立不安。在国家级杂志对其请愿的后续报道中,长野对其下一步计划做出展望,并回顾了请愿运动的重要意义所在。他很清楚协会为何会选定这些要求,他同样清楚请愿条款本身并不及协会真正目的重要。③ 协会的要求很大程度上由请愿过程的时机所决定。之所以产生"延期还债"的要求,是因为"债务问题是当时农民最担心的问题"。在起草三项请愿时,正值农民春播时节,他们最发愁的就是是否买得起化

---

① 内务省警报局,《社会运动的状况》,1932 年,第 931 页。又见安田凡夫,《日本法西斯主义和民众运动》,第 430—431 页。

② 长野彰,《昭和农民速记》,第 42—43 页。

③ 例子参见长野彰,"农村请愿运动的结果"。

肥,相比之下,也就顾不得考虑收获季节的销售问题了。1932 年,许多农民没有足够的钱够买化肥,因此化肥补贴就成了请愿内容之一。至于资助移民这项请求,是因为长野和东北地区的农民对移民抱有浓厚的兴趣。[1]

到第二次的五项请愿准备发布的时候,农作季节已过去大半。需要化肥的季节已经过去了,化肥补贴不再是他们急切关注的问题。由于人们对满洲里的动荡局势的担心越来越强烈,协会决定降低化肥的重要性,转而提倡资助移民。[2] 长野解释说,要求修改二资法这一请求和农民对公务员阶层的看法有关,他们希望公务员的生活水平能够和农村那些不拿薪酬的社会成员持平。

长野试图明确一点,那就是他和其同伴并非真心希望请愿要求变为现实的政策。他们起草了两份有关民事诉讼法和税收法修正案的提案,由风见彰提交国会审议,而这两份提案才是协会希望变成具体政策并为之努力的唯一动力。请愿的目的仅仅是为了在国会引发讨论、引起关注并帮助协会在农村赢得支持。长野还写道,他甚至怀疑延付债务成为实际政策的可行性。"如果将它付诸实施的话,就得考虑一下这项政策是否真正对一般农民家庭有益,"他还认为,"考虑到我们真正的意图,任何把这三项请愿看成实际行动计划的想法都是错误的。"[3]

按照长野的说法,请愿运动有两个目的。一是要把村民团结起来,齐心协力地守护农村社会,并让农民意识到自身的力量所在。[4] 通过请愿这一方式,可以集中农民的注意力,用长野的话来讲就是要"把农民从沉睡当中唤醒"。组织者希望通过呼吁延期还债来大

---

① 例子参见长野彰,"农村请愿运动的结果",第 91 页。
② 另见威尔逊,"日本的官僚与农民"。
③ 长野彰,"农村请愿运动的结果",第 91 页。
④ 同上,第 90—91 页。

声唤醒农民睁开眼睛。另一个目的是提醒政府和农村以外的社会警惕乡村目前的状况。长野这样解释道：

> 众所周知，农村负担沉重，而城市负担却很轻。从农村选出的代表沦为财阀利用的工具。言论机构也听命于城市，从不关注农村。农村必须向金融家支付巨额利息、向商人支付佣金和手续费，然而他们为工业提供廉价的原材料，却高价买回工业成品。乡村有前途的年轻人被城市吸引过去，农村性别平衡由于年轻妇女的离开而被破坏。农村的自主权被中央夺去，庞大冗余的政府开支负担在不断增加。只有通过某种行动才能提醒世人对农村危机的重视。①

30 年后在论及同一话题时，长野重申了这一观点，他认为 1932 年春夏之前，除农村社会自身以外，没有人了解农村的实际情况。他说，在此之前报纸杂志从未关注过农村问题，而政府和各大政党对农村的死活也表现出一幅若无其事的样子。他确信是请愿运动扭转了这一局面。②

他说的基本都是事实。1932 年夏是公众对"农村问题"理解的分水岭。媒体不仅热情回应各种请愿运动，而且对农村危机有了新的理解。从 6 月 2 日长野向国会提交请愿这一天起，《东京朝日新闻》开始对乡村形势进行系列报道，几乎每天都刊登关于农村的文章。第一篇文章描述了长野县的惨淡境况，后续文章则对东北地区以及茨城县、神奈川县等地进行新闻特写报道。在对农村生活进行描绘的尝试中，记者所涉及的话题有佃租问题、低息贷款、自杀

---

① 长野彰，"农村请愿运动的结果"，第 90 页。
② 长野彰，《昭和农民速记》，第 25 页。

以及把女儿卖给妓院等问题。① 6 月 11 日,在《东京朝日新闻》的倡导下,召开了讨论农村问题的圆桌会议,参加论坛的有几十位政治家、学者以及社会活动家,在进行广泛讨论的基础上,其讨论内容以小册子的形式在 7 月出版发行,书名定为《该怎样拯救乡村?》②6 月以前,当地报纸似乎在发掘农村现状的报道上更为擅长,但显而易见的是,在请愿运动成为新闻后,许多媒体开始愿意大力报道农村问题。③

如果说农本论者在一定程度上取得了战略意义上的成功,在最紧要的关头,他们帮助农村成为举国关注的焦点,那么也可以说,他们为后人以更开阔的视野来重新审视农村改革的范围和意义创造了条件。例如,农本论者以及类似"北信浓恐慌政策协会"这样的组织,在帮助政府制定应对债务问题的政策方面起到了明显的作用。1932 年以前,农村债务在政府决策人眼中根本算不上问题;而请愿运动一旦开始,解决农村债务所引发的问题就成了农林省的首要任务。请愿者不仅让人们意识到问题的严重性,而且提出补救方案,迫使政府做出决定。正如长野自己所认识到的那样,延期偿还欠款的想法显然不切实际,但是有这么多农民急切渴望这一可能性,政府别无选择,只能出台类似的补救措施来解决债务问题。

---

① 见《东京朝日新闻》,1932 年 6 月 2—5 日、6 月 7 日、6 月 9—11 日、6 月 14 日。

② 参与者包括后藤文夫、加藤宽治、添田庆一郎(政友会成员,福岛县)、杉山基次郎(全国劳农大众党,大阪)、那须弘、福泽安卫(全国村镇知事联盟负责人)等人。东京日日新闻经济部编,《如何才能拯救农村?》。

③ 例如,1932 年 6 月 18 日,当福岛日日新闻开始系列报道农村生活时,几乎与此同时位于仙台的《仙台日报》也正在征集描写"农村危机"的文章。我十分仔细地查阅了《福岛民报》,发现从 1932 年 7 月一直到 8 月间,该报的文章都在铺天盖地描述各村各户处于崩溃的边缘。

应对债务问题

农本论者既没有引发农村债务问题，也没有提出特别有效的策略来应对债务问题。他们的贡献在于引起了人们对债务问题的广泛关注，因为在 1932 年以前，只有很少一部分人对农村金融秩序感兴趣。正如前面所提到的，据估算，那年夏天农村债务总额在 47 至 49 亿日元之间，其中户均负债最多的在 1 590 日元（福岛县）到 2 300 日元（新潟县）之间，通常是高息借贷。尽管欠款人总能设法偿还旧账，也总能和借方达成和解，并再次获得贷款，双方并无债务纠纷，但是农本论者的请愿运动提醒了人们一个事实，那就是缺少一套系统有效的制度来应对债务危机；农民家庭没有可以求助的手段来应对没收土地等资产这一处罚，而随着大萧条的进一步恶化，这一零星现象日益增多，并逐渐演变成普遍现象。

一项政府研究表明，到 1931 年底已有 12 个县发起了减少债务的倡议；另有 11 个县在私人组织（例如由农业协会）发动下也在推行这一计划，其他几个县也在考虑之中。① 但即使在已经推行这项政策的县中，也只有 3 个府、县（大阪、福冈和香川）进入到资助负债人的实质性阶段。其他地方则只是停留在提供建议的表面文章上。② 各县、府并没有把这一问题摆在桌面上认真讨论，更谈不上在全国范围内进行推广。

在请愿运动以及召开特别国会表决通过之后，所有现状得以扭转。在当年夏天的议会筹备会议上，制定债务政策成为中心议题，

① 加濑和俊，"农村负债整理政策的立案过程"，第 14 页。另见农林省农牧局，"农家负债整理事项事例"，1931 年 10 月，NSS2:5，第 1—129 页，详细介绍了县级政策。
② 县级的扶助作用十分有限，加濑指出在福冈县里只花费了 8 250 日元。加濑和俊，"农村负债整理政策的立案过程"，第 16 页，脚注 7。

在国会正式会议上更是如此，而且虽然不像农本论者的提议那样大刀阔斧，但所有人都提出了新的解决方案。最终形成的政策称作"债务整理"，其核心目标是要建立更为强大的农村社会，成立合作机构合力消除借贷双方的矛盾。这一观点在农林省所提建议中体现得非常充分，但也得到了各大政党以及主流农民组织的支持。结果，农村社会最终所采用的农村债务危机应对方法，不仅是一种尝试，更是一种工具；从更为广泛的意义上讲，债务整理政策已成为支撑农村经济以及稳定农村社会的一个重要元素。

这次拯救农村的主要人物不再像以往农本论者那样如同局外人一般，而是经常性地参政议政。帝国农会的发言人和农林省的官员一马当先，在促成应对债务危机的具体方案以及引导政策通过国会表决方面起了决定性作用。这些处理债务的倡议有共同之处，但在决定如何支付和由谁参与这些方面又各有不同。帝国农会低息募集来大量资金，但只希望借给那些较为富有的人。相反，农林省却赞成推行涉及面更广的低成本计划。

在通过该项决议时，议会一直磨磨蹭蹭，再三拒绝通过债务整理法案，并附加了一项由政友会提出的特别条款，建议将数额庞大的开支承付义务以及债务负担由地方政府转移到其他机构。由于下院不肯让步，导致提案的最初版本无法通过；内阁不得不于1933年初重新起草修改稿，终于在国会获准通过。债务整理倡议本身以及提案成为法令生效的过程都非常有趣，因为它们展示了官方和民间是怎样在解决农村危机和寻求农村未来出路上一步步地走到一起的。

小平权一（1884—1976）是农林省在农村金融、债务以及经济与社会问题的权威领袖。在所有同僚当中，小平因其出众的制定政策能力和书面表达能力而独树一帜。他在学术期刊和大众媒体上发表其见解。① 1914 年，从第一高等学校和东京大学（他连续攻读了农业研究和法律两个学位）完成学业后，小平来到农商务省，当时他不仅拥有扎实的学识功底，而且广交仁人志士，其朋友圈中不乏大有前途的人物。大学期间，小平就对佃租问题和农村金融问题做过研究；他的一位同窗那须弘（后来成为东京大学教授）是影响农村政策的有力人物，而另一位同窗加藤宽治则在促进人们对农村的认识方面具有相当的影响力。（在他们随后的事业生涯中，小平和那须不断向加藤所在的学校捐赠其部分薪水。）小平与这两位同窗好友终生保持密切往来，另据报道，他还和大学校友后藤文夫成为朋友。②

进入政府机构以来，小平先后担任许多重要职位，1931 年末在农林省重要部门农业事务署担任要职。③ 正是在这段短暂任职期间（他于 1932 年 9 月离任，前往经济振兴署任职），国会开始审议农林省的债务整理联盟法案。到那时为止，他和其导师，同在农林省的石黑忠笃，已经起草了一系列农村重要草案，这些提案涵盖范围很广，从佃租关系、稻米价格到加强工业合作社的作用都有涉及。小平本人对农村金融问题的细枝末节都非常熟悉，而且他已经在此领

---

① 1915 年小平首次在《公民》发表文章，之后经常为该杂志及其他刊物撰稿。其著作包括长达 900 多页的博士论文（在东京大学），题为《农业金融论》（1930 年）、《农业金融与农家负债整理》（日本评论社，1933 年）等众多著作。除了加濑对小平和债务政策的精彩论述之外，还可参见楠本昌弘编，《农林渔村经济振兴运动与小平权一》，以及小平权一和近代农政编集出版委员会编，《小平权一与近代农政》，书中讨论了小平在制定出台农村政策方面所起的作用。

② 小平权一和近代农政编集出版委员会编，《小平权一与近代农政》，第 14、35—36、138 页。其同僚有马赖康也是他在东京大学的同学。

③ 小平担任的职位包括农业政策部、大米部以及蚕丝局的负责人。

域做过广泛而深入的研究。他提出的建议特在此做简要介绍。①

小平认为农村债务数额过于巨大，已经不能再依赖正常渠道为其筹措资金。他暗示说，即便政府选择低息贷款的方式提供资金，最后的结果极有可能是只有很少一部分农户能够获得这笔资金。尽管类似帝国农会等组织曾建议政府拿出一部分资金来资助必须偿还的债务，然而不可能指望政府提供足够的钱来偿付几十亿日元的债务。幸而有办法来解决筹资问题；小平提出了一个方案：曰债权人做出让步，允许欠债人延期偿付全部或部分债务。让步措施包括：延长还债时间或降低利率。至于借款人这一方，则需要不遗余力地改变欠债的不利局面，尽其所能履行还债义务。

除了强调借贷双方应该合作之外，小平还提出了应针对农民需要，推行专门设计的农业金融体系的倡议。这一体系加强了中短期贷款的重要地位，允许使用土地以外的物品作为担保来获得贷款。一旦消除了土地担保贷款这层障碍，小平的计划不仅扩大了有潜在借款需要的人群范围，而且降低了处在艰难关头的农民失去土地的风险。② 他还建议借贷双方共同加入债务整理联盟，一方面有助于双方协商解决债务纠纷，另一方面可以通过低息贷款帮助欠款人偿付部分债务。

小平最后强调，对债务和欠债人不能一视同仁，而是要区别对待。对他而言，重要的是要采取措施挽救那些极有可能失去土地的欠债农户；而没有面临这一风险的欠债农户则无需优先考虑。小平还着重强调，要区分农民欠款的原因，弄清楚究竟借款的目的是为

---

① 笔者对小平观点的描述源自加濑和俊，"农村负债整理政策的立案过程"，第 20—23 页。而他则是参考了小平的《农业金融论》(1930 年)、《对近来内外农业金融金融秩序的考察》(1931 年)以及《农业金融与农家负债整理》(1933 年)。

② 1933 年的农业动产信贷法讨论过类似担忧。见小平权一和近代农政编集出版委员会编，《小平权一与近代农政》，第 110—113 页，书中讨论了小平的《农业金融论》中出现的观点。

了扩大生产,还是用于应对紧急情况、教育以及婚丧嫁娶等开销。用于扩大耕地或是改良农耕技术的借款按时归还的可能性很大,但其他用途的借款则对增加农业收入没有任何贡献。小平分析说,正是由于其他用途的欠款构成了农村家庭巨额的债务负担,因此也成为政府治理债务问题的首要管理对象。[1]

1931 年底,农林省开始推行债务管理计划,尽管在第 62 次国会召开前并没有出台决定性措施。[2] 议员还在开会审议期间,农林省发言人就宣布,争取延期偿还部分政府贷款,并计划向即将召开的国会提交债务整理联盟法案。农林省估计,在总额约为 60 亿日元的农村债务中,仅有 25 亿日元是高息贷款,而这一部分欠款正是所有债务整理计划清理的目标所在。当后藤等诸位农林省官员宣布说,他们只打算为即将成立的债务整理联盟申请 1 亿日元的低息贷款,从中可以清晰地看出小平在形成决策方面的影响力。[3]

1932 年 6 月,种种迹象表明债务管理的提案在国会进行得并不顺利。第 62 次国会休会的前几天,政友会递交了提案,要求建立债务整理联盟,抢先得到政府的承诺,同意于夏天晚些时候成立联盟。[4] 这份提案请求申请金额并非是后藤所承诺的 1 亿日元政府贷款,而是所申请金额的 10 倍,要求国家在 5 年内向联盟提供 10 亿日元的低息贷款。这些资金将以低息贷款的形式在联盟内部流通,借给农民和做小本买卖的生意人,他们以抵押担保的方式最多可以贷款 20 000 日元,没有抵押担保的则最多可借 2 000 日元。

有趣的是,提案中有条款允许联盟强迫债主将贷款延期 3 年偿付,并规定以 30 年为期限、以 5%的年利率偿还。[5]

----

① 小平,《农业金融论》,第 877 页。
② 小平权一和近代农政编集出版委员会编,《小平权一与近代农政》,第 117—118 页。
③《大阪每日新闻》,1932 年 6 月 10 日。《东京日日新闻》,1932 年 6 月 9 日。
④ 帝国议会众议院,《帝国议会众议院议事速记录》,第 57 卷,第 91—92 页。
⑤ 同上,第 91—94 页。

因此,政友会的提案比后藤所提条件的成本高出许多,而且更有潜在的胁迫意味。这一建议同样遭到了少数党民政党的反对,他们批评说这项提案留下太多悬而未决的问题(到底谁是合法人选能够加入联盟,何种债务应服从协商解决纠纷、何种债务应受到任息贷款的资助,又有何种债务不符合上述条件),另外,这项提案提交地太迟了,以致来不及在参议院通过,而且一旦生效,难免会在债权人中引起恐慌。① 不管怎样,政友会仍旧勇往直前,继续坚持提交决议,而不出所料的是,议会休会时这项提议就夭折了。即便如此,政友会在史上记载的形象依旧光辉高大,因为它不仅积极支持债务整理政策,而且还承诺向农村输送巨额低息贷款。这项被否决的提案让农民对未来充满了希望。

至于帝国农会,既很看重政府解决债务的决心,又对政友会申请政府巨额贷款的目标抱有很大希望。1930 年和 1931 年,帝国农会协同全国镇长村长协会和工业合作社,反复向民政党执政的政府提交债务整理计划,但都无果而终。按照这些组织的理解,"整理"包括各种方法,或是帮助欠款人再次获得资金支持,或是再次协商现有贷款的还款条件。为了使整个过程更为简便,债务整理倡议将重点放在信用社、地方农协或其他社区一级的组织,靠这些机构为涉及到债务问题的农民提供支持、咨询和资金方面的帮助。所有农户和乡村将对尚未偿付的贷款进行详细调查,并在此基础上起草债务偿还计划,而且至少有一项建议提出,由地方官员组成的农村家庭债务整理计划委员会来监督这些计划的执行。9 月中旬,帝国农会也建议责令发展银行和农工银行来缓解欠款人的还贷压力和利率负担。这些金融机构都是地方政府和农民借款人重要的

① 帝国议会众议院,《帝国议会众议院议事速记录》,第 57 卷,第 177—178 页。

信贷来源,从这一点可以看出农会的利益所在。①

因此,解决债务问题将在尽可能大的范围内覆盖到农村社会;每一次努力都要避免在借贷双方引起分歧与冲突,同时还要确保私人间的借款能得到偿还。在某些情况下,当地信用社是为处理未偿贷款而专门成立的合作机构(也就是债务整理联盟),该机构负责把双方召集起来共同起草偿还计划,为需要者提供低息贷款并监督还款过程。② 这一联盟特别受地方农会的欢迎,因为不像地方工业合作社,他们不会拒绝监督或是为农民提供贷款。

然而,帝国农会有关债务联盟的见解非常狭隘,不像农本论者的延期偿贷或是政府的倡议那样,农会的政策显然是为拯救债权人而设计的,全然不会为欠款人着想。农会最初对联盟的理解是,成员获得国家低息贷款用以偿还现有债务;这样原债权人的所有贷款就能被偿还,而债务责任则转移到国家和联盟身上。③ 欠款人所背负债务和原来一样多,只是债权人变成了政府。他们原计划把佃农和其他人排除在联盟之外,只允许那些有担保的农民加入联盟,以降低信贷风险。

尽管帝国农会在推动地方债务整理的试行阶段取得了一些成就,然而他们提出的建议既没有得到政府的资金扶助,又缺少法律

---

① "建议与决议事项,与坚决实行农村救济政策相关的建议",《帝国农会报》22:9 (1932 年 9 月)有关农会对债务整理联盟态度的详细信息参见第 5 章以及加濑和俊,"农村负债整理政策的立案过程",第 18 页。

② 政府在其中所起的作用是提供了必需的低息贷款。农林省农牧局,"农家负债整理状况实例",1931 年 10 月,NSS2:5,第 125—129 页;加濑和俊,"农村负债整理政策的立案过程",第 19 页。

③ 由全国村镇知事联盟提出的规划方案也依赖政府的低息政策进行再融资,但需要进行监管,把债务整理管理权交给地方官员。农林大臣官房总务科编,《农林行政史》,第 2 卷,第 200—201 页;加濑和俊,"农村负债整理政策的立案过程",第 19 页;农林省经济更生部,"有关农村负债整理的初案要领",1936 年 8 月,NSS2:5,第 164 页。

保障来支持"债务整理联盟"。对那些需要帮助的人来说,不幸的是,1932 年以前,政府和各党派都没有持续性地应对债务问题。① 当然,一旦当请愿运动开始,这一现状便得到扭转,饱受批评的帝国农会这一全国性组织,开始加倍努力制定债务管理政策。②

1932 年开始进行大范围的游说活动,此间还召开了一系列地方以及全国农会领导人会议。在会上商定的决议和政策框架成为地方一级的平行讨论的基础,在各地又敦促召开分会认可了债务整理倡议(和前面形成的政策框架类似),并希望国会议员能够了解他们的愿望。例如,在福岛县,由于当地社会和农本论者领导的请愿运动接触不多,因而对帝国农会提出的建议兴趣浓厚。③ 各级农会,从县到郡乃至各村一级的农会,都召开会议审议各项政策方针。④

通过这些会议,农民不仅对东京有关债务提案的进展情况非常

---

① 1931 年 2 月第 59 次国会期间,政友会做过多次尝试,试图通过债务联盟法。表面看上去这不仅仅是一种政治手段,有关细节详见加濑和俊,"农村负债整理政策的立案过程",第 24—25 页。

② 一位来自长野县的成员评价说,"目前为止农协依然心平气和,但眼下这种无动于衷态度不合时宜。就连众议院中的农村代表都史无前例地投身到推进紧急救援政策的制定进程中。"诸如此类的成员抱怨事例详见"协议会警戒",《帝国农会报》22:7(1932 年 7 月):123—125。另见安富邦夫,"对昭和初期贫农政策形成趋势与削减过程的若干考察",第 145—146 页。

③ 从 1932 年 6 月 1 日到 8 月 17 日,《福岛民报》报道了至少 32 次形式各异与乡村救济有关的集会与会议;其中 1/3 由农会全部或部分赞助。其余绝大部分则由全国村镇知事联盟以及个人出资。

④ 毫无疑问,县农协深知债务危机的严重程度,因为至少从 1931 年 4 月开始《福岛县农会报》就一直在组稿报道这一主题。见香山鹿造,"铲除负债!"香山喜欢用类似双关的文字游戏的方式表达思想。4 月在一首诗中,他就用了动词"harau",该词既可以表示"铲除",也可以指"偿付",大意如下:"白雪飘然落下,犹如年年递增的债务,如果再不铲除(偿付)的话,房子就会被压塌了。"同上,第 23 页。

关注,而且对农会在关键问题上的态度也十分熟悉。① 诸如拥有5 500名成员的地方组织南港农会,最后竟然派代表到东京和决策者会面;1932年6月,2位分会成员来到东京,直接向国会的福岛籍议员提出呼吁。"我们希望政府采取政策,在《债务整理联盟法》的保护下,恢复农户正常的经济生活。"②在提出呼吁的同时,他们还将自己和建议延期偿贷的倡议者进行详细对比。他们说,"虽然我们最近常听人谈起延期偿付农村债务这一说法,但我们担心延期偿付并不会让债务问题止步于农村,反而会使整个国家的金融秩序崩溃。"显然,他们的方法更为合理。③

  整个夏天,他们一直在努力说服议员推行债务管理政策。7月初,福岛县的地方农户代表约见了冈田笃,并多次和政要接触,包括政友会和民政党成员、农林大臣后藤、内务大臣以及斋藤首相在内都亲自接见了农户代表团。④ 类似政友会八田宗吉(福岛县人)这样

① 农会1932年初的立场可参见《福岛民报》,1932年1月27日;《福岛县农会报》129(1932年1月):24—27,以及130(1932年2月):37—38。6月初东京召开的县农协负责人会议之后,福岛农协开始将会议达成的决议贯彻到行动方案中。县农协负责人于1932年6月22日会面,并起草了题为"应对危机应采取的措施"的文件。县文件几乎完全沿袭了当月月初国家会议中的用词,呼吁国家干预农村债务,要求采取减轻负担等措施。见安富邦夫,"福岛县经济振兴运动",第202页。

②《福岛民报》,1932年6月14日。

③ 至少有一位官员从农民的角度考虑这一问题。1932年1月,在县政友会国会议员助川启四郎的帮助下,成立了福岛乡村政策协会。在福岛市召开了首次会议,与会的200名农民通过决议,呼吁县农协、县工业银行和日本工业银行延长其抵押贷款的偿还期限。他们还试图制定农村债务整理政策,认为有必要采取行动遏制农民深陷债务危机的局面。最后他们还呼吁制定政策"优化农业生产",最后一项决议表明他们将敦促政府推进"债务整理以及优化农业生产的根本性政策"(《福岛民报》,1932年1月25日)。尽管政友会当年晚些时候成立类似组织,此次会后该组织的出路却不甚明朗。正如前面说言,助川继续致力于推动国会形成农村救济一揽子政策。

④ 安富邦夫,"福岛县经济振兴运动",第202页。

的政治家参加了协会会议，并加入到代表团一起参加走访活动，而农林省的官员，其中以小平权一最为突出，整个夏天都和协会代表一起开展讨论。①

第 63 次国会会议一经召开，游说活动就更频繁了。国会会议刚一开始，帝国农会全体大会就在东京开幕，详细指导 2 000 名与会成员如何最有力地说服议员，推动协会的待议事项。同意其主张的官员将会佩戴协会授予的徽章，表明他们对农村的支持态度，而小型代表团则努力为协会所关注的特别议案争取支持。例如，有的组织反复约见债务整理委员会特别分会，而其他组织则竭力向高层官员和政党领袖推行协会提出的条款。②

当年夏天决策者面对一系列请求，请愿者一致要求政府帮助推行债务整理政策。工业合作社和全国镇长市长协会也在努力进行他们自己的债务整理政策，但是和帝国农会的建议大体相似，都强调清偿债务、有限制的延期还款，以及需要建立地方联盟来监督债务整理的整个过程。③ 这种向政府决策层提出的请求必须明确符合两点要求：不仅要提出更合理的倡议来取代农本论者延期偿付债务的方案，还要保证这一提案能够赢得广泛的群众支持。等候在国会大厅外面以及挤满内阁走廊的农民团体就证明了老百姓渴望实行具体的救济政策，显而易见的是，农民对救济的渴望远要比对彻底终止还债的渴望强烈得多。当然，倘若决策者反对农会等组织提出的建议、或是他们担心有可能会产生不利后果的话，那么所有的游说探访都会徒劳无

① 不到一个月小平就担任农林省新成立的经济更生部负责人。"建议与决议事项，与坚决实行农村救济政策相关的建议"，《帝国农会报》22:9（1932 年 9 月）:8。

② "全国农会大会与同实效运动的结果"，《帝国农会报》22:10（1932 年 10 月）:6—8。

③ 1932 年 7 月 10 日，全国村镇知事联盟主席福泽安卫同帝国农会代表会面，共同商讨农协的救济倡议。"农会会议事项"，《帝国农会报》22:7（1932 年 7 月），第 127 页。知事呼吁内容见《独立月报》，1932 年 6 月，第 7—9 页。

功。但随着债务整理政策向国会提交进程的展开,形势很快就明朗起来,政府要员在农村改革的目标方面基本上和农会达成了共识。

在第 63 次国会会议上,政府提出四项直接或间接应对债务问题的法案。当然,工业合作社中央银行的《特别融资和损失补偿法》以及《不动产信贷和损失补偿法》这 2 项措施都可以辅助工业合作社中央银行等官方金融机构。存款局为中央银行提供 1 亿日元、向其他金融机构输入高达 5 亿日元的资金,目的是要激活滞留在地产上的资金。为进一步帮助这两大银行以及确保资金重新流通,政府还将负责弥补其部分信贷损失。[1]

另两项法案则直接针对农村债务问题。一个是法务省的《货币赔偿临时调解法》,为借贷双方提出了协商解决债务问题的框架。这项法案沿袭 1924 年开始生效的《佃租调解法》的模式,解除对有争议的重大社会问题以及所有民事纠纷的诉讼,将其纳入政府委托调解解决的范围。[2] 债务问题似乎特别适合用这种模式来解决。和佃租冲突一样,债务纠纷威胁着社会稳定,考虑到这两种不安定因素,还是应该诉诸于协调解决的方法来维护社会的和谐与稳定。

这一法案的基本条款规定,只要是在 1932 年 7 月底以前的借贷

[1] 加濑和俊,"农村负债整理政策的立案过程",第 25 页。到 1936 年 9 月工业合作中央银行信贷规划已经发放 43 100 000 日元贷款,仅占国家预计贷款预算的 43%。信贷规划将大约 50 000 000 日元分摊到固定资产部分分期偿还。由于 1933 年通过的《农业动产信用法》,农民有权用农具、牲畜等"动产"进行抵押贷款。农林省举了个例子,如果农民想要贷款买牛,已经欠下当地工业合作社债务的农民依照旧法律就无法再获得贷款,而根据新法律则可以通过抵押所购买的牛获得贷款。牛对于农民家庭而言一直都非常有用,不仅为土地提供肥料,而且提高了耕地效率,这样劳动力得以解放,农民可以从事制绳业。见农林省经济更生部,"农业组合中央近郊特别融资试验与改善农村,农业动产信用制度利用的引导",1937 年 3 月,NSS2:5,第 241—242,264 页。

[2] 黑利,《没有权力的权威》,特别是第 85—96 页。

行为,凡是贷款金额超过 1 000 日元的借贷双方,都有权请求地方法院来监督双方的协商过程。一旦申请,地方法院就会介入协商进程,必要时可发布强制执行令。然而,如果"担心会破坏金融体系"[1],银行以及其他由国家监管的金融机构可免于强制执行。

这一提案对债务适用范围的界定有些模糊,所以一经提请,议员就立即捕捉到这一漏洞。此外有关法案中 1 000 日元贷款金额限制这项规定,政友会控制下的委员会负责审查法令并做出修改,去除了法案规定的贷款金额上限,并在其他方面进一步明确了法案的语言表述。参议院立即清除了增补条款,恢复到原来版本,并发回众议院重审。此时参众两院面临的局势和前面审议《债务整理联盟法》时的情况类似,不过这回众议院采取不做过多干预的策略,于1932 年 9 月 7 日通过了原版法案。[2]

第二项农村债务整理法案《农村债务整理联盟法》经历了更为复杂的审议过程。在向国会的提请陈词中,农林大臣后藤强调说,债务整理联盟提案是国家自我振兴计划的关键因素,也是推动农村社会睦邻合作精神的新途径。后藤说,农林省所倡议的债务联盟"是由住在小村落的人们组织起来的,目的是解决债务问题,并计划实现农村经济振兴"[3]。

这项法案承诺帮助农民起草债务偿付的计划;推动借贷双方协商解决欠款金额、利息、还款期限以及偿付方式等问题;并向联盟成员提供资金扶助。[4] 联盟在小村落一级发展基层组织,只有特殊情

[1] 加濑和俊,"农村负债整理政策的立案过程",《东京水产大学论集》第 14 辑(1979 年 3 月),第 26 页。

[2] 帝国议会众议院,《帝国议会众议院议事速记录》(TGT)63,第 320 页。原计划法案将运行 3 年,但 1934 年就已做了细微的修改。

[3] 同上,第 325 页;据报道,法案至少有一部分建立在农林新议会决议的基础上。见森德久,《帝国议会农村问题解说》,第 199 页。

[4] TGT63,第 321 页。

况下才允许成立村级联盟。法案还规定，联盟内部无法协商解决的问题，可向村债务整理委员会申请仲裁。

小平的影响力是显而易见的，因为到目前为止这项法案比以往任何组织提出的方案都更具前瞻性、更为全面，也更为远见卓识。小平反对向农村输入大量低息贷款资金并将帮扶对象限于农会成员或工业合作社成员内，主张解决债务问题的方案尽量少依赖政府，对经济宽裕的农户尽可能少做干预，资助对象尽量扩大到农村社会的各个层面。因此，他坚持认为联盟成员应保持借贷双方人数的平衡，这样就可以确保在整个乡村范围内，全体社会成员都能支持并参与到解决债务问题中来。像农民组织和政党所赞成的那样，将联盟成员局限于欠款一方的做法只会使农户处境越来越糟。

显然，法案没有提到的是，在联盟的各项活动中帮扶资金将位居次要地位。计划、协商以及争取在基层村级联盟内部协同解决问题明显要比贷到更多的资金更受青睐。对农林大臣后藤而言不幸的是，他需要巧妙应付国会议员的提问，并非所有人都赞同他和小平所主张的最有利于农村的方案。问题并不在于依赖后藤所说的"互相扶助的精神"，而在于提案中内容的逻辑性。议员们很快便意识到，法案几乎不提帮扶资金从何而来、需要多少金额以及做何用途。当他们明白后藤也对资金问题没什么具体建议之后，议员们的态度才开始改变。

宫佐纪肇（来自琦玉县的政友会成员）对后藤提议中的陈词非常认同，他沉重地说，政府也许受到了县地方官的蒙蔽。他们对处在绝境中的农民不仅知情不报，反而粉饰太平。宫佐纪肇说，倘若有能力的话，许多农民早就来东京向国会诉说实情了。就连请愿组织都处在（来自警方的）巨大压力下，所有这些迹象都说明了政府并没有真正听到农村局势的实情。宫佐纪肇激烈地喊道："先生们，疾风骤雨到来的前夜总是寂静异常，但我恳请各位考虑一下，如果再不采取措施，如果政府不考虑后果的严重性，那么可怕的灾难将会降临我们这个伟大的国家。"①

宫佐纪肇的担心源于他感觉政府的政策向农村倾斜得不够充分。他解释说尽管他同意提案的主旨精神,但是他也怀疑法案是否有能力完成所承诺的任务。宫佐纪肇批评的关键要点以及随后政友会和政府间斗争的中心问题是,政府将向联盟提供多少资金,以及这些钱该从何而来?宫佐纪肇指出,政友会希望后藤和政府至少接受两条对原法案的修改意见。首先,政友会希望政府建立一个中央集权的金融体系,来负责向联盟输送资金。第二,他们急于知道联盟所需资金扶助的确切数字。没有人知道到底需要多少资金,但大家都希望由议员们来决定至少需要多少资金。

面对国会对资金问题的疑惑与关注,后藤也无法作答。他回应说,尽管他希望由存款局来提供资金,但具体金额他也不太确定。后藤解释说,农林省也不打算成立专门的联盟资金筹款机构,但他坚持认为他对目前的措施很有信心。宫佐纪肇对后藤的这番回答非常不满,并挑明他和其政党不愿效法政府。他质问后藤:

> 你是否听说我们为何召开特别会议?之所以召开第三次国会特别会议,是因为我们已经等不到冬天。即使你已经提出提案,但提案终究只是提案,而且你也没有考虑好到底提供多少资金。这样的提案到底会取得什么成效?用这样愚蠢的办法又怎样能解救那些穷困潦倒的农民呢?政府并不明白这一危机究竟意味着什么,而我也没有什么要问的了。②

一旦这项议案递交到委员会,政友会议员就可以随意进行改

① TGT63,第 327 页。
② TGT63,第 330 页。

动。该党已经推出了自己拟定的《债务整顿联盟中央财政法》,其中吸收了政府的倡议,福岛县助川启四郎提出的增补条款最终也被委员会通过。他们先是重新命名这一政府法案,然后一直忙个不停,直到新版法案中增添了他们认为原版草案中缺少的条款。(原版法案有 16 项条款,而增补版中则包含 34 项条款。)

增补内容中主要的变动是将联盟划分为三种类型:一种是成员对联盟债务负无限的责任,第二种负有限的责任,而第三种则负保障性的责任。[①] 这种允许有资产的成员来选择债务风险类型的长处是显而易见的:在联盟内投资损失完全取决于他们所选择的风险类型。[②] 在联盟需要多少资金投入这一关键问题上,政友会的修改意见提得很具体。需要成立一个中央财政机构来向债务联盟提供贷款资助,帮助其成员解决债务问题。财政机构需要发行高达 6 亿日元的债券以及彩票。[③] 这一数目似乎达到了政友会的要求,可以满足联盟成员的借款需要。

在向国会的报告中,委员会主席小口毅陆(政友会资深政治家,因对金融问题洞察力敏锐而闻名)对委员会讨论的要点进行了总结陈述。当有人问及资金来源和金额问题时,他说,政府发言人只能答复将由存款局提供低息贷款援助,但具体金额却无法确定。高桥本人也被要求出席委员会会议,但他知道的并不比委员会多多少,他仅仅知道政府打算由存款局来提供资金。[④] 已经来不及就贷款额度和其他部门协商,即便有时间讨论,也没有人能够给出确切数字。

---

① TGT63,第 346 页。
② 同上,第 335—336 页。农林省经济更生部,"有关农村负债整理的初案要领",1936年 8 月,NSS2:5,第 166—168 页。
③ 加濑和俊,"农村负债整理政策的立案过程",《东京水产大学论集》第 14 辑(1979年 3 月),第 26 页;农林省经济更生部,"有关农村负债整理的初案要领,"1936 年 8月,NSS2:5,第 166—168 页。TGT 63,第 337—339 页。
④ TGT 63,第 344 页。

政府给出的解答令许多委员不满。①

演讲结束时,由政友会控制的众议院投票通过了助川提议的增补法案。当《债务整理联盟》法案提交到参议院,但议员们立即删除了所有新增条款,将法案恢复到政府起草的最初版本,并发回众议院重审。参众两院联合召开委员会会议试图消除分歧,却无力而返。法案由政友会加上增补条款后,再次呈送参议院,却又遭遇上次同样的待遇。当 9 月中旬休会时,债务联盟法仍旧未能通过,国会成员毫无斩获地离开了东京。

在这场纷争中,有几个因素从中作梗,导致无法达成一致意见。由于各省间的利益冲突,导致农林省无法推出更完善的资金计划。②后藤代表政府的所做的发言表明,虽然官员都希望向联盟输送资金扶助,但是他无法得到大藏省的资金保障承诺。而政友会却希望由农林省以外的力量来为联盟承担最沉重的资金负担。只要资金筹备的责任由地方来承担,而不是由政府或中央财政提供,那么投资人就不大愿意冒险加入一个让其资产受损的组织。这也说明了为何委员会会在法案中增补有限责任联盟的条款,以期对社会上等阶层更有吸引力。

在一些问题上政友会和农林省(以及民政党)显然存在很大的分歧。按照政友会一贯的做法,该党提倡以消费为主导的方法来化解债务危机,也就是用一种(国家)债务和另一种(普通百姓)债务进行博弈。民政党和政府都不愿明码标价、真刀真枪地支持债务援助计划,更不愿另立一个金融机构来监督这一过程。既然农林省和大藏省在花费多少资金的问题上各执一词,那么后藤也不大可能为了

---

① TGT63,第 349—351 页。

② 加濑和俊,"农村负债整理政策的立案过程",第 26 页。又见斋藤施策纪念会编著,《斋藤施策记实》,第 3 卷,第 219—220 页,以及农林大臣官房总务科编,《农林行政史》,第 2 卷,第 203 页。

另立金融机构去冒险争取各方支持,因为他明明知道,大藏省不会坐视任何一个金融机构不在其掌控之下而存在。后藤所能做的就是先提出一个笼统的法案,希望等它获准后再去补全缺失的内容。当他精心策划的这避实就虚的一招失灵后,农林省在总结债务联盟计划失利原因的基础上,开始谋划一项全新的自我振兴运动,并着手准备新一轮的国会论辩。

政府没能通过债务整理法案,对农村的经济恢复无疑是一大打击,但是农林省在尽力争取机会来挽回当下不利局面。1933 年 1 月初,农林省官员草拟好一份计划,并随时可以和政府其他部门分享,但并未做好上报国会的准备。新计划对政友会提出的一些问题做了回应,而且还明确了具体的资金数额和贷款来源。农林省建议政府在 5 年内向联盟提供 3 亿日元的低息贷款(第一年应到位 6 000 万日元的资金)。[①] 资金将通过县政府输送到联盟。这次问题不在政友会,而是出在大藏省,尤其是藏相高桥是清。1 月 13 日,后藤携一份草案向高桥请教,不料这项由政府负担私人债务的计划遭到高桥的强烈反对。高桥说,就连胡佛总统都倾向于用延长债务偿还时间的妥协方式来解决债务问题。如果胡佛都认为没有必要由政府来支付个人的债务,那为什么日本就应该这么做呢?面对记者的采访,高桥这样评论说:

> 哪有这样的国家,由政府来补偿那些欠款到期还不了钱的人?如果有人还债确实有困难,那么周围的人就应该出手帮一把……除非延长支付周期,或者借贷双方达成使双方互利互惠的一致意见,否则所谓的自我振兴就毫无

---

① 加濑和俊,"农村负债整理政策的立案过程",第 29—30 页;《东京朝日新闻》,1933 年 1 月 18 日。

意义。①

其他方面的挫折接踵而至。在 1933 年 1 月 23 日召开的会议上，大藏省明确表示，存款局无法全额提供农林省所要求的 3 亿日元的贷款，并反对另外发行国债来弥补这一资金缺口。相反，大藏省建议由县政府负责筹集贷款，这样一来就把债务负担由中央政府转向那些债务危机严重、急待政策扶持的地方。当然，潜在的困难在于，越是需要债务政策调整的地区，越是筹不到贷款。②

内务省也提出建议，倡议由县级政府和中央政府拆分债务损失（这样一旦债务损失超过 3 000 万日元，就可避免产生有害的债务负担）；建议存款局的贷款绕过县政府，直接输送到联盟（这是避免县级政府产生坏账可能的又一措施）；还建议各县成立机构来监督联盟。③ 内务省的拥护者包括县级政府，他们不希望加重本来就摇摇欲坠的金融体系的负担。据报道，内务大臣山本和高桥的意见一致，二人都认为政府不需要介入清理私人债务。④

三部门之间的僵局持续了一个多月，而后藤正设法避开国会针对政府推出议案为何频频失利而进行的质问。⑤ 3 月初，斋藤亲自过问此事，并主持会议，与会者包括高桥、内务大臣山本、后藤以及内阁法制局局长。在这次会议上提出的妥协方法属于"谁也不得罪"的折中方案。既然大藏省不愿在 3 000 万日元的贷款担保额度上限上让步，既然内务省坚持将潜在风险限制在地方一级的财政上，

① 《东京朝日新闻》，1933 年 1 月 14 日。

② 加濑和俊，"农村负债整理政策的立案过程"，第 30 页；《东京朝日新闻》，1933 年 1 月 18 日。

③ 加濑和俊，"农村负债整理政策的立案过程"，第 30 页。

④ 斋藤施策纪念会编著，《斋藤施策记实》，第 3 卷，第 439 页。该书作者特别指出尽管内阁介入这一问题较晚，但能够制定政策就应该算作成功。

⑤ 《东京朝日新闻》，1933 年 1 月 5 日。

那么唯一切实可行的方案就是降低贷款总额。贷款总量越低意味着担保比例越低,就更容易应对内务省和大藏省所担忧的问题。毋庸赘言,用政治方式解决问题未必是最实用,也未必对农民最有利,但这种妥协折中的方式能让各方势力都接受。

1933 年 3 月 11 日,农村债务整理联盟议案被递交到国会审议,其主要特点是主张在四年内提供 2 亿日元贷款,资金流向从大藏省存款局开始,经由县级政府到各镇、村,最后到达当地的债务联盟。所拖欠的贷款在政府、县和地方按照 2∶1∶1 的比例进行分摊。[1]新一轮的政府倡议采纳了政友会的意见,其中一条允许成员通过向联盟借款,来购买另一位成员为清偿债务而出售的土地。允许存在两种类型的联盟,也就是无限责任联盟和保障性责任联盟,但政府议案并无意成立中央财政机构。[2]

议案从几个方面朝着有利的方面进展。由于提案向议会递交得很晚,代表们既没有时间争论,也来不及在其他替代方案上达成共识。此前的最后一次会议上,议员们想必已经打算好做一件和议案同等重要的事情,那就是一定要在下次会议上对议案进行一番一针见血的批评。但国会和政府再也没有这样的机会了;因为一旦常规议会会议闭会后,就不大可能再召开紧急会议。此外,政府已经满足了各政党的几项关键要求。

最后,由于报纸全程报道了议案形成的详细过程,世人对后藤争取内务省和大藏省做出让步的艰苦努力都十分了解。面对大藏省对扩大贷款额度的强烈反对,国会中很多议员认为没有人会比后藤争取到的资金多。正如西方丰岛(来自山形县的政友会成员)在

---

[1] 加濑和俊,"农村负债整理政策的立案过程",第 31 页。国家将负担多达3 000万日元的债务损失,但一旦达到这一负债率,就意味着债务负担由县级政府和地方政府平摊。

[2] 帝国议会众议院,《第 64 此帝国议会众议院议事摘要》,第 2 卷(东京:众议院事务局,1933 年),第 1359—1366 页(之后引用为 TGT 64)。

其并不心甘情愿地支持议案声明中所说,有议案总比什么都没有强。[1] 议案在参众两院获得通过,没有增补条款,并于 1933 年 3 月 29 日成为法律,开始生效。

议案通过后,公众的评价反映出大家存有和国会一样的担心。比如,一篇发表在《东京朝日新闻》的特写做了一番简要的计算,并对政府公布的农民欠款额与新政策会给债务问题带来多大影响进行了比较。文章指出,1932 年农林省的调查估计农村债务总额为 45 亿日元。政府认为在日本所有 1.2 万座村庄中,有一半需要债务整理政策,这 6 000 座村庄将会成为债务整理计划的主要对象。以一年为基准来看,每村平均只能获得 6 600 日元的低息贷款,尽管这和调查所显示的每村 750 000 的欠款数目相去甚远。文章最后做出结论,新政策无异于"杯水车薪,也可谓远水难解近渴"[2]。

实施债务整理

债务整理政策在执行过程中的实际表现,和批评家所预料的一样:债务整理联盟既不普及,也未能发挥有效作用。据农林省政策规划者预计,在法律生效之初的 3 年中,将会成立 25 000 个债务联盟。到 1939 年 1 月底,该法案已经执行了近 6 年,但农民组建的联盟还不到 9 000 个,在好不容易争取到的 2 亿日元政府贷款中,农民贷款也还不到总额度的 1/4。245 000 位联盟成员在农民总人口中仅占 4%,而整顿后的 280 000 日元债务额仅占农村总欠款的 7%。[3] 关于为何迟迟不愿执行债务整理政策,农民列出长长的一列理由:

---

① 帝国议会众议院,《第 64 此帝国议会众议院议事摘要》,第 2 卷,第 1402 页。

②《东京朝日新闻》,1933 年 3 月 26 日。

③ 石黑忠笃估计仅有 6.8% 的农村债务得到偿还,这一预计是基于农林省 1935 年 8 月农林省预测的 41 亿日元农村负债总额。农林经济更生部,"负债整理组合经历体验访谈",1939 年 5 月,NSS2:5,第 366,402—403 页。

一些人被复杂又耗时的政府审批手续吓倒,而大部分人则不愿将借贷双方的私人账目往来公之于众。

农林省官员认为债务整理会按照如下方式运作。首先借方在联盟指导下制订债务偿付和经济恢复计划,手中握有偿债计划的借方地位因此得到巩固,然后由联盟在借贷双方之间进行调解,最后联盟获得贷款来支持双方协商解决债务问题。农林省是这样筹划的:"根据这一制度,(来自存款局的低息贷款)这项特别资金并不是为了还清所有债务,而是为借贷双方创造条件,使债务协商更容易些。"[1]最佳方案是根本无需贷款便能解决债务问题,尽管官员也承认,有时联盟也不得不提前准备好特别资金,付给那些拒绝谈判的贷方。[2]

债务联盟需要农村社会的全员参与方能运转:

假如你生了病,你不可能靠自己的力量痊愈。假如家里有人生了病,会不会有人说你之所以生病是因为你不健康,全是你的过错,你应该自己康复? 乡村就是个大家庭。农村和整个国家也是个大家庭。理解不了这一点的人最好不要在这个社区里生活。越是因为债务陷入困境,就越会给这一社区以外的人增添物质和精神上的负担。因而乡村振兴应该是每一个人的责任。但并非要求所有人都来分担这一切。的确,债务清偿也是由整个村落来完成。[3]

小平一再重申,债务整理并不能终结债务问题。债务管理仅仅

---

① 农林经济更生部,"农村负债整理事务总务科长协议会(保密)",1934 年 2 月,NSS2:5,第 176 页。

② 农林经济更生部,"农村负债整理事务总务科长协议会(保密)",1934 年 2 月,NSS2:5,第 197 页。

③ 小平权一与古瀬传藏,"农产负债整理的方法与事例",NSS2:5,第 270 页。

是农村经济再发展计划的组成部分。许多地方的债务负担已经严重到还不起本金的程度,仅支付利息一项就花光了一个农村家庭全年的盈余收入。

小平以贷款 1 000 日元的农户为例,该户需要支付 12% 的利息,通过其拥有的一小片稻田作担保取得贷款。他们的年收入盈余 120 日元,这就意味着付完利息后就一分不剩了,根本没钱还本金。小平建议将利息降到 10%,并用这块地再次抵押从联盟获得贷款 330 日元(原贷款额的 1/3,也是联盟所能提供的最大额度的贷款)。联盟免除前 3 年的到期利息。借方把从联盟贷来的款还给贷方,这样就剩下 670 日元的债务。虽然还是欠 1 000 日元的债,但降低利率意味着每年支付利息的总额将会减少,等贷款到期时,借方支付的金额将大大减少(在新政策下,需付 1 542.98 日元,而执行该政策前则需付 1 660 日元)。经过精确计算,小平估计 5 年后农户节省的钱将会超过 100 日元,而 10 年后当还完原有欠款时,则节省利息 350 日元。到 17 年后还清低息贷款时,该农户就会省下 1 279 日元。[1]

虽然债务整理尽可能确保更多的人偿还债务,但小平等人特别强调债务整理的目标并不是要把钱装到贷方口袋里,而是要尽量减低债务对农民的不利影响。随着经济振兴计划的确立,农民希望可以刺激收入增长,或者至少能够减少消费支出。对许多负债累累的农民而言,债务调整政策是唯一可行的增加收入的办法。

尽管这听起来合情合理,然而债务联盟却并不像政府想象的那么普及。1936 年底,整个日本只有 1 651 个乡村成立了 4 500 个联盟,分配给联盟支配的资金也仅有一小部分能够到位。[2] 正如前文所述,在接下来的几年中所取得的成效微不足道。在大萧条之初的几年中,关柴也曾经针对当地的债务问题讨论过该怎样尝试组织大

---

[1] 小平权一与古濑传藏,"农产负债整理的方法与事例",NSS2:5,第 266—267 页。
[2] 同上,第 261—264、318—319 页。

家做些什么，但并未见到有多大成效。直到 1937 年，关柴村才正式地成立债务整理委员会，尽管早在 1932 年就已选出了提名候选人。到 30 年代末，整个关柴村只有一个村落（大古）发展到成立债务整理联盟的程度。在众多村庄中，关柴是其中一个将更多精力投入到增收（节支）上的村子，而不愿为处理旧账费心劳神。

1937 年小平承认，有关债务整理的法律并没有完全被大家所了解。"看看这些结果吧，"小平和工业合作社领军人物古濑传藏这样写道，"我们无法避免有人批评说这一制度没有起到明显的效果。"①到处都在流传这种指责声。大家普遍认为，政策在执行时困难重重，资金往往很难到位；当地社会也不愿再承担贷款带来的风险，而且有关贷方干预债务整理进程的报道时常见报。

在 1939 年的一次债务整理会议上，一位宫城县农民描述了他试图在仅有 15 人的村落成立债务联盟的经历。星统三郎解释说，1918 年和 1919 年的旱灾以及昭和初期的价格低迷使他和邻居背上沉重的债务负担。他们在村里以勤劳著称，也是第一个试图建立联盟的村落。但村公所官员不知道该做些什么，也帮不上什么忙。星和其他村民到最近的建有联盟的村子去求教成立联盟的经验。尽管这看上去非常困难，星和邻居们还是写出了有关经济振兴和债务偿还的计划，并通过村公所向县政府递交了申请。几经修改之后，他们得到了成立联盟的许可。

然而麻烦才刚刚开始，因为当他们向存款局申请资金时，被告知由于该村曾拖欠税款，存款局拒绝向其发放资金。星又继续说道：

> 直言不讳地说，存款局之所以制定这样的政策，是因为他们从来没有类似嚼鳕鱼根这样不愉快的经历，也从来

---

① 小平权一与古濑传藏，"农产负债整理的方法与事例"，NSS2：5，第 259 页。

不知道萝卜叶汤是什么滋味。我们遇到了大麻烦,我觉得如果我们还不了债,这辈子就枉为男人。政府打算提供贷款帮助,使偿还债务成为可能,而我就打算申请贷款还债,但结果大大出乎我的预料,令人非常失望。我去找村里的负责人,对他说:"存款局连一分钱都不愿借给我们,就是因为你没有尽力去争取。难道你就不能找他们谈谈,或者做点别的什么吗?"但他有 20 町土地,也从没吃过鳕鱼根,难怪他不那么热心。(笑声)嗨,这就是我们的麻烦。①

成立联盟并提供资金扶助绝非易事。地方官要么没本事,要么缺乏热情,而政府和县级部门虽然掌管着资金,但苦于制度约束,很难把钱输送到最需要的地方。在星所描述的事例中,联盟成员的贷款大部分来自银行,其中主要来自劝业银行;和中央财政机构商谈债务问题异乎寻常地艰难。联盟成员本打算向存款局借款 9 800 日元,然而直到 1938 年夏,他们才从工业合作社中央财政会而不是存款局借到很少一部分钱。② 联盟还申请并获得用于资助土地所有人和耕种人贷款,帮助他们购买合作耕作的土地。

这一小群农民所面临的困难说明了为什么债务整理计划不能像政府预期的那样运转。相对于星和邻居们这些追随者而言,还有许多其他人并不热衷于该项政策。然而值得注意的是政府政策对农村社会的吸引程度。处于经济结构最底层的农民非常清楚他们所能做出的选择,还盼望政府政策至少能够帮助其解决一些问题。为了让农民最大限度地受益于该项政策,他们尽力推动当地政府采取行动;正如星所指出的那样,他们意识到村里的精英阶层以及中

---

① 农村更生协会,"负债整理组合经历体验访谈",1939 年 5 月,**NSS**2:5,第 381 页。
② 同上,第 381、394—395 页。

央政府同农民的想法大相径庭。

结　论

抛开债务整理的种种缺点不谈,该政策在其产生过程的等若干方面表现突出。一方面,政府对高涨的公众批评做出明确回应,并针对农村债务问题开展的有组织的抗议活动制定了全国债务整理计划。另一方面,这一政策显然不属于自上而下的决策过程。早在经济振兴运动前的讨论中就可以很明显地看出,凡涉及大萧条时代的救济政策问题时,政府和公众倡议间的界线并不分明。在形成救济政策的过程中,起关键性作用的并非官员和政党,而是活动家和各种组织。帝国农会虽远远不能代表整个农村社会,但凭借其在农村深厚的根基和广泛影响力,它具有其他组织无法比拟的合法性。

由于众多组织制订的计划和农会的相似,因此有人认为,在当年夏天制定政策的过程中,具有广泛代表性的农户参与到其中,有时还充当了决策人的角色。能够到东京见到首相的农民并不是太多,但更多人通过其他途径表达了他们的希望,比如签名请愿、投票表决,或者仅仅以听众身份参加了当地农村救济讨论的集会。到债务整理政策逐渐形成议案时,在许多方面它已成为参与救济讨论的决策者进行决策的参考工具。

债务整理政策期待农村社会尤其是小村落能够成为金融复苏的起点,这一点很有意思。向本已组织高度有序的农村社会推出另一层面的组织或许显得多余,但做出这样的选择似乎是刻意为之。随着经济振兴运动的展开,农林省通过像农业协会这样的现有机构来影响农民。政府尝试向农村推行新体制和新政策来应对诸如债务之类的问题,昔日农村正在经历渐进式的变迁。正如后藤所做的那样,以村落为基层组织设立债务联盟并实施互助合作,这一措施不仅切实可行,而且具有象征意义。将基层村落发动组织起来是明智之举,因为那里是农村众多社会和经济关系的起源地,但这也同政府(特别是内务省)的对农政策格格不入。

自开始争取自治以来,地方就将行政重心从村落提高到乡村一级,并谴责基层村落是地方狭隘落后观念的庇护所。农林省将这种看法完全颠倒过来,认为村落是社会稳定和经济振兴的关键所在。与此同时,小平和其他与此相关的决策者都认为这不是倒退到一团和气的过去,而是理性地迈向更为现代的未来。他们暗示,有可能将有感召力的互相扶助方式和平缓的低息长期贷款政策结合在一起,发挥二者应有的作用。

除农村债务问题外,农本论者和其他请愿者最后还提出他们所关注的移民问题,这是基于为农民提供最基本的土地和财产保障的需要,当然还包括他们争取实现"自我振兴"的愿望。每个问题无不在表明,农村难以维系目前的生计。似乎不容否认的是,金融混乱正在不断加剧城乡间生活水平的差距,社会动荡这一潜在危险也正在农村社会蔓延开来。即使一一应对这些问题,也很难迅速找到解决方案;而如果按照农本论者所暗示的综合治理的思路,则更难以找到出路。长野彰以及有类似想法的活动家提出了一项不大可能实现的计划,那就是在经历重新构架经济和政治格局的动荡过程中彻底实现乡村自治。如此激进的有关农村未来的观点,在农村很难获得认同,在决策层中则更是鲜有支持者。

现存关于日本农村的政策和思想主张的目标是塑造一个全新的、不受困扰的农村社会,在这个理想社会中,有更得力的领导、更发达的经济以及更有活力的文化。从决定是否召开议会特别会议到国会开始审议议案,要经历几个月的时间,在这期间,决策者和活动家把先前农村救济虚夸的豪言壮语逐渐转变为具体措施。这一章追溯了债务整理的兴起过程,作为救济的三大关键元素之一的债务整理尽管有各种各样的缺点,但它在许多地方都是经济复苏的重要组成部分，关于这一点在稍后章节再做讨论。第 5 章和第 6 章将详细探讨有关救济的其他内容：紧急公共工程计划、贷款计划和经济振兴运动。

第5章
制定农村救济政策

　　1932 年 7 月 6 日,在这个温暖的星期三夜晚,首相斋藤向全国
发表广播讲话,阐述政府对农村危机的回应。他恳请听众相信国家
非常关注农村现状,并表明政府已在考虑公共工程规划,正筹备起
草议案减轻农村债务;政府将在 8 月召开国会会议讨论农村救济问
题,届时将提请更多提案讨论。但他话锋一转,认为对于农村家庭
和整个农村社会而言,要想真正实现复苏,不应该也不可能仅仅依
靠政府单方面力量,还需要社会多方面群策群力。政府既没有能力
救济农村,也不主张农村靠施舍维持生计,政府能做的就是帮助农
村实现自立。通过向农村输送基于传统的经济改革和社会改革方
案,加上农村推崇现代技术,主张技术革新,首相暗示说农村将迅速
克服重重危机。斋藤亲耳听到了"强有力的声音,发出这一声音的
人们表示,他们将依靠自己的力量解除眼下的危机",他们的真诚打
动了斋藤,所采取的有效策略也令他印象深刻。① 首相敦促听众追
求类似的"自我振兴"路线,他还承诺将该路线定为政府农村救济和
经济振兴的核心思想。

　　就在斋藤发表演讲的前一个月,政府和大多数农民组织还

---

① 斋藤施策纪念会编著,《斋藤施策记实》,第 3 卷,第 162—169 页。在同一演讲中,
斋藤解释说内阁中并不存在党派间的从属关系。他说,政党是政治体制的自然组
成部分,但同时指出近来政党的所作所为已招致许多猜疑。政治格局需要变革,而
他所在的内阁就是政治改革的成果。

在为解决农村问题寻求切实可行的出路作艰难挣扎。在长野
彰勇敢无畏的请愿运动和不断积聚的农民不满情绪这两大诱
因的刺激下,决策者迅速采取了行动。(芥川信吉就在其中,在
首相发表广播演讲的同时,他所在组织向喜多方当地知事递交
了第二套救济方案。)到 7 月初,几大关键政策的轮廓已清晰可
见;在 8 月和 9 月份第 63 次国会会议召开期间,他们收到了最
后审议稿,除存在一两点异议外,议案在会议结束后很快就可
以执行。从规模和范围上看,此次政府的农村救济计划和以往
任何一次都不同,这次制订的计划更复杂,政策之间常常冲突,
而且涉及到方方面面——从如何为大米进行国家定价,到怎样
修建更好的户外厕所。然而,正如斋藤在演讲中所暗示的那
样,政府的能力范围在很大程度上取决于决策者对政府的期
望。首相认为应当无为而治,这一观点也得到藏相高桥等人的
认同。

那年夏天,在针对预算的辩论中,原本那种担心如何才能有
效帮助农村社会的紧张气氛有一定缓解。和债务整理政策一
样,为救济筹措资金有时会遇到麻烦,政党需要钱,农业组织需
要钱,有时甚至连农林省官员也需要钱,但大藏省几乎每次拨
款时都极不情愿。针对救济的讨论清晰地反映出这些指导思
想的错误所在,尤其是在涉及公共工程拨款的情况下。多年
来,公共工程计划一直都是救济政策的主要依靠,通常也都认
为它能最快地把钱输送到急需救助的工人和农民手中。但是,
农村大萧条已经严重到不论多大规模的公共工程都无法弥补
农民收入损失的地步。

因此决定花多少钱和怎样花这笔钱变得异常复杂,而且这一
问题很快演变成政治问题。比如,其中一个争论结果是军队被迫
采取措施来改善和农村的关系,原因是有人指责 1933 年和 1934
年军事预算占用了农村救济金。尽管军队的这番慷慨陈词并没有

给困在大萧条泥潭中的农村带来多大帮助,但是从军方愿意费周折改善公共关系这一点,可以看出农村救济的重要性。与此同时,在如何向农民持续输送资金这一关键问题的讨论中,政党多半总是缺席。

人们一方面担忧救济会影响日本农民的性格,另一方面又关注救济所需费用,在这一患得患失心态的反衬下,自我振兴犹如赫然耸立的灯塔,象征着一种健全的思维模式。尽管这很难算得上是解决农村问题的新途径,但这种引导农村社会自力更生的想法很快就吸引了类似首相这样的人,他认为自我振兴印证了他先前对农村生活的看法,而且这种想法经济实惠,可以取代许多农民组织的耗资昂贵的救援计划。振兴计划在成为政府应对大萧条时期农村危机的核心政策之前,当地农业协会率先把它作为解决农村危机的出路并大力推广,后来,包括帝国农会在内的全国农业组织也介入其中。本章将追溯自我振兴计划成为国家政策的来龙去脉,同时还关注国家承诺投入更多直接救济补贴的周折过程。

作为救济的公共工程

公共工程项目不仅是国家对农村承诺责任最明显的象征,也是政府最大的预算开支。1932 年到 1934 年期间,大藏省授权内务省和农林省监管耗资近 4.2 亿日元的各种工程(所费金额足以支付相当于农林省 1931 年预算的五倍半)。至少在短时间内,议会和各个部门还是能够兑现其承诺,将现金投入到最需要的地方。

然而,这种慷慨援助并没持续多久。农后藤相同藏相高桥以及军方之间就 1934 年预算分配展开争论,这场斗争最终以农林省和农民一方惨败收场。① 尽管有其他形式的补贴，但 1934 年后，对公共工程项目的投资急剧下降，这标志着短期农村救济的终结，也意味着政府对农民直接援助的终结。② 有关花费多少资金投入公共工程以及怎样花费这笔资金的争论，一方面揭示了人们心中对救济是否有效疑虑很深，另一方面也表明人们对农村选区性质的理解也在发生变化。

从一开始就能明显看出，公共工程对农村救济会有一定作用；历史经验证明，工程项目是把钱送到有劳动能力的失业者手中最有效的方法。③ 问题在于需要确定投入资金量以及预算开支明细。1932 年 6 月初，内务省发言人报出 3.5 亿日元的投资计划，用于今后几年筑路等公共工程。④ 尽管前几年投资都在大幅增长，但这项建议立刻遭到国会抨击。有政友会议员这样说："我想问问政府，是否认为 3 年内投入 3.5 亿日元到公共工程就能拯救我们这些失业者，而那些如同生活在地狱的人无非是想获得一份工作。（掌声）"⑤

----

① 1933 年末，召开系列内阁会议表决如何分割预算。军队要求追加预算，高桥认为必须满足其要求，因此迫使其他部门争夺余下资金。农相后藤试图说服高桥继续支持资助农村的大笔预算，但遭藏相回绝。他失利的部分原因在于二人之间一直存在敌意，加之后藤无法向藏相提出解决日本农村问题的可行政策。

② 第 63 次国会结束后不久，斋藤和高桥都迅速表态支持削减预算。二人都明显受到蚕丝和大米行情好转的影响，他们认为这意味着农民的日子会好过起来。见安富邦夫，"对昭和初期贫农政策的形成趋势与消减过程的若干考察"，第 160、169 页，脚注 3。

③ 见《大阪每日新闻》，1932 年 6 月 13 日，报纸列举了政友会希望国会讨论乡村救济的一系列目标。另见斋藤施策纪念会编著，《斋藤施策记实》，第 3 卷，第 147—149 页。

④《东京朝日新闻》，1932 年 6 月 12 日。

⑤ 帝国议会众议院，《帝国议会众议院议事速记录》，第 57 卷，第 141—142 页。杉山基次郎的评论认为当时的公共工程对农民过于指手画脚以致失败，希望将来项目直接由农村来管理。斋藤施策纪念会编著，《斋藤施策记实》，第 3 卷，第 145 页。尽管政府在 1932 年之前的三年中划拨到农林省公共工程的预算资金略低于 3.5 亿日元，但 1926 年至 1928 年期间所划拨的 5.75 亿日元预算显然是过高了。大藏省昭和财政史编集室编著，《昭和财政史》，第 3 卷，第 8 页。

整个夏天,小气的大藏省官员在不遗余力地克扣农村救济金,而政治家、地方官以及救济工程的受益者都在顶着这样的资金压力。农林省规划者夹在政府与百姓中间,他们既需要项目带来的资金,又希望能长远解决农村问题;同样夹在中间的还有地方管理者,他们虽然需要这些项目,却又怕摊上工程成本的负担。而赞成经济振兴的首相斋藤和藏相高桥只会令事情更复杂,因为大藏省获准可以减少农村投入,而在以前这样做是不合法的。

1932 年政府推行的公共工程资助计划以及公共工程这种救济形式,并不是什么新鲜主意。早在 20 世纪以前,土地建设工程就由国家资助完成,而自 1908 年以来,桥梁、公路及其他设施维修和改造项目都可以向国家申请资助。多数情况下,国家资助仅限于按投资比例向项目出资人提供低息贷款。起初,工程都是由当地地主出资完成,但到 20 世纪 20 年代中期,政府的作用日渐凸显,因而地方政府成为工程投资人。[1] 同样,公共工程项目雇佣失业者这种有限的援助形式也不是没有先例。1918 年"米骚动"事件爆发后,政府资助的智囊团建议鼓励城乡公共工程建设,以缓解失业带来的威胁。[2] 直到 1925 年才真正开始执行这项建议,也仅在城市范围内实施项目建设;截至 1932 年,仍旧没有在全国范围内开展旨在促进就业的项目工程。

直接针对农村的援助更是罕见。的确,在城市,负责失业工程的经理不愿劳心费力地雇佣农民这类失业人员进行公共工程建设。迫于帝国农会的压力,1930 年夏末,滨口内阁宣布了一项 7 000 万日元资助农村救济项目的贷款计划。农会对此做出回应,认为这项计划加重了本来就很沉重的地方政府债务负担,不仅不会带来什么益

---

[1] 有关政府辅助公共工程进展情况的详细描述参见玉木晃,"发展贫困农村土木工程之路",第 45—53 页。

[2] 劳动省,《劳动行政史》,第 169—170 页。

处,反而会使局面变得更糟。农会争辩说,农村并非需要贷款,而是救济金。[①] 民政党内阁对这项建议并不理睬,直到 1932 年夏,才采取了严格意义上超出贷款范围的农村救济措施。

7 月初,公共工程计划和与之配套的地方贷款计划开始紧锣密鼓地运行,差不多与此同时,债务政策和救济振兴运动也已初具规模。[②] 在清楚了该怎样应对债务以及其他需要从长计议的问题之后,就比较容易处理直接救济这样的问题了。[③] 农林省从盛夏开始倡导的建议,既涉及针对当地政府的一揽子大额度信用贷款,也包含对公共工程的直接投资。从表面上看这两项倡议没什么新意,但细细琢磨便会发现农林省实际上向新的方向又迈进了一步。比如说,贷款可以保证当地社会资助一些小规模的公共工程项目建设;农林省可以帮助村、镇管理者或是其他符合资格的出资人借到所需资金,贷款额远远超出民政党所建议的数目。然而,和以往政策不同的是,政府也承担了 1/3 到 2/3 的项目投资成本,因而大大减轻了村财政负担。政府愿意直接出资援助地方承办救济工程,这一态度转变标志着中央和地方政府间关系的重大转变,同时也反映出村镇一级管理层日益依赖政府补贴。[④]

此外,农林省通过当地工业合作社(先把钱拨到工业协同组合中央银行)直接向农民提供更多贷款,农民可以获得小额贷款用来购买化肥或种子,这正是农村社会所缺乏的短期低息贷款。也正是因为缺少可靠的贷方,农民才被迫向私人借高利贷;因此农林省的这项举措可谓是一石二鸟。

[①] 帝国农会和农林省农相町田忠治之间的关系并不简单。见安富邦夫,"对昭和初期贫农政策形成趋势与消减过程的若干考察",第 139—140 页。

[②] 在各部门以及部门内部都进行了规划。

[③] 救济规划的时间进程参见高桥康隆,"日本法西斯主义和农业经济振兴运动的开展",第 7 页。

[④] 有关国家和地方财政清晰明了的讨论参见大石嘉一郎,"昭和恐慌与地方财政"。

最后推出的第三项贷款计划将向工业协同组合金库注入 2 亿日元,用于再融资,帮助清偿有可能偿还不了的巨额债务。这笔贷款在 20 年时间内低息偿还,农林省希望协同组合将这笔贷款借给农民。[①] 从这一计划的细节可以明显看出该计划出自小平之手,因为长久以来,他一直都在抱怨农村债务问题同缺少可靠的低息贷款资金来源有着密切联系,因为农民连日常必需品都买不起。提供这样一个资金来源也是他正在努力促成的债务整理政策中的一个关键元素。

同时,公共工程项目也做出一番修改,以便更好地满足当地需求。在起草自 1932 年 7 月初以来的文件时,农林省第一次指出,计划在农村社会执行时必须具备可操作性,换句话说,就是既不能太复杂,又不能太昂贵。这道理就好比挖沟和建桥是两码事一样。规划者指出,同样重要的是,这项计划要把现金直接送到农民手中·还要对农村社会产生持久影响力。县地方官担心资金分流,因为过去承包商通常自己雇佣廉价工人进行工程建设,而地方官和政策的决策者都不希望发生这样的事情。

最后,农林省规划者希望明确一点,那就是工程总成本尽可能向工资成本倾斜。这意味着农林省是要青睐那些劳动密集型项目,而不倾向于那些水泥、钢筋等原材料成本高的项目。[②](而内务省一贯的做法是在预算比例中为原材料成本留有多得多的余地,从中反映出在基础设施改造方面的利益所在。这方面的细节以后还要做详细论述。)耕地开垦工程、灌溉工程、桑树园扩建甚至渔村的鱼湾建设工程都符合申请贷款的条件,但一再强调每一笔都必须是小额

---

① 和新贷款计划有关的最严峻的问题在于国家究竟在多大程度上为工业合作社中央银行等信贷机构提供担保。草案建议国家投入 18 000 000 日元作为化肥担保限额,另有 40 000 000 日元用于工业合作社贷款担保限额。

② 农林省,"农村救济与振兴政策"(草案),见 **NSS**:1:2,第 90 页。

项目贷款。理想的工程最好是竣工周期尽量短、用工人数尽量多。例如,农林省把耕地开垦工程划分为两类,一类是5町以上的,一类是5町以下的,而后者能够得到政府更高额的资助。过去政府不愿投资这种规模极小的工程,而此次项目的规模则是小到几乎以户为单位。农林省的计划也表明他们在试图寻找同农民个人接触的新途径,目的是确保将救济送到那些最困难的人手中。①

规划者和农民面临同样问题,他们需要弄清楚他们心目中救济预算的规模究竟有多大。然而,最终决定往往和最初的预期相去甚远,因为这些决定是内阁内部争吵的结果。起初是部门负责人的副手参加农村救济问题会议,很快各部门负责人也加入到讨论中来。自6月17日以来,共召开了八次会议,会上内务省、大藏省、商工省、农林省以及国土交通省铁路局官的员们常常争论不休。尽管各部门的下属已经为各项政策基本打好基础,但是所有的部门负责人都亲自参与了讨论,并对政府应该怎样制定政策以及资金应该投到何处发表了各自意见,即便像内务大臣山本这样对农村救济问题毫无兴趣的人也不例外。② 8月初,他们提出若干建议,认为内阁应该在国会会议上给予支持,首当其冲的建议就是倡议在农村实施紧急公共工程。③

8月晚些时候,内阁向国会提出修改后的建议。将投资支出(新

---

① 见旗田功,"昭和恐慌与贫农土方工程",第180—181页;楠本昌弘,"昭和恐慌期的基础维修事业",第126页,对农林省为公共工程所做的最终努力进行了正面评估。

② 大家会(后藤文夫)编著,《内务省史》,第2卷,第148、150—153页。在国会会议上,曾经是银行家的山本非常善于"打太极拳",避免正面回答问题,而且对他提拔上来担任内务省高官的旧部,他几乎认不出几位。正是这位年届70的山本坚持提名后藤进入内阁(但前提是此前他提名的两位候选人落了选)。

③ 还包括农林省其他贷款提案,以及债务整理、经济振兴、乡村规划以及稳定米价的资金等其他倡议。见斋藤施策纪念会编著,《斋藤施策记实》,第3卷,第159、163—164页。

发放的信贷计划、公共工程等投资计划)和改革(经济振兴、乡村规划、债务整理)这两者结合在一起,这似乎是满足请愿者要求的可靠方案。然而,一些政策的运转并非是无条件的,特别是投资计划只能在各自预算允许的范围内有效运转。即使 1932 年 8 月内阁递交到国会的救济预算远远超出以往任何一次农村投资,但在接下来的几年里又将是老调重弹,内务省和农林省发现,他们所需要的救济投资和大藏省愿意投放的资金存在很大的差距。

一揽子救济计划中的重要成分是政府贷款,高桥掌管下的大藏省大开绿灯,扩大了农村信贷规模。[①] 到 1934 年底,已按预期投放 10 亿日元贷款。其中有 2 亿日元用来帮助当地社会筹建公共工程。余下近 8 亿日元专供地方银行和工业合作社用以清偿现有债务。[②]政府几乎赞成任何形式的延期还贷,这已非常接近请愿者要求延长政府贷款的目标,大藏省允许将 8 亿资金中约 2 亿日元拨给存款司。

这笔资金还会额外为曾向存款局贷过款的人提供贷款,但他们"发现无法靠自己的力量实现经济恢复"。换句话说,贷款对象是那些入不敷出、眼看就要违约的欠款人。再融资计划允许欠款人继续还债,但与此同时全面禁止政府注销债务。既然存款局历来以稳健著称,因此原有欠款人和临时有困难的欠款人在接受资助后,境遇有可能会好起来。[③]

尽管内阁的贷款建议最后获得通过,但议员们很快就开始质疑高桥所制定计划的效果。许多人怀疑投资最终的受益者极有可能不是农民,而是受困的银行,在国会上全体议员再三提出这一观点。有人质问高桥,凭借如此微薄的资金投入,政府怎能指望给农民百

---

① 有关高桥在国会上的发言全文见 TGT 63,第 13—17 页。
②"农村山村救济措施",《公民》27:10(1932 年 10 月)。另见 TGT 63,第 15—17 页。
③ TGT 63,第 16 页。

姓带来什么实惠?① 高桥回应说资金"受益面会很广",但这一说法并不能令人信服。正如一位众议员所言:"你的回答正好印证了我原先的看法——议案的主要目标是拯救银行,这令人非常遗憾。"然而,考虑是否贷款给当地银行的提案委员会把议案原样退回众议院审理,却意外获得两大政党的支持。

在发表赞同该法案的演讲中,风见彰总结了许多人对这项特别计划的感受。"根据我们对该议案的理解,全国只有很少一部分公民会从中受益。"风见彰指出,他之所以持赞成态度是基于对时局的考虑,有必要采取这些并不完美的措施来勉强应对眼下的危机。他和议会其他成员愿意各取所需,因此参众两院于 9 月初通过议案。很快又通过了与此相应的一揽子工业合作社信贷计划。②

众多为家乡呼吁村镇公共工程项目的请愿者认为,一揽子贷款计划不如直接支付工程工资那么有吸引力。尤为重要的问题是,最后采取何种投资形式以及地方与政府能否均摊投资额。斋藤在第 63 次国会会议开幕词中谈到这两点,并着重强调公共工程计划的重要性所在,通过这种方式可以尽快把钱直接送到农民手中。用斋藤的话来说,实行国家公共工程计划的目的就是要"为那些有困难的农民和渔民直接提供就业机会,在全国为他们打开一扇获取收入的大门"③。

---

① 政友会的武田德三郎和杉山基次郎等人也都加入到中岛的行列,批评藏相的预算计划。TGT 63,第 161—163 页、169—173 页、188—191 页。

② 武田德三郎如是说。中岛发觉高桥对其提出问题的答复"令人极度失望"。同上,第 164 页、166 页、181—182、202—204 页。委员会在审议过银行预算法案后提出三项非约束性的要求,随后才交回到众议院进行审议。由政友会做后盾的条款呼吁政府有必要追加 1932 年预算,并对银行进行监管,以确保其不会拒绝贷款要求,同时敦促受资助银行降低贷款利息。见同上,第 194 页。

③ 出自首相 1932 年 8 月 25 日的演讲。同上,第 6 页。

　　表6说明了政府救济资金的最后去向。数据显示,绝大部分政府救济资金都发放到了内务省和农林省。内务省约4/5的支出以及农林省约3/4的支出都投入到公共工程建设;1932年到1934年间政府救济预算中,这两个部门就占超过3/4的份额,而用于公共工程的花费占全国救济支出的60%。[1]

　　两大部门针对公共工程项目采用了两种不同的救济方法。例如,1933年内务省公共工程预算估计,现有村镇项目仅会耗费项目总成本的1/3,他们可以通过低息贷款筹到这笔钱(县级政府必须支付项目费用的75%)。[2] 然而,内务省的工资成本不到总预算的一半,而农林省的工资成本则相对较高,在一些公共工程项目中多达4/5。不过和内务省相比,农林省不愿为地方政府提供更多资金,通常只提供约一半的资助,当然有时也会为工程提供低息贷款。[3]

　　两部门在工程其他方面也存在区别。内务省将主要精力和财力都集中到公路扩建上,而农林省官员则要保证把钱花在农村和农业有关的项目建设上。在描述项目目标时,规划者在逐字引用首相演讲中提到的"提供就业机会"目标的同时,又补充了两个目标。农林省官员写到,计划恢复公共工程项目的原有影响力,在帮助农民获得工资收入的基础上,刺激农业生产以及降低生产成本。[4]

----

[1] TGT 63,第14—15页。

[2] 安富邦夫,"对昭和初期贫农政策形成趋势与消减过程的若干考察",第152—153页。

[3] 见旗田功,"昭和恐慌与贫农土方工程",第180—181页。农林省农务局编,《与时局救济高度相关的农业土木事业概况及参考事例》,1934年3月,见NSS:1:2,第138—139页。

[4] 农林省,"第63次国会核心内容:审议农林省关于应对农村大萧条实行救助措施的非正式记录",1932年11月,见NSS:1:2,第126页。

表 6　1932 年至 1934 年日本政府对各部门救济项目的投资预算

（千日元）

部门	1932 年	1933 年	1934 年	总计
内务省				
公共工程	¥48 818	¥99 958	¥49 842	¥198 618
河道	13 253	28 568	19 842	61 663
港口	1 904	8 944	5 850	16 698
公路	33 661	62 446	24 150	120 257
其他	11 961	20 706	14 531	47 198
总计	60 779	120 664	64 373	245 816
大藏省	3 687	6 123	4 459	14 269
陆军	18 500	0	0	18 500
海军	18 440	0	0	18 440
法务省	951	1 493	1 453	3 897
教育省	12 520	14 511	14 576	41 607
农林省				
公共工程	37 483	48 416	24 514	110 413
农村经济振兴	3 368	3 355	3 051	9 774
粮食仓储	0	5 000	19 500	24 500
其他	1 873	1 234	2 720	5 827
总计	42 724	58 005	49 785	150 514
工商省	396	439	256	1 091
交通省	2 398	6 943	4 630	13 971
殖民省	2 821	5 602	5 869	14 292
总计	¥163 216	¥213 781	¥145 401	¥522 398

来源：大藏省昭和财政史编辑室，《昭和财政史》，第 5 卷，第 264 页。

　　农林省负责人规划设计了相应的公共工程，并将项目分为三类：耕地开发、排水与灌溉以及小型设施建设，包括铺设农村道路、筑堤、修水闸等等。其中前两类在大规模和小规模间又划分出中等规模，这样扩耕小块土地的农民就可以多得补助金。对灌溉工程而言，虽然不论规模大小补助金都一样（按照成本的 50% 进行补贴），但在计算补助金时农林省会对小规模工程进行补偿。排水涵洞或是纵横交错的稻田小路修建工程,都会得到 50% 的标准补贴。

公共工程项目与以往项目的巨大区别在于,政府第一次积极资助规模很小的项目建设。在实行救济计划前,只有地主或其他拥有很多地的人才有可能尝试进行土地开发或农业发展项目。小户农民和佃农通常得不到项目资助,如果他们打算扩大农业生产,只能依赖私人资助。通过降低项目规模,农林省扩大了资助范围,使更多人受益。[1]

据农林省报道,一旦项目开始启动,仅 1932 年一年就有差不多 35 000 人在小规模土地开发中受到资助,从那年起共有 93 000 项公共工程项目在农林省监管下进行建设。截止到 1933 财年,该项目创造了 1.16 亿多个工作日,平均日工资为 0.7 日元。[2] 公共工程资助对象从地主扩大到普通农民,农村改革的基础就更为广泛,这样做能够保护生产者,促进农村社会发展,消除农民的不满情绪,而且这三大作用可以同时发挥效力。

乡村一级的救济

总的来说,关柴地方救济计划开展得较为积极。1932 年一份针对农村情况的报道中写道,"在各地进行着针对穷人的建设计划·为当地带来了巨大好处。"[3] 自 1932 年末以来,乡村管理机构监管了为期三年的筑路工程以及其他由政府资助的救济项目。冬天农闲时节,村民从事修路、修筑灌溉工程等农村基础设施建设。这些工程改善了交通和灌溉条件,给农村带来了长远的益处。从短期看,工

[1] 楠本昌弘编著,"昭和恐慌期的基础设施事业",第 126 页。

[2] 农林省农务局编,《与紧急救济高度相关的农业土木事业概况及参考事例》,1934 年 3 月,见 NSS:1:2,第 145 页。就业数据见楠本昌弘编著,"昭和恐慌期的基础设施事业",第 125 页。

[3] 喜多方市市志编委会编,《喜多方市市志》,第 8 卷,第 651 页。

程项目完成了政府的预期目标——为那些缺少额外收入来源的农民提供了就业机会。工资通常在用工几天内就以现金形式支付。不难看出,当地评论家为何会认为救济计划能给当地社会带来好处。

然而,项目都有成本造价,当地官员必须平衡工程成本和潜在效益。1932年,起初工程预算刚过7 000日元,但这一数字很快就调高到9 800日元;在接下来的两年里,村里每年都需投入差不多相同数额的资金。[1] 中央政府通过县级政府为筑路工程投入约75%的资金,而对灌溉池塘项目则按成本的50%给予补贴。这意味着国家为关柴的救济项目投资将近60%的资金。

需要关柴负担的2 900日元有两种支付方式来解决。首先,由于设施改造工程使基层村落居民受益最大,因此要求他们支付一部分工程成本。比如,分摊给关柴村450日元,这笔钱当然要从村民的口袋里拿出来。筑路工程给村里带来的直接成本负担较轻;一位不知名的捐助人为当地分摊费拿出25日元,另外,村里从县里贷款600日元支付其余的分摊成本。还款期限为20年,年利率仅4.2%,同时享有3年利息补贴以及延期5年偿付本金的优惠政策。[2]

这种贷款、分担成本以及政府补贴三者结合的工程投资模式一直持续到1933年,尽管三者间的平衡关系已有所改变。村级管理层只把精力投入到修路工程项目,部分原因是可以得到比灌溉工程高得多的政府补贴。总成本为5 400日元的项目,其中75%由政府出资,而相比之下,由农林省出资进行的乡村公共工程只能获得约50%的补贴。村里采取将工程转移到内务省管辖范围内方式来降低救济工程的分摊成本。公共工程救济政策使基层村落相对容易

---

[1] SMY,《1933—1935年村议会记录》,1934年预算为8 910日元。《10号报告》,1935年12月23日,KST。桑树田工程的预算不在村预算之列,由一家私人机构出资。

[2] SMY,《1932年村议会记录》,见32号议案,1932年9月30日,KST。

地获得足额贷款,来支付其余分摊成本,村里负责承担 1 300 日元的贷款。修路工程还有其他工程所不具备的优势,其受益群比农林省资助的小规模灌溉工程更为广泛。这些工程给处在最底层的农村群体带来了好处,因此完全有理由发动全村支付工程费用。[①]

1932 年和 1933 年的前几个月,村里所负担的救济工程款中有 75% 用于支付工资。和政府政策相一致的是,根据不同项目类项,工资成本各异,而且管理方在决定原材料等成本也有不同程度的自由度。因此 1932 年不到 50% 的筑路工程预算用于支付工资,而拨给(农林省管辖下的)"小型工程"的 4 600 日元中,有 94% 用于支付工资。[②] 按照现有工资水平计算,足够乡村支付 8 700 个工作日。

1932 年和 1933 年初的工程项目提供了将近 1 000 个工作机会:修路工程就占去几乎一半(478 个就业机会);"小型设施建设"可以解决大约 250 个就业机会;而农协的桑树园耕种项目则雇佣了 260 个男女劳动力。一个修路工人一天的标准工资是 0.65 日元(妇女的工资稍低),而监工包工头一天能挣 1.5 日元。根据一份福岛县政府发布的现有工资水平报告,1933 年丝绸产区的男性日标准工资为 0.60 日元,女性为 0.45 日元。在关柴,救济工程工资稍高一些,但仍低于"正常雇工"的收入。[③] 在所有劳动力中,女性比例为 1/4,她们最有可能从事桑树园耕种项目,所占比例超过 40%。她们参加灌溉工程的概率最低,该项目有 227 名男性,而女性雇工仅有 27 人。

---

① SMY,《1933 年村议会记录》,见 35 号议案,1933 年 5 月 22 日,KST 和 38 号议案,1933 年 5 月 22 日,KST。除了贷款利率降低到 3.2% 外,新贷款法案和前一稿基本一致。

② SMY,引自佐藤为福岛县学务部部长所作的报告,"昭和 7 年度和失业救济相关的公共事业县快报",1933 年 7 月 27 日,KST。这份报告涵盖了 1932 年 4 月 1 日至 1933 年 3 月 31 日的情况。

③ 福岛县,"农村疲敝状况及其对策",第 603—604 页,县报告包含了日付、信夫和足立各郡的工资水平。

修路工程中女性劳动力占 1/4。

工程项目中农民工人数超出了非农民工，二者比例为 3∶1。项目负责人总共雇了 75 位"失业"人员以及 147 位"其他"人员，和 770 位当地农民雇工相比，这两类人数量相对较少。[①] 农民雇工人数多可以消除人们的顾虑，因为这样监工包工头就不可能雇佣太多他们自己的工人；然而，问题是很难弄清楚他们所雇农民和非农人口的居住地在哪里。考虑到村里需要负担相当一部分工程成本，还要考虑到当地居民一定不愿意把钱放进外人口袋，因此所雇工人很有可能是关柴本地居民。

没有迹象表明管理层刻意把工作机会在农村社会内部平均分配。[②]（这一时期村里的工资支付记录中没有领工资人的住址信息。）[③]不过，工程施工地点在全村分布很广，没必要刻意平均分配工作。6 个灌溉池塘工程分布在不同的地点，而且公路工程的分布并不局限在某个特定地点。耗时最长的在建工程是修筑一条南起大古、北至关柴村落的公路。工程早在 1931 年推行政府资助的救济计划前就开始了，直到 1933 年才竣工。这条贯通南北的公路一经修通，不仅加强了各村落间的联系，而且步行即可到达许多村里的在建项目。

可以从提供就业机会这一角度来衡量救济工程的影响力。1933 年关柴不足 3 000 人，救济工程为该村提供了 992 份工作。考虑到一些受雇农民有可能至少参与了一项工程，受雇人口最少也有

---

① SMY，引自佐藤为福岛县学务部部长所作的报告，"昭和七年度和紧急救济事业相关的公共事业的县级快报"，1933 年 7 月 27 日，KST。

② 福岛县至少有一个村子是这样做的，将就业机会在各个基层村落平均分配，以确保雇佣机会的均等。见大石嘉一郎，"昭和恐慌与地方财政"，第 130 页。

③ SMY，《紧急救济事业日，1932 年》，第 1 卷、第 2 卷，1933 年，KST。

500 人左右，大致相当于公路工程的参建人数。[1] 如果拿修路的农民人数和村总人口作比较，则会发现有 39% 的男性农民（比例超过 1∶3）以及 12% 的女性农民（比例约为 1∶9）至少参加了一次修路工程。[2] 如果其他工程的所有男性都是从参加修路的这批人中抽调的话，那么 39% 则是在 1932 年及 1933 年初男性农民参与救济工程的最高比例。对于女性而言，这一比例接近 15%（1∶7），原因是有 110 位女性受雇于桑树园耕种项目（比修路的女性雇工多出 28 位）。

参加灌溉工程和桑树耕种工程（而非修路）的人越多，就意味着参加整个救济工程的比例越高。例如，如果每种工程（修路、灌溉工程和桑树种植项目）不重复雇人的话，那么就有 560 位男性和 210 位女性，也就是说全村 86% 的男性和 30% 的女性参加了农村救济工程。通过粗略估计，可以看出普通农民是怎样参与到救济工程中来的。倘若村里向县政府上报的在建工程情况属实的话，就可以明显看出，农村社会有相当一部分人参与了乡村救济。

还可以从另一角度来评估公共工程对农村社会的影响力。那就是看普通农民他们在修路、灌溉设施改造以及桑树种植项目上赚取了多少收入。这些项目的工资总成本为 5 776 日元。这笔钱比 1932 年大豆或蔬菜的总产值还要多，比农民靠养鸡和卖鸡蛋挣的钱要多得多，几乎抵得上当年大麦的产值。[3] 依照这一衡量标准来看，工程项目算得上农民家庭重要的收入来源。

然而，从个人角度来看，工程对他们的增收效果并不显著。要知道如果把每个工程的工资预算和所需工作天数平均划分到每个

---

[1] 比如说，假定所有参加修筑灌溉工程和桑树田工程的人同时也参加修筑公路工程。我之所以说"约有 500 人"是因为受雇参加农事实行组合工程的妇女要比参与筑路工程的女性多。

[2] 人口数据来源于 SMY，《1934 年经济振兴计划调查》，KST。就业数据源自 SMY，佐藤为福岛县学务部长所作的报告，1933 年 7 月 27 日。

[3] 救济工程的工资水平大约相当于 1932 年大米价格的 2.3%。

人身上，在为期 5 至 6 个月的修路工程中，每人的工作日不足 4 天，仅仅挣到 2.4 日元。修灌溉池塘赚取的收入要多一些，平均工作 25.5 天，挣到 17 日元。[①] 当然，也确实有人仅仅工作一两天，而另一些人则想方设法经常受雇，因此救济工程的个人收入因人而异。

因此一旦涉及评估项目给农村社会带来何种价值时，有几个问题需要考虑，尤其需要考虑的是救济工程对农民赚取收入的重要性。首先是工程工资总额低，相应的工资收入也就很低。农民根本不可能靠救济工程致富。仅凭工程周期短这一点就可以看出，单靠修路或是挖灌溉水渠农民难以维持生计。同样，拿救济工资和许多家庭背负的巨额债务相比，简直就是杯水车薪。（正如前文所述，1932 年 8 月该村户均负债额为 1 500 日元。）此外，考虑到从 1927 年到 1932 年关柴户均农业产值下降了 170 日元，为救济工程干几个月活赚的钱并不能给农民带来实质性的收入增长。

当然，增加收入从来都不是救济工程的目的所在。政府无意补贴每一位农民，而官员迟迟不愿定下合理的农村基本生活基准线。既然政府并没有承诺为维持家庭基本生存提供最起码的衣食住保障，因此紧急救援充其量只是另一种形式的兼职工作而已，唯一区别是资金来源不同。和其他兼职（以及雇工）一样，工资水平并不取决于个人需求，而取决于市场。不同于其他工作，救济工程应该雇佣那些最急需工作的人。这并没有帮助最需要的人维持生计，仅仅是为这些人提供了挣工资的机会。如果其他雇主愿意提供工作机会的话，政府倒也乐意让他们这么做，但显然不存在这样的雇主。

然而在关柴，并不能保证受雇者是最急需工作的人。雇谁或不雇谁的决定权掌握在当地官员手中。例如，1934 年底在修下柴至小松的公路时，雇了几位小松村住户。工资支付单显示受雇者中包括村里最大的纳税户。实际上，1934 年小松缴税最多的 4 户人家曾为

---

① SMY，佐藤为福岛县学务部部长所作的报告，1933 年 7 月 27 日，KST。

11 月和 12 月的救济工程做过工。原春治(缴税最多的人)仅在 1934 年 11 月工作了 2 天,据报道渡边彦卫(缴税位居第 2)在 11 月干了 5 天活,12 月又干了几天。但是,内海春树(缴税第 4 名)在 2 个月中修了 28 天路。中等纳税户也是工程的主要劳动力来源。在这 2 个月中,渡边新太和渡边正一各劳动 22 天和 40 天,他们两人充分利用了救济工程的就业机会。在缴税最少的人当中,佐藤长太在 11 月干了 20 天,12 月干了 9 天。①

下柴至小松的筑路工程碰巧赶上 1934 年大饥荒,因而在小松村居民的记忆中,他们受雇的那年冬天,作物和农业收入降至历史最低点。因而他们所挣的工资收入要比往年显得更有价值。按照(男性工人)日标准工资 0.65 日元来计算,佐藤长太在 2 个月的筑路工程中挣了近 19 日元,而渡边正一则挣了一大笔收入,多达 26 日元。将实行经济振兴计划后的支出数据和农业收入数据进行一番对比(第 7 章将要谈到),就会凸显救济收入对农户的重要性。(计划报告的是 1933 年的情况,而非 1934 年。)

渡边正一有差不多 2 町土地,对于他这样中等纳税人而言,若是在往常收成正常的年份里,26 日元根本算不上大数目。和家里 1933 年 1 000 多日元的农业收入相比,这一数目显得微不足道,仅相当于当年用于购买化肥费用的 1/10,或者说还不及他们向县里缴纳税金的一半。小松其他中高等收入的农民和渡边的处境一样,农业收入远远高于参加救济工程所赚收入。然而,对于收入低的小户人家而言,救济工程的工资可以改变其收入结构。以佐藤长太为例,他 1933 年申报的农业收入为 210 日元,因此参加救济工程赚到的 19 日元工资几乎是他家农业收入的 1/10。这笔收入超过了他缴纳的税金,也抵得上他家一年用于照明和烧火做饭的费用,也足够支付

① SMY,《就业差别检查簿,救济事业日表,下柴与小松村竞赛》,1934 年,KST。

当年购买化肥 2/5 的费用。① 换言之,和家里其他收入来源以及消费水平相比,这笔钱的分量并非可有可无。

村委会成员和富人的名字出现在村救济工程名单中,这一点说明社会地位为他们成为雇员推波助澜。如果说富人因为害怕被降为穷人或是二等公民而拒绝这份工作,那简直是无稽之谈。相反,那么多富人出现在救济工程名单中,已清楚地表明这些工作在村里具有广泛吸引力。虽然工资很低,但像内海春树这样的人愿意经常参加救济工程,说明这笔收入很受欢迎。②

正因为如此,关柴"救济"方案覆盖了整个社区,而不仅仅针对村里最穷困的住户。受雇于救济工程既不会玷污个人名誉,也不会因为养不起家人需要国家救济而被认为无能。比如在小松村,贫农与富农并肩劳动。因此,地方官员在报告中谈到"针对穷人的救济工程"时,表现出他们在界定项目对象时不够真诚。政府公共工程救济计划并没有要求官员或居民明确划分类别,区分出村里谁有资格接受帮助。没有采取这项措施进一步表明,乡村社会能够和谐相处,共同解决一系列问题。

对农村救济工程的评价

尽管关柴对救济工程基本上都是正面评价,但是政府救济工程计划很容易成为批评家的攻击目标。救济工程预算一经公布,就有人抱怨预算投入太少,而且来得太迟。③ 一旦工程开工,就需要全力

---

① SMY,"小松村经济调查簿",1934 年 10 月,KST。
② 在前面提到的名字中,只有佐藤长太一家的收入水平接近税收等级的最低端。究竟是低收入家庭被排除在外了,还是救济工程的就业机会给了村里有关系的人呢?不幸的是,村里档案的记录方式使我们无从得知这一问题的确切答案;工资记录只能用于确定某些就业家庭的情况,至于那些没有就业的家庭就不得而知了。
③ 例子见《东京朝日新闻》1932 年 9 月 6 日。

应对各种问题,因为当地政界和管理层往往把救济工程拖到不利境地。正在运行的工程本应由当地政府来控制,然而报纸报道了无数次包工头接管工程的案例;包工头的出现意味着他们有可能雇佣自己的工人,报酬比当地居民更低,这样包工头就可以从中赚取差价。(内务省的工程似乎特别容易产生这种不良倾向。)诸如此类的报道,甚至比这更糟的情况在媒体中广为流传。[①]

公共工程计划成为众矢之的。评论家抱怨原材料成本太高,投到人力资源的成本又太少,并非人人都能获得平等的就业机会,在一些地方甚至还强迫人们参加工程建设。一位山形县男子说:"官员、学者等人也许会认为救济工程拯救了乡村,但事实上这些工程收效甚微。"在他所了解的一个村里,当地官员从向工人发放的日工资里扣留一部分用于缴税和其他费用,而他们自己获得的"管理"工资却是平均工资水平的 2 倍。在另一个村,官员每天向每位雇员收取 10 分钱的"工具使用费",实际上却用这笔钱来喝酒,然而他们付给自己过高的工资。来自神奈川县的久保田先生指出,这是银根紧缩地区的惯用伎俩:政府为这些村镇工程提供充足的补助金,比如说,按照成本的 70%进行补贴,通常指望地方会通过贷款等方式承担其余 30%的资金。久保田先生说,实际情况是,这些地区根本就不会自找麻烦承担余下的资金缺口,反而肆意挥霍政府拨款,听任

---

① 见《福岛民报》,1933 年 1 月 26 日,以及"论坛:农村救济所对策批判",刊登于社会政策时报上的论文,1933 年 5 月,第 99 页、114—115 页。报道中有少量的正面描述。比如,一位高知的佃农官员指出,位于县北部山区的居民利用公共救济工程来改善交通状况,积极带动了当地木材业的发展。一位长野的佃农说,和往年不同的是,他现在可以利用冬季农闲的三四个月参加救济工程,大大改善了他的生活。(1934 年的)《日本农业年报5》也动用大幅版面批评政府的农业政策。公共工程计划失利的详细案例参见 184—187 页。

现状任意恶化。①

除了上述个人对工程的报道外,还有对工程的全面批评。其中较为知名的是评论家猪俣津南雄 1934 年底所著的《穷困的农村》。这本畅销书是猪俣在对大萧条农村现状考察的基础上创作的,其中包含了他对救济政策深刻而富有洞察力的分析。经济振兴虽然遭到作者最有力的抨击,但同时也剖析了公共工程的弱点所在。他这样做的目的是要强调工程拉大了穷人与村里权力阶层间的贫富差距。他承认公共工程的确也产生了一些好处,但这些好处通通落到了地主和当地权贵手中。至少在他所知道的一个村里,村管理层虚报雇工人数,肆意挥霍虚拟工人的工资。

猪俣列举了一些具体事例,说明由于存在工资低廉、雇员冗余、工程设计质量低劣等诸多问题,工程并没有给多数人带来多大好处,仅仅让那些卖地的地主发了财。为了给修路工程让路,地主高价出售土地。对于所发生的事情,至少一些当地居民已经有所察觉;猪俣引用了一位长野农民的评价,他告诉猪俣:"只有那些地主、监工、水泥公司和钢材供应商才是农村救济工程的受益者。"②

在首批对战后大萧条以及政府应对政策进行研究的学者中,一些作者对猪俣的评价表示赞同。③ 他们指出,公共救济工程的工资投入和同时期农村农业收入锐减的幅度之间存在巨大差异。如果对这方面进行估算的话可以清晰地看到,农民不可能依赖公共工程工资来弥补由于大米和蚕丝价格下跌所带来的收入损失。从照冈修三做的计算来看,普通农民 1932 年至 1934 年间挣的救济工程工

---

① "论坛:农村救济所对策批判",刊登于社会政策时报上的论文,1933 年 5 月,第 107—109 页。

② 猪俣津南雄,《穷困的农村》,特别参见第 383—386 页。

③ 例如,见井上春丸,《日本资本主义的发展和农业与农政》,第 350—353 页。井上援引猪俣书中的例子作为例证。对此早期评价的简要描述另见照冈修三,《日本农业问题的展开》,第 2 卷,第 210 页。

资仅仅相当于其年收入的 3% 或 4%，换句话说，他们一年挣的还不到 26 日元。虽然这笔钱在东京可以购买约 150 千克大米，但是远远不能帮助普通农民家庭恢复经济自立。[①]

在对救济工程的支出进行分析时，研究人员修正了此前的一些负面评价，观点变得较为正面。常识告诉我们，如果政府在短期内对农村救济工程投入几亿日元，那么至少有一部分资金会进到农民腰包。这种从宏观角度来解决问题的方法忽略了一点，那就是既没有考虑到谁在国家的慷慨资助中受益，也没有考虑到工程预算是否充分，而是从更宏观的角度来描述预算支出的效果。三轮良一仔细研究了高桥藏相的预算计划（包括救济计划），他认为救济工程不仅有助于刺激经济，而且在 1932 年到 1933 年间，其重要性不亚于新一轮的军备预算。直到 1934 年大幅度削减救济预算后，军备预算才使救济工程预算相形见绌。[②]

中村高房在全面衡量了农村救济预算的影响力后认为，虽然算不上意义重大，公共工程对农村社区和个人可能会有一定程度的帮助。他在结论部分总结说，即便农户平均一年只挣了 17 日元的公共工程工资（比照冈所引用的 26 日元年平均工资的数字少了许多），但这笔额外收入对小户人家而言很受欢迎，特别是在得不到其他收入来源的情况下。

从整体上看，公共工程拨款对经济发展可谓雪中送炭，这一点似乎不容质疑。但对整个农村而言，尤其是对最需要帮助的农民而言，他们是否和城里人或地主一样受益，这一问题没人能说清楚，至

---

① 照冈修三，《日本农业问题的展开》，第 2 卷，第 182—183 页。另一个较为正面的评价参见中村高房，《明治大正时期的经济》，第 142—146 页。中村预计，救济预算投资所产生的额外收入将足以促进原有农业整体收入总额增长 20%。

② 三轮良一，"高桥最盛期的经济政策"，特别参见第 138—139 页。政府对 1934 年救济预算效益自我评估参见日本银行调查局编辑，《日本金融史史料·昭和篇》，第 29 卷，第 1—12 页。

于是不是雪中送炭更是另当别论。用于救济的公共工程项目也许不比其他工程的效率低,也同样不会腐败到哪里去,二者的区别在于救济的出发点对公共工程的要求较高(救济工程目的是要把钱送到农民手中,而且要公平公正)。每当媒体报道欺诈案例时,政府对救济的承诺就会受到质疑。事实上,每当讨论该对农村投入多少资金时(1933年后连投资都取消了),往往已经离题太远,与农村实际情况脱节,这势必会陷救济项目于不利境地。

不过值得注意的是,正是由于投资高速增长的短期特性,才促使农林省和外务省不遗余力地为公共工程奔波求助。当然无论周期是长是短首相和高桥藏相都不愿承诺维持高额资金供应的局面。而议员和官员则普遍担心有劳动能力的人会滋生好吃懒做、依赖救济的心理。这也是为什么这两派人都愿意将短期政府投资政策和长期投资政策区分对待,相比资金短缺,资金周期问题更为重要。1932年夏,在讨论投资农村金额和周期时,争论就初现端倪,而在商议1934年预算时矛盾终于爆发。

救济的局限性

斋藤内阁执政两年多后,由于"帝国人造绢丝股票买卖贪污"事件,数位高官受到牵连,最终导致1934年7月内阁倒台。[1] 乡村救济工程的命运就此终结,做出此番决定的背景是对日本在国际上的弱势地位以及国内政治不作为的担忧与日俱增。李顿调查委员会发布了一份有关1932年10月满洲里事件的报告,尽管报告对日本并无敌意,但驳斥了日本对该事件的说法。1933年2月,国联刚一

---

[1] 商务省长官中岛熊吉和铁道省长官三土忠造均卷入丑闻,控方指控大藏省和商业机构有来往,以极低的价格出售帝国人造绢丝股票。两位大臣最终无罪释放。蒂德曼,"大企业与战前日本的政治",第294—295页。

接受这份报告，日本代表团就拂袖而去，随后退出国联。对贸易壁垒的担心以及华盛顿公约体系的逐渐瓦解，进一步加剧了许多人对日本在亚洲经济和战略地位的担忧。军方规划者和一些民间规划者开始倡议建立一个更容易动员的国家，以便更好地应对当前的挑战。这些忧虑激发了人们对国家的危机感。

与此同时，由于主流政党的内部争斗，他们无法提出一个能够替代无党派内阁的可行方法。政友会在众议院拥有多数席位，该党领导层希望重新获得首相职位，因此在第 64 次国会期间支持内阁，他们相信重新执政已是迫在眉睫。[①] 然而，刚宣布日本退出国联后，斋藤首相就立即在伊势神宫会见当时仍旧很有影响力的西园寺公望，共同商讨内阁的命运。[②] 显然，深受西园寺影响，斋藤也认为有必要继续掌权，而不是把内阁的控制权拱手让人，他说服高桥继续留在内阁（也说服了萌生退意的山本留下来），因此搁置了政党统治内阁的计划。斋藤认为国内外危机四伏，而高桥的建议非常关键。1933 年末，斋藤开始和政友会领导人进行磋商，以求赢得他们对内阁政策的支持。[③] 他坚持认为，该党领导人在政策性问题上与内阁保持一致是不够的，而从那时起，政友会对内阁的建议最多也只是安抚性，不再起实质性作用。

早年处理农村救济问题时，政府能够在一定程度上促成不同阵营统一意见，这一点从 1932 年和 1933 年破纪录的救济预算中可以看出来。高桥也愿意短期内借助赤字预算重振经济，这种意见一致也意味着在今后几年中，救济预算和军费开支将同步增长。然而，随着对 1934 年预算讨论的展开，他们开始重新考虑对农村救济的原有承诺，这时就很难达成一致意见了。各个政党，尤其是政友会对

① 田中时彦，"斋藤内阁：'非常时'应保持镇静"，第 321 页。
② 斋藤施策纪念会编著，《斋藤施策记实》，第 3 卷，第 462、464—465 页。
③ 同上，473—474 页。

内阁并非很宽容,而且在预算讨论中军方的作用明显强于往年。满洲里事件后,军队或者说某种程度上是海军,在享用这笔激增的军费开支,他们不愿他人分享这块蛋糕。因此1933年军队代言人的声音愈加响亮,他们呼吁要为下一轮安全危机做好准备,许多人预言危机最迟会在1936年降临。

这些寻求资金的人所面临的问题是预算这块蛋糕不可能再变大了。在1933年初夏内阁所达成决议的基础上,大藏省为即将到来的预算协商做出规定。高桥和其他大藏省官员非常希望控制这两年滚雪球式的预算增长,因此7月他们做出决定,1934年债务水平和总预算不能超过1933年。新的预算请求也必须尽可能限制在前一年的范围内。①

1933年10月,重要部门的长官开会讨论优先考虑的预算,很快焦点就转向对军事和外交的担心上。陆相荒木贞夫联合海相将会议焦点成功地转移到大幅增加国防预算上。② 荒木不仅能言善辩,而且精通谈判技巧,为强化其立场,他限制其他部门长官的发言时间,并想方设法说服斋藤首相,特别是高桥藏相考虑他的国防预算。③ 10月底部长会议结束时,高桥陷入尴尬境地,他不得不就否决陆军和海军预算做出辩解。藏相坚持优先考虑外交的说法并不能被军方接受,而且缺乏军队"加强国防"运动那样的内在感召力。

绝大多数贷款申请都和前一年一致,只有军备预算例外,要求大藏省批准的军费开支占14亿日元总预算的一半以上。11月17日,高桥公布决定,表明陆军已经获得所申请资金的60%以上(超过

---

① 大藏省昭和财政史编集室编著,《昭和财政史》,第3卷,第153页。

② 斋藤施策纪念会编著,《斋藤施策记实》,第3卷,第483—485页。会议于1932年10月3日开始,10月20日闭幕。另见田中时彦,"斋藤内阁:'非常时'应保持镇静",第322—324页,以及巴恩哈特,《日本备战全面战争》,第34—37页。

③《中外商业》,1933年10月19日。另见安富邦夫,"对昭和初期贫农政策形成趋势与消减过程的若干考察",第164页。

其他任何一个部门),而申请 4.4 亿日元的海军仅获批 1.7 亿日元,不到所申请金额的 40%。① 海军发言人丝毫没有隐瞒其不满情绪,在讨论预算时,高桥数次拒绝军方的强硬要求,这为内阁未来增添了几分不确定性。

11 月底,当斋藤从中调和商讨折中方案时,双方的关系紧张到顶点。海军在原来预算的基础上又要求追加至少1 500万日元。高桥的态度有所松动,同意追加1 000万日元,之后陆相荒木也同意将用于满洲里的军费预算拨出1 000万日元供海军使用。高桥将这笔资金一分为二,分别划拨给海军(用以满足其要求的数目)和农林省使用。② 这一折中办法是斋藤所能想到的最佳方案,似乎能让多数参与预算讨论的人满意。③

但在满意的官员中,并不包括农相后藤。农林省为农村申请更多资金的要求遭到小气的大藏省断然拒绝。④ 所申请资金仅有14%获批,远远低于平均46%的通过率。12 月初,后藤进行第二轮申请,仍一无斩获。⑤ 如此削减预算似乎会威胁到农林省继续大规模投资农村,至少这意味着政府开始背离对以救济工程、贷款和信贷形式实行直接救济的承诺。在荒木的敦促下,内阁同意召开系列内政会议,来应对此前在 10 月部长会议期间未曾出现的问题;预算框架一经公布,会议就立刻成为后藤的论坛,在召开第 65 次国会会议和来年预算计划没有最后敲定前,他为扩大救济预算和增加农村改革资

---

① 有关高桥对削减预算原因的解释详见原田真男,《西园寺公与政治局势》,第 3 卷,第 187 页。

② 田中时彦,"斋藤内阁:'非常时'应保持镇静",第 326 页。

③ 斋藤施策纪念会编著,《斋藤施策记实》,第 3 卷,第 497—498 页。

④ 韦纳,"官僚与 20 世纪 30 年代的政治",第 114—118 页。

⑤ 大藏省昭和财政史编集室编著,《昭和财政史》,第 3 卷,第 149、154 页。计算是基于新预算申请。1933 年分别拨给农林省、陆军和海军预算申请的 30%、58% 以及 30%,预算平均批准率为 45%。

金做着种种努力。(国会会议于 12 月 26 日开始。)从 11 月 7 日到 12 月 22 日一共召开了 8 次会议,除首相和内务省外,农林省、商务省和殖民省长官从一开始就出席了会议,陆相荒木和铁道省长官三土从第二次会议开始列席,高桥藏相也参加得比较晚。①

在协商预算期间,有几个因素对后藤不利。在筹备会议的几个月里,他和陆相荒木建立了极为密切的工作关系,致使高桥把后藤和军方联系在一起。② 高桥直言不讳地反对军队诽谤政党,反对军备扩张计划,有时还反对荒木在内阁会议上的言论。为了内阁的利益,高桥再次引用他从几位拜访他的村长那里听到的故事(见下文),荒木评价了他们的"精神",对此藏相是这样回应的:

> 无论说什么你都插话,大谈这"精神"、那"精神",可是你说的精神到底是什么? 难道精神不是指辛勤劳动的态度吗? 有这样的态度就足够了;这才是最重要的。如果你只是信口开河地谈论"精神",没有人能听得懂。③

后藤的问题在于,荒木的表现力证农林省与其在内阁结成了毫无保留的同盟,所以后藤越是为农林省争取资金,就越是促使高桥

---

① 斋藤施策纪念会编著,《斋藤施策记实》,第 3 卷,第 487—488 页。显然高桥忙于召开内阁预算会议。

② 见米尼基洛,《从改革中撤退》第 87—94 页,以及韦纳,"官僚与 20 世纪 30 年代的政治",书中讨论了吏治改革的兴起及其和军队间的联系。当代对此有趣的描述见,池田三代治,《新日本的展望》;杉原正己,"军部的新指导精神与内阁会议","军部与各省新官僚非常明显的结合";以及近代日本史研究会,《满洲事变前后》,第 215 页。

③ 原田真男,《西园寺公与政治局势》,第 3 卷,第 188 页。

反对增加乡村拨款。一位当代学者描述说高桥对后藤的印象"极差"。有观察家试图为后藤辩解，他暗示高桥，是军方而不是后藤在挑起农村的事端。而高桥的回应是："不，农相的所作所为表明他们和军方已是一丘之貉。"显然在藏相看来，后藤及其所在的农林省已经和军队串通一气了。①

在如何看待农村和解决农村问题方面，后藤和高桥的看法也是大相径庭。后藤急于说服政府全面支持农村救济和改革计划；而高桥则坚信，农民需要的帮助越少越好。藏相的态度后藤并不是没有注意到，他说："我已经和高桥就许多问题交换过意见，但是我们对农村的看法似乎存在根本性区别，这样事情就很难办了。[对于预算问题]我并不乐观。"②关于后藤渴望扩大预算经费一事，高桥是这样评价的：

就农村问题而言，农相的要求实在是太高了。目前不再投入任何预算，如果我们考虑降低负担，避免不必要的花费，或者说削减预算的话，那么就有[能够奏效的]办法。不给农村拨款不失为一个不错的选择。③

随后高桥举了一个亲身实例来阐明其立场。11 月初，一群由两三百人组成的村知事请求面见藏相。这一请求起初遭到高桥的拒绝，他请副手代为接见，但村民们不同意，重申要求面见藏相。高桥的态度有所缓和，邀请 50 人作为代表到其住所面谈了两个小时。在非常坦率的讨论氛围中，他斥责代表团说：

① 原田真男，《西园寺公与政治局势》，第 3 卷，第 192 页。
② 同上，第 191 页。
③ 同上，第 187—188 页。

一方面你们说要尽力支持国防投入，弄得全国上下都要举兵备战似地，可另一方面你们又再三强调农村无法实现自立，还说"难道大藏省就不能做点什么吗？"。把这些要求放在一起综合考虑，就会招来国外的耻笑。你们切勿再有"等、靠、要"的依赖心理，务必要树立自力更生的态度。①

藏相欣喜地发现，地方官员受够了推诿搪塞后，反倒更容易接受坦率直言。高桥说他们高兴地离开了。

一眼就可以看出，对高桥来说，自力更生这一途径是何等重要。暂时把国库现状抛开一边的话，他似乎发自内心地看重自力更生的潜在价值。正如藏相对来访村长所申明的那样，辛勤劳动、节俭以及地方或个人的进取心对他来讲都具有强烈的吸引力。和许多人相比，高桥有可能更难接受村民真正需要救助这一事实。第63次国会会议结束不久，他就主张削减救济预算，理由是只要稍微抬高大米和丝绸价格就可以改善农村现况。同一天，斋藤首相向记者谈到，他非常希望"尽量少花钱就能收到预期效果"；他说，真正去农村考察一番的人回来说那里的状况其实并不是很糟糕。② 那年夏天，出现这么多请愿的人请求政府发放救济，斋藤和高桥两人都感到十分失望。随后，他们倡导实行自我振兴和经济振兴运动与其对政府的看法有很大关系，同时他们也意识到，政府不可能让所有人都满意。

虽然说服不了高桥，但后藤仍在试图说服内阁其他成员继续扩

---

① 原田真男，《西园寺公与政治局势》，第 3 卷，第 188 页。
② 安富邦夫，"对昭和初期贫农政策形成趋势与消减过程的若干考察"，第 160、169 页，脚注 3。

大对农村救济的投入。[①] 他在内政会议上描述了农村持续蔓延的危机,之后又介绍了农林省新的应对计划。后藤多次谈到需要加强对农村经济的"控制",建议扩大工业合作社的作用,加强农产品生产和销售间的协调,并推行佃租法保障佃农权力。他还提到通过地方财政改革,缩小农村与城市间的赋税差距。在思想层面上,他希望训练村里的"骨干力量",帮助他们成为村里的领导力量,并激发农村社会的忠诚、爱国以及互助精神。[②]

凡是积极从事农村改革的人都十分熟悉农相的建议,在内阁以及类似帝国农会这样的组织中,后藤的每一条倡议都不乏支持者。通常情况下,这些观点会在各部门长官中获得认同,然而当下正处在非常时期,而国内政策会议本身就是各部门协商妥协的场所。大会迫切需要丰富多彩、非同寻常的大胆想法。不幸的是,对后藤而言(对农村来说想必也是如此),他并不具备随机应变的能力。后藤未能在谈判桌上有所建树,他提出的一系列农村政策,除了获得热忱的官员支持,再也无法激起其他任何人的激情。在陆相荒木激情大胆的鼓动和富有见地的演讲的反衬下,后藤有关农村政策的建议不仅显得苍白无力,而且枯燥乏味。

---

① 《大阪每日新闻》,1933 年 11 月 8 日。同一天发表在《中外商业》上的一篇文章提到各省所有长官中,似乎只有风见彰和后藤热衷于预算会议。内阁秘书崛切恳请文部省长官鸠山不要参加会议,这进一步加剧了紧张关系。第一次会议期间,商务省长官中岛早早离会,而第二次会议只呆了一个小时。他对记者说,如果高桥缺席会议,他就没有必要继续逗留下去;《大阪每日新闻》,1933 年 11 月 11 日。据报道,中岛对后藤强调工业合作社的作用以及呼吁采取措施救助企业的做法深感不安。见杉原正己,"军部的新指导精神与内政会议",第 11 页。第三次会议最终定于 1933 年 12 月初召开,高桥表示将会参加此次会议。他还指出,既然 1934 年预算基本已成定局,此次会议召开的意义也就不大了,因为再也没有额外资金能够拨给国内项目预算。见《东京朝日新闻》,1933 年 11 月 15 日(晚报版)。

② 《大阪每日新闻》,1933 年 11 月 15 日。

　　12 月初,高桥藏相首次出席会议,尽管他认同后藤所描述的农村困境,但一旦涉及解决方案,两人立刻分道扬镳。在听取了对前两次会议的总结陈述后,高桥做出回应,并引用了 1884 年前田正名的"振兴企业的意见"。前田的这份文件详细描述了当地经济状况,并建议政府最大限度地运用有限资源发展国家经济。尽管该文件焦点的是工业发展,但并没有忽视农民,指出政府所以从几个方面帮助农村,只要农民尽到自己的一份力,就不致落到入不敷出,从而实现既定目标。① 高桥说:他倾向于认同农相的观点,但他仍感到实现经济振兴应从地方层面来调动农民积极性,正像"振兴企业的意见"明确指出的那样:"我坚信,即使是现在,1882 年和 1883 年的精神主旨仍十分适用。"②

　　后来在同记者讨论时,高桥对这一观点进行补充,他指出后藤对农村问题的说明只会令他更加坚信农村社会需要自我振兴。虽然国家或许可以对农民如何承担振兴任务来指导一二,但是政府显然不该养成施舍农民的习惯。高桥抱怨这样做只会"引发农民对政府的依赖性",没有人希望看到这样的情况。

　　12 月 7 日召开的会议制定的路线甚至更加严格。据报道,高桥斥责农民缺乏自助精神。他说:农民把钱花在了不必要的地方。例如,婚礼太过铺张浪费,对教育投资过度(尤其是对妇女而言),此外化肥开销过大,实际上使用堆肥也挺有效的。铁道省长官三土支持高桥的观点,他认为此次农业萧条中,受打击最重的是中等收入的地主。尽管他们现在的收入和十年前一样多,三土抱怨说,这些地

---

① 黑文斯,"农业与现代日本",第 61 页。又见 T.C.史密斯,《日本的政治变革与工业发展》,第 37—41 页。

② 《大阪每日新闻》,1933 年 12 月 6 日。铁道省长官三土发表支持高桥的言论。

主却没有根据经济下滑的现状适时调低生活标准，因而导致入不敷
出。① 和以往一样，高桥大力提倡实行个人层面的变革和调动地方
积极性，竭力阻碍后藤的计划在政府更广的范围内发挥效用。后藤
所能做的就是促使与会者表态支持他所提出的"农村改革的根本问
题在于培养农民纯朴、有活力以及热爱土地的精神"这一观点。②

　　显然，后藤放弃了当初的经济及财政改革计划，转而赞成从精
神层面实现自我振兴，他同意下次国会会议提出更具体的政策建
议。到那时为止，其他内阁成员和媒体一致认为不论会议的主题是
什么，都不过是在为后藤挽回颜面而已。文部省长官畑山最后被请
去出席会议，但他拒绝加入这场毫无意义的讨论。同一天，《中外商
业》发表了同样观点，将这些会议描述成安抚后藤的抚慰品，不过是
借此来弥补农林省在常规预算协商中的溃败而已。③

　　会议达成的另一共识是包括高桥和三土在内的倡导自我振兴
的官员将取得领先地位。内政大臣山本告诉记者，后藤、荒木和高
桥在自我振兴的必要性上取得一致意见，并打算投入预算支持这一
新达成的共识。他虽然并不清楚预算的具体数额，但很快他又告诫
农民期望值不要太高。藏相并没有多少资金可以支配，农民的希望
很可能就此破灭，到时只怕是画饼充饥。后藤没有食言，在余下的

---

① 《大阪每日新闻》，1933 年 12 月 8 日。三土又为地方倡议方案补充了一个要点，指
　 出既然国家税收占农村税务负担的比重相对较小，就应该降低村级或县级税收。
　 荒木显然对会议进展缓慢非常沮丧，他号召与会人员采取进一步实际行动，而不仅
　 仅停留在口头辩论上。

② 同上，1933 年 12 月 8 日。此次会议中，陆相荒木宣读文章表达看法，他呼吁引入一
　 般性政策来稳定物价，并解决债务和税收问题，而这需要召开五大部门的首脑会
　 议，把农村问题放在关乎国家安全的高度来考虑。荒木认为自我振兴政策和试图
　 依赖精神改良来取代预算政策是在"蹚浑水"，而且也是"绝不允许发生"的。安富
　 邦夫，"对昭和初期贫农政策形成趋势与消减过程的若干考察"，第 166—167 页。

③ 《大阪每日新闻》，1933 年 12 月 13 日（晚报版）。又见《中外商业》，1933 年 12 月
　 13 日。

几次会议中,他不再坚持农村改革的论调,将焦点对准"培养农民的精神"和"完善合作组织",而这两项倡议都和高桥倡导的自我振兴方针吻合。①

尽管这为日后和经济振兴运动相关的预算打开了一扇门,但显然此次内政会议为后藤乃至为整个农村设置了一道障碍。土地问题至少在会议之初提到过,但随即就被搁置一旁;同样不再审议的还有"稳定乡村生活"的建议,其中包括乡村医疗设施建设、地方工业化的尝试以及推进政府分摊义务教育的成本。② 斋藤等人向媒体保证并没有将这些问题弃之不谈,只是暂时搁置而已。他坚称在来年春天召开的内政会议中,上述问题会得到应有的关注。③ 媒体对此持怀疑态度,认为官员中似乎只有后藤和荒木对农村改革充满热情,并得出结论说内阁杜撰出会议会如期召开的谎言,好让国会和公众相信他们在为国内问题做出努力,并借此避免后藤和荒木再次面临尴尬局面。④

大会严格限制后藤的农村改革观点,这样给人的感觉是内阁不愿正面应对农村问题。后藤所提建议也存在一些问题,在当时看来不仅有些过时,而且难以满足农村实际需要。即便银根宽松,他们也难以应对农村的救济预算。除了政策本身存在问题,陆相荒木对农业政策和农相的支持态度显然也是一个不利因素。每到争取预算的关键时刻,单凭高桥的个人感觉就足以阻碍后藤的努力进程,毕竟银根紧缩最终要归咎于军方。

第65次国会成为内政会议的首个实验场。斋藤在致国会参议院的开幕辞中,表达了对经济现状谨慎乐观的态度,并蜻蜓点水式

---

① 《东京朝日新闻》,1933 年 12 月 16 日。

② 见《大阪每日新闻》,1933 年 11 月 11 日,列出后藤在 11 月 10 日第二次会议中的各项建议。

③ 斋藤施策纪念会编著,《斋藤施策记实》,第 3 卷,第 491—492 页。

④ 《东京朝日新闻》,1933 年 12 月 23 日。

地提到了农村政策的各项内容。① 高桥也采用同样策略：对经济前景充满希望，却闭口不谈对农林省的拨款。议员们对预算的反应强烈，提出了亟待讨论的农村问题，但显然他们也觉得农村问题不如以前那么迫切需要关注了。

原本关注农村救济的政客开始转移注意力，争相瓜分急剧缩小的预算蛋糕。主要政党虽对搁置农村救济计划表示遗憾，但措辞谨慎而温和。他们承认农村需要救助，但在如何进行最有效的帮助方面却难以达成一致意见。各大政党更是老调重弹，政友会的东武认为，据估算 1934 年有一半以上预算用于军费开支。东武并没有直接质疑这项花费的必要性，而是指出日本对农村社会投入较少。他援引德国正在严格推行的保护农民的措施，又列举美国新增了 10 亿美元的农业复苏法案。他反问道，为何农民人口比例比这两个国家都要高的日本对农村的投入却如此之少？② 东武钦佩后藤在内政会议上竭力推行其观点的方式，但无法理解他为何这样大惊小怪。后藤应该知道他根本没有争取资金的机会。更糟的是，东武说，后藤提交的议案早在多年前就已摆在桌面上，只不过改头换面称之为"紧急救援"政策而已。③

民政党议员对此也有类似的指责。登晃议员的评价具有一定权威性，他认为后藤的陈腐建议根本无法打动大藏省。他还指出高桥、山本以及三土和农林省官员关系密切，他们十分清楚农业预算有夸大的成分。和东武一样，登晃对预算会议上所发生的事情丝毫不感到吃惊，而且和政友会一样，他也怀疑后藤对此的期望有多高。

----

① 斋藤施策纪念会编著，《斋藤施策记实》，第 3 卷，第 511—512 页。
② 东武，"农村产业代价问题"，第 24—25 页。东武最初发表这一演讲是在 1934 年 1 月 23 日众议院会议上。
③ 同上，第 26 页。东武又继续呼吁增加对农业协会技术员的资金扶持。

"正如所有人预料的那样",后藤争取到资金的可能性微乎其微。[①]

就连有可能会强烈抱怨此次预算失利的帝国农会都认为,后藤至少应付部分责任。一位评论家在论及农相的提案时说,"这些政策毫无新意,似乎并没有什么有价值的应对危机的建议。"鉴于所倡议的政策毫无创意,就没有必要再做讨论。纵使这些政策能够执行,人们仍会怀疑它们是否是解决眼下农村危机的最佳方案。[②] 换言之,后藤未能引起高桥等人的足够关注,或者说没有激发众人的紧张情绪,因而难以筹措到足够的预算经费。

预算会议后,令人振奋的是政友会成功争取到农协技师基金。多年来各大政党以及农协一直在呼吁政府增加对地方技师的资金扶助。新出台的经济振兴计划有赖于技师的指导,如果说会议有何建树的话,至少说明高桥在某些方面支持过经济振兴。过去说服高桥发放技师基金的尝试总是遭到回绝;他甚至还暗示说,日本技师不像美国农业专家那样认真对待工作,能力也要低得多。[③]

在商议 1934 年的财政预算期间,为了农林省申请的 300 万日元预算,帝国农会一直在四处游说。11 月中旬,行政司法官牧野尹雪拜访了藏相并向其提交了书面材料,汇报了泽地四国村的技术员川原三郎在当地的进展情况。这些材料准备得仓促,可能仅仅想作为说服藏相的补充。牧野认为此次会面非常不理想,高桥表态说大藏省无力资助此项预算。此次会见快要结束时,牧野想起他还随身带

---

① 登晃,"对昭和九年各层次预算的批判"。有关民政党对后藤农业政策的态度,详见
　牛场圭次郎,"农村对策的重点问题"。
② 八木久人,"农相对非常时期的认识"。
③ 盐田升一,"说服高桥老藏相的农会议员"。农会特使是行政司法官青木延光,他是
　众议院资深官员,富有影响力。青木也做过类似尝试,试图同内阁秘书崛切讨论资
　金问题,而东武和其他政友会成员则和大藏省官员也进行类似讨论,但均以失败
　告终。

来了一些文件，请高桥在方便时审阅。① 几个月的预算之争似乎就要尘埃落定了。据观察家预计，农林省最多只能得到几十万日元的农村培训基金，300万日元似乎是笔遥不可及的金额。

接下来发生的事情令所有人大吃一惊。在 1934 年 1 月底的预算委员会会议上，高桥从公文包中掏出牧野几个月前递交的材料，并大声朗读起来。材料描述了农业技术员川原三郎怎样经过六年的不懈努力帮助村民实现自力更生。在他的敦促下，成立了十几个农业实践组织，并将种植重点转向黄瓜培育，黄瓜很快销售一空并获利丰厚。其他地区的农民纷纷效仿，黄瓜价格应声跌落，而这时川原从批发商那里收购了所有的豌豆种子，并率先对品种进行优选。"泽地豌豆"迅速吸引大批追随者，商人开始直接从该村购买豌豆。当地农民收入大幅增加，而川原仍在继续寻找改善农民收入的新途径。

尽管川原的方法并没有改变高桥农村救济的整体思路，但二人在恢复经济的途径方面不谋而合，最后推动藏相改变了对地方技术员的态度。高桥对预算委员会的与会人员说："单靠政府救济农村是不会有结果的。有了像川原这样的技术员，农村才有可能出现转机走向繁荣。我非常希望政府以及在座的各位议员能够培养出这样的人才，并让他们充分发挥作用。"②在农村自我振兴的重要性上，藏相仍坚持己见；对帝国农会来说，幸运的是，川原的做法和高桥对农村自力更生的设想非常吻合，他希望每一个村庄都不需要依赖政府资助实现自助。

然而，农会和政友会的盟友仍旧面临困境，因为高桥态度的转变并不意味着预算资助一定会有转机。直到最后关头，也就是高桥同来自福岛的东武和哈达宋吉等支持农村的政友会代表团进行协

---

① 盐田升一，"说服高桥老藏相的农会议员"。

② 同上，第 9 页。

商时，铁道省长官三土才最终说服藏相同意拨款。1934 年 2 月底通过了 20 万日元的增补预算条款，用于资助技术员协会。①

军队与农村救济

1934 年预算达成关键性决议后不久，军方发表了一份"针对离间人民与军队言论的声明"。由于农村救济预算削减到 1/10，致使军方饱受诟病，面对舆论严厉的指责，军方发言人坚称：

> 和那些扬言农村问题为军费预算作出牺牲的说法一样，眼下分裂人民与军队的挑拨活动意在破坏心系国防的人民之间的团结。农村问题是关乎国家治理的总体性问题，不可能和国防割裂开来。众所周知，农村问题也是军队最为关注的问题。②

当问及是什么因素促使军方发表此项声明时，陆相和海相对首相斋藤说，他们一直都非常关注全国 1933 年 10 月与 11 月反对军队的言论。陆相林铣十郎（1934 年 1 月接替陆相荒木）后来将这些反对言论归咎于外国煽动分子，他说这些人企图挑拨人民同军队的关系，削弱日本的国防力量。③ 林铣十郎坚持认为这些外国人应对这一负面新闻负责，并且指出他们还从国外邮寄宣传品到日本。他因此剔除了国内预算争端和"离间宣言"之间的干系，甚至还并不高明

---

① 帝国农会事项编委会编，《帝国农会事项》，第 774—775 页。到 1937 年辅助资金已经达到 300 万日元。

② 安富邦夫，"对昭和初期贫农政策形成趋势与消减过程的若干考察"，第 168 页。

③ 日本农业研究会编著，《日本农业年报》4：1933，第 164 页。有关这一声明的问题在国会会议上被提出，斋藤也会见了两部门长官，听取了解释。（海军显然也发表了与陆军相类似的声明。）

地利用了国内这种对外国敌对势力的忧虑情绪。

媒体迅速将这一声明同 1934 年预算联系起来,因而很难判断林铣十郎认为他能唬弄到谁。军方领导人显然很关心日渐庞大的军费开支对公众情绪造成的冲击,因而竭力采取具有象征意义的具体措施来为农村利益代言,借此平息公众的愤怒情绪。1933 年底预算会议期间以及随后的日子里,荒木将军一再表明农村政策一直是他关注的问题之一,而且作为军方发言人,他有义务对此做出评论。毕竟国内动荡与国防息息相关。正是在荒木的请求下,斋藤在部长会议结束后立即召集内阁讨论国内政策。①

农相后藤或许挑战了荒木的权威,但他似乎也欢迎陆相介入其权利范围。二人关系之所以密切,极有可能是因为后藤参加了一次在福井市召开的军官会议,并在那举行了联合军事演习。在此次"农村对策联合会议"上,荒木、后藤和总参谋长就农村政策召开讨论,与会人员还有工业合作运动的高层官员。② 报纸也报道了荒木、后藤、铁道省长官三土以及当地官员讨论农村现状的会议,意在让公众看到荒木一直在为农村尽力争取支持,但公众只看到荒木停留在口头上的农村救济问题讨论,并没有具体的实际行动。

从媒体报道中可以看出,荒木在农村政策上的观点是基于国防安全的宏观考虑,其中包括充足的粮食储备以及健康的工业基础。因而他才同工商省协商,试图降低国内化肥价格,他反对自由进口

---

① 《中外商业》,1933 年 10 月 21 日。

② 池田三代治,《新日本的展望》;杉原正己,"军部的新指导精神与内政会议",第 10 页。安富邦夫,"对昭和初期贫农政策形成趋势与消减过程的若干考察",第 168 页。战国是长期从事工业合作社工作的社会活动家,曾在东久迩内阁(1945 年 8 月—10 月)担任农相,之后不久内阁迅速解散。众议员有马是革新派一员,即将成为鸿上首次组阁的农相。他积极推进鸿上的新政策以及帝国统治援助协会(IRAA)。另见安富邦夫,"对昭和初期贫农政策形成趋势与消减过程的若干考察",第 170 页,脚注 12。

化肥,虽然这一做法价格较低,但会威胁到日本化肥生产商的利益。他还强烈反对削减水稻种植面积以稳定粮价的计划,反而赞成适当减少晚栽水稻的种植面积。① 然而,荒木等军方官员没有向公众表明在农村问题上的"军方政策"。荒木只不过借用了在讨论中听到的农林省的观点,意在刻意避免在政策决策上篡权的不良印象。在保证国家安全的基础上,他可以批评或是赞许某些具体政策,但他并不想把军队卷入到农业政策中去。或许令他担心的是,他越是插手其他部门的事务,其他部门就越容易干预军队事务。正是基于上述原因,荒木的继任者林铣十郎陆相极不情愿卷入到国内政策中去,他认为一旦这样做,又该如何阻止农相参与制定国防政策呢?②

陆军和海军将领很快就心领神会,意识到他们有必要和后藤这样的官员进一步发展关系,更何况军备预算给农林省带来了潜在的损失。荒木同后藤等人有关农村的讨论意味着军队公开介入农村政策,而在 1933 年底之前农业一直被忽略。荒木表态的时机也较为成熟,很容易为加强农业和军队的联系提出有力的理由,毕竟国家需要强大健康的农村以及独立健全的国防。即便不是出于迫不得已,在假想中的外来威胁和国内问题两大因素的合力作用下,军队介入农村政策成为可能。

然而荒木的表态时机和内容被认为最有利于军队利益。此前召开的部长会议已清晰地表明,即将到来的预算纷争将愈演愈烈,而且极有可能的发展趋势是,一旦军队占得先机,国内预算必将受挫。由此可以得出结论,荒木跳出来为农村利益代言,目的是为了削弱对军队的批评,避免给人以军费开支是牺牲农村利益换来的印

---

① 《中外商业》,1933 年 10 月 29 日。荒木的政策思想包括作物多样化种植、农村工业化、通过就业刺激收入增长、减低债务负担以及他在福井谈到的渔村失业救济工程。另见吉川学夫,《彻夜和风暴做斗争的荒木》,第 2 卷,第 276—277、284 页。

② 杉原正己,《军部和各省新官僚大胆的结合》,第 12—13 页。对荒木的类似关注,详见巴恩哈特,《日本备战全面战争》,第 35 页,脚注 42。

象。如果想做出支持农村的姿态,还有什么计策比得上站在农林省这一边,并在全国媒体面前为声援农村进行呼吁呢?

海军、陆军迅速采取行动声援各自的公开声明。在第 65 次国会期间,陆军一再强调军费开支对农村救济方面的作用。据他们估计,通过提供 1 900 万个工作日的方式,1.6 亿日元军费预算中的1.2亿日元最终会回到平民百姓手中。发言人竭力强调说,一部分就业机会将划拨给东北地区,因为征兵人员将到东北地区征募身强力壮者生产军需用品。①

国会会议后,海陆两军都采取措施增加从农村直接购买农产品和其他商品的数量。他们以前并非不购买农产品,只是绝大多数是从商人或批发商手中购得。这项新举措越过了中间商,直接向生产者或行业组织购买农产品。②(救济振兴计划将扩大工业合作社职能,强化其地方调解作用。)1934 年 4 月,位于横须贺、吴市和佐世保的海军基地接到命令,要求他们尽量多从农村直接购买农产品。另外还敦促基地关照当地特产,例如购买宫城的白菜、长野的豆腐,总之要尽力照顾贫穷地区。海军公布了向东北地区招募 2 000 名兵工厂雇员的计划,而且采购部已开始到农村四处物色并采购当地农产品。为吸引最好的军需材料,海军还多次资助举办展销会;5 月 27日海军纪念日这天的展销会就帮助海军购得国产丝绸。③

陆军也采取类似措施最大限度地从地方直接购买农产品,尽量避免中间商盘剥。军需计划处命令向满洲里供应的军需物资一律从东北和长野地区购买。推荐直接购买的农产品包括大米、马匹、羊毛、兽皮、牛肉和鱼肉。由于军队对羊毛有需求,一些地区养殖绵

---

① 安富邦夫,"对昭和初期贫农政策形成趋势与消减过程的若干考察",第 172—173 页。

② 日本农业研究会编著,《日本农业年报》,第 475 页。

③ 同上。

羊的积极性大增,兔子产量也跟着上升,原因是兔毛可以用来制造
冬季军服。[1] 军需品不仅促进农产品多样化,还能高效配合经济振
兴计划,刺激农业生产。

即便在农村直接救济日渐萎缩时,预算争端中的军队似乎并未
损失什么。荒木向公众表现出保护农相后藤和农村利益的姿态,不
仅抵消了军费饕餮胃口有可能带来的负面影响,还给人以军队为农
村殚精竭虑的印象,向世人表明军队有能力应对眼下大家关注的问
题。由于媒体和国会间的争辩恰逢审讯参与"5·15事件"的陆军、
海军以及平民被告,因而一时间弥漫着同情军队的气氛。

况且由于农村救济和军费开支间的界限从来都不清晰,很难分
辨出军队遭到农村选民批评的猛烈程度是否能和1933年底的那次
相提并论。在此次预算冲突后,军队和农村间的忠诚似乎显得牢不
可破。与此同时,在保护农村选民方面,国会和政党再次表现出既
无能又无情的一面。就连像帝国农会这样的组织都更愿意越过政
党,直接和官员进行联系。发生这么多的变化不是没有可能,但这
令人更确信的是,随着30年代这10年时光的推移,政党正日益被边
缘化,在重大问题上不但鲜有成效,而且反应迟钝。主动权正逐渐
挪移到官僚和军队手中。[2]

结 论

第65次国会会议终于恢复了高桥削减的一些预算条款,然而后
藤在国内政策会议上所做的努力却难见成效。[3] 整体而言,此次预
算斗争给紧急救济资助计划带来沉重打击。1933年政府承诺3.66

---

[1] 日本农业研究会编著,《日本农业年报》,第480页。
[2] 伯杰,《1931—1941年日本政权中的派系》,特别是第67—74页。
[3] "第65次议会帝国议会报告",《政友405》(1934年5月),第14页。

亿日元的救济金,而到第二年则仅提供 2.35 亿日元,锐减了 1/3 以上。农林省分得的紧急救济金不足 0.35 亿日元,仅占救济总额约 35%。即使算上低息贷款,1934 年用于支付农村公共工程工资的金额也只有前一年的一半。假定工资水平是每天 0.7 日元,1934 年国家能够支付 4 860 万个工作日,比 1933 年 9 090 万个工作日的工资总额少得多,也比不上 1932 年 7 430 万个工作日。[①] 整体而言,1933 年到 1934 年间,农林省遭到 13%(1 430 万日元)的救助金损失。而其他部门只有外务省的状况更糟糕。[②]

削减预算的时机尤为不合时宜。在经过 1933 年创纪录的丰收年后,1934 年夏天东北地区经历了阴雨、湿冷和多云的糟糕天气,引发日本现代以来收成最差的荒年,并引起饥荒。尽管国家最终对危机予以回应,但显而易见的是,1933 年削减救济预算预示着对救济工程工资和信贷施行长期直接财政补贴的终结。从做出决定的那一刻起,就意味着国库款项必须专款专用,只有那些特别需要援助的项目才给予拨款,国库绝对不会资助需要持续资金扶助的援助项目。

然而,显而易见的是,1934 年农村大萧条仍旧困扰着农民家庭。高桥的资助计划的确刺激了经济发展,因为工业和生产部门很快复苏并走向繁荣。经济发展对农村也有一定带动作用,农村获得相应的收益;关柴和其他地方一样,地方财政收入的增加在很大程度上受益于公共工程项目和新增军费开支。然而和城市相比,农村社会走出大萧条阴影普遍要慢得多,而且很少有农村问题的观察家认为农村已经克服 1934 年经济萧条的重重困难。

因此,经济振兴是农民战胜经济萧条最后的希望。不容置疑的

---

① 日本农业研究会编著,《日本农业年报》,第 267 页。又见"第 65 次议会帝国议会报告",《政友 405》(1934 年 5 月),第 14 页。

② 日本农业研究会编著,《日本农业年报》,第 264—265 页。

是,高桥和首相等人所部署的救济计划表明,管理层尤为看重自我振兴的效果和合理性。到 1934 年,在农村救济的所有组成部分中,经济振兴已成为经济复苏的主导模式。其宗旨是以社区为基础进行改革,主张社会和谐以及发展更有活力的农村经济,这使公众更清晰地看到了农村的未来前景。

第 6 章
振　兴

　　和其他农村集会以及 1932 年春以来不断壮大的请愿运动不同，兵库"农民自力更生节"并不打算向国家求助。此次集会传播的理念独树一帜，不是向外部寻求拯救出路，而是着眼于内部来谋求经济复苏。在兵库辖区内共举行 6 次节庆活动，并邀请当地农民、校长、地方民间组织领袖以及部分记者参加。农民节集会场场爆满，尽管那年 5 月正值农忙时节，但许多农民腾出一天专程参加此次活动。通过发表鼓动演讲和发送推荐书及传单的形式，农民节向与会者发布了由兵库县农协起草的改革方案，农协领导人希望向更大范围的听众传播其改革倡议。

　　他们获得的成功超乎想象。举办首次农民节后短短几个月内，国家就采纳了兵库农协提出的农村改革和经济振兴的基本理念，其宗旨迅速成为政府振兴农村经济的核心思想。始于兵库的"自力更生"理念演化成全国经济振兴运动。1941 年是该运动的最后一年，当时全国近 4/5 的农村社会参与了此次运动。

　　经济振兴运动改写了农村 30 年代的历史，它把来势汹汹的农村改革和较为狭隘的债务补偿设想以及公共工程政策整合起来，将经济和社会改革措施引入农村，不仅帮助农村社会摆脱了萧条，而且从根本上造就了一个更健康、更有活力、更为繁荣的农村，使其和日益发展壮大的城市更加匹配。尽管缺乏维持长久稳定和繁荣必不可少的变革，但这一运动却为农村带来一系列重大变化。随着时间的推移，加上对华战争的需要，农村繁荣与复兴的原有重心调整到国家经济以及政策方针上。经济振兴的措施和热情随即转移到军需调动上。在后面章节中将详尽追踪这些一动向;本章重点研究经济振兴出现的相关背景及其成为救济政策核心内容的始末。

受三大因素驱动,经济振兴发展成为农村经济复苏的主导力量。首要推动因素是当地致力于改革的积极性;截止到 1932 年,一些组织已在尝试经济改革和重建规划,有些组织甚至在基层村落进行了多年反复试验。兵库农协就是其中之一,其成员一致认为规划制定得相当成功,大家都渴望到 1932 年这一规划能够升级为解决农村危机的国策。农协为地方振兴所设计的蓝图在推动政府农村政策方面起到了至关重要的作用。

第二大因素是包括首相和高桥在内的关键决策者都迅速接受了经济振兴的倡导,并率先成为热心支持者。由于请求援助的请愿铺天盖地,这二人公开批评农民缺乏积极性,指责他们日益增长的依赖政府的懒惰心理。经济振兴计划恰恰提供了一条出路,但同时又把球踢给了农民,把经济能否恢复和农民努力与否联系在一起。更为有利的是,尽管经济振兴对国家而言看似一项浩大的工程,但事实上比公共工程项目节省许多开支。

最后一个驱动因素是经济振兴的感召力已经扩展到农村以及对改革思想和行动感兴趣的群体中。经济振兴运动的精神被迅速崛起的新生阶层接纳,而这些人都是受到良好教育的青年男女。他们深受 20 年代针对农村消费群体的媒体影响,深感城乡间的文化差异和经济鸿沟正日益扩大。30 年代初的农村社会蓝图和十年前相比已大不相同。在时运艰难的情况下,经济振兴和农民所憧憬的未来前景十分契合。

地方改革

农村各地大力推行形式多样的改革。1932 年,帝国农会受农林省委托进行的调查显示,有多达 862 个村庄和 5 座城市起草了社区经济振兴计划。多数规划由村落基层单位制定,由当地农业协会负责。其他振兴规划则由村公所、地方联盟、以及由工业合作社、农民与地方农协组成的联合组织制定。有 3/4 的规划都是在过去三年中起草的,很有可能是对经济困境做出的回应。[1]

地方官员参与规划制定进程的事例屡见不鲜。1932 年 4 月 长野官员成立长野县农村经济改革委员会,帮助工业合作社督办调查和规划事宜。1930 年在静冈开始村级规划,第二年便设计出示范性社区。1930 年在九州的福冈开展了由当地农协领导的规划进程,同年熊本县政府和县农协也开始进行合作。[2]

除地方政府涉足全国性组织的地方机构这一共性外,各地进行的尝试并无太多共同之处。1932 年,帝国农会、工业合作社乃至中央政府都没有对村镇如何利用社区规划和改革进行过正规指导。规划制定者对所关心的问题可自行裁定。因此各地制定的规划规模不一,有的面向村庄进行规划,有的则仅仅面向基层村落。多数规划承诺改善当地经济状况,但就连这一目标都未能达成统一意见。在帝国农会秘书长冈田淳看来,当仔细看完 1931 年末所有农村规划后,他感到"更多规划着眼于提高农村管理水平,而非针对农村现状"[3]。换言之,这些改革计划目光短浅,仅仅侧重提高管理方式,并没有提出冈田所期待的改善农村的长远见地。

1932 年夏以前,农林省或其他政府机构从未制定过任何有关农

---

① 楠本昌弘编著,《农林渔村经济振兴运动与小平权一》,第 15 页。

② 同上,第 16—17 页。另见帝国农会对该计划的详细描述,"农村经济事例",1931 年 11 月,NSS1:2,第 1—21 页。注意楠本对福冈计划的描述和帝国农会的版本并不一致,后者认为计划在县级农协展开。这和松本贺久的说法更为接近(见第 207 页注释②)。又见中村正则,《经济振兴运动与小平权一》描述了长野的早期规划行动。

③ 帝国农会,"农村经济事例",1931 年 11 月,NSS 1:2,第 3—4 页;另见楠本昌弘编著,《农林渔村经济振兴运动与小平权一》,第 15—16 页。

村规划和改革的政策。当年 2 月,由农林审议会发布的报告建议深入研究农村规划,意在完善债务整理政策,但由于缺少具体措施而陷于停顿。① 后藤文夫的同事、时任内务省社会局局长的松本贺久撰文赞扬了 1931 年末福冈的振兴计划。(松本在就任社会局局长前曾任该县知事。)当地所尝试的经济改善计划重点针对债务整理、自制化肥和调解购销关系。制定恢复经济的计划建立在对当地情况进行仔细调查的基础上,并由农业组织在基层村落落实。

按照松本的说法,一年半后成效喜人。购买化肥的现金消费降了下来,庄稼的收成也很稳定。他说就连农村债务危机都有所缓解。但松本未能提出全国通用的建议,甚至连福冈周边地区都未能推广福冈模式。因此这篇文章与其说是行动纲领,倒不如说是为其他地区提供的些许"参考资料"。② 虽然没有人会阻止农民根据自身需要来制订类似福冈的计划,但在政府中似乎也没有人对帮助农民实现计划感兴趣。

推动国家实行农村改革的动力来自政府以外。正如我们之前所分析的那样,非政府组织以及社会活动家有能力指出具体问题并提出示范性的解决方案,还能针对各类农村问题向政府寻求帮助。农村规划和经济振兴思想在形成之初,有一定的相似背景。从 62 次国会会议初期到 63 次国会会议末期的这段时间里,请愿者日益高声呼吁政府实行自我振兴计划,这其中以帝国农会为甚。这几个月间,内阁和农林省内部同时出现了新动向,自我振兴成为流行词语,这也是政府面对大萧条做出的最新、也是最为根本的回应。整个事件的始末及缘起都始于兵库县农协。③

----

① 小平权一与近代农政编修出版委员会编著,《小平权一与近代农政》,第 118—119 页。
② 松本贺久,"改善农村经济",第 5—14 页。
③ 农协鼓励兵库县以外的地区开展计划运动的例子见《福岛县农会报》125(1931 年 9 月):28—29、126(1931 年 10 月):24—25,以及庄司吉之介,"福岛县农会刊物",第 289 页。

兵库县农协秘书长长岛定志是当地自我振兴的杰出领军人物，1931年底，他满怀赞叹地目睹了神户青年会堂里的一幕。在一次精心设计的市场营销活动中，神户市的帽子生产商租用会堂举办纪念仪式，借以纪念夏季用过的草帽。他们一方面劝说路人和受邀宾客向其旧草帽告别（已捐赠给冈山县诊所用于治疗麻风病），另一方面发表热情洋溢的演说，盛赞曾陪伴人们一季的帽子，并鼓动大家就地买一顶冬天戴的帽子。①

这一促销技巧令长岛很受启发，他决定将这样的热情、激情和组织方式带到农村改革运动中去。说做就做，1932年5月，他首先开始在兵库巡回举办系列"农民自力更生节"。一半是劝诫、一半是展示，节庆活动现身说法地列举了具体事例，向人们说明农民是怎样凭借艰苦努力和技巧走出大萧条困境；此外，活动期间还举办了鼓励自助的讲座，听众被现场气氛感染，对未来充满期待，不禁由衷地喝彩。长岛及其同僚迅速将兵库农村的自助精神传递到东京，同样受到欢迎。

兵库农协是村级经济计划运动的先锋力量。早在1927年，农协主席山胁信吉、秘书长长岛定志（据报道他最先使用"自力更生"一词）和农业工程师石原次郎三人就开始同兵库县农民一起进行农村改革。② 在研究兵库自我振兴运动的领军人物庄司俊作看来，他们的方法建立在两大互为辅助的原则之上。在农协从事的工作

---

① 帝国农会事项编委会编，《帝国农会事项》，第526页。
② 楠本昌弘编著，《农林渔村经济振兴运动与小平权一》，第23、27—28页。出生于兵库的山胁（1875—1941）在进入县议会并担任议会主席之前，曾在东京大学短暂就读。1921年，他担任兵库县农协秘书，随后担任主席，直到1941年故去。长岛（1879—1951）也是兵库人，毕业于东京大学农学院。1914年，他先后担任县农协技术员和秘书职位，后来成为县农业事务部负责人。继山胁后，他接替了县农协主席的职位。石原（1901—），冈山人，同样毕业于东京大学农学院，1941年进入农林省，负责土地开垦与开发工作，1964年退休。1983年，他担任农村振兴协会顾问。

中,有一部分是教人们如何更有效地管理农事和利用现有资源。长岛把这项活动称为"领导力改革"项目。除对农户进行培训外,农协还在社区范围内大力发展经济更生计划,又称"农村生产计划"。①

不论是在个人领域还是公众领域,兵库县的农村规划者都强调勤劳的重要性。长岛将辛勤劳动和家庭人力资源描述成将负债转化为盈余的"至关重要的环节"。② 农协的调查结果显示,农户一年到头的劳动力并未得到充分利用,除去农忙时节,大部分时间宝贵的劳动力都被闲置浪费。兵库农协领导人认为,假如农民乃至整个农村社会都学会充分利用劳动力,比如他们可以生产农副产品、种植新作物或转而开垦土地,那么收入就会相应增加。假如农户放弃购买商品设法自己生产的话,支出也会降低,或者至少可以保证支出增速低于收入增速。

尽管长岛等人强调用理性和科学的农业手段来达到收支平衡,但他们并没有忽视自我振兴所蕴含的更广泛含义。长岛这样写道:"我们对如何摆脱目前的困境、如何对农业管理进行改革以及未来有什么样的出路,都没有明确想法。"政府对农村问题的一再敷衍严重削弱了农村的力量,收入锐减和债务沉重不过是病入膏肓的农村问题的表面症状而已。把农村从"深渊"中解救出来的唯一出路就是将农村社会和农户领上自我振兴之路。

农协制定的规划在缓慢推行,通过应用诸如"领导力改革"以及"生产计划"这样的方法,希望向农村社会注入新的希望和力量。既然这两种方法"深深扎根于农村私有经济,而且牢牢建立在对农户进行普遍管理的基础上",那么就相对容易制定出一系列振兴政策。

----

① 庄司俊作,《近代日本农村社会的发展》,第 462—463 页。另见长岛定志,"我等对自力更生倡议的思考",第 28 页。
② 长岛定志,转引自庄司俊作,《近代日本农村社会的发展》,第 462—463 页。

问题的关键在于自我振兴计划应以简单可行、易于接受为宜;而一旦符合这样的要求,通向经济振兴的道路就平坦了许多。地方规划者期待实现"洋溢着活力与希望的农村振兴"。①

长久以来,帝国农会秘书长、知名人物冈田淳就一直在倡导应用类似方法来解决农村问题,而且他对兵库规划者的影响力也非常大。在一次对运动支持者的演讲中,冈田这样说道:

> 自给自足的首要条件就是利用闲置的人力、资金和土地,以及依靠自己的力量进行农业生产。实现这一目标,我们大有可为,但是在这种情形下,我们不能以一种常规的经济眼光来衡量,而是必须换一种角度思考,要知道,他们并非一无是处,而是大有可为。这种思维模式的转变足以给农民带来每天一毛钱的收入。也就是说,那种躺着睡大觉胜过赚一毛或是三毛钱的懒惰想法不符合吃苦耐劳的精神。②

冈田一方面强调辛勤劳动,另一方面主张农民自力更生,抛开依赖政府的心理。(当然,尽管事实上帝国农会也没少向政府伸过手。)纵观兵库的规划,再看看农协领导者向公众展示的成就,这两种观点就清晰可见了。

在县农协起草规划之初,负责人预计从 1927 年开始,每年选出 5 个村庄,这样到 1932 年底兵库 25 个下属辖区都有一个农村社区推行自我振兴计划。然而,他们低估了规划的受欢迎程度,起初的

---

① 长岛定志,"我等对自力更生倡议的思考",第 28—29 页。
② 引自庄司俊作,《近代日本农村社会的发展》,第 508—509 页。冈田的演讲全文详见楠本昌弘编著,《农林渔村经济振兴运动与小平权一》,第 239—246 页。演讲于 1932 年 5 月自力更生节期间发布。有关冈田对农村政策的观点详见黑文斯的《现代日本的农村与国家》,第 155—160 页。

规划难以满足需求。1929 年之后，县农协扩大了地方（村、郡）农协的职能作用，允许更多的农村社区参与进来。仅 1930 到 1931 年这两年间，就有 110 个村庄入选参加该项规划。①

20 世纪 20 年代后期，兵库农协非常重视村庄规划、市场营销以及农业商业化等方面的进展情况。该组织有能力向参与进来的村庄提供指导、为实现目标提供保障固然是农协规划广受欢迎的重要原因，但兵库也有其他的优势。其中之一便是农协组织强大的整体力量。在兵库县，虽然长岛、山胁等人表现出了非凡的领导才能，但倘若离开地方基础这一坚实后盾，其思想也不会有用武之地。20 年代村级农协发展迅猛，活跃程度也远远高于其他地区。由于这些基层农协的存在，县农协更易于发动地方积极性。②

自我振兴计划和以往的规划运动有相似之处。设计规划者首先对可利用资源展开调查，然后帮助他们更加有效地利用当地资源。调查由地方农协委员会成员进行，不仅提供信息，而且还给出建议，为各家各户制订各自的发展规划提供（包括书面材料在内的）指导。为扩大收入来源，农协鼓励社区推广农副产品发展规划和农作物多样化种植、大力扶植家畜饲养，同时增加化肥和饲料使用量。

在发表的出版物中，兵库农协以上高村为例来说明农村社区如何从自我振兴和规划运动中受益。该村 1929 年开始参与规划运动，当年户均农业收入为 434 日元。尽管 1930 年遭遇商品价格大跌，但截至 1931 年，户均农业收入升至 494 日元，1932 年更是攀升到 569 日元。农民种植的作物开始多样化，通过减少购买化肥，同时开展农副产品发展规划，收入翻了一番，到 1932 年为止，通过销售鸡肉和

---

① 庄司俊作，《近代日本农村社会的发展》，第 465 页，以及长岛定志，"兵库县昭和 7 年与现在的农会设施基础工程对比结果"，第 31 页。整个 1934 年兵库县超过一半的村庄被农林省指定为经济振兴示范村，而且被县农协确定为自力更生示范社区。1935 年比例下降到 45%。
② 庄司俊作，《近代日本农村社会的发展》，第 465—466 页。

蔬菜,所得收入比 3 年前增加了 4 倍之多。①

在自助方式中,另一个令人称道的成功因素是利用竞争引发人们对规划运动的兴趣,并激发参与农户的积极性。上高村在这方面的经验是在全村范围内举办竞赛选出表现最出色的农民。虽然评分标准按项目给出不同分值,但显然侧重于评价选手的辛勤劳动所得:②

纯收入	30%
谷物种植收入	10%
农副产品收入	17%
耕种面积	8%
农场工作日	20%
每段土地的产量	8% （1 段 = 992 平方米）
自制肥料所占比重	7%
总计	100%

庄司俊作将这一评价体系形容为农民勤劳与农产品销量的集合体。如果说农民眼中有什么重要衡量指标的话,最重要的当属辛勤劳动的过程和收获。虽然并没有忽略农业技能、土地持有量等指标,但和收入以及工作日相比,所占比重不大。最优秀的农民善于最大限度地利用现有资源,赚取最多的钱。

竞争在农村生活中并非新生事物,但在振兴运动前,竞争制度的制定侧重技术创新。获胜者都是那些改良水稻、培育出新品种蚕宝宝或是更新灌溉系统的人。虽然这些技术革新的重要性不言而喻,但其创新成果在普通农民中却难以得到普及。参赛选手局限于较富有的农民,而且不受地区限制。因此在过去的竞赛中,来自 A

---

① 庄司俊作,《近代日本农村社会的发展》,第 463 页。原始数据又见兵库县农会,"农村自力更生节资料",1932 年,NSS:1:1,第 431 页。

② 同上,第 464 页。前五项适用于个人,其他各项则适用于家庭。

村的选手可能会对 B 村或 C 村对手的水平更感兴趣。甚至他可能在本村范围内连一个对手都找不到。

兵库农协在上高村推行的方法远远受到地域限制，但同时又有着更广泛的社会基础。这一方法之所以能够发挥出组织性和竞争性特色，其基石是小村落和村庄；如果仅仅在村子内部举办比赛，竞赛的意义就显得微不足道了。最初在村落内进行全体农民参与的比赛，之后选出代表参加高一级比赛。至少从一个社区的竞赛结果可以看出，中等收入的农民并不亚于那些拥有大量土地的富有农民。[①] 竞赛不仅有助于鼓励农民激发更大积极性，更能强化农协希望传达给农民的有关勤劳和生产力的理念。尽管他们所倡导的自我振兴思想和勤劳理念并无新意，也不代表激进的革新思想，然而兵库农协似乎拨动了地方百姓和政府领导层的心弦。[②]"农民自力更生节"更是为农村振兴规划增添了几分吸引力。

1932 年 5 月，兵库农协领导人在整个兵库县开展巡回活动来推行规划。受邀的当地领导人、协会主席、学校校长、记者和各类青年组织的主席都对本次活动做出热情回应。节庆活动本身的目的很单纯：普及信息、鼓舞人心和转变旧观念。正如石原所描绘的那样，会议一开始就给出数据来说明经济状况，并通过演讲展示当前农村及农户的境遇。面对这场史无前例的农村大萧条，山胁论述推行自我振兴政策的迫切性；随后，长岛在演说中详细解释了村庄及农民参加规划运动的具体步骤。最后在场听众被请到台上描述他们自

[①] 庄司俊作，《近代日本农村社会的发展》，第 488—490 页；见 492 页，表 9 - 9 列举了参与经济振兴运动的群马县北桔村的竞赛结果和土地持有情况。庄司认为尽管时间范围和出资人不同，但这两个运动所采用的"方法"并无大的区别，详见庄司俊作，《近代日本农村社会的发展》，第 490 页。

[②] 见冈田笃，"农村自力更生的精神和目标"，第 6 页。在演讲中冈田向公众凝练地表达了他对农村生活和农业生产的认识，以及经济振兴对两者的重要作用。冈田还具体比较了二宫尊德思想与自我振兴精神之间的相似之处。

己的经历和困境。

　　为了让人们更好地理解长岛等人的观点，与会人员被赠予一份"农村村庄自我振兴的说明材料"。当他们打开宣传册，首先映入眼帘的是一份造成农村贫困和不幸的成因分析图（见图 1）。图中对农村贫困进行溯源，也就是说，造成贫困的元凶是收支不平衡和过高的债务利息。材料再三强调造成农村贫困的原因不仅众所周知、一致公认，而且这些困难最终是能够克服的。读者只有翻到后面，才能看到应对难题的指南。宣传册还奉劝读者放弃那种"得过且过的思想"，采取"有计划、有目的"的方法，摒弃那些"随心所欲、千篇一律、居高临下的倡导"，转而支持那些"人们所熟悉的来自基层的建议"。[①]

　　宣传材料的后半部分对自我振兴进行具体阐释，并列出经济恢复的过程。振兴之路的第一步是对农村和农户的"实际情况"进行调查，针对农村的调查是为了推行生产计划，而针对农户的调查是为了推行农业管理改革。第二步是进行"批判性研究"，或者说是对农村社会和农户的经济健康状况进行开诚布公的反思。一旦大家掌握了坚实可靠的信息，就可以采取第三步措施，那就是形成整体规划框架。虽然规划会因具体情况（比如农户或社区的资源和需求）不尽相同，但规划的整体方略自始至终是一致的。规划会着重在多个领域设计鼓动性活动来刺激农业生产（因而动收入增加）。除了增加产量，还详细考察参与规划农民在桑蚕、牲畜养殖和林业方面的业绩，同时还考察社区农副业的创业能力。

---

① 兵库县农会，《农村自力更生节资料》，1932 年，重印于楠本昌弘编著的《农林渔村经济振兴运动与小平权一》，第 251 页。

农户贫困的焦点

- 负债累积
  - 由于年利率一成以上的高利息
  - 债务过多，每年原有利息累积起来进一步加重了农户的生活压力
- 生活困难（收支不平衡）
  - 支出较高
    - 收入锐减，而农业经营费、生活费、社交费用却没有减少。
    - 相对过重
    - 伴随收入锐减，各种税务负担
  - 收入锐减
    - 副业及其他劳务的收入锐减
    - 导致收入锐减 农户生产的物品价格暴跌

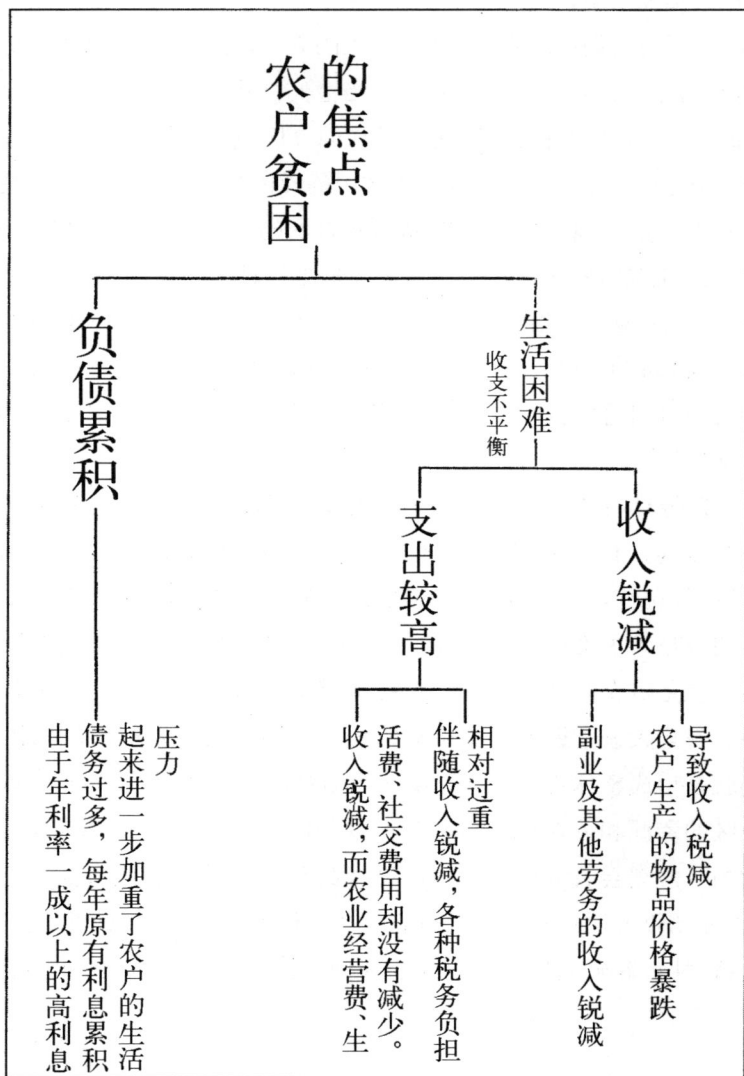

图1 导致农村贫困和不幸的主要原因分析图。这张图表是分发给参与 1932 年"兵库农协农民自力更生节"与会人员的材料之一。（来源：兵库县农协，1932 年农村自力更生说明资料，重印于武田勉和楠本昌弘编著的《农林渔村经济振兴运动汇编》，第一卷，第一部分，第 422 页）

如果计划进展顺利,收入就会增加。为了确保这部分盈余不会被新的开销抵消,规划要求农民降低家庭和管理方面的花费,减少"奢侈品"消费。为减少现金花费,参与规划运动的农民应学会自给自足。这就意味着他们不再购买酱油而是自制酱油或豆酱,使用自制农家肥取代市场上更昂贵的化肥。不论最后做出怎样的决定,小到各家各户、大至整个社区,都需要理性且仔细地考虑所有可用资源,充分发挥其优势。

一旦制定好计划,第四步就是把信息传达到村子。大会和家庭会议不仅有助于每一个人明确社区的既定目标,还能及早摸清哪些人没有参与规划以及哪些人需要额外帮助。一旦社区在整体上完成信息确认,剩下的就是"让合作产生效用"。农民将各尽其责·而计划则会按部就班地推行下去。①

从节庆活动的与会人员得到的其他材料中还可以清晰地看出,这些倡议切实可行。材料介绍了一个村庄的几户家庭如何运用所建议的规划方法改善其经济条件。农协将两类家庭进行对比:一对是不知名的"普通"农户,另一对是森川和高田两户参与振兴规划运动的家庭。图表将每户家庭实际工作天数与最大限度工作天数的百分比数进行了对比(见图2)。图表中"普通"农户的季节性劳作非常明显。春季和收获季节两组家庭的工作天数都接近100%,但其他月份却很少劳作。② 相反,森川和高田两户的工作天数很少低于90%,而且常常超负荷劳动,每天比普通农户多干几个小时,因此收入不菲。

---

① 见楠本昌弘编著的《农林渔村经济振兴运动与小平权一》,第249—250页。

② 数据来源于1930年。森川一家和与之相对比的"常规"家庭都来自菅崎(Kansaki)郡,高田一家住在多可郡,其他不知名的农户来自朝来郡。见兵库县农会,《农村自力更生节资料》,1932年,NSS:1:1,第426页。

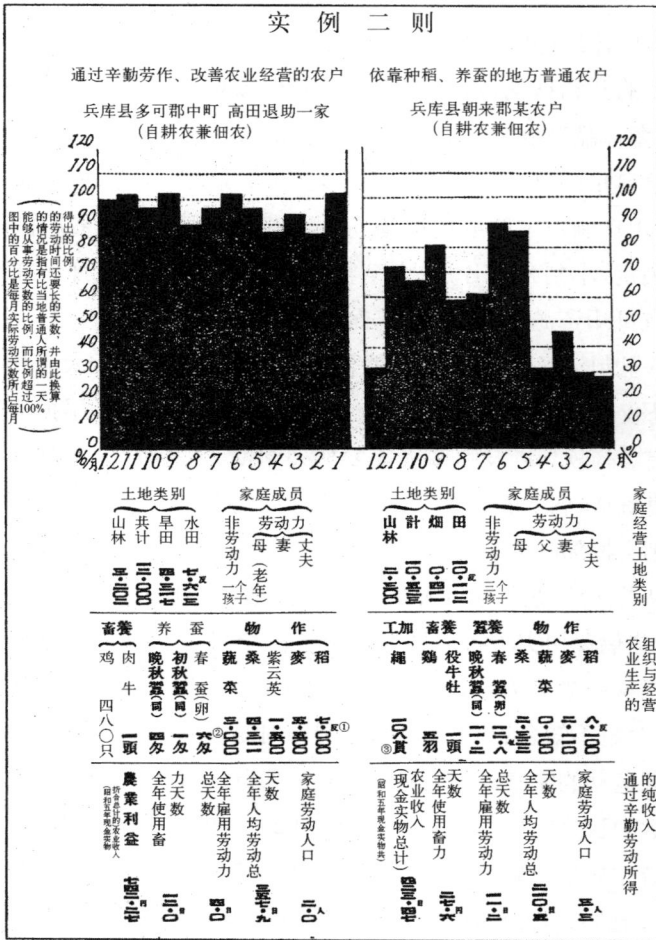

图 2　农户辛勤劳动的效果对比图。该图系向参加 1932 年兵库县农协农民自力更生节的与会人员分发的材料（来源：1932 年兵库县农协自力更生说明材料，重印于武田勉和楠本昌弘编辑的《农林渔村经济振兴运动汇编》，第一卷，第一部分，第 426 页）

注：① 1 反＝992 平方米（反，日本土地丈量单位）　② 1 匁＝3.759 克（匁，日本古代衡量单位）　③ 1 贯＝3.75 千克（贯，日本古代衡量重量的单位）

　　附在图表后的材料清晰地显示，"辛勤劳动"的农户将额外劳动时间用于多样化种植。和普通农户种植单一作物相比，高田一家种植了 5 种作物。森川一家也采用类似的多种经营方法，不仅种植 8

种作物,而且还养鸡和牛。而"普通"农户虽然土地较多,但劳动时间较短。[1] 根据资料显示,森川和高田两家的辛勤劳动获得了丰厚的回报,收入高于"普通"农户。由此不难得出这样的结论:辛勤劳动结合农业多样化经营的方法可以有效解决经济危机。这两个因素本身就说明了高田和森川两家取得成功的原因。读者对可能影响生产的其他因素知之甚少,比如租金水平、土地质量以及农户的健康状况等等,但这些因素同农协所要表达的更广义的信息关联不大。

农协倡议中的最后一个案例并没有针对单个家庭说明该如何恢复经济,而是以神崎郡山田村为例,侧重从整体上展现社区的经济复苏过程(见图3)。计划部署的展现方式形象而有趣。收入和支出项目分别位于天平两端,托盘上摆满了标有"农业收入"和"生活消费"的砝码,因而在 1930 年的规划中(见图的下端),天平倾斜到"贫困"一端。十年规划的末期,收入一端的砝码大大增加,花费则相应减少,而"债务"负担则消失殆尽。结果是天平(如图的上端所示)倾斜到了"富裕"那一端,把贫困远远抛到身后。

这番浅显易懂的描绘勾勒出处于困境中的农村现实景象,促使人们具体而又直接地了解到经济复苏的过程。材料显示,1930 年村中农户的平均消费为 809 日元,而收入仅有 709 日元。根据规划,未来十年农户消费支出增长额度为 2 至 3 日元,而收入增长幅度为 35 日元。按照农协制定的原则,通过努力耕耘、理性经营和勤劳能够改变农村社会的面貌。实行规划的 4 年后普通农户的收支预算就会持平,10 年后每户就能盈余 229 日元。[2]

---

[1] 森川一家共有土地 0.980 5 町,而无名家庭有 1.224 町土地。森川一家人口由一对夫妻及其父母组成;无名家庭由一对夫妻和一双儿女组成(见兵库县农会,《农村自力更生资料》,1932 年,NSS:1:1,第 426 页)。高田一家有 1.2 町土地,家庭劳动成员有夫妻二人和一位上了年纪的老母亲。与之对比的无名家庭有 1.05 町土地,劳动成员有夫妻二人及其父母。

[2] 楠本昌弘编著,《农林渔村经济振兴运动与小平权一》,第 252 页。

神崎郡山田村的农
村产业计划与目标

贫困　富裕

第　十　年

支　出

目
标

用还付旧债的新债偿付金七〇日元
生活费日常开销
四日元临时开销
农业经营费一五日元
七六日元租金负担

（平均每户）833日元
（全村341户）284 053日元

收　入

耕种七四三日元
加工一一七日元
山林七日元
养蚕二日元
其他九八日元
养畜七五日元

（平均每月）1062日元
（全村341户）362 142日元

830日元　　第　九　年　　1 024日元
827日元　　第　八　年　　989日元
824日元　　第　七　年　　954日元
821日元　　第　六　年　　969日元
819日元　　第　五　年　　884日元
817日元　　第　四　年　　849日元
815日元　　第　三　年　　814日元
813日元　　第　二　年　　779日元
811日元　　第　一　年　　744日元

贫困　富裕

减支计划

增收计划

支　出

农业经营费一二五日元
生活费（日常开销）
生活费（临时开销）六日元
四九〇日元
负债利息六四日元
租金负担七七日元

（平均每户）809日元
（全村341户）275 869日元

收　入

养畜日八日元
山林七日元
耕种四八〇日元
加工一二日元
其他九八日元
养蚕二二日元

（平均每户）709日元
（全村341户）241 769日元

现
状

昭和五年

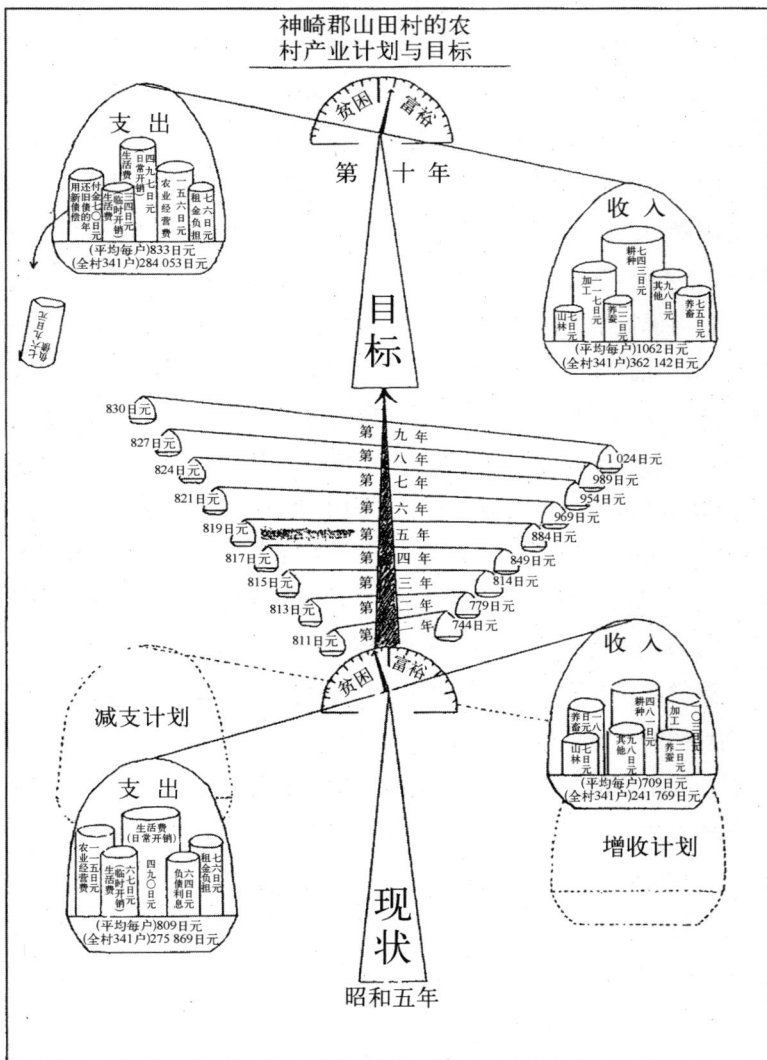

图 3　村级经济振兴材料展示了十年规划的效果图。该图系向参加
1932 年兵库县农协农民自力更生节的与会人员分发的材料（来源：1932 年
兵库县农协自力更生说明材料，重印于武田勉和楠本昌弘编著的《农林渔村
经济振兴运动汇编》，第一卷，第一部分，第 424 页）

在实现经济复苏目标的过程中,从兵库农协强调努力劳作、节俭、勤奋和社区团结的重要性这一点可以看出,他们显然是在沿用传统的做法和说法。如果二宫尊德泉下有知,他会欣然接受此次农民节提出的许多格言,无疑正是这些老话吸引了高桥和首相斋藤。然而,振兴运动这个新瓶装的并非都是旧酒。所有文件和演讲都明确表达要合理利用现有资源,向切实可行的目标迈进。虽然正如例子所示,未来前景也许并不灿烂,即使 10 年后的成效也算不上丰厚,但从宣传材料可以看出,从贫困走向偿清债务的进程不仅有条不紊、指日可待,而且似乎每个人都有可能实现这一目标。规划所运用的有关经济和科技的语汇和原则都标志着经济振兴的途径已趋于现代化,而非简单沿袭上个世纪的做法。经济振兴不单纯是少花钱多办事;尽管农协在宣传中加入了自我否定元素,但之前所传播的传统观念同样引人注目。农协承诺通过改革未来会更好,而不是止步不前。

规划的行动方针和原则的制定意在针对最广大的农民群体,这一点本身就意味着变革。和以往许多改革运动不同的是,自我振兴不是直接针对地主和地方乡绅,而是面向整个农村社会。乡村就是受众群体,农协似乎认为绝大部分农民不仅能够参与到社区重建中来,而且他们也有义务这样做。振兴运动显然促进了农村社会的团结与和谐,虽然这一点并无新意,但建议村民把村子当作企业来经营的观念富有创意,这样一来村子的兴衰和每个人都有利害关系。规划和振兴运动时时刻刻把个人成就和村庄更广泛的需求和目标联系在一起。如图 3 所示,个人的成功和整个村子的收支平衡息息相关。广泛参与、现代技术以及让变革改善生活这些字眼时常出现在经济振兴运动中。

农民节在闭幕时向所有与会人员做出承诺。他们重申:"我们将推动农村和农民的自我振兴运动,让我们每个人都尽一份力量,通过自我振兴有所成就。"得益于长岛的另一个想法,农民节的参会

223

者除了带走他们所作承诺的记忆,每个人在离开时还带上了一个
"自我振兴"纪念品———一个右手握着锄头的农民木雕人偶。[①] 长岛
说这次的灵感不是来源于神户的帽子生产商,而是源自历史。他之
所以想到雕像的形象,是造访德川光国的旧属地水户市得来的灵
感,而德川本人是农民改革的早期倡导人。据说德川总是随身携带
农民雕像,借此来感谢辛苦耕作为他提供每顿餐饭的农民,长岛正
是受德川启发。[②]

全国范围的自我振兴运动

兵库县开展运动的成功令农协领导人信心大增,他们开始把视
线扩展到兵库县以外。尽管他们当初是针对兵库县设计的规划,但
摆在农民面前的问题同样适用于全国其他地方。地方政策和当地
规划维持现状尚且困难,更不用说改善多数农民的生存状况了。没
有任何迹象显示政府在幕后酝酿什么政策,也没有什么组织(例如
帝国农会)能代替政府迎接大萧条带来的挑战。到 1932 年初春,兵
库农协已做好准备将活动向全国推广。长岛定志的"自我振兴"口
号和大规模邮件宣传运动引起了当局的关注。农协分发的 26 000
份"宣言"宣传单,在兵库县农业组织流传,同时还被送给县议员和
地方报社。同与农村社会有联系的国会成员、国家级报社以及其他
农业组织一样,斋藤内阁也收到了传单。[③] 宣言的设计意图显然是
为了吸引人们的眼球。传单的标题是"农业萧条已经降临"以及"农
村经济濒临灭顶之灾!"。下一页这样写道:

---

① 楠本昌弘编著,《农林渔村经济振兴运动与小平权一》,第 27 页。
② 帝国农会事项编委会编,《帝国农会事项》,第 526 页。
③ 约有 11 000 份资料分发到当地人手中,其余资料则向全国发送。楠本昌弘编著,
《农林渔村经济振兴运动与小平权一》,第 24 页。

行动起来,奋力进行自我振兴!

村民们,树立自我振兴的理念,努力同眼前的困难作斗争吧:消除一个个困难,直至完全摆脱困境,让我们全力进行农业经营改革吧!农民自己来维护农村稳定。就让我们一起跟随农协以及其他代表农民利益的先进乡村领导组织,共同来点燃乡村自我振兴运动之火![1]

此外,兵库农协还印发了数千份大幅双色邮发传单,用图表说明在过去几年中农村收入锐减的趋势;接着配以文字解释其中原因:农民种植的庄稼价格下跌,但居高不下的税收把普通农户推向窘迫境地。传单呼吁:只有自我振兴才是脱离困境的唯一出路。[2]

邮件起到了宣传的效果。山胁应邀会晤内务省大臣,他赞扬农协起草的传单水平高超,并认为如果兵库的形势果真如农协描述的那样严峻的话,那全国其他地区想必更不容乐观。[3] 政府对兵库经验对日本农村的借鉴意义很感兴趣,一个明显的例子就是小平权一发给农民节组织者的电报。电报中写道:"解决农业萧条的根本出路在于农民自立,在于拓展经济振兴的出路,还在于将互助合作化为行动。我对你们充满活力的尝试寄予很高的期望。"[4]

[1] 楠本昌弘编著,《农林渔村经济振兴运动与小平权一》,第24页。

[2] 石原描述了兵库农协如何细心地操作以确保每个人都能看到材料。依照石原的分析,如果用廉价的棕色信封来装宣传资料,仆人就很有可能不会将信传到主人手上。因此为确保家仆将信送达主人手中,材料用精美的白色信封封装,而且征集了协会成员中最擅长书法的人来书写收信人的名字。同上,第25页。

[3] 在帝国农会内部也出现了令人鼓舞的迹象。1932年4月、6月和8月先后召开会议产生决议号召"农村自我振兴"。高桥康隆,"日本法西斯主义和农业经济振兴运动的开展",第4页,表1。

[4] 楠本昌弘编著,《农林渔村经济振兴运动与小平权一》,第27页。

　　小平一度还很关心乡村的发展方向,他发现兵库县所倡导的方法和他的想法不谋而合。尽管小平感到节节攀升的债务和不断下跌的农产品价格是困扰农村的症结所在,但更严峻的问题是农民无力振作,面对困难毫无斗志。小平在 1930 年写道:"农民的自立精神越来越差,他们变得越来越依赖他人。"农村社会乃至农村自治政府的精髓就是"自力主义(依靠自己的力量自力更生),而不是他力主义(依赖别人)"。[1] 为了说明主旨,小平举了发生在 1930 年的一个事例,当时创纪录的大米大丰收引发了米价暴跌。在这种情形下,政府无力控制价格,但如果农民能够齐心协力,一致同意储存部分大米的话,他们自己就能稳定米价。农民的无所作为有力地说明了他们对政府的依赖性有多强。

　　小平认为组织农民采取统一行动存在一些阻力。虽然某些村庄有众多农业组织,但它们之间的协调能力非常弱,不管有没有政府的扶助都几乎不可能形成共同的政策。农民并不需要什么新组织,而是应该更好地利用现有资源,并佐以协调和引导生产及营销的良策。[2] 小平用"我为人人,人人为我"的口号为 1930 年农村社会的症结开药方。他所倡导的组织改革有赖于农民观念的转变。小平写道,如果农民继续指望政府来解决问题,他们将会一无所获。他们越是依靠自己的力量,越是依靠农村社区的团结协作,他们就越有可能过上好日子。

　　到 1932 年,小平的观点变得越来越有道理。1930 年以来,政府已无力支撑重要农产品的价格,"我为人人,人人为我"的口号已经不常挂在请愿者的嘴边。兵库农协的规划方案认为,农村社会应首先承担起经济振兴的重任,这一观点并不在多数,但和几年前小平

----

① 小平权一,"农村时事的新研究",第 141 页。

② 同上,第 144、147—149、151 页。他对债务问题持相似观点。小平说,政府不可能提供低息贷款来解决现有债务问题。必须采取其他措施。

的倡议不约而同：都提倡加强农村社会内部协作、重视市场动向以及加强全国组织间的合作等等。

长岛定志也明确表达了他和小平同样的担心：农民无法自己寻求出路。在 1932 年初的一篇文章中，长岛认为由于常年被束缚在土地上，日本农民已经丧失了独立行事的意愿，凡事都依赖他人。鉴于这种被动性对眼下危机的影响，只要农民继续一味地依赖政府援助，就不可能摆脱大萧条的困境。经济振兴的第一步就是要用自立精神和自力更生来取代消极被动和依赖性。他写道，要想水清就必须正本清源。[1] 因此不难理解为何这一方案对小平乃至农林省具有吸引力，而引发位高权重的政府官员关注的原因在于他们同样担忧农民的状况。

新任首相对农业问题知之甚少，但他意识到农村正面临困境，于是接见并聆听了请愿者的意见。他们带来的消息十分严峻，然而斋藤更担心的是他们提的要求。1932 年 6 月中旬，首相对道德劝诫中央委员会的执行秘书古屋圭司表达了他的忧虑。[2]（斋藤已于1931 年 8 月担任中央委员会主席，任首相后保留此职位。）斋藤在首相官邸召见了古屋，和他谈起接见请愿者的情况。身为首相，斋藤同意政府对农村实施救济。他对古屋说，最困扰他的是人们总是在告诉他如果政府坐视不管将会产生什么后果。古屋还记得斋藤说过："不论什么人，论调全都一样。要想帮助他们脱离困境，政府就必须提供大量援助。"请愿者告诉斋藤，不实行援助的话，农村社会

[1] 长岛定志，"我等对自力更生倡议的思考"，第 25—26 页。值得注意的是，当这期《农政研究》发表之时，兵库农协仅仅是声势浩大的自我振兴运动浪潮中众多农村组织中的一员而已。1932 年 8 月，该杂志刊登的全都是由全国各大组织成员撰写的有关他们倡导自我振兴运动经历的文章。

[2] 斋藤施策纪念会编著，《斋藤施策记实》，第 3 卷，第 170 页。

就绝不会实现复苏。①

　　首相认为他们的态度几乎是亵渎神圣。斋藤质疑说："但凡有点智商的人都明白'羊毛出在羊身上'这样一个浅显至极的道理，难道他们不懂政府的负担最终会落到民众身上吗？"②他认为政府如果一味满足其要求显然不是明智之举，哪怕政府试图这样做都是不妥的。这样做不仅会给国家带来沉重的精神负担，而且财政负担也相当大。过多的援助会助长农民对政府的依赖心理，势必会产生一个无法自保的民族，而国力也会大大削弱。

　　据古屋描述，斋藤坚称只有号召每个农民和社区都振作起来，奋力走出困境，才能扭转眼下的局势。斋藤认为自立、互助和合作精神会解决国家的问题，他希望道德劝诫中央委员会能够一马当先，担当宣传职责。古屋回应说，这听起来像是中央委员会的份内事务，并向首相提到他听说兵库县正在开展"自我振兴"的规划运动。据称斋藤闻之大笑，为自己的决定拍手叫好，说道："就是它了，我们就采用这种办法。"③从此自我振兴进入官方视线，并很快成为政府农村救济的政策用语。④

---

① 斋藤施策纪念会编著，《斋藤施策记实》第 3 卷，第 171 页。例如，1932 年 6 月 15 日，斋藤会见了来自长野的请愿者，6 月 28 日、30 日会见另外 2 组成员。7 月 2 日、5 日、6 日和 19 日会见了 3 组请愿者，23 日又会见了 3 组，25 日至 28 日接连会见请愿者。8 月初他生了病，但 17 日仍带病坚持接见了小业主成员，之后开始国会会议的准备工作。见同上，第 188—191 页。

② 同上，第 171 页。

③ 同上，第 173 页。

④ 自我振兴也演变成流行词汇。有关振兴的讽刺性描写，见最早出现在《朝日画报》（1933 年）的"闲来之作"和发表于漫画年刊中的"自力更生"（1933 年）。后者描述了一位老年人（实指"斋藤内阁"）背着数个包袱，上面写着"承认满洲里""遏制失业""对华政策问题""武器削减问题"以及"岌岌可危的财政问题"；他转身对一位掉入深坑的年轻人（实指"农村"）说着什么。标题上写着："爸爸，我掉进坑里了！"又以做父亲的答道："好吧，你自己出来吧！要靠自己的力量！"这两幅漫画重印在原田胜正的"走向法西斯主义之路"，第 75、77 页。

长岛及其同伴有理由为所取得的成就感到自豪。随着全国宣传运动的开展,短短几个月时间,兵库的规划运动就吸引了无数人的眼球。不仅帝国农会表示要支持类似兵库这样的运动,官员和政客也被自我振兴这一方法吸引。小平看重的是自我振兴运动提供了一种途径,能有效解决他所担心的农村从整体到个人会丧失进取心这一问题。同样,首相斋藤也很担心农村群体会丧失独立性,他非常欣慰地看到出现了解决农村问题的新思路,而政府无需再冒亏空国库的风险。政府其他人也有同感。看来很难找到理由反对自我振兴运动。

制定全国自我振兴规划

1932 年 6 月底,兵库的自我振兴思想开始向全国推广,这一过程持续了几个月。农林省首先在内部起草一系列草案,再呈送内阁讨论。官员争论的焦点集中在投入的资金和规模上。他们需要向大藏省申请多少资金、多少个村庄参加规划运动才算合适? 当最终预算递交到议会时,农林省的资金预算已大打折扣。规划的预期目标根据财政预算的丰盈随时做相应调整。

在公众宣传方面全国自我振兴运动还有工作要做。首相必须向大众介绍自我振兴,努力赢得大家对他任期计划的支持,目的是使之成为政府农村救济一揽子计划中的关键要素。同样,内阁及其要员都在竭力向第 63 次国会推荐救济方案。各大政党没有参与规划运动,因此当注意到这一动向时,他们的兴趣不太浓厚,但无论如何获得政党的支持很重要。

公众演讲、无线电讲话以及国会表态,都清晰表明了政府对农村的态度以及乡村改革的性质。其中政府最早公开表态支持自我振兴是第 5 章提到的 1932 年 7 月 6 日斋藤对全国发表的无线电演讲。几周后首相再次抓紧时机向公众宣传自我振兴的重要性。他在年度地方官员会议期间继续宣传,得到了大藏省长官高桥和内务省长官山本的支持,他们也加入演讲的行列。所有人都盛赞自我振兴的种种好处。斋藤指出,由于现代经济衰退漫长的周期,短期内经济不可能复苏,仅凭公共设施的力量不大可能帮助国家度过大萧条的危机。斋藤说:"人们非常清楚国际局势以及国内目前的困境。"在他看来,关键在于公众"不应依靠他人的救济,而是共同致力于自力更生,尽可能辛勤劳作,每个人都做好自己份内的事,树立战胜困难的决心,坚定用自我振兴解决危机的信心,不畏牺牲地勇往直前,彰显出民族的精神气质"。①

如果斋藤的意图表达地不够清晰的话,高桥的一番话则一语中的:

> 尤其在最近,许多地方为某个集团或自己寻求援助的思想日益牢固,代价是加重了国家财政的负担。政府必定从整体上权衡利弊,毋庸置疑的是这样的要求不可能得到满足。而且如果忽视对社会的损害,一味考虑自己的利益,一旦这种想法在整个社会蔓延开来,国家势必会垮掉。
>
> 至于有人为集团求援,如果中央政府或地方官员不看他们是否有自我振兴的精神,而是随便满足其请求,那么不仅难以实现经济振兴,人们的士气也将荡然无存,国家的未来也令人担忧。②

与会人员并非没有注意到政府一再强调自我振兴,但他们更希望从政府那里得到实质性收获,而不希望政府一味规劝人们辛勤工

---

① 安富邦夫,"对昭和初期贫农政策形成趋势与消减过程的若干考察",第 157 页。演讲全文另见斋藤施策纪念会编著,《斋藤施策记实》,第 3 卷,第 175—177 页。
② 安富邦夫,"对昭和初期贫农政策形成趋势与消减过程的若干考察",第 157 页。

作。正如第 5 章所述,地方官们也并非不愿意憧憬自我振兴规划的前景,然而他们更关心能否拿到足够多的公共工程项目,因而竭力敦促需要实行救济工程的地区能够获得某种资金保障。只要内阁愿意出资,任凭政府怎样运作自助规划他们都无所谓。①

尽管地方官们也许还有些怀疑,首相还是轻易获得了一个非常重要的支持。在内阁的安排下,天皇出现在会议现场,这令与会人员心中宽慰不少,在缺少其他方面保障的情况下,毕竟可以暂时营造一种稳定的气氛。1932 年 7 月 20 日这一天,地方官在皇宫和天皇一起用餐。据报道,当他会见兵库县地方官时,天皇盛赞该县农协的规划运动搞得好,同时敦促他们善始善终。地方官深受感动,他向兵库包括山胁在内发电报描述了当时的情景。②

与此同时,政府机构内部也开始进行规划。实行国家自我振兴规划的最早迹象出现在 8 月份。在《公民》杂志上发表的一篇文章中,小平勾勒出农林省的政策走向,并明确承诺农林省将实行自我振兴。其用词和 1930 年曾用过的字眼非常相似(事实上,这些措辞经常雷同),小平表达了对农村的依赖心理日益加重的担心,指出农村社会必须自立才能摆脱经济危机。③ 假如眼下农村的情况已糟糕到无法指望农民事事亲力亲为的地步,小平为中央和地方政府设计了两三个步骤帮助农民实现自力更生。

小平倡议的其中一个步骤是号召各村建立自我振兴委员会组织,帮助社区制定经济振兴计划。计划的实施工作由扩充后的工业合作社负责。各家各户至少有一名成员担任规模更大、效率更

① 《东京朝日新闻》,1932 年 7 月 20 日。

② 楠本昌弘编著,《农林渔村经济振兴运动与小平权一》,第 25、27 页。县农协也很受感动。并且把 1932 年 7 月 20 日定为自力更生纪念日,以表达对仁慈的天皇的敬意。这一事件在 1932 年 8 月农协的通告中也有所提及,标题为"农村自力更生运动的荣耀"。见 NSS:1:1,第 433 页。

③ 小平权一,"农村对策的基调",第 1—3 页。

高的工业合作社成员,这样才能保证参与经济振兴的普及面。合作社还能帮助成员解决债务问题,并根据本地实际情况控制作物的种植,小平设想如果大家一致同意削减大米产量就会产生很多好处。他们在化肥、酱油等方面也可以自给自足。

早在 1930 年,小平将其论断及政策的基调定为农村社会的"力量与合作"。国家帮助农村的力量有限,如果农民一旦丧失了自立和自助的斗志,就会一无所获。和 1930 年小平倡导农村社会合作或优化农村组织的情形不同,1932 年夏末,官员们期待农民自助的想法已更为清晰。

由农林省三度起草的农村救济系列政策勾勒出这些想法的形成过程。初稿很有可能于 1932 年 6 月末草拟,对自我振兴鲜有提及。① 7 月 10 日的二稿介绍了乡村经济振兴的具体建议,②其中包括上万个村庄的半年振兴规划(几乎囊括全国所有村落),并计划成立国家和地方管理机构推动规划运动。由于工业合作社在规划运动中起至关重要的作用,因而修改行会会员法以扩充其组织成员。③根据计划,大力资助振兴规划制定和工业合作社扩张。1932 年,规划制定将得到 715 万日元资助,另有 190 万日元用于工业合作社的扩张。下一个预算财年,规划者呼吁分别拨款 1 320 万日元和 190 万日元。到 1935 年,农林省提议为乡村振兴计划的两大要素总花费 5 500 万日元。④

....

① 高桥康隆,"日本法西斯主义和农业经济振兴运动的开展",第 7—8 页。
② 农林省,"农村共济与更生对策",1932 年 7 月 10 日草案,见 NSS:1:2,第 91—92 页。另见该政策提案之后的解释性文件,"农村共济与更生对策说明书",1932 年 7 月 19 日草案,见 NSS:1:2,第 96—107 页。
③ 高桥指出,此次修改法律的提案在 6.27 和 7.10 草案中都有所提及,但在后来的草案中才把重点放在为小户农民提供资助上。见高桥康隆,"日本法西斯主义和农业经济振兴运动的开展",第 7 页。
④ 农林省,"农村共济与更生对策说明书",见 NSS:1:2,第 107 页。

7 月底,政府的乡村振兴计划大幅缩减。第三稿草案,也就是农林省的"乡村振兴实施纲要",反映了斋藤和高桥在地方官会议上表达的一些观点。地方经济振兴规划的重心由庞大的政府管理和财政支持转向由地方自寻出路,承担更多的责任。新纲要提出面对眼前的问题"乡村应当奋起自立",而不是一味依赖政府的政策支持。[1]规划规模也相应地削减。7 月 10 日二稿中曾倡导的万村半年振兴计划,在新的规划纲要中改成了千村五年规划。

对上述规划的资助也不够丰厚。农林省先前申请的700 多万日元的预算大幅缩水。农林省的第三稿振兴规划中提到的预算在1932 年也仅有43.1万日元到账。1932 年,有 5 万日元拨给了村级发展规划,另外 5 万日元用于安置农业技术员。其余资金则用于管理费和工业合作社。[2]

规划运动预算削减的另一迹象是建议成立新机构来督导农村振兴的精神层面。中央和地方组织将负责弘扬自力更生的精神,为此第一年就拨给他们近10万日元资金,1933 年预算又翻了一番。尽管和经济规划的拨款相比,这笔预算少了许多,然而将原有规划切分成两个独立部分就突出了振兴规划中精神层面的分量。[3] 即使农林省官员最终争取到经济发展的振兴预算,但仍保留了鼓舞士气的做法。

自我振兴、政府各部门以及第 63 次国会

在规划运动规模遭到削减的同时,政府加紧提高自我振兴的实效。为应对农村危机,特别召开了第 63 次国会会议,在此期间可以

---

① 农林省,"农村经济振兴计划施政要求",见 NSS:1:2,第 112—113 页。

② 同上,第 112—113 页。

③ 高桥认为新纲要反映出政府正在偏离"积极"态度,不再支持 6.27 和 7.20 草案中所提出的高额预算计划,转而赞成廉价的自力更生计划。见高桥康隆,"日本法西斯主义和农业经济振兴运动的开展",第 9 页。

明显感受到政府对振兴规划寄予越来越高的期望,他们把自我振兴看作是拯救农村的唯一出路。在国会特别会议的开幕式致辞上,谈及自我振兴运动,首相斋藤和藏相高桥都满怀希望。斋藤首先对议员发言:

> 人们开始凭借自己的力量来摆脱大萧条,这真是莫大的幸事。政府也正有意鼓励自立精神,将对弘扬这一精神的自我振兴运动给予帮助,国家力量将和自我振兴完美结合,共同探索走出困境的出路。①

高桥也表达了类似观点:

> 各国都在面临严峻考验,但一时间难以找到应对良策。最终试遍了所有方法来消除危机。政府倡导在各类辅助手段中选定最有效的方法,作为紧急政策,递交国会来决策。然而面对眼下的危机,如果人们一味依赖政府的决策,那就无法收到预期的效果。大家必须意识到自我振兴的意义所在,把它当作摆脱危机的出路。在当下国内外困难重重的危机时刻,我不由得相信我们的人民定会展现出这种坚毅精神,来克服困扰全球的难题。②

正如二人在演讲中表明的那样,政府在竭力推行自我振兴政策,人们对政府资助的心理预期不断降低。政府一再强调政府辅助措施和人民自助精神并重的重要性。二者的完美结合构成了斋藤和高桥大力提倡的走出萧条的最佳途径。

---

① TGT 63,第 7 页。
② 同上,第 9 页。

虽然政府经济振兴规划的内容(多少个村庄参加,什么样的人参加等等)无需国会审议通过,但规划的组织方式受制于国会。在第63次国会开幕当天起草的一份"农村经济振兴组织发展纲要"中,农林省粗略勾勒出规划的进程,界定了债务整理联合会的作用和政府应采取的保障措施。新纲要谈到"通过百姓与政府的合作建立一个有组织的、有控制力的机构以实现经济振兴"。振兴的基础手段是对当地经济条件进行普查,同时起草适合当地社会的切实可行的经济振兴规划,纲要涉及14个主题,从"土地的配置使用"到"控制农业产量"、债务清偿、健康、教育乃至财务改革。[1] 纲要对如何制定经济计划作出明确说明:各村成立代表全村的委员会,起草计划并呈交县里审定。村里所有的地方组织,包括农协、工业合作社,当然还有最基层的村级农业组织,都应该致力于将计划贯彻到底。

在提出最初的草案前,农林省还设法赢得了大藏省更有力的支持。递交到国会审议的预算提案争取到超过330万日元的资金。[2] 这笔金额虽然低于他们先前期待的700万日元,但比7月底以来农林省申请的那笔少得可怜的资金多得多。

毫无疑问的是,农林大臣后藤在对国会的发言中引用了新版纲要。在回应议员对乡村救济预算提案的质询时,后藤说:

> 我已经谈过计划经济和乡村振兴规划的必要性,但这究竟意味着什么呢?我希望各位能意识到预算和农村经济振兴之间的关联,不过我认为如今农村还有许多根本性问题亟待解决,其中之一就是在经济计划方面存在许多空白,还有许多事情要做。不论是农民家庭还是农村社会,

----

[1] 农林省农务局,"农村经济振兴计划施政要求",1932年8月24日,见 NSS:1:2,第117—122页。共有14项调查。见118—119页。

[2] TGT 63,第97页。

不论是在工业、生产、消费、销售领域，还是在其他环节上，都必须进行规划和结构调整。我们务必尽早执行这一永久性政策。①

和兵库一样，规划是政府实行振兴运动的核心内容。而在兵库，县农协能调动当地村级或村落级基层分会的力量，把农协的意图相对容易地传达到各家各户。兵库独特的组织能力在其他地方却无法通用。要想全国推广兵库规划运动，农林省在管理上就面临着巨大挑战。不管计划制订地多么有效，倘若农村基层组织不和政府合作，或者他们彼此不相往来的话，那么任何改革的尝试都将一无所获。农林省提出一系列意在提高组织能力的议案。

提案针对农林省关心的两方面问题：一是如何建立一个强有力同时又灵活高效的执行组织，把规划运动的指令迅速传达到村落；二是如何最有效地解决农村债务问题。债务问题由来已久，起初完全游离于经济振兴运动之外。然而债务问题一日不除，经济发展就举步维艰，而且既然从基层村落着手是解决债务问题的最佳选择，那么《债务整理联盟法》就注定和规划运动紧密联系在一起。由于（第3章提到的）国会立法提案失利，导致振兴规划推迟实施，直到1933年初通过联盟法修订版，完整的经济规划才得以推行。

其他立法提案针对工业合作社和农事实行组合。所有法案都获得通过，提升了工业合作社的财政地位，同时地方合作社也接纳农事实行组合成员。② 这样农事实行组合（过去是由农协管辖）就和

---

① TGT 63，第 55 页。

② 法案的详细内容见 TGT 63，第 215—259 页。在讨论这些草案期间，栗原明秀（来自栃木县的国民同盟成员）指责政府将所有责任推到农村和弱势群体身上，自己却一身轻松。他还暗示说，政府无法理解农村社会目前所面临问题的严峻性。他说："过去有句老话叫做'杀鸡用牛刀'，政府目前应对危机的所作所为却是大题小做。"同上，第 240 页。

工业合作社联系在一起,二者的结合正是农林省需要的理想组织形式。工业合作社提供村落基层的经济动力,并为作物多样化的农民联系市场销路。

绝大多数农协成员来自同村,缺乏工业合作社那样的经济影响力,比如提供低息贷款以及市场网络等等。(地方农协也可以为希望卖掉农产品的农民充当类似中间人的角色,但作用有限。)然而,从农林省官员的角度来看,农业协会能非常有效地和农村各家各户建立联系。工业合作社不大倾向于深入到基层村落,而且实际上许多中小规模的农户就被排斥在合作社之外。但是由于农协有更为广泛的群众基础,凡是与之有关的规划行动必将涵盖农村社会的多数农户。①

在国会内部不难发现政府对振兴运动的热情。在讨论和运动相关的法案期间,有人对重建农村的规划运动公开表示质疑,原因是他们试图通过讨价还价达成预算。不过由于内阁以及小平的宣传,很难反对运动的主旨精神。议员们的批评之词较为婉转,因为没有人会反驳说勤劳和自立并非什么重要的美德,何况这都是政府大力提倡的品质。这种怀疑态度变得更加隐秘,他们把矛头转向振兴运动,质疑单凭这一运动能否挽救农村危机。考虑过这一问题的政治家和评论家得出的答案是否定的。清水银三(来自滋贺县的政友会成员)这样说:

> 我相信国家呼吁自我振兴的时机非常合乎时宜,但在

---

① 农事实行组合是地方农民组建的小型组织,他们在基层村落需要通过合作谋求共同利益。新颁布的法令使所有农事实行组织成为合法组织(法人),而且简化了加入工业合作社的程序。见农林省"第63次国会核心内容:审议农林省关于应对农村大萧条实行救助措施的非正式记录",1932年11月,见NSS:1;2,第128—129页。有关小平对农业组织重要性的看法见楠本昌弘编著,《农林渔村经济振兴运动与小平权一》,第40—42页,脚注48。

目前情形下，由于现行制度所限，再加上百姓身上沉重的
负担，他们能够凭自己的力量实现经济振兴吗？如果政府
现在就准备号召推行自我振兴，那么首先要做的就是减轻
百姓负担，或是采取措施根除现有疾患，这样才有可能实
现自我振兴。①

斋藤回避清水减轻农村负担的建议，而是大谈自我振兴精神力
量的重要性。斋藤坚持认为，在执行自我振兴规划的过程中，政府
不打算提供任何形式的直接援助。许多地区有可能需要紧急救济
的帮辅，但他很高兴地注意到，在没有政府支持的情况下，自我振兴
运动已经在着手开展了。清水这样回应说：

当一个人生了病，打针固然可以暂时缓解病情，但打
的次数越多，效果就越差。我认为，政府眼下提倡的紧急
政策会适得其反，并不利于自我振兴。除非采取一些根本
性措施来配合救济政策，否则危机就会越来越严重，而且
政府财政状况也会越来越糟糕。如果用自我振兴来化解
危机，百姓的负担会越来越沉重。我担心这会让人们的依
赖性越来越强，恰恰和自我振兴的宗旨背道而驰。②

斋藤只是回应说自我振兴不会加重依赖心理。他不愿谈及减
负问题，宁愿推迟到晚些时候再做讨论。

清水和斋藤二人的意见交流很难称得上是自我振兴美德的辩
论。清水并非真的对自我振兴有意见，他只是觉得内阁刻意回避农
村的根本性问题。清水认为自助精神固然好，但除非采用其他辅助

---

① 斋藤施策纪念会编著，《斋藤施策记实》，第 3 卷，第 222 页。
② 同上，第 224 页。

政策,否则收效甚微。减负是政友会惯用的农村政策,清水建议斋藤把减负作为自我振兴运动的辅助政策,但其他政治家或许会轻巧地建议政府采取诸如农村债务或是农产品定价等"其他"辅助政策。① 对于斋藤和高桥(或者再算上后藤)呈交到国会审议的自我振兴规划,大家大多没有异议,除了在一点上存在争议,那就是和政党所谋求的耗资昂贵的政策相比,究竟应在多大程度上重视自我振兴。

当各大政党的官员开始更为仔细地审视振兴运动时,他们发现很多地方有待改进。第 63 次国会休会后不久,政友会的田儿一民(岩手县)发表文章提出建议。当初他要是代表个人而非政党表态,他的言论就会有一定分量,其观点因其内务省官员的身份而不受关注(他曾在原的手下担任社会局局长)。田儿认为政府如果真心希望农村经济复苏,就不要局限于讲座、演讲这些形式,而是要做更多的事情。②

文章开篇就对政府号召自我振兴进行反驳。田儿一民在文中写道:"农民自己并没有乡村经济复苏和自我振兴的意愿,发起者都是那些农村机构。"他认为,农民更关注农村社会赤贫的现状及成因,但已无力根除造成贫困的原因。田儿指出,农村已逐渐被排除在政府决策进程之外,工业对农村经济的大举入侵令他们毫无防范,城市化的教育方式也是造成农村不幸的根源所在。③ 他把政府目前所提倡的自我振兴比作是"对病入膏肓的将亡之人解释讲卫生的必要性",换句话说就是太迟了,政府所提供的帮助太过微不足道。他还认为如果能立法,那么情形就会好起来,这样不仅确保农

---

① 龟井观一郎(福冈)反对预算计划,认为不应为自力更生拨那么多资金,理由是该计划完全靠互助精神。山崎达之助(来自福冈的政友会成员)利用该计划抨击中央政府的权力过于集中。TGT 63,第 130、134、136 页。

② 田儿一民,"关于农村振兴",第 24—36 页。

③ 同上,第 24—30 页。

民自力更生，还能营造环境来助其恢复元气、壮大力量。

另一位政友会资深成员东武是农村代言人的领军人物，他在第64次国会初期也发表了类似论断。他认为经济振兴对农村来说是个好主意，对内阁推广自我振兴击节叫好。但又质疑说："即使（当地自我振兴委员会）制订了计划，谁来执行这些计划呢？"除非内阁愿意提供大量资金来支付地方农协技师的工资，"制订再多计划都无济于事，我认为事实上经济振兴完全不可能实现"。[1]

东武接着又提出理由证明技师是必不可少的因素，它决定了振兴规划的成败，因此有必要增加政府投入来资助处于窘境的技师。农村缺乏领袖人物，（他说："并不是每个村子都有像二宫尊德这样的人。"）据他估算，资助技师需要 500 万至 800 万日元，内阁可以出资培养必要的领导人。只有到那时，内阁才有希望完成自我振兴规划的目标。而眼下农村"在思想和精神境界中，既缺少良心，又没有自由、安全和勇气，前途极其黯淡。（农村）处于漆黑一片的绝望之中"。[2] 东武对振兴运动的支持是有条件的，但有一点他似乎并不怀疑，那就是如果农协技师得到应有的资助，经济振兴规划就能运转。

民政党也在关注振兴规划，但从整体上看，该党比政友会更有可能无条件支持斋藤内阁的建议。在 1932 年 7 月出版的该党杂志《民政》上，报道了一次有关农村政策的圆桌会议，议员的意见较为折中，一方面温和地要求改良债务和救济政策，另一方面建议农民

[1] 东武，"关于农村问题的疑问"，第 47 页。首次出现在众议院的评论中，1933 年 1 月 24 日。

[2] 同上，第 47—48 页。东武还谈到需要制定有关大米、蚕丝、化肥和债务方面的政策。佐藤信弘是德川末期的改革家以及学者，他写了众多主题的文章，其中大量谈及农村经济。其思想远不及二宫尊德仁慈宽厚，他还谈到打算对政府结构进行全面改革，并计划建立全球性的大日本帝国。有关佐藤信弘的事业生涯及其思想的概括详见托特曼的《近代早期的日本》，第 453—456 页。

要学会不再依赖他人的帮助。在第 63 次国会前夕,民政党农村政策特别委员会(农村对策特别委员会)表态支持自我振兴和农村规划。[1]

8 月底,若槻礼次郎在国会发言中重申他所在政党对振兴运动的支持,他说:"振兴运动关乎国家未来和国民经济的持续繁荣。"[2]农林省一经制定经济振兴规划的框架,民政党发言人就表明他们一如既往的支持态度。1932 年 10 月荒川五郎(广岛)撰文谈起自我振兴的重要意义,这些措施包括提高自助效率、减少不必要的花费以及加强社区内外的协作。[3] 除特殊情况外,国家福利政策应予以取缔,政策更倾向于自助精神。荒川写道,我们必须认识到只有依赖国民的力量,国家才能进步,人民才能昌盛,依赖国家扶助是不会有好结果的。[4] 荒木希望国家能拿出一部分资金用于经济振兴规划,他还认为政府应承担更多办学费用,但从整体上他似乎对政府倡议比较满意。民政党对斋藤内阁自我振兴政策的支持一直持续到 1933 年,只有在 1934 年预算这一有争议的问题上产生过动摇。[5]

参议院也有支持规划运动的理由。巴巴英一在 1933 年初既是国会参议员,又是劝业银行行长,他十分清楚经济振兴运动对农村

[1] "农村窘境阶段座谈会",《民政》6:7(1932 年 7 月)。特别参见村上国吉的评论。政务调查会,"我党对农业分散村落的对策",《民政》6:8(1932 年 8 月):49—54。有关同一问题可参考"政治经济时报",第 74—75 页,其中内容声援斋藤内阁,反驳指责政府明在推行自力更生计划、暗里缺乏有实质内容救济政策的说法。

[2] 若槻礼次郎,"针对非常时局研究的我党政策",第 5 页。首次出现于 1932 年 8 月 20 日众议院的一次演讲中。

[3] 荒川五郎,"关于自立振兴计划",第 62—68 页。

[4] 同上,第 64 页。

[5] 1933 年 7 月,该党杂志为"乡村振兴政策"发行了一期特刊,由小平和那须弘撰写特稿,描述了农村执行振兴计划的进程。见《民政》7:7(1933 年 7 月)。其他各期杂志也刊登了对农村经济振兴的描写。小平写的文章也出现在《政友》上,这符合他在政治上保持中立的政府官员身份。

意味着什么。自明治维新以来,农村自给自足的经济模式被迫拖入城市交换经济的发展轨道,巴巴认为正是这一进程引发了农村危机。他指出,农民不得不花费过多金钱购买城市的商品,但他们靠出售农产品获得的收益却少得可怜。

巴巴引用经济振兴的相关理论,认为解决这一问题的最佳途径是将农村有效组织起来,因为只有这样才能在平等的基础上和交换经济进行抗衡。在巴巴看来,这一方案意味着鼓励多种经营,并建立更强大的合作社来促进生产和购销;这些政策不仅需要持续执行多年,而且还要靠农民自愿投入精力才能确保实现。与此同时,巴巴还提出向自给自足的传统模式回归,他的意图似乎是要让农村回到几乎完全依赖自己力量来满足生活需要的状态。

巴巴建议农民在力量壮大到能够和城市经济平起平坐之前,尽量避免同现代经济发生接触,尽管这项建议与农林省最初对自我振兴参与者的期望值不符,但巴巴愿意采纳振兴规划的部分倡议,这本身就明确表明规划运动对政府官员以外的人具有吸引力。巴巴写道:"正所谓自助者,天助也,我迫切希望我们的农民能够顽强地走上自我振兴之路,靠自己的力量造就农村繁荣。"①

自力更生或者其他类似词汇(比如革新)强烈吸引着公众人物,乃至第63次国会之后的几个月间,部长、政治家以及官员都频繁使用这一用语。多数情况下,他们谈到的振兴很少和农村及其规划沾边,反而更多地考虑到整个日本国民。前面提到的斋藤首相7月全国广播演讲就说明了这一点,推行经济和精神方面的振兴不过是一个补充成分而已。1932年9月初,内务大臣山本效仿首相发表广播

---

① 巴巴英一,"农村经济振兴与自力更生运动"。

讲话,题为"呼吁面临危机的人民觉醒"。① 在讲话中,他谈到政府需要将开支压缩在合理范围内,以免日后将债务负担转移到人民身上。山本的措辞和斋藤非常像,他接着说道:

> 令人欣喜的是,我最近不仅听到号召自我振兴以及呼吁紧急救济,有的农村社区已经在推行这些政策。实际上,公民的斗志已被困难激发起来,即使是在那些极度贫困、令人绝望的地方,人们都打起精神,不再单纯依赖国家资助,而是通过自力更生,依靠自己的力量走出大萧条的阴影。②

在规划运动中,内务省不仅帮助国家和农村脱离险境,还推动了公民振兴运动的发展。山本认为,通过财政资助和更广泛的宣传手段,公民振兴运动可以促进振兴规划的发展与执行。他表示运动的首要目标是将整个国家团结起来共同克服眼下的危机,帮助每个公民"在大家庭中合作"。另一个目的是推进自我振兴思想的传播。山本指出,如果人们仍旧不思进取,继续依赖国家帮助,那么"即使投入了一大笔救济资金也只会带来暂时的经济复苏,还会把城市和乡村拖上一条衰败之路。"

山本提到的运动是内务省火速促成的。8月内务省向地方官发布了"国民振兴运动计划纲要",并获得10万日元的补充预算用于国民振兴运动。内务省官员在形容"纲要"时表示,他们迫切希望充分利用振兴运动大力发展的势头。③ 内务省指示官员同倡议改革的组

---

① 山本达雄,"鉴于时局所迫,希望国民能够自觉奋起"。山本的演说发表于1932年9月5日。

② 同上,第6页。

③ 在9月的演讲中,山本似乎表现出赞成文件的态度。大家会(后藤文夫)编著,《内务省日志》,第2卷,第509—510页。

织、地方农协等机构进行密切合作,目的是把振兴运动的内容传达给大众。内务省将与报社和杂志社合作,发行宣传手册等信息丰富的材料,还将举办讲座、播放电影、组织集会在全国范围内进行宣传。[1]

对内务省来说,"振兴"关乎国民的士气和精神。说得再明白些就是要重新找回国民丧失多年的价值理念。山本在广播讲话中是这样结尾的:

> 自古以来,不论何时遇到困难,我们的国民都会展示出大和民族勇于克服困难这一伟大的精神气质。我深信,人们会秉承这一传统的国民精神来克服眼前的困难,并对前路充满信心。我诚挚地希望我们凭借这一民族凝聚力,尽快解除危机,人民的生活也更美好。[2]

文部省也开始主动涉入农村振兴,尽管涉足不深。该省官员希望教育制度更加符合农村学生的需求,能面向未来培养新型农村领导人。开始推行经济振兴规划时,文部省并没有制定具体措施,而且缺少和振兴相关的补充预算资金。[3] 但为了支持农村改革,文部省讨论了动员青年和妇女协会的计划,还制定了长期规划,为"适应

---

[1] 富田爱二郎,"国民振兴运动的概貌",第12—14页。富田是社会局社会部的负责人。若要进一步了解振兴运动过程中精神培养的重要作用,以及丹麦和美国对相对良性的"精神"状态的评价,见吉田茂所著的,"国民振兴的精神",第1—16页。

[2] 山本达雄,"鉴于时局所迫,希望国民能够自觉奋起",第8页。另见1932年9月21日《大阪每日新闻》(晚报版)讨论首相在位于日比谷公园的市政会馆向站着的听众发表演讲。

[3] 守屋秀夫,"对第一线的农业山村实行紧急救助",第20—21页。另见多哥真由的"农村振兴与教育革新",第1—8页,可以进一步了解文部省对振兴运动的态度。

消费经济模式合理调整生活方式"以及"重新勃兴传统礼节与风俗"。①

内务省和文部省都试图继续从"精神"层面上寻求农村振兴的途径。他们并不急于从经济层面认同农林省农村振兴的建议,但最初内务省在村落基层组织建设方面和农林省的观点一致。然而各部门间时常会出现摩擦,比如文部省大臣鸠山就拒绝出席1934年预算讨论的内阁会议,矛盾起因大概是领导培训中心的控制权归属问题。作为教育机构,培训中心理应由文部省管辖,而不应当在农林省的权限范围内。② 鸠山指出问题所在,但是培训中心的归属问题依旧悬而未决。

农林省和内务省间的冲突更是根深蒂固。经济振兴规划强调村落是组织社区经济和社会活动最重要的基层阵营,这和内务省把村庄视作最重要的行政单位有所不同。(要知道,内务省的地方改良运动曾试图用村庄取代村落在农民心目当中的地位。)直到1941年达成的一个决议,这一争端才得到解决,此前两大部门一直就究竟靠走"内务省路线"还是"农林省路线"深入农村相持不下。也许这件事情多少有夸大成分,因为农民并不为所动,似乎这场纷争并没有令他们感到有什么不便之处,甚至不觉得这是个问题。③ 在东京,两部门一直就"路线"问题以及对学校的管辖权问题暗地争斗。

内务省和文部省的振兴政策重要与否实在难以评估。他们所强调的提高"精神素养"存在一个问题,那就是该如何区别士气之间的差异呢?难道1936年的教育制度就比1931年更符合农村青年的需要吗?由内务省发布的宣传手册和举办的讲座有助于说服人们

① 关谷隆吉,"对国民振兴运动的勘定",第15页。关谷是该省社会教育局的负责人。
② 楠本昌弘编著,《农林渔村经济振兴运动与小平权一》,第42页。
③ 有关这次冲突和所暗含意味的充分讨论详见牛山健治的"昭和农业恐慌",第181—182页;同上,"农村经济振兴活动家恢复'乡村'机能与振兴",第27—28页。

参加运动吗？另一个问题在于内务省、文部省这两部门和农林省的情况有所不同，振兴运动并非这两大机构的首要目标。他们各自都有其他更重要的规划有待实施。之所以难以进行评估，还存在第三个问题，那就是随着时间的推移，十年之后，精神层面的问题以及全民动员在重要性方面超过了农村振兴。对振兴思想的掌握可以相当灵活，因此很难分清新旧思想的界限。很明显，农林省呼吁村落间加强合作说明人们关注生产和农村社会的福祉。但内务省和文部省发表类似言论却会产生截然不同的后果。

振兴规划的框架

第 63 次国会几乎满足了农林省希望通过振兴规划达到的所有目标。新法令放宽了工业合作社的入会要求，不仅为经济规划的顺利运行扫除了障碍，而且提供了充足的资金保障，帮助经济振兴运动取得进展。唯一悬而未决的关键问题是债务整理法案，正如众人预期，直到下一次国会会议才最终获准通过。一旦闯过国会这道难关，振兴运动就不再会成为国会讨论的议题。

1932 年 9 月底，小平权一走马上任，担任农林省振兴部主任一职。他任职长达 6 年，直至 1938 年 9 月初获得擢升。[1] 小平成绩斐然，不说别的，单凭其一己之力就保持了该部门目标的连贯性；凭借他在农林省的内部关系以及和民间的往来，振兴运动得以顺利进行，并多次化解了派系斗争。例如，小平想出争取预算资金的独特方法，不必召开预算委员会常规会议，而是直接向其上级申请预算，

---

[1] 楠本昌弘编著，《农林渔村经济振兴运动与小平权一》，第 35 页。从小平离任到 1941 年经济振兴部撤销之前，共有 6 位主任。正如楠本所言，在小平执政期间，也就是经济振兴运动初期，具有明确的工作重点，而这正是后面几任所欠缺的。

必要时还可以向藏相高桥进行直接呼吁。①

有关运动进程的政策由小平和乡村经济振兴中央委员会协商后做出决议。② 委员会约有 50 位成员,出身为官员(包括内务省、大藏省、商务省和文部省代表)、学者、选举出来的公务员以及规模较大的农业组织成员。名单中还包括一些最知名的农村政策倡导者,其中有石黑忠笃和小平的朋友那须弘③。此外,各大农村组织都被列为振兴部组织章程中的合作机构,包括全国镇长村长协会、帝国农会、工业合作社总会以及大日本青年(男子)联合会等等,不胜枚举。④

振兴部从东京向新组建的县级振兴分支机构发出指令;各村直接同县级分部交涉,但农林省官员会通过定期会议、调查以及实地考察的方式密切关注事态的发展动向。1932 年 10 月农林省在发布第一条指令中制定了经济振兴运动的基本宗旨,并敦促县级分部制定具体计划,为下一步行动打下基础。后藤的话即将应验:"切实利用好农村的独特习俗和优良的互助精神,并使之在经济生活中发扬光大,我们必须采取措施,从农、林、渔三方面进行有计划、有组织的农业生产和农村经济改革。"⑤

两个月后农林省发布了详细指令,该举措令人憧憬。长达 70 页的"关于制定乡村经济振兴计划的政策",不仅融合了农林省官员和乡村经济振兴中央委员会多次会晤的成果,并为乡村如何实现经济

---

① 楠本昌弘编著,《农林渔村经济振兴运动与小平权一》,第 46 页。

② 农林省,《农林渔村经济振兴计划的制定方针》,见 NSS:1,2,第 153—173 页。

③ 见农林省经济更生部编著,"第一次农村经济振兴中央委员会要点",1933 年 2 月,见 NSS:1,2,第 189—190 页。同上,成员名单见"第一次农村经济振兴中央委员会要点",1934 年 7 月,NSS:1,2,第 231—232 页。

④ 楠本昌弘编著,《农林渔村经济振兴运动与小平权一》,第 33 页。

⑤ 农林省第 2 号条令,1932 年 10 月 6 日,"关于农产预算经济振兴计划一事",见农林省,《农村经济振兴计划的树立方针》,1932 年 12 月,见 NSS:1,2,第 154 页。

振兴进行了规划。① 在稍后几章中,将谈到规划细节,同时把关柴村的经验作为振兴运动示范村进行详细探讨。下面将就 1932 年底振兴运动框架的形成过程做一番讨论。

规划者从一开始就申明,振兴运动并非人人都有资格参加。对参与者来说并不是在享有某种权利,而是意味着一种荣幸。候选村首先由县里筛选,最后由农林省亲自审查合格后才能获准参加振兴运动。申请村庄必须具备出色的管理才能,能起草相关文件,而且具有完成运动目标的强烈愿望。此外,还有许多限制条件,例如出现过明显的政治或社会动荡的村庄就不允许参加振兴运动。发生过佃租冲突或党派争端等事件的村庄都足以被剥夺参加资格。农林省希望参与者能够明确承诺全心全意地投入到运动中。② 尽管设置了诸多限制,申请参与运动的村庄仍络绎不绝。1932 年余下的几个月中,近 1 500 个村子获准参加振兴运动,第二年又有 1 769 个村庄参加。1932 年到 1934 年间,有超过一半的村镇参与此项运动。③

对于选中参与运动的村庄来说,振兴运动至少需要完成三个环节的任务。首先是结构性调整。由于现有乡村机构无力克服大萧条,因此运动建议重组当地领导机构,成立经济振兴委员会。虽然没有明示对参加成员有何限制,但入围的候选人往往是村领导、教师、地方农协领导人、有经验的农民以及在其他领域有所建树的人。因为没有正式的村级组织来确保运动的运转以及分享传达运动的有关要求,所以振兴委员会就来填补这一空缺,并监管运动的管理事务。振兴委员会的一个显著特点是不受地主牵制,因为在农林省

---

① 农林省,《农林渔村经济振兴计划的制定方针》,见 NSS:1:2,第 153—173 页。

② 在经济振兴运动最初几年,在难对付的社区面前,指派并非诱人的手段能吸引到他们;正如接下来第 7 章中要讨论的,到 1937 年,除指派这一方法外,还往以有可能获得政府资金资助的刺激措施,人们合作的积极性由此就大大提高了。

③ 农林省农务局,"农村经济振兴计划的实施经过概要",1943 年 4 月 24 日,见 NSS:1:7,第 286—287 页。

的授权下，地方领导层在挑选委员会成员方面完全有周旋的余地。和地位相比，能力的确更受推崇，指导方针认为能力是决定委员会席位的前提条件。将农村各个领域的领军人物聚拢到一起，农林省似乎有意要让运动覆盖到农村社会各个层面的生产者。

第二步制订规划的进程同兵库县十分相似，规划运动要求各村首先进行详细的入户调查。调查涉及生产率、家庭收入状况及其他众多普查项目，目的在于尽可能摸清农村现状。倘若不清楚地方经济陷入经济萧条的泥潭究竟有多深，也就无从了解危机给单个家庭或整个乡村带来多大程度的损害。调查仅仅是摸清状况的首要步骤，同时为下一步行动定下基准。

振兴计划就是在农村普查的基础上出台的。各村各户都制定了各自的振兴计划，并向公众发布村规划，并上报县政府审阅。农林省定下指导方针，为有可能产生的振兴规划条款做好准备工作，并制定出以年度为基准单位的五年规划。并没有什么一定要完成的定额和目标来限制各村制定计划。这就意味着各村、各户的计划虽不尽相同，但在行动范畴方面仍有共同之处。为了便于农林省和县政府对规划进行核对整理及评价，中央规划者提出他们认为地方最需要考虑的12个方面：

1. 土地划分及其合理化使用
2. 村级财政改革
3. 合理使用劳动力
4. 农业管理机构改革
5. 降低生产成本和管理成本
6. 改进生产方法和产量控制
7. 调控消费品价格
8. 调控农产品原材料流通
9. 改革农户经济模式
10. 兴建防灾设施、成立救济基金并鼓励吸纳存款

11. 增进各类村级组织间的合作

12. 改革乡村教育、卫生及其他农村设施①

即使是从如此短小的单子也可以一眼看出，农村社会改革的重点显然集中在经济的健康运行上。12 项规划范畴中有 11 项都与此相关，分别针对改良农业生产手段、加强和市场的联系以及增进村内合作。就连针对社会改革的第 12 项也和前面几项的内容关系密切。被提倡的教育改革应致力于推动更实用的、以农为本的教育改革，这样才有利于农村经济复苏。规划者希望从小学阶段就开始"推广实用知识"，训练年轻人掌握技能，以期将来能真正具备"带领农民切实发展农村经济的领导力"，而且还需要培养妇女，使她们能够洞察农村经济形势。②

至少包括四方面的广义上（或重叠交叉）的改革范畴：资源管理、生产与营销、组织以及管理。资源管理首先要对土地进行管理，因为对任何农民而言，土地都是生存之本。指导方针针对如何提高现有耕地的利用率列出长篇指导意见。此外还涉及到套种、轮种和土地改良工程，地方规划者应考虑到上述因素，这样才能平衡好佃租关系，并避免地主扩大土地出租面积。用于居住或是闲置的土地可重新用作耕地，池塘和沼泽也可兼做耕地和渔业养殖。同时，新修的公路和灌溉设施也应用于鼓励农民从现有土地中获得更多产出。（与此同时，指导意见还敦促地方规划者密切留意诸如公路工程之类的基础设施建设成本。农林省坚决杜绝给本已负债累累的农户增添新的债务负担。）

除土地外，还要对其他资源的管理进行规划。其中就有资本管

---

① 注意这些类别只适用于农耕型农业，山林和渔业则另外进行分类。计划还讨论了农林省有可能会提供的资金类型，仅限于资助建立县级委员会，为筹备自我振兴的县政府官员提供工资补助，将少得可怜的一部分资金用于村级振兴规划的补助。

② 农林省，《农林渔村经济振兴计划的制定方针》，见 NSS:1:2，第 161 页。

理,规划者制定了一系列金融改革计划,目的是提高资金利用率。改革倡议的重点一目了然,那就是尽可能将地方资本的控制权掌握在工业合作社手中。这意味着工业合作社有望成为村里最大的贷方,同时农户和农业组织也会把存款存入工业合作社。这样不仅避免了私人高利贷、银行甚至传统存款机构存在的可能性,而且借贷双方可以公平交易,但前提是会仔细考虑潜在借款人的信用度,也就是偿还能力。没有人能够借得到超过其农业产出额的款项。对于那些已经负债的人,当然会由债务整理委员会出面解决,并在还款过程中担当重要角色。①

此外,在资源管理方面,农民还需要采取特别措施利用劳动力资源。兵库农协所经历的曲折和磨难表明,许多农户未能最有效地使用现有劳动力,因而农林省开始着手应对这一问题。他们敦促农村社会落实大幅减少雇佣劳动力的计划,用家庭劳动力取而代之,并在农忙时节鼓励互助式劳动,同时引入耕畜和农用机械。农闲时节则敦促农户将劳动力投入到公共工程、乡镇企业以及合作加工农副产品。规划者也非常认同乡镇企业这一想法,但前提是要满足以下条件:项目的启动及运营资金要尽量少,最好能利用现有资源自给自足,而且产品需求也要有保障。浪费时间和金钱来生产没有销路的产品简直是无稽之谈。

与此密切相关的是,规划者着手提高农民的粮食种植与销售和购买必需品的效率。广泛动员降低生产成本,一部分有赖于农民自给自足,尽量减少购买消费品。肥料、饲料、农业化肥及农具要么全部由农民自己生产,要么通过工业合作社低价购买。由村里联合购买昂贵但实用的农业机械,如稻谷脱壳机和抛光机,这样可以避免农民拖欠化肥商的账。工业合作社既然能统一购买,也同样能为农民种植的农产品安排统一的销售渠道。通过工业合作社统一收购,

① 农林省,《农林渔村经济振兴计划的制定方针》,见 NSS:1:2,第 170—172 页。

农民可以确保以公道的价格出售大米。通过利用合作社的仓储设施和资金扶助，农民可以择机以最理想的价格销售大米。

提高生产效率还包括挑选适合当地条件的作物或牲畜，掌握最先进的种植、养殖技术，同时还要选准最佳收获时机。规划还包括技术革新，传播最新的农业信息，如作物品种、化肥及杀虫剂等资讯。只要这些措施执行到位，就能为普通农民带来可观的农业产值。通过了解农产品的市场销路，农民受益匪浅，工业合作社提供的有关消费需求、价格水准以及竞争等信息会帮助农民决定种植品种及时机。农林省的指导意见提出，如果农村社区能建立监督体系阻止品质低劣的作物流入市场，就可以增强市场信心，确保农产品价格维持一定高度。

和上述资源管理关系密切的组织改革势在必行，尤其是在涉及到工业合作社的情况下。例如，工业合作社的作用在于为社区扩充会员、增进和其他村子或组织之间的合作。农业协会、地方农协以及桑蚕和牲畜养殖联合会等都会主动和工业合作社加强联系，以便规划行动顺利展开。[1] 各村经济振兴委员会将努力协调各方面的规划行动，这样可以把各类组织的领导人汇聚在一起。仅凭这点变化，就足以证明农村组织经济运作的模式已有长足发展。

管理改革不仅意味着一般意义上的资本和劳动力集约，弥补日本农村小规模经济模式的不足，而且在具体意义上意味着号召农户发展登帐式经营，并将该模式加以推广。规划者急切盼望农户生产更多诸如酱油、味噌和服装之类的日用品，各户能够自制日用必需品，或同其他农户交换日用品。农户会更加密切留意收支情况；尽管收入变化和其他领域改革的成败联系更加紧密，但农户应该尽力"平衡"家庭收入。这意味着他们不能仅靠种植一种作物，而是要靠

---

① 工业合作社对从整体上推行振兴计划的成功起着重要作用，因而在农林省的指导纲要中特别为其设立了一整章。

兼职或从事林业等副业才能保证有额外收入。农户至少全年都有稳定的收入保障,这样才有望减轻债务负担、维持收支平衡,甚至还有盈余存款。

振兴运动第三个也是最后一个阶段是执行规划。在这一点上,全国振兴运动与兵库模式不同,在措施的具体执行方面并没有单纯依赖地方农协,而是将责任分解到各个村级机构。工业合作社、学校和众多组织都被列为执行机构,承担各自任务。然而,在农林省规划者看来,农协和工业合作社都无法独立承担组织村落基层运动的重任,单纯指望他们无法保证规划运动获得成功。针对这一点,农林省官员将目光投向农事实行组合,赋予该组织执行规划运动日常事务的职责。

为了更易于操作,农林省修改了相关的工业合作社法,确保了农事实行组合成员能够加入村级工业合作社。该举措使每一个村落都能够接触到工业合作社,这样一来合作社和农村社区各家各户的联系更密切了。[1] 由于所有主要村级机构领导人往往也都是经济振兴委员会成员,就更有可能加强协调与合作(至少在表面上)。

农林省要求参加运动的村子上交进度报告,并在第一个五年计划结束时接受更为详细的评估。然而,即便如此,农林省或各县也根本不可能精确衡量运动的进展情况。如果要进行公正评估,就必须掌握许多变量并了解当地的实际情况。然而正如指导意见所暗示的、无数实践证明的那样,制定什么样的目标以及完成与否都不重要。一个成功的计划总会得到回报,并不因为它偏离了人们的预期而受到指责。

农林省有意借助地方的热情来推动运动发展,因此大谈1932年底的农村现状;其他机构虽然并不完全认同农林省的规划目标,但

---

[1] 农林省,《农林渔村经济振兴计划的制定方针》,见 NSS;1;2,第153—173页,特别是第156页。

也沿用类似术语，他们认为规划运动对农村人口具有潜在吸引力。农本论者早已通过请愿运动成功地说明了农村对变革的渴望心态；当然也可以认为佃农运动选择了同样的发展方向。所以政府把国家命运和农村变革的推动力联系在一起，也就不足为怪了。下面将介绍振兴运动在农村社会的萌芽与发展，早在 20 世纪 30 年代初，农村社会就已在积极响应经济振兴，而且最终对经济振兴运动的改革倡导做出回应。

改革与振兴的大众文化

从 1925 年起，时年 17 岁的新潟佃农西山浩一开始写日记，他记录了身边发生事件的细节，并保持这一习惯直至 1995 年去世。[1] 大量的日记展示了西山对学习的钟爱；尽管西山很早就中断了学业，但他常和朋友们聚在一起读书学习。他们一面热心寻觅更先进的农业新技术，一面又做着截然不同的事情——潜心读书，接受新思想。

强有力的迹象表明，在 20 世纪二三十年代的农村，这种渴求自我提升和改良农村社会的精神诉求非常普遍，而且对农村社会如何应对大萧条产生了重要影响。诚然，兵库农协此类组织的出现反映出地方的积极性，同时也是政治家决策的产物，然而这仅仅是经济振兴运动的一个组成部分，另一个关键元素当属大众文化。

由于年轻一代所接受的教育以及明治初期的时代影响力，提升自我和改善自我已成为这代人的事业信念和教育理念。[2] 塞缪尔·斯迈尔斯的《自己拯救自己》及一系列励志类报刊赋予他们宏

---

[1] 在谈到农村债务问题时曾提到过西山；另见西山浩一等，《西山浩一日记》。

[2] 金蒙特的《靠日本明治思想白手起家的人》以及格鲁克的《日本现代迷思》都对此有所提及。

图抱负,此外学校教育体制日趋标准化和平民化。19世纪与20世纪之交,日本小学的入学率就已相当高,这都是教育体制变革的成果。至少对青年男子来说,征兵和军训也是其成长体验的一部分。因此学校和兵营是年轻一代熟悉的教育阵地,其父辈却只能望之兴叹。

尽管明治教育体制有诸多不当之处,而且大批年轻人发觉了失去接受高等教育和获得好工作的机会,但显然正是这一教育制度不断培养出训练有素、富有抱负、勤奋好学的青年男女。正如厄尔·金曼斯等人所说,所谓的"崛起于世界"和报效国家的思想从未被人遗忘,而且这一理念又转化为实际行动,具体表现为经济改革和国家吸纳大学毕业生的能力。① 大萧条爆发时,明治教育体制培养出来的农村社会和农民组织领导人越来越多,20世纪20年代末及30年代初,新生代已悄然崛起,责无旁贷地承担起家庭和社会的责任。这都是成熟教育体制和社会化进程的成果,同时也成为日本步入现代国家之列必备的物质和精神基础。

受到良好教育的农村社会不但是地方进行自我提升试验的肥沃土壤,还常常为社会能动论提供广泛的群众基础。西山浩一的日记就充分证明了这一点,他是这一代人的典型代表。日本学者所熟知的农村十大战前日记作者中,有七位出生于日俄战争和中日战争期间,时间跨度从1898年到1908年,西山也是在此期间出生。这些人几乎都是完全意义上的佃农,租种2到3町的土地;他们的教育程度大体相同,无不对知识充满渴望,热心求学、潜心读书。② 当其戎年时,这些渴望知识的诉求很容易得到满足。

20年代中期,杂志等出版物开始面向大众发行,并在种类和数量上呈现爆炸式发展的态势。因此塞缪尔·斯迈尔斯得以有机会

① 见金蒙特,《靠日本明治思想白手起家的人》,第8章。
② 冈田正胜,"西山浩一日记评述",第50页。

在乡村家中的书架上摆放诸如《改造》之类的左翼杂志，接触到社会和政治批评言论（当然这都在当局新闻审查范围内；而有关天皇等众多话题则完全不在审查之列）。地方、乃至全国杂志都向编辑、作家甚至是小说家发函征稿，为新思想和普通读者提供了表达意愿的平台。在农村，青年男子协会在 20 年代末 30 年代初创办的报纸为新生代农民提供了发表意见的平台，他们对现实的批判恰恰能清晰反映农村现状。

20 年代以前的新闻媒体并没有发挥出这种实际作用；可以说直到那时，农村社会才形成明确的读者群体。[①] 地方报纸尽管没有刊登对摆脱农村危机的见解，却展示了农村年轻一代追求自身进步和社会发展的坚定决心。[②] 1932 年年中的一次针对青年男子协会会员的全国调查中，一位评论家在对新潟和长野北部地区观察十天后得出的结论能够反映许多人的心态：

> 如果把我们农村比作黄包车的话，那么城市就是汽车，它所消耗的汽油就是大量的资本运作。帮助黄包车之所以毫无意义，在于它已失去和汽车进行角力的机会。我真怀疑那些认为多帮助农村会给城市带来打击的人的精神是否正常。难道即将进入精神病院的农业评论家还不够多吗？
>
> 我坚信眼下拯救农村这辆黄包车的唯一途径就是将其转变为摩托车，好跟城市这辆机动车并驾齐驱。当然，重建农村的任务十分艰巨。在重建过程中，由于合理化重

---

① 无线电收音机的作用也十分显著。卡萨，《国家和日本的大众媒体，1918 年至 1945 年》，第 88、94—97 页；岩崎晃，"新媒体的展现"，第 240、244 页。

② 狩野尚，《大正民主的暗流》；沃斯沃，"农村社会的转型：1900—1950"；威尔逊，"愤怒的青年和日本政府"。另见圆子玉井，《民族主义的阴影下》。

组,农村会出现许多阻挠压制者,领导阶层也会变更。然而,帮助那些跌倒在地的人,或是那些本来就难以自立的人原本就是社会的责任,而不在乡村振兴政策予以考虑的范畴之内。在采取这样一个重大举措之前,我们必须消除这种凄凄哀哀的心态。

打开窗子吧! 难道你不想呼吸点新鲜空气吗?[1]

没有哪一家地方杂志的知名度和读者群体能够比得上《家之光》,它一直在不懈地宣扬农村自我提升和改革思想。自 1925 年创刊之始到 30 年代中期,《家之光》就已成为农村最流行的出版物,每三户家庭就有一户阅读这本杂志。不像当时其他流行读物,《家之光》从不在书店中出售,只能以预定方式购买,通过设在工业合作社的全国销售网络面向农户直销。这一方式令其影响力更引人注㠯;1932 年 7 月,月发行量超过 20 万份,1935 年 7 月达到 100 万份。1937 年发行量接近 150 万份,刷新了战前记录。[2] 杂志富有吸引力的部分原因在于随着经济振兴运动的发展,工业合作社的会员基础不断壮大,而同样重要的原因还在于杂志编委的精心策划,他们一直在努力打造一份能够反映农村读者需求的杂志。

大萧条爆发之初,《家之光》的基调和组成结构就已有了一系列变化。新任编辑梅山一郎特意采取措施来增强杂志对农村读者的吸引力。1930 年后,社论和规劝性内容仅 1/3 版面不到,其余部分为娱乐、读者意见以及封底儿童读物专栏。[3] 早年长期为杂志撰稿

---

[1] 大日本联合青年团调查部,《农村实况报告书》,1932 年 9 月,见 NSS:1:2,第 83 页。

[2] 板垣邦子,《昭和战前、战争中期的农村生活》,第 54—56 页;安达生津,"自力更生运动家的《家之光》",第 106 页。

[3] 有关组织内容和采用方法的详细分析,参见板垣邦子,《昭和战前、战争中期的农村生活》;安达生津,"《家之光》的发展史",第 59—76 页;同上,"《家之光》的战后供给",第 79—96 页;同上,"自力更生运动家的《家之光》"。

的山崎直吉再三提出自给自足和热爱土地的思想，1930 年后重新加入撰稿人行列，而且在文中提出的建议更具实用性和攻击力。

《家之光》敦促读者采取积极措施来改变现有生存状况和农村的社会环境。刊物焦点曾一度对准改善农业管理的基本要点以及提高工业合作社的服务水平，但并不局限于这一范畴，还开辟大幅空间讨论乡村文化、艺术和社会改革，不久经济振兴运动也开始效仿这一综合性措施。总共采取了三大策略，一是模仿其他流行杂志，特载文学、戏剧、电影梗概、幽默和漫画，这一举措将民族共有文化推广到农村。例如，吉川秀治、贺川丰彦等作家开始在 1932 年中期撰写连载小说，受到读者的热烈欢迎。

第二大策略是将读者的注意力吸引到乡村独有的文化特点上来，让他们不仅意识到农村文化和城市文化有显著区别，而且还应继承与发扬这些文化特质。一方面安排版面宣传农村生活的种种长处，另一方面穿插报道了都市生活的阴暗面；《家之光》还经常提到移居城市的危险性、资本主义的唯利是图以及都市生活的腐化堕落。[1] 杂志编辑指出，合作、和谐与稳定同农村社会关系一向密切，并以此证明存在一种独立的农村文化，有必要将其发扬光大。为实现这一目标，杂志鼓励成立地方演艺组织（表演有关乡村主题的短剧，来突出反映几大热点问题），并征集读者意见，就有关当地生活和农村家庭的纪实性、虚构性文学作品发表自己的见解。[2] 《家之光》建议农民以辛勤劳动为荣，并宣传在农村大有可为的思想，目的是要抵制城市生活对农村的诱惑，为农村寻求更光明的未来指出一条出路。

---

[1] 见例子"（在枥木县）倾听农村青年团声音的座谈会"，《家之光》（1932 年 11 月），第 34—48 页。欲知一般性的评论，参见安达生津，"《家之光》的发展史"，第 71 页；板垣邦子，《昭和战前、战争中期的农村生活》，第 169 页；以及田崎信善，"都市文化与国民意识"，第 167—198 页。
[2] 板垣邦子，《昭和战前、战争中期的农村生活》，第 52 页。

　　涉及到生活方式、农业管理实践以及日常活动方面的变革虽然具体但似乎难以实现,因此第三大策略就是将变革的设想转化为现实,把农村建设得更为繁荣、富有活力。1929 年之后,杂志栏目越来越贴近农业家庭的日常事务,为解决农户的实际问题出谋划策,并提供详细的生活案例分析。① 杂志经常刊登家庭预算、作物多样化种植计划以及合理分配劳动力和时间等建议,同时,就面对日益恶化的大萧条地方应当怎样制定最佳应对方案这一议题,展开了一系列非正式讨论。

　　显然,杂志还以生活改善运动为契机,试图给农村社会带来一定启发。早在 20 年代初,改善日常生活运动就已在文部省的倡导下开展起来,运动致力于改善家庭卫生条件和营养条件,提高现代家庭日常生活的合理性和科学性。② 起初主要针对的是城市家庭,但这一理念具有极强的可塑性,很快就变得同样适用于农村家庭。20 年代末以来,《家之光》就一直在强调上述改革的重要性,经常谈到改革在建设农村社会的过程中,不仅可以繁荣经济,还能丰富文化生活。例如提高时间的利用率可以为人们带来休闲的生活,在繁忙的劳作之余可以发展对艺术的兴趣和爱好,当然也可以进行娱乐。人们从中看到了一个能够与城市相匹敌的农村,在杂志致力于推行改革之余,还存在这样一种可能性,那就是一想到他们将终生面对乏味辛苦的劳作、糟糕的健康状况和单调的饮食结构,年轻人势必会离开农村,源源不断地涌向城市。

　　日常生活改革在许多方面貌似有利。《家之光》的撰稿人为农村勾勒未来时,既不希望农村社会一味模仿东京的灯红酒绿,也不希望农村回到原来那种虚幻的田园生活。相反,《家之光》和其他面

---

① 例子参见"倾听农民声音的座谈会",《家之光》(1932 年 3 月),第 59—67 页。

② 戈登,"日本家庭管理",第 248—251 页;加隆,《塑造日本心灵》,第 11—13 页;同上,"构建勤俭文化";圆子玉井,《民族主义的阴影下》。

向农村的杂志都鼓励农民思考如何建立现代农村,但这种现代农村又独具农村特色。[1] 这些想法和建议是公众对农村改革思考的结果,而且在经济振兴运动开始前就早已形成。

农村经济振兴的宏观策略带动了经济和社会改革,其号召力还明显体现在 20 世纪 30 年代初,二宫尊德(1787—1856)思想再次风行一时。他主张农民应当"多多工作、多多赚钱、厉行节俭!"。大萧条爆发后这一理念仍具有很大吸引力,从二宫针对社会和经济改革提出的报德思想可以清晰地看到这一点。[2] 一方面配合了政府官员,另一方面上至全国下至地方,报德社的活动家影响了无数日本农民思考及解决问题的方式。

一直以来二宫的思想在农村和政府机构都很受欢迎。国家赞成有组织地推行重规划、重节俭的报德思想和农业价值观,在地方改良运动期间对这一观念的重视达到了顶点,而即便是在此之后官员仍然兴趣高涨。30 年代初,两大全国性报德组织中央报德会和大日本报德社仍在发挥强大的影响力。中央报德会负责出版发行《公民》,通过这一杂志后藤文夫和农林省官员小平权一等人表达了他们对报德思想的支持,并借此赢得读者对经济振兴的支持。

大萧条也让大日本报德社有充分机会直接检验其主旨精神。早在 1931 年,作为静冈县农村经济复苏计划的一部分,报德社成员就开始用报德主义的种种方法来帮助该县的几个村庄"重建"和改革。大日本报德社副主席石原慎太郎是二宫思想最杰出的代言人,他在土方村开展工作时,运用调查、规划、债务清偿和精神劝诫的方

---

[1] 20 年代末、30 年代初由长野青年男子联合会发行的报纸也表达了这一观点;见圆子玉井,《民族主义的阴影下》,以及板垣邦子,《昭和战前、战争中期的农村生活》,第 32 页。

[2] 阿姆斯特朗,《黎明前夕》,第 232—234 页;另见黑文斯,"19 世纪日本的宗教与农业"。小平权一的"报德思想与农村振兴"也是其中一个例证,说明了官员与倡导报德思想的活动家合力将振兴运动与二宫的思想联系在一起。

法,将该村经济带回原来正常的轨道。① 这和农林省最终采用的方法如出一辙,后来土方村因表现出色而获得肯定,并被选定为经济振兴示范村,由此可以更清晰地看出二者的密切联系。②

石原后来经常提到他在土方村的演讲和培训工作,这些工作方法成为大日本报德社大萧条时期政策的第二大组成部分。1933 年到 1938 年,石原和其他报德运动的活动家一起开展了 15 次主题为"重建国民生活领导人讲习会"的系列讲座。尽管约一半的讲座为期仅两周时间,但其余一半通常能维持 45 天,而且在内容上有别于一般的讲座,更像是研讨会或讲习班。与会人员受到精心指导,能详细了解到报德的原则和领导技巧,还就其自身现状和所在社区面临的问题一对一地进行了咨询。共有 2 000 多人参加了讲习会。

和其他报德思想的追随者一样,石原毫无保留地支持二宫教义的基本宗旨。在一次讨论中,他援引二宫在他那个时代所经历的困难,为 30 年代初的经济危机提供思路,并得出结论:既然当时二宫采用的方法很有效,那么用它来应对眼前的困境也同样会奏效。③ 他指出,30 年代农村所面临的问题其实早已存在,快速应急措施并不

---

① 石原是兵库县人,早年从事教育和管理工作,曾担任多年的神奈川县社会局局长。1927 年当选为大日本报德社副主席,在任 20 年。他还撰写了多部报德主义的有关著作,1927 年至 1932 年期间,他还负责编著了长达 36 卷的《二宫尊德全集》。海野福重,"农村经济振兴运动与村落产业联合会"(1980 年 8 月),第 119 页,脚注 13。

② 1933 年土方村被指定为示范村,1938 年又受到特别指定。1935 年,内务省社会局发布了石原对农村规划的评论,题为"关于在村镇实行振兴计划"。对土方村报德振兴尝试的分析参见八木茂树,《报德运动的百年进程》第 258—266 页;小川信夫,"针对昭和经济危机趋势的'自力更生'与报德运动";海野福重,"农村经济振兴运动与村落产业联合会"(1980 年 8 月);同上,"昭和经济危机趋势下的农村重组亡程(1)"。

③ 石原慎太郎,"报德精神(与)紧急救助方案",第 1、2 部分,第 4—8 页。另见威尔逊,"日本的官员与农民"。

会带来什么收获。石原著作中反复出现的主题是节俭、勤劳和服务社会的意识。他把抽象的报德主义宗旨转化为切合实际的建议,希望陷入困境的农村社会能有所转机。石原指出:"眼下农村有众多组织,如青年男子联合会、妇女会、农协以及工业合作社,但这些小集团的派系斗争给农村带来冲突,由此而导致农村陷入混乱的事例屡见不鲜。"他认为,阻碍农村经济恢复的原因在于组织效率低下以及误用了低息贷款等救济方法。[①]

石原提醒听众关注自我振兴的力量。在经济恢复进程中,个人学会自立固然是一个关键步骤,但他同时强调应在社区范围内寻求解决方案,石原提出道德劝诫的方法,虽然这一理念并非完全由其首创。[②] 尽管石原很难为这一方法下定义,但在讨论这一概念的过程中至少有两点很重要。一是需要用更为全面的、受报德思想启发的世界观来取代西方个人主义和竞争思想。二是建立村级组织,为这些新观念提供实践场所。

在石原看来,村级道德劝诫始于经常召开基层村落级或是村级集会。在基层村落,各家各户至少派两人参加每月一次的集会。村级碰面会也会召开,但次数不会太频繁。在集会上,村民将会聆听地方领导鼓舞人心的系列讲话,此外还会传达思想、部署具体的振兴计划、答疑以及制定明确的目标。石原相信,集会活动能把村民团结在一起,促使他们向着共同的目标努力,同时还能加深他们对现有方法的理解。绝大多数的农村组织碰面不够频繁,而且涉及人数又太少,因此不足以带来实质性的变化。石原认为,只有整个社区共同致力于道德劝诫活动,各个组织才能更好地为社区服务。[③]

---

① 见石原发表于《公民》的评论,"农村对策座谈会",27:7(1932 年 7 月),第 2—50 页。
② 加隆,《塑造日本心灵》,第 7 页。
③ 见石原发表于《公民》的评论,"农村对策座谈会",27:7(1932 年 7 月),第 16—18
   页,题为"危机救济的基础在于教化"。

集会的目标之一就是探讨解决危机的现有方法,引入不同的思维方式来启发村民思考自身的问题。石原希望人们密切注意西方思想的破坏力,并希望通过引入更适合日本的新思想来弥补这一缺陷。在石原拒绝接受的众多西方思想中,多次出现冲突、竞争和个人的收获(所有这些价值观却能和城市文化相契合)。① 他以达尔文主义为例说明上述三大因素是怎样构成西方世界观的。石原指出,达尔文主义强调牺牲他人利益来获取个人成功。倘若人们信奉达尔文主义,那么社会进步将会建立在冲突和破坏的基础之上。其中蕴含的意味一目了然:前进的唯一途径就是击败别人。②

石原试图建立另一种完全不同的世界观。他认为报德主义教会人们将自然环境与人类社会视为一个整体。西方所看重的个人得失其实并不重要。为了说明其中的含义,石原用对银行职能的两种不同认识来做例子。从西方观念来看,银行由官员、股东、储户和贷方组成,他们在银行的利益各有不同。股东希望多分红,储户希望多得利息,而贷方则希望少付利息。任何试图满足所有人的要求举动都可能致使银行倒闭,因此不同利益集团都在为占得上风而不停地争斗。从二宫的角度来看,开银行的人乐意接收存款,也同样乐意将钱借出去,因为他们的职责就是把钱拨到最需要的地方。股东处于借贷活动的核心地带,储户也会明白其存款将会派上用途。换言之,至关重要的是应当把参与银行资本运作的人看作同一家企业的不同组成部分,大家为了共同的目标通力合作。一旦用这种态度来看待银行,利益冲突和竞争这两大问题就不再有关联。他最后

---

① 田崎信善,"都市分化与国民意识",第 167—198 页。
② 石原对位于日本西面的中国的讽刺挖苦毫不留情。他在评价中国人时,形容他们"特别自私"(见"报德精神(与)紧急救助方案",第 1 部分,第 7 页)、"最自私的人"以及"中国人在追求利益时表现出最强的毅力"(见"报德精神(与)紧急救助方案",第 2 部分,第 10 页)。早期对外交政策的正面评论实例见东生哲五郎编著,《二宫尊德翁的训诫讲道》,第 220—223 页。

总结说:"这是因为所有人都处在不同立场为了各自的利益而战。"①

石原提出直截了当的解决方案。显然单凭农村生活的组织方式(它们不会陷入像石原列举的银行各方那么复杂的利益冲突),无法自行完成社会改革。为了实现道德劝诫,村民应当团结一心重新组织起来,通力合作,避免出现各自为政甚至是冲突的局面。石原写道:"只有将每一个村落、村庄和地区团结起来,开展有组织的改革,才能称得上成功的组织机构。"仅仅委派几个人到委员会、指望他们来领导其他所有人,是远远不够的;整个社会必须联合起来,否则就不可能使乡村、城镇乃至整个国家获得新生。② 在启动真正的改革之前有必要统一思想、鼓舞人心,因此石原倾向于在基层村落召开集会,同时发展乡村报德社,而这两种方式尤其符合农村的实际需要。

振兴理念的可塑性极强,因而这一思想很快就被许多代言人接受,并通过多种渠道向农村传达。振兴的理念和实践难以引起人们的注意,我料想这将会成为农村社会需要面对的一系列新情况。到30年代中期,这一理念有可能融入农村和农户的生活,但如果退到10年前,连尝试一下都是不可能的。当时像《家之光》之类的流行读物已拥有广泛的农村读者群体,同时,随着其他形式大众媒体的发展,读者规模还在不断扩张。工业合作社的发展则标志着另一个分水岭。不论是合作社、青年男子联合会、妇女会,还是由农本主义者组成的协会,都有助于推动农村改革,因而二三十年代期间,农民日益被有效地组织发动起来。

也许更重要的是,后萧条时代不仅标志着深入农村社会方式的

---

① 石原,"报德精神(与)紧急救助方案",第 1 部分,第 7—8 页。当谈到近来思想发展趋势时,石原从更大范畴对无产阶级和资产阶级之间的冲突做出评价。西方思想仅仅侧重权利冲突,而二宫思想则通过有活力的持续性增长来改善农民大众的境遇。见"报德精神(与)紧急救助方案",第 2 部分,第 10—11 页。

② 石原,"报德精神(与)紧急救助方案",第 2 部分,第 10 页。

转变,而且表明造成这一转变的原因也在变化。经济振兴运动、工业合作社运动,甚至倡导二宫思想的活动家都标志着整个社会正处在变革之中。没有人可以置之度外。每一个人都致力于重建农村,官员、活动家乃至越来越多的日本农民都相信他们应当涉身其口。下一章将讨论改革由理念转化为实践的过程。

第 7 章

在荒年中振兴：1934—1935 年的关柴

经济振兴运动进入第三个年头，农村的状况看上去有所改善。约有 3 000 个村庄被选中参加这项运动，这个数字远远高于农林省预计的申请数量。运动的受欢迎程度超出所有人的预期。"农村对经济改革的信心显而易见，"小平权一向委员会报告运动的进展情况时说，"许多乡村看到了眼前的希望。"①存款利率上升了，村民在婚丧嫁娶上的花销减少了，许多地方领导人对于在农业组织间新出现的协作精神给予了积极评价。

其他方面的改善与经济振兴运动虽没有直接关联，但仍受到欢迎。大多数农产品价格已停止直线下滑，有迹象表明，大藏省高桥藏相的投资计划发挥了有利作用。出口业和重工业开始复苏，随着这些部门走向好转，似乎可以肯定的是，其他领域的经济好转也指日可待。

令人不安的是，农村并没有完全按照规划者所希望的那样迅速复苏，但 1934 年初小平权一仍试图积极应对持续恶化的农村萧条。小平认为，经济衰退如此严重并持续了这么长时间，农村社会的所有缺陷一览无余。情况已经糟得不能再糟了，经过几年困难时期的考验后，人们很容易判断出来哪些问题亟待解决，哪些问题可以置之不理。经济振兴运动将着力解决这些紧要问题。小平认为在旷

---

① 农林省经济振兴部编，"大日本经济振兴中央委员会"，1934 年 7 月，NSS1：2，第 236 页。

日持久的农村经济衰退中存在另一个闪光点，那就是在这样一个艰难时期所开展的计划将要面临农村社会一切问题的挑战。[1] 小平向农民和地方领导人保证，尽管他们还没有走出困境，但前面的道路肯定会日趋平坦。

然而小平的估计未免过于乐观，1934 年的恶劣气候导致日本近代史上最严重的饥荒。农作物的巨大损失摧残着农村社会，受灾最严重的是东北地区，从最终的统计数据来看，有成千上万的儿童和成人挣扎在饥饿边缘。大萧条的阴霾尚未散去，饥荒更是加重了农民的苦难。当工业部门和工厂工人开始享受经济复苏的成果时，眼下的灾荒却在提醒农民：从乡间到城市的光明前景，还有一段漫漫长路。

本章以 1934 年和 1935 年的关柴为例，探讨了振兴运动在农村的接受程度和基层改革的前期工作。关柴是经济振兴运动初期积极的参与者，1934 年被官方指定参与该项运动。[2] 饥荒开始时，规划和结构调整工作就已经起步，新的危机延缓了当地改革的实施进程，但对改革的承诺却从未动摇。如果说饥荒对改革有什么影响的话，那就是这一天灾似乎使人们更加密切关注农村，力图保护农村免受更大的灾害。大萧条令农村变得更加脆弱和落后；至少对关柴而言，此次饥荒使人们更清楚地认识到问题的严重性。经济振兴运动提供的方法和技术最终会使乡村认识到，农村是国家现代化的重要组成部分，它一定能够繁荣起来，而不是作为怜悯、接济并最终被蔑视的对象落在后面。关柴欣然接受了经济振兴运动带来的所有可能性。

---

① 小平权一，"经济振兴向第三年推进的决心"，第 17—18 页。

② 见《福岛民报》，1934 年 4 月 18 日、23 日，报道了标志关柴成为指定运动村的会议和仪式。

欣然接受振兴运动

1934 年初秋,关柴居民第一次收到成捆的表格,由一张张精心绘制的空白图表组成。这是大多数家庭首次直接接触振兴运动,基础调查和振兴计划表格是振兴运动发挥作用的明确信号。表格分发完后举行会议,所有村庄全部到会,知事和关柴新组建的经济振兴委员会成员在会上解释了完成调查和计划的具体步骤,回答了与会者的疑问,并向与会者强调了这首要的一步基础调查对以后运动的重要性。

此外村民被要求完成两个不同却相关的任务。漫长的基础调查提出了关于家庭成员、耕作方式、收入支出、家庭和企业财务等具体问题,这些家庭以前从未系统回答过这些问题。问卷调查要求住户估算生活费用、农作物生产成本以及婚丧嫁娶费用,需要填写的项目还有交税金额、欠债数额以及借贷来源等方面。被调查者要求依据调查前的家庭状况来回答这些问题,对关柴来说就是上报 1933 年的家庭状况。

第二阶段的任务更为重要。一旦基础调查完成后,村民随即转向计划阶段。调查询问了 1933 年农户的有关情况,振兴计划要求每个家庭规划未来 5 年如何提升每年的经济状况。计划在许多方面反映了调查的结果。例如,村民针对每个调查项目提供了 1933 年家庭状况,还规划了 1935 年到 1939 年每年收入的预估数。家庭支出、收入、税收甚至家庭规模和婚礼费用都列入计划。但也有几类开支不在调查之列。计划表鼓励被调查者在已种植作物的基础上增加额外的农作物,拓展新的收入来源,或将开支费用分解成更加微小的细节,提升以前未加留意的节俭空间。这正是振兴思想的关键所在。在配合规划进程所召开的村庄会议上,知事等人实事求是地讲解了计划的实施过程以及改进方案。

这两组数据，一是每个家庭的基础调查，二是计划实现振兴的具体说明，最终由每个村庄收集并汇总到关柴经济振兴委员会。委员会对结果进行整理并编制一份涵盖了整个乡村的调查结果和计划方案。关柴基础调查和经济振兴计划的最终草案，几乎有手写的50 页纸那么长。该文件至少针对两类读者，一是本地读者，村民和管理者参照调查和计划的结果来评估运动的进展。另一类读者更为广泛。在年度报告刊印其删节版本并送至农林省之前，经济振兴运动办公室的县级政府官员要仔细审查该农村计划。为面向更广泛的读者，基础调查的内容还包括关柴的历史、地理背景、神龛与庙宇的数量和种类，以及婚丧嫁娶、生老病死等风俗习惯。[1] 通过基础调查，振兴运动涵盖了农村生活的方方面面，而不仅限于生产和消费。

在后来提交给县里的报告中，几乎所有记录都与关柴经济振兴运动有关，整个关柴村成了早期振兴运动的中心。从行政管理角度来看意义非凡，但对经济复苏计划于事无补。毕竟家庭和村庄才是经济振兴运动的核心阵地。对一个典型家庭来说，是否理解振兴的目标很大程度上揭示出改革的深入程度以及对农村家庭成员的潜在意义。一个叫小松的村庄是深入基层的典型。小松村位于关柴北端，20 世纪 30 年代只有不到 20 户人家，佐藤佐吉知事便是其中一家。

小松村农户的经济状况与其他乡村家庭大体相同。在 1923 年即允许合法确定土地所有权的最后一年，村子里分配给那些仅靠种地为生的农民略大的份额（与整个农村约 1/3 的家庭相比，小松有一半的家庭仅靠种地为生），而这一比例和整个关柴同时拥有耕地并出租的家庭比例正相反（小松大约有 1/3，而关柴有略多于一半的

---

[1] 其他类别包括土地、人口、就业、化肥使用、产销、生活开销、财政、地方组织和农业收支表。见 SMY，《1934 年经济振兴计划基本调查》，KST。

人）。这样一来，在租户比例上小松和规模较大的村庄大致相当。虽然小松有五户居民确实对外出租农田，但村里最大的地主并不在小松。[1]

1934 年 10 月，村里 18 户家庭分别向渡边新太提交了一份振兴计划，渡边本人是农民、小地主兼村委会和经济振兴委员会成员。渡边负责收集整理数据、制定应对措施并为全村起草振兴计划。[2]尽管这些计划于 1934 年提出，但仍把 1933 年作为衡量未来发展的基准年份。（乡村的振兴计划也同样如此。）每个计划分为四部分。第一部分依据性别和从业状况（农民或非农民）列出了 1933 年家庭成员的数量并对未来五年的变化做出估计。每户提供其土地使用和拥有的情况。计划记录了农户拥有或出租稻田、旱田、森林或居住用地的数量，以及在 5 年跨度中（即 1933—1938）家庭计划对各类土地用途的规划。

计划第二部分为家庭收入，进一步细分为农产品（如大米、土豆、大麦、小麦），水果、养蚕、工艺品（最重要的是竹制品），牲畜、鱼、木材和"其他"种类。第三部分对开支的划分更具体，要求农户估计与农业相关的 19 项不同种类的开支，25 种不同类型的家庭开支和 6个税费品种。计划还对未来 5 年收入和支出的趋势进行预测。

计划的第四部分也是最后一部分是关于家庭自给自足方面的。

---

① 所有比较都是基于 1923 年的统计数据。见 SMY，《1923 年自耕田反别段》，KST。见 SMY，《小松村经济调查簿》，1934 年 10 月，KST。小松村的经济计划用标准格式撰写，以便全村村民都能应用。

② 笔者在参考村级计划时，完全有赖于参照渡边的草稿。一些例如人口分类项目的数据渡边似乎直接引用了个人向村人口统计部门上报的数据。而其他类项则不太准确，渡边只是简单地把 18 家个人上报数据相加，与我得出的数据不太符合。但通常我俩的数据都比较吻合，渡边的数据当然更为可信。另一个需要注意的事实是并非所有农户都详尽上报所有类项，尤其是有关即将推行的五年计划，而渡边的数据恰恰弥补了这一不足。

计划文件要求农民报告 1933 年他们生产的自制肥料和服装的价值（仅举两个例子），然后对未来 5 年中的每一年做出预测。显然，这种做法使农民对不同种类消费品的花销了然于胸，从而鼓励他们尽可能自己生产所需用品。他们越是依靠"本土"自产的替代品，生活开销就越少，那么需要借贷的可能性也就越小。小松的计划提供了 17 类能够自给生产的产品。不仅包括肥料和服装，还包括粮食、其他食品、牲畜、饲料、鱼和木柴。

小松的复苏计划并不涉及人口规模或土地使用方面的显著变化。据农户预测，尽管比起草拟计划时 5 年后工作人数会增加（65 比 54），但村里总人数可能大致不变，刚刚超过 140 人。据村民报告，1933 年他们耕种了 21.7 町旱田，约 2 町稻田，并计划到 1938 年再耕种 2 町以上稻田，同时保持旱田数量不变。农民期望自己少耕种土地，多出租土地。在小松，这意味着自耕水稻田份额从 75% 下降到不足 70%，而自耕旱田份额从 90% 下降到 86%。在考查以下所列举的若干个案后会更清楚这一数据。

村公所呼吁村民在制订计划时考虑多种收入来源，小松居民对此积极响应。[1] 他们预测，未来 5 年水稻产值将增长 25%，到 1938 年农产品收入总和将比 1933 年增长 28%。增长不仅出自水稻，也来自大麦（将取得 2 倍的收成）、大豆（增长 80%）和蔬菜（农民希望 1938 年的收成能比 1933 年超出 4 倍）。柿子产值预计增长超过 50%；计划开始实行时其他品种的水果仅产值 17 日元，而到 1938 年预计产值将超过原来的 10 倍。

丝绸产值的涨幅预计较为温和，但和水稻一样，它仍是地方收入最重要的来源之一。规划者预计丝茧作物的产值将从 2 000 日元上升到不足 3 000 日元。有迹象表明，农民起码考虑到了多种经营：

----

[1] 与《乡村经济振兴规划》不同，小松村起草的村落计划将重点放在了农作物产值而非产量上。但是个人的农户计划则包含对产量的预测。

未来 5 年,他们预计增加鸡、鸡蛋和兔子销量;还计划养殖山羊和鱼,这对小松村民来说都是新增项目。这也表明小松的农民对经济振兴规划者提倡多元化号召做出了回应。尽管强调新增农产品,但水稻仍是村里最重要的作物。1933 年水稻占农业收入的 95%,就算如果一切如村民所愿,五年后水稻所占农业收入也将超过 92%。①

通过种植和销售更多常规作物和增加新产品,有望在短短 5 年内将村产值提高约 1/3。② 计划的另一方面当然是对年支出做出预测。需要农民估算出提高作物产量和增加饲养牲畜方面需要花费的成本。饲养牲畜和技术改进所需资金是必要开支,农民不得不考虑到成本有可能会超过收益。计划将帮助他们慎重衡量这一投资风险。计划文件中支出被划分为农业和家庭两类,针对农业支出要求农户计算每项开支,包括种子、肥料成本、劳动力以及农用工具支出。

结果是计划内村民每户 1938 年的农业支出将比 1933 年减少10%。19 类农业开支中有 11 类支出预计会减少。1933 年,当地农民最大的三笔支出由大到小分别为肥料、租金和劳动力。当计划开始实施时,仅肥料支出就占所有农业支出的 2/5,租金支出占 1/5。小松农民提出肥料支出削减 16%,将劳动力支出削减 1/3 以上。这正与经济振兴计划所强调的使用自制肥料步调一致,同时反映出振兴运动提倡各家各户提高自有劳动力的利用率。如果小松村民能按计划减少开支,到第 5 年底肥料支出在所有支出中仍占大致相同的份额,但劳动力成本将会从 14% 下降到 10%。

并不是每项支出都会减少。人们预计租金总支出会略微上涨,

---

① SMY,《小松村经济调查簿》,1934 年 10 月,KST。据报道,起草规划时水稻产值为6 294 日元,农户预计到 1938 年产值可增加到 7 863 日元。
② 这一数据通过将每项农户计划农作物产值相加并对比得出。此项计算数值以外的类别归入“其他”类项,其中包括租金收入、养老金等,1933 年该项的合计总值几乎达到 4 800 日元。而到 1938 年该项预计将下降到 2 700 日元。如果算上以上所有类项,那么计算得出这一时期收入增加幅度仅为 10%。

对此经济振兴规划没有异议。这并不奇怪，因为有农户计划租种更多的土地。牲畜饲料成本也将大幅增加，从115日元上涨至381日元，而建筑维护费仅轻微上涨，此外，预计用于土地改良和蚕茧梳理机的费用也会略有增加。大体上讲，小松村民在维持或减少农业经营成本方面做得非常出色。

小松村民还热衷于削减家庭开支。虽然几乎不可能削减税费，但在家庭预算上还有充分的回旋余地。据村里报告在计划初期各户的家庭开支达到每年8300日元，计划未来五年削减近1300日元。建议削减25项支出中的15项，最大开支项目是服装费（削减20%）、医疗费（从650日元到228日元，削减近2/3）和酒类消费。

饮酒支出值得进一步讨论。制订计划时，酒是村子里第三大类消费品，排在服装和"其他"类后面。事实上，尽管居民计划到后期减少15%的饮酒支出，但如果大家言出必行，那么其他方面支出的急剧削减意味着到1938年酒将成为村里第二大专项支出。1938年饮酒支出预计达到每年834日元，仅次于服装开支。还要指出的是，酒是少数几个不属于政府鼓励实行自给自足的消费品之一。

经济振兴计划确实鼓励自给自足生产其他日用品，计划书在最后一节还专门讨论了自制和自行开发产品领域。正如人们所期望的那样，村民在自己供应粮食、自制肥料和柴火方面做得相当出色。然而他们对1933年后的五年似乎并未抱有任何幻想。他们期望自产自用的谷物价值能增长约5%，肥料增长约10%，秧苗增长约25%。肥料最受关注，因为农民很大程度上依赖它来提高农作物产量。农民任何一种自产产品的增长都会减少开支，腾出的钱可做其他用途。

小松的经济振兴计划各个部分的总和虽说算不上太好，但也不是很糟。简要回顾村庄整体规划可以看出居民对经济振兴计划做出的反应，但从各家各户所制定计划的个案中能够看出最深刻的见解。对于一般的关柴农民来说，经济振兴最为具体的方面无疑体现在经济复苏计划的制定和实施上。小松18个家庭中有16户提交了完整的振兴计划,计划不仅重视农民苦心经营的细节,还很关注他们身上那种非同寻常的坚忍不拔的精神。表7摘要列举了这些计划的要点。

表7 1939年关柴小松村16户家庭实施经济振兴计划的预计结果

(1933年＝100)

名称	稻谷	其他食物	丝茧	总收入	农业支出	家庭支出	所有支出
原春治	125	197	44	99	70	95	87
渡边正一	94	109	89	94	89	79	85
渡边纠市	178	198	900	169	163	89	137
内海春树	141	572	59	50	50	34	40
渡边彦卫	103	98	32	89	91	83	87
渡边新太	100	100	100	101	100	100	99
原吉富	110	136	86	82	101	96	78
小日山善八	220	84	170	303	391	112	170
佐藤长太	125	138	74	151	90	98	92
渡边太一	76	781	333	151	98	55	73
佐藤佐吉	120	136	400	201	85	91	85
小日山吉	100	100	100	113	100	100	86
原胜	123	596	98	88	115	76	88
佐藤吉志郎	100	100	100	100	100	100	100
小日山金吉	100	100	47	91	94	100	96
小日山吾助	94	110	58	91	65	43	57
村子平均	125	196	85	102	90	85	77

注释:以上数字代表1939年所预计的农作物产量、收入和支出,1939是关柴第一个经济振兴计划五年计划的最后一年,每类中每个家庭按1933年的预计结果为100来计算。这种概算方法是在1934年提出的。已经纠正过原始文件中的计算错误。由于远柴功三部和宇田利器两家没有完成调查表格,因此这两家的情况并不包含在内。其余的报告依照其原始顺序列出。

资料来源:根据SMY,小松村经济调查资料,1934年10月,KST。

如前所述，小松村统计数据整体上表明每户人家都计划在提高收入的同时减少支出。然而，看看各家制定的目标不难发现，没有两家实现经济振兴的途径是完全一样的。农户奉行多种多样的振兴"策略"。在计划之初（关柴是在 1933 年），被调查者分 120 余种不同种类记录下了其收入、支出、农作物产量、家庭规模、拥有土地和土地使用状况，在接下来 5 年中每年都更新记录。[①] 划分类别范围广泛而有趣，但这也是最简单的方式，计划及其附带的相关解释鼓励家庭开拓新的收入来源，种植多样化农作物，并尽可能削减支出。下面笔者以三个农户家庭为例来说明他们是如何应对挑战的。

知事

佐藤佐吉对经济振兴运动的热情并非什么秘密。他不仅较早地肯定运动对乡村的意义，而且直言不讳地支持振兴并对运动寄予厚望。本书第 9 章将描述佐藤以地方领导人身份参与这场运动的详细过程。本章的关注点略有不同。知事的身份代表着双重机遇，他不仅是积极投身社会振兴运动并颇有见地的公众人物，同时还是相对富裕农民家庭的领军人物。本节探讨他如何将其公开宣扬的思想准则应用到他自家的私人领域中。

佐藤家有 11 口人，是小松村的纳税大户，其收入的重要来源是知事的工资收入和补助。在小松，家庭在农作物产量和土地拥有量上仅略高于关柴的平均水平。佐藤家有 1.4 町稻田、1 町山地和 5 町多的林地。多数土地由自己耕种，1934 年，有 5 个人把自己归类为全职农民。家里种不了的土地就租给本地佃户；20 世纪 20 年代初，近一半旱田和超过一半的稻田被出租出去。有记录显示，1933 年家庭成员收回了大量稻田自己耕作，仅将小块土地租给别人。

同拥有充足土地和劳动力的其他农户一样，佐藤家种植多样化

---

① **SMY**，《小松村经济调查簿》，1934 年 10 月，**KST**。

作物,有着多渠道的收入来源。水稻是最重要的产品,但佐藤家同时还种植马铃薯,多种谷类和蔬菜,柿子和其他水果。鸡、兔子、少量的蚕以及木材都是额外收入的重要来源,丰富了佐藤家的农业收入。他们所拥有的林地保证了其稳定的木材供应,除了满足一般性需求,泡桐还是做家具和乐器的一流材质。此外,佐藤家还能依靠知事的工资和津贴;虽然不是很多但至少属于非常稳定的收入来源,可以用来贴补农业收入的不足。

用当地标准来衡量的话,佐藤一家是成功的。即便经济振兴计划对于比较富裕家庭的改善并不能立刻显现。佐藤家早已在农场开展了多种经营,因此做出重大调整的空间相对较小。然而,佐藤一家的经营方式反映出村里境况较好的农户实施计划最常用的途径,知事提出逐步改变生产和调整消费来提高生产效率,获得更多利润。例如,他计划到第五年年底水稻产量增加约 20%,所有的增长效应在规划期的最后两年有所显现。知事还期望他家能尽量多产出大麦和小麦,此外,柿子产量要增至 3 倍,蚕丝产量翻 2 番。

即便有上述方面的改进,各种农作物对增收的重要性也不会有大变化,水稻依旧是农业收入的重中之重。只有那些计划依靠木材增收的家庭改善了收支平衡;计划的第五年也是最后一年,预计能够从销售泡桐上得到 500 日元的收入(这一点上远远超过了年度收入增长 2 日元的预期);从这个层面来看,树木比水稻更值钱。无论如何,通过销售木材,农户提高了对现有资源的利用率,但他们似乎也没有计划从其他领域挪用资源或劳动力来砍伐更多泡桐树。

在支出方面,佐藤家并没有大幅削减开支,而是再次采用循序渐进的方法逐年减少支出项目。他们期望五年后能将农业成本削减约 15%,这样便意味着人们都需更多地使用自制肥料并减少购买商品。如前所述,尽管其他农业产出大致保持不变,但农业生产本身还是会随着时间的推移增长。1933 年,佐藤家在所谓家庭开支上(教育、娱乐和食物等)比村子里其他人家都要多。他们预计到 1938

年仅削减掉开支的 10%。知事承诺,在第一个经济振兴五年计划结束时,他们家预计在鱼、糖和娱乐上支出每项减少 5 日元,在教育开支方面减少 50 日元。

内海春树

村里有四户人家缴纳的收入税最高。内海春树(生于 1884 年 6 月 21 日)是为首的一个。他在经济振兴中所做的努力超越了家庭范围,振兴运动一启动,内海就加入佐藤知事,与他一起为推动经济振兴计划而努力。他对二宫尊德学说及其在农村振兴中的应用特别感兴趣。内海后来推动并领导建立小松村报德社,他是当地少数几个深受报德社影响的农民之一。

这个十一口之家欣然采纳多元经营的建议。1933 年,内海家从农业生产获得的 658 日元的收入中有 640 日元来自水稻。(他家有 1.4 町稻田,出租一小块,还有不到 1 町的旱田。)到第五年末,内海计划水稻的产量和收入将增加 2/5,同时,在原有作物的基础上增加大麦、蔬菜、红豆和西红柿。由于新增作物和原有作物产量的增长,预计农业收入将增加一半,同时水稻占有份额减至 90% 以内。柿子产量将增加 3 倍,但蚕茧有所减产。内海家 1933 年养蚕收入 435 日元,计划 1938 年底该项收入降至 250 日元,下降幅度超过 2/5。①

内海的另一个承诺是计划在家庭传统副业中加大牲畜饲养量。尽管是从头开始,他在计划中写道,他希望把饲养的兔子、鸡和收获的鸡蛋拿到市场出售。他预计在计划期结束时,这些农产品每年能给家里带来 40 日元的净收入。对于哪些方面的收入可能会减少,他也做出了估计。1933 年木材收入达到 550 日元,原因在于他拥有大

---

① 有关蚕丝的产量规划并没有考虑到大幅减产这一因素,因而内海或许把 1933 年蚕丝市场相对较好这一因素考虑在内了,并预料在接下来的几年里蚕丝价格会低位运行。

片林地。尽管家里人还会继续利用这些现有资源,但也不能涸泽而渔,因此预计此项收入将减少到 150 日元左右,这意味着尽管开展多元经营提高了农作物产量,农业收入有所增加,但内海家 1938 年总收入比 1933 年减少了 10%。

内海希望通过削减 2/5 的农业开支(家庭计划中肥料和劳动力开支都急剧减少)来补偿收入的下降。然而有一些开支无法削减。不论制订计划与否,他每年必需支付 56 日元的土地租金。在计划期初始阶段,租金仅占所有农业开支的 1/10,但当内海家在其他方面的开支削减后,最终这 56 日元占农业开支的 2/5,使它成为继肥料之后的第二大农业开支。

根据内海的家庭开支明细单,1933 年是花销较大的一年。他记录的开销如下:500 元婚礼支出,200 元毕业典礼支出,360 元房租支出,300 元"求职成本"和 200 元服装支出。这些开支可能是社区内许多家庭在某些时候都需面对的,但以乡村的标准来衡量内海的预算近乎奢侈。(要知道在基础调查报告中属于"上等"税率的家庭,或者说是每年多支付 25 元特种家庭税的家庭,在 1933 年婚礼的平均开销也不到 400 日元。)

即使内海家相对比较富裕,他也不得不外借约 1400 日元来应对额外开支。不仅如此,他还计划不久以后还要至少支付一场婚礼的开支。这些额外开支加起来比他家日常开支的预算总额还要多。例如 1933 年,内海家的正常家庭生活开支差不多是 1000 日元,而"其他"种类(其中一些上文已经提到)的费用开支达到 1700 日元。到振兴计划期结束时他希望家庭日常预算能削减 30% 以上,但仍需支付更多额外费用。从内海家的例子不难看出,家庭重大事件和所担负的各种责任有可能会让经济振兴计划中的任何努力付诸东流。

小日山家

小日山善八(1892 年 11 月 17 日出生)是九口之家的主人,他家只有 3 到 5 町的旱田，租种 2 町稻田，在村里是缴税最少的人家。制订计划时，他家只种了少量水稻、小麦、大麦等品种。1933 年这些庄稼加起来总共才值 29 日元，其中水稻仅值 8.2 日元。对于小日山家来说，最正确的路线似乎是放弃农作物多元经营，而且他们已经这样做了，转向扩大水稻和大麦的产量。五年后，他家计划放弃种植一些作物，如降低小麦产量，而大麦和水稻产量增加近一倍。他还计划蚕茧产量增加一倍多，由此而获得的收入将由 35 日元增至 77 日元。1933 年，小日山家养了 4 只兔子，预计到 1938 年能达到 50 只。养殖、鸡蛋和鲤鱼有助于完善家庭新的经营项目。所有这些新项目预计能为家庭收入带来实质性的飞跃，1933 年养鱼和饲养牲畜的收入仅为 2 日元，到计划期结束时，收入有望达到 205 日元。

根据小日山的计划，这些增产尝试和多样化经营在计划第一年就开始奏效，给家庭带来了 70% 的收入增长。五年后总收入将达到 1933 年的 3 倍。换句话说，小日山家的人均收入将从 1933 年的 13.3 日元达到五年后的 40.3 日元。由于农作物产量增加，小日山预计在农业方面投入更多。1933 年他投入在农业管理上的费用仅为 33 日元，但到 1938 年底预计投入将增至 100 日元。最大开支来自化肥（几乎增至 3 倍）、饲养牲畜（从 0 日元增至 50 日元）和租金。他希望能用自制肥料来减少化肥开支，但也许会比以前购买更多的化肥。1933 年他家仅支付 16 日元租金，但接下来的一年租金开支运到 45 日元。①

小日山还计划略微增加家庭日常开支。由于在教育、食盐和一些次要项目方面支出的增加，第一年全家预算预计增长 3%，五年后比 1933 年增长 12%。娱乐消费将从 50 钱增至 80 钱，同时饮酒开支（1933 年是 8.5 日元，是位列礼品、教育和照明之后的第四大开支）

---

① 既然小日山一家打算继续租种同等数量的土地，那么就有可能面临租金上涨的可能性，也有可能会租种另一家地主的等量土地，这也会推升土地租金的上涨。

将增至 10 日元。小日山家虽然没有买肉的计划但会多花 20 钱来买鱼,这样就使年家庭日常总开支增至 1.5 日元。

对于小日山家来说,经济规划和经济振兴运动并不意味着简单的削减开支。他们的计划经过深思熟虑,试图通过付出更多努力来改善境况,这也表明该项运动的最低目标是希望对社会中贫困农民和没有土地的农民有所帮助。增加蚕茧产量以及增加牲畜和鱼类养殖意味着小日山家将增加大量额外工作,没有迹象表明他家会雇用帮手。

这正是经济振兴运动所提倡的做法:多种经营,尽可能增加产量,减少劳动力闲置。如果没有经济计划和振兴运动,可能小日山家也会努力去寻求改变;尽管如此,小日山在为未来作考虑时如果忽视这两个因素的重要性将是不明智的。有趣的是,我们注意到在村里提交的所有计划中,只有小日山一家的计划列出了价格表,这也表明他是在多么认真地进行着该项计划。他记下以后几年他对日用品价格的估计并列出 1934 年后他生产的几乎每样东西的价格。从他利用这张表格计算收入的做法来看,似乎没有人像他如此系统地实施计划。

振兴战略

家庭间的差异往往掩盖了潜在的真相。虽然单凭一个小松这样的小村庄样本就对全村落做出结论的做法不甚妥当,但稍作观察就不难看出一些发展态势。其中一个趋势就是总收入超过总支出的户数会有所增长。1933 年,上述小松 16 户人家中仅有 4 户预算有赢余;到计划期结束时,这个数字上升到 10 户。[①] 这虽然不是衡

[①] 正如第 3 章所言,笔者这里把原胜一家算作收入盈余家庭。还要注意原吉富家 1933 年的赤字从 70 日元减少到所预计的 7 日元;此外另一种更为宽松的收支预算算法还有可能令这家农户的收入由赤字转为盈余,按照这种算法,所有农户的收支会保持平衡,甚至在五年规划的末期达到 11 日元的盈余。

量计划效果的最合理的方法（因为并不清楚这些家庭是不是曾被告知应该考虑其预算是否平衡），但它确实表明经济规划为改善现状带来了希望。对于村里一些家庭来说，经济振兴承诺他们将有更多的收获。

实现振兴所采取的不同途径显然是小松村另一个令人感兴趣的问题。这在一定程度上与农户在村里的经济地位、所采用的途径和所期待的结果相关。拥有较少耕地的家庭比拥有大量土地的家庭计划收入增长得多。由此可以推论，土地少的家庭在减少家庭和农业成本上也会稍逊一筹。拥有稻田不到 1 町的 8 户人家计划总收入平均增长 36%，而那些多于 1 町的家庭计划总收入平均增长仅 10%。考虑到土地其他类型的这一因素，差别也很明显。当农户被划分为拥有或租用 2 町或不足 2 町（稻田和旱田）和多于 2 町两部分时，结果甚至令人吃惊。6 户土地不足 2 町的农户期望收入平均增长几乎达到 53%；而土地较多的农户期望增长值只有大约 5%。[1]

各家所制定的支出方案也略有不同。土地越少的家庭在考虑开支时越不太可能大幅削减家庭或农业预算。对于收入预期采用相同的方法，有不足 1 町稻田的家庭到 1938 年底计划开支增长了约 4%，然而村里其余人家希望平均削减约 20% 的开支。同样，租种和拥有土地加起来不足 2 町的家庭预计 1938 年家庭和农业开支比 1933 年增长近 1/3，然而那些土地多于 2 町的家庭则预计削减 1/5 的预算。[2]

---

[1] 土地的自有和出租数据源自各户制定的经济振兴计划。这里还包括其他数据的对比情况。有 5 家农户拥有不到 1 町的稻田和山地，3 户有 1 到 2 町土地，另有 8 户拥有土地超过 2 町。这三类农户平均预计增加收入分别为 51%、11% 和 10%。

[2] 平均来说，拥有不到 1 町的稻田和山地的 5 户农户预计支出增加约 12%，拥有 1 到 2 町的 3 户计划削减 10% 的支出，拥有土地超过 2 町的 8 户预计削减开支 20% 以上。有 3 户农户租种或自己拥有不到 1 町的稻田，他们计划增收 81%，而其他类型的农户所预计收入则减少了 4%。

之所以提及上述不同因素是想阐明一个观点。这些完全不同的策略表明，计划进程在适应多种经济背景的家庭时留有充分余地。经济振兴撒下的是一张大网。对于处在经济等级底层的家庭来说，其作用似乎在于提高增长的可能性。这些家庭比相对富裕家庭中的一般人家更注重收入增长的速度。拥有较多土地和收入的家庭依靠计划来确定哪些领域应该减少支出或者淘汰那些无利可图的产业，比如养蚕业就没有什么前途。如果小松的计划方案也能在其他地方计划中有所体现的话，那么就会更容易理解社区范围内参与经济计划的努力不仅合情合理，而且惠及人数众多。

没有人承诺经济振兴会令他们一夜暴富或成为地主。也没理由认为农户在制定计划时脑子里会有这些目标。振兴运动带给人们的是改善境况的希望或者至少情况不会恶化的可能性。这两者对于厌倦了不确定性并对前景充满畏惧的农户来说都是受欢迎的。然而 1934 年 10 月即将结束时，计划中的承诺和现实的反差令人震惊。四周农田极目所尽，是那一代人见到的最糟糕的收成。

1934 年饥荒

1934 年，和大多数日本东北地区的乡村一样，关柴夏季也出现了寒冷、潮湿和多云的反常天气。7 月和 8 月的温度低于往年，同农民对福岛气候的预期相比，阳光充足的天数大大减少了。正常夏季期间，南方的高压气流会给东北带来温暖的空气。7 月，一股来自西伯利亚强冷空气的前锋打破了以往的模式，阻止了温暖气候到达北方。① 温暖和寒冷的两股气流相遇，形成不规则前锋并向北陆地区

---

① 见托特曼，《早期的现代日本》，第 6—7 页，谈到日本的气候并介绍了东北地区的
　水稻。

和福岛南部延伸。因此在寒冷气候侵袭下的青森以北地区和北海道比往年寒冷,但仍保持了相同的日照天数。再往南天气寒冷多云,接近冷暖气流交汇的福岛、山形和宫城县地区天气寒冷多雨。[①]潮湿多云的寒冷天气持续了好几个星期。

这样的天气条件在任何情况下都是不受欢迎的,而对于东北地区尤其具有破坏性。日本多数水稻品种需要"夜以继日的持续高温,夏天(7 月到 8 月)温度不能低于 20 ℃"才能较好生长[②]。东北农民增强了水稻的适应能力,但即使在最佳气候条件下种植,也只为作物的成功收获打开了一扇狭窄的窗户。1934 年这扇窗砰然关闭。7 月和 8 月的平均温度比往年低了 1 至 2 度,许多水稻种植区不是接近就是低于 20 ℃ 的临界点。

正常情况下水稻在 6 月底至 7 月成熟,8 月份开花并结出谷粒。1934 年的低温和缺少日照使多数东北地区的农作物无法正常生长,因此 8 月处于低洼平原的农作物晚熟了一至两个星期,而海拔较高地区的农作物成熟得更晚。水稻白叶枯病肆虐,寒冷天气和过度施肥又加剧了病害。9 月底的强风暴使情况更糟,10 月持续的寒冷天气进一步降低了处于收获期的作物质量。不止一个记者记述了如下情景:庄稼近乎绝收,农民走进田间收获区区几担粮食后便绝望

---

① 1934 年东北地区的气候状况详见帝国农会,《针对东北地区农村的调查·灾荒篇》,第 47 页。据报道,该地区在 7 月糟糕天气之前,许多农民收获庄稼比往年晚了 2 周,因为 4 月份他们遭到迟来的降雪和低温的困扰。据丰川附近官员的记载,7 月中旬连续 3 天的降雨带来几千日元的损失,关柴也遭到同样强度的暴雨来袭,见喜多方市市志编委会编,《喜多方市市志》,第 8 卷,第 877 页。来自福岛县的把道显示 7 月气温比往年低 1.4 ℃,晴天也比往年少了 13%。8 月气温比往年低 1 ℃,晴天比往年少 4%。其他地方的情况就更糟了。岩手县盛冈的降水量比往年多 67 厘米,晴天减少了 15%。宫城县石卷的降水量比往年多 93 厘米,晴天减少了近 10%。日本银行福岛支行,"辖区内东北四县灾荒实情",第 669—670 页。

② H. 荒川,"日本三次大饥荒,"第 211 页;托特曼,《早期的现代日本》,第 6 页。

地扔下工具。①

中央及各县当局竭尽所能降低天气带来的不利影响。8月,中央和地方开始向城镇和乡村发布指导意见,农民按指导步骤实施即可保护庄稼免受寒冷天气的破坏。尚不清楚这些措施的效果或是否被广泛采用。就像帝国农会在一份报告中指出的,上一次大饥荒距今太过久远,乃至很少有农民亲历过类似糟糕的状况,因此他们不太可能听取特别措施的建议。

优先采取措施并最有可能从中受益的社区也不大可能采纳这一建议。克服天气影响以保护水稻的措施包括灌溉农田时水位比正常更高一些,灌溉时间也比往常长,并修建蓄水池以便使用前升高灌溉用水的温度。这些工作相当复杂,只有拥有专职农业技师的乡村在开展工作时处于较为有利的地位,但即便如此仍无法保证成功②。关柴似乎没有采取任何预防措施的运气。

天气的影响是可知的,在一定程度上是可预测的,但早期的预测很少能准确估量出灾害的严重程度。9月下旬政府发布第一份水稻产量报告。毫无悬念,他们预计东北各县的收成很低。福岛的水稻产量只有正常年景的3/4,而岩手农民的收成只有他们过去五年(平均)收成的一半。一个月后公布的结果显示实际损失更大。东北六县平均减产约40%,该县间的收成差异很大,秋田农民的损失最小,水稻产量保持正常水平的3/4。③ 据此报告,水稻减产最严重是岩手,预计这里的农民仅收获正常产量的45%。该县最成功的郡收成也只有往常的60%,少数几个地区报告其收成只有往常的

---

① 《东京朝日新闻》,1934年10月16日。

② 帝国农会,《针对东北地区农村的调查·灾荒篇》,第108页。

③ 福岛预计产出150万石,比正常年份产量低24%,和1933年丰年相比减产36%。岩手县与此相应的对比数据分别为48%和56%。宫城县作物第二次的预计产量实际上要比第一次预计的稍高一些。帝国农会,《针对东北地区农村的调查,灾荒篇》,第22—23页,以及折叠表格,第34—35页。

1/10。表 8 中所列数据更完整地描述了这个问题。①

福岛的情况需要更详细的审查。如表 8 所示，与岩手、山形、青森以及北面的宫城相比，福岛县整体上受灾较轻。然而福岛的平均产量掩盖了地区性差异这一重要事实。近太平洋地区和该县中部地区受灾不是特别严重；其收成只比往年低了 1/4 到 1/3。近内陆的和海拔较高的郡遭受寒冷和多雨天气的侵害；南会津和耶麻地区收成很少。南会津郡的水稻收成仅有往常的 1/4，耶麻郡的产量也不足过去五年平均水平的一半。这些地区的损失至少与受灾最严重的东北各县一样。② 会津的教师甚至要求农民不要在学生上下学期间喂养牲畜，因为看到牲畜进食会令学生感到饥饿难耐。③

表 8　1934 年东北六县水稻种植情况

县名	1929—1933 水稻平均产量（石）(A)	1934 水稻产量（石）(B)	1929—1933 水稻平均产值（日元）(C)	1934 水稻产值（日元）(D)	B/A（%）	D/C（%）
青森	1 116 256	598 413	￥19 087 315	￥14 691 665	54%	77%
岩手	1 131 908	514 856	21 564 004	13 614 017	45	63
宫城	1 851 297	1 142 922	35 920 098	28 703 372	62	80
秋田	2 045 671	1 522 832	40 257 945	39 329 106	74	98

① 当然，1934 年水稻并非唯一受灾作物，其他谷类，包括水果、绿色蔬菜、土豆和蚕茧的收成都受到严酷天气的影响。然而，对东北地区的普通农民而言，这些农产品的产值和水稻相比微不足道，在有关饥荒的讨论中大多略去不谈。1934 年有关此类农产品的详细信息可参见日本银行福岛支行，"辖区内东北四县灾荒实情"；或帝国农会，《针对东北地区农村的调查·灾荒篇》。

② 这两郡的受灾情况在福岛县最为严重，其产量的减产幅度相当于宫城县和山形县。见日本银行福岛支行，"辖区内东北四县灾荒实情"，第 670—672 页。1933 至 1934 年间，山郡农产品生产总值下降了 55%，据官方估计，寒冷天气和风灾给农业带来的损失高达 2 800 000 日元。福岛县经济部，"灾荒对策概要"，1934 年，《福岛县志》，第 13 卷，第 68、70、534—535 页。

③《东京朝日新闻》，1934 年 10 月 26 日。

续　表

县名	1929—1933水稻平均产量（石）（A）	1934水稻产量（石）（B）	1929—1933水稻平均产值（日元）（C）	1934水稻产值（日元）（D）	B/A（%）	D/C（%）
山形	2 088 355	1 129 240	41 126 658	29 588 645	54	72
福岛	1 894 285	1 261 386	35 307 033	30 601 360	67	87
全东北	10 127 872	6 169 649	193 263 052	156 528 165	61	81
全国	62 673 541	51 840 182	¥1 359 906 890	¥1 384 621 928	83%	102%

来源：见农林大臣政府公报统计科，《农事统计表》，第 6—8 卷（1930—1932 年），第
18—19 页；第 9—11 卷（1933—1935 年），第 12—13 页。

从表 2 和表 3 中可以推算出关柴水稻产量损失的程度。1934 年
水稻收成仅是前一年的 2/5，或者说是之前四年平均收成的 44%。
（每公顷产量大幅下降。）由于水稻的价格略有上升，所以在日元价值
方面下降并不十分明显；1934 年水稻产量价值约为过去四年平均值
的 2/3，或者是 1933 的一半（对于农民来说过去四年的收成也并不
好）。以单个家庭为基准，1933 年至 1934 年间农产品的价值下降了
近乎一半，仅有 1930 年至 1933 年间平均价值的 2/3。收入下降的主
要是因为水稻收成减少了，但大多数其他农作物也同样受到气候影
响。比起正常情况下大麦和大豆大幅减产，柿子的收成则更少；柿子
产量比 1933 年下降了近 60%。[①] 相比这些作物产量大幅减少，蚕茧产
量可能是个例外（见表 1），虽然比正常情况下低但减产幅度并不大，但
不幸的是 1934 年蚕茧价格不到前一年的一半（事实上也达到了几十年
来的最低点）。

土地质量、耕作技术和运气的不同意味着有些农民能比其他人
更好地应对饥荒。小松村的佐藤知事和他的邻居受恶劣天气灾害
最为严重，因此他甘当村子困境的代言人。正常年景下知事家水稻

[①] 有关村子自己对作物损失的报道，见 SMY，"有关农作物减产状况的调查"，1934 年
11 月 15 日；见喜多方市市志编委会编，《喜多方市市志》，第 6 卷，第 462—463 页。

收成不足 33 石，和其他农作物一起一年农业收成价值近 778 日元。然而 1934 年，他们想尽各种办法才收获了 2 石水稻。当年农业收入总和只有 76 日元，还不到正常年景的 1/10。

其他人以及其他村的情况大体相似。全村大约有 400 家农户，其中 357 户报告 1934 年水稻收成至少比正常年景少了 50%（指前五年的平均收成）。1934 年 12 月调查所提供的信息也确定 303 户水稻收成是正常年份的一半到 1/4。41 户家庭（其中包括知事家）报告产量比正常水平低了 75% 还多，十几户家庭水稻几乎绝收。[①]

表 9　1934 年关柴农田和水稻产量损失

耕地（町）	被调查家庭	损失在 50% 至 75% 之间	损失在 75% 至 99% 之间	100% 损失
>3	15	11	4	0
2—3	62	60	1	0
1—2	127	120	6	0
0.5—1	88	64	20	4
<0.5	81	49	9	9
合计	373	304	40	13

注释：有两户（一户属于 2—3 町类，一户属于 1—2 町类）所报告的水稻减产量与其报告的产量收入不符，都没有计入。属于"少于 0.5 町"类的 14 户种植了少量其他作物，没有种植水稻。由于他们的缺席造成了该类中 81 户被调查家庭中只有 67 户报告水稻收成减少。

资料来源：基于 1934 年 12 月进行的灾荒情况调查。这些记录也许可以从 SMY 中找得到，与灾荒有关的资料见 1934 年的 KST。

[①] 1934 年农户特别税登记表中有 420 户农户；表 9 中的 373 户被列为"稻谷以外农作物减收者"，该表是 1934 年 12 月农村歉收状况调查的一部分内容，这些记录或许可查阅 SMY，《与灾荒有关的文件册》，1934 年，KST。之所以存在缴税农户（420户）和表中所列受调查农户数（373 户）的数据出入，是因为并非所有农村人口都是农民，而且关柴并非所有农民都遭受 50% 作物减产损失，因此在报道中没有显示出这部分农户。少数情况下，不太有可能把调查表中的名字和税收报告中出现的名字等同起来。但对于这种情况可以忽略不计，因为略去的或是没有受调查的农户统统都是缴税极高或极低的家庭，不太会影响到统计结果。373 户受调查农户在全村占 94% 的比重（1933 年全村农户共有 396 户）。

从表 9 和表 10 来看,气候灾害影响到村子里每个家庭。农作物受损打破了土地拥有量和地位的界线,土地多的家庭并没有比地少的家庭得到更好的保护而免遭寒冷多雨天气的侵害。尽管拥有 3 町以上稻田的 15 户中没有一家的收成损失殆尽,但其中 4 户水稻产量下降了 75% 以上(见表 9)。土地在 1 至 3 町之间的农户(约占所有务农家庭的一半),损失特别严重的可能性似乎不大,但减产幅度依旧明显。那些在表格最底端、拥有土地面积最少的家庭无疑最易受到绝收和基本绝收的威胁。在小块土地上种植水稻的农户中,4 户中就约有 1 户不是产量完全损失,就是收成不到正常年份的 1/4。根据常识,那些拥有更多土地的农民有更大潜力挽救水稻产量,这也许就解释了为什么那些拥有 1 町以上土地的人们最终没有两手空空。①

与此同时,土地持有量和作物生产模式不同的家庭或多或少都要面临农作物损失,灾害给农户带来影响的差异很大。显而易见的是,那些有中等和大块土地的家庭通常依赖的是相对多的收成,其农作物受损意味着自家吃的和用于销售的水稻数量减少了,而很少出现粮食消耗殆尽的情况。即使 1934 年底产量剧减,一个拥有 3 町农田以上的中等家庭收成与拥有 1—2 町土地农户正常年景的收成相当(见表 10)。同时,后一类家庭 1934 年平均收成刚过 15 石,比只拥有 0.5—1 町土地的农户正常年景的收成少了大约 5 石。

---

① 地理条件也起了一定作用。例如,上高额村 26 户人家仅有 2 户遭受超过 75% 的损失,而遭遇这种经历的农户在小松村多达一半、在曾曾木和京出有 1/3。关柴和东卷田遭受重大损失的农户也相对较多。在东卷田这一小村落,拥有 3 町以上土地的农户中有 3/4 损失超过 75%;关柴 13 户中有 11 户上报所有作物歉收。

表 10　1934 年关柴饥荒影响和农田对比表

耕作农田（町）	家庭	平均家庭税	正常年景平均水稻产量（石）(A)	1934年平均水稻产量（石）(B)	B/A（%）	正常年景所有农产品价值（C）	1394年农产品价值（D）	D/C（%）
＞3	15	￥39.89	109.77	34.95	31.84%	￥2 424.93	￥1 004.07	41.41%
2—3	62	14.98	66.56	24.62	36.99	1 536.32	661.90	43.08
1—2	127	13.85	42.46	15.22	35.85	1 007.35	420.00	41.39
0.5—1	88	6.93	19.90	5.94	29.85	483.72	172.83	35.73
＜0.5	81	3.88	6.02	1.81	30.06	160.33	56.00	34.93
合计	373	￥11.29	37.07	12.47	33.64	￥844.81	￥346.34	41.00%

来源：根据农户特别税记录（1934 年村议会记录）以及系列调查记录（SMY，和 1934 年灾荒有关的资料），1934 年，KST。

　　既然没有迹象表明家庭规模会随着土地拥有量显著增长，那么就有理由认为村里多数住户至少能勉强获得中等农户那样的农业收成。即使境况相对较好的家庭面临可售水稻大幅减少的问题，他们还指望能剩下一些口粮。过去靠出售水稻获得可观收入的农户如今都面临财务问题，包括节流和清偿固定成本带来的难题。尽管如此，他们水稻收成的规模效应即使在荒年也能为其带来一定的缓解作用，而村里许多人无福享有这一切。

　　1934 年的收成至少给当地农民出了两道难题。第一个也是最明显的就是缺少粮食。对一些家庭来说，哪怕是只损失一小部分收成，就可能意味着来年春天他们不得不买口粮，而粮价正处于最高点。那些部分租种或全部租种的农户还要对地主履行义务，也就是说他们不能简单地将产出的水稻据为己有。除非重议租金，否则仅租金就占去佃农或有地佃农产值相当大的份额。其影响将在下面详细讨论。

第二问题和第一问题紧密相关，那就是收入问题。因为农业平均产值大部分来自于水稻，水稻产量减半几乎等同于全年家庭收入减半。（价格波动和其他来源的收入使得两者不可能正好相等。）要知道为提高水稻产量所付出的大部分支出成本不太可能因为天气恶化而有太大变化。农民购买（或贷款购买）足够的种子，希望能够最大限度地种植农作物，很可能投入和正常年份一样多的化肥和劳动力。那些受损早、损失大的家庭放弃耕作也许能节省劳动力等开支，但多数情况下没有迹象表明农民愿意这样做。

整个东北乡村都在反复核算饥荒的受灾人数，关柴官员也在尽力做这一工作。确定损失数量至关重要，因为只有掌握确切数据县政府才能提供援助。最直接的调查就是要求村子预测有多少农户在 1934 年底至 1935 年夏天会没有粮食，有多少农户完全无法通过其他途径来弥补口粮短缺。调查确定没有其他救助途径的农户可以申请国家援助。而已经通过其他方式接受国家援助的家庭，如救济法所惠及的家庭就不在调查之列。这项严格规定把一些农户排除在外，而如果以一套更合情理的标准来衡量的话，这些家庭都应该包含在援助之列。[1]

即使存在诸多限制条件，1934 年 12 月底关柴近 1/5 农户和大致相同比例的人口（77 户，539 人）属于"确实需要"一类。而且数字会逐月攀升。到 3 月底预计 123 户和 846 人将无粮可吃；到 5 月底预计当地 2/5 的居民不仅无粮可吃，而且无法通过购买、乞讨或借贷来解决当月的口粮问题。为这些家庭提供最低限量的口粮意味着

---

[1] 调查方法和所用术语见 SMY，"有关对粮食不足进行协调的会报"，1934 年 11 月 12 日，载《与灾荒有关的文件册》，1934 年，KST。

要供应 550 多石(近 10 万升)大米。①

　　在关柴进行的调查提供了一组数据使我们洞悉饥荒的影响:其他调查结果来自当地政府、农民组织(帝国农会公布大量详细的信息分析饥荒的原因及影响)②以及媒体。全国报纸杂志对东北饥荒进行了长期详细而生动的跟踪报道。文章详细记录了农作物生长和气候状况,通篇充斥着收入损失、粮食短缺及饥饿儿童的最新数据。然而,这些令人们感兴趣的故事让读者敏感地捕捉到了危机。10 月初全国报纸开始刊登文章讲述东北农民的困境,进而迅速使 1934 年的饥荒成为人们普遍关注的话题。《东京朝日新闻》尤其擅长此类报道,从 10 月份开始发表有关饥荒影响的系列报道,并一直持续到第二年。

　　尽管后来专栏的内容仅限于照片和社会捐赠名单,但早期的文章都未经删节地报道了记者在采访东北农村时所亲眼见到的贫困现状,这些文章读起来令人心酸。饥饿的儿童、为了微不足道的一点钱将女儿卖入淫业、自杀以及吃树根等原始食物的图片和描述是这些文章的共有元素。一篇报道中转载了岩手县一位小学老师的

---

① 村公所估计到 5 月底将有 175 户人家断粮,涉及到 1 190 人。见 SMY,“有关对粮食不足进行协调的会报”,1934 年 11 月 17 日,喜多方市市志编委会编,《喜多方市市志》,第 6 卷,第 466—467 页。村落一级的调查结果可参见“有关对粮食不足进行协调的会报”,1934 年 11 月 12 日,《与灾荒有关的文件册》,1934 年,KST。有关后来稻米更大供应量的预测,参见 SMY,“村社议员、区长、经济振兴委员共同协议会提出事项”,1934 年 12 月 27 日,KST。又见佐藤知事和县知事,“有关向政府交付的陈状书”,1935 年 1 月 16 日,《1935 年与官办企业有关的文件》,1935 年,KST。另有一份调查针对 75 户中的 300 多人,政府认定这些人特别容易受到灾害的冲击,他们是失去工作能力的老、弱、病、残、孕、产妇,其中有超过 65 岁的年迈者、不到 15 岁的小孩,此外还有身体残障者、精神病人以及照顾不足 1 岁婴儿的母亲。见福岛县学务部长的通知,“对灾荒中受灾者生活穷困者的调查事件”,1934 年 11 月 13 日,见 SMY,《与灾荒有关的文件册》,1934 年,KST。
② 帝国农会,《针对东北地区农村的调查·灾荒篇》。

部分来信,信中写到她给学生布置了一篇作文,让他们谈一下与自己最密切相关的事。"大部分文章通篇都在表达对食物的担忧,"她说,"我哭得悲痛欲绝以致无法批改作文。"①新闻报道和当地官员声称孩子有快要饿死的危险或者至少严重营养不良。日本一家银行调查显示,福岛有 4%(超过 1 万)的儿童吃不饱饭,山形县的数字高达 7%。至于整个东北六县该数字更是接近 100 万儿童。②

上述数据达成的结论意味着这并不仅是收成不好的一年。《东京朝日新闻》在对东北饥荒的系列报道中,报道了一位国会议员的同情之意和其造访东北地区时同乡村一位知事间的交流。该立委"询问关于冻灾的损失",知事以嘲弄的口气回答:"冻害!我们这里没有什么轻微的冻害,而是饥荒!"③作为对受天气灾害最严重社区例行考察的一部分,1934 年 11 月福岛的地方长官访问了喜多方,记者直言不讳地描述了他与大约一百位地方领导人的会面场景。一位知事在讲述其村里状况时泪流满面,其他人在一旁默默哭泣;许多人带来了他们从邻近农舍拿来的食物样品,而这些用以替代正常饮食的东西几乎无法食用。④

那年秋冬有关乡村的照片几乎无一例外地记录了老人和小孩正在吃的东西,情况已远远超出读者的认知范围,以至于不得不作

----

① 出自《东京朝日新闻》第二版"东北的灾荒地见闻"系列报道,1934 年 10 月 13 日。其他各大报纸如《东京日日新闻》(见 1934 年 11 月 2 日所刊登的文章"东北灾荒见闻")以及《大阪每日新闻》对当地情况进行了相关报道。

② 日本银行福岛分行,"辖区内东北四县灾荒实情",第 680—681 页。福岛数据统计时间为 1934 年 12 月底,山形、宫城和岩手的调查时间为 10 月底,其中宫城和岩手有 6% 的儿童忍饥挨饿。据 1934 年 11 月 2 日的《东京日日新闻》估计,有 100 万饥饿儿童。

③《东京朝日新闻》,1934 年 10 月 12 日。

④《福岛民报》,1934 年 11 月 29 日。

进一步详细描述。① 其他记录在案的地方政府所作的努力还包括禁止年轻女性卖淫,对于那些走投无路只能选择把女儿送去卖淫的家庭所处的困境给予了极大同情。无论官方还是非官方关于东北农村地区的记述都是一成不变的凄凉和黯淡。②

在饥荒中生存

虽然 1934 年饥荒对许多地方来说是重大事件,但对国家而言这次天灾和以往相比却算不上什么大事。③ 根据各种流传的说法,1934 年东北的状况虽令人绝望,但并没有达到早年作物歉收造成的损害程度。1732 至 1733 年的"享保饥荒"、1783 至 1784 年的"天明饥荒"以及 19 世纪 30 年代的"天保饥荒"共造成数万人死亡,并致使农业彻底损毁以及农村人口锐减。④ 其后的社会动荡历经数年才恢复正常。最近几次发生在世纪之交的灾荒,一次是在 1913 年,此前还有 1902 和 1905 年,由恶劣气候造成的水稻减产幅度甚至高于1934 年。⑤ 根据史料记载和年长农民的回忆,1934 年的灾害并非空前绝后。不知了解这些是否会使农民在第一次咽下树皮加根茎充

---

① 在南会津的一些地方的居民甚至参加讲座学习如何把树皮和杂草做成食物。《东京朝日新闻》,1934 年 10 月 26 日。

② 在《回到津清》一书的第 64—65 页,太宰治描述了他和一位朋友之间的交谈:"真是受够了,"我说,"他们对我们大谈科技时代的种种美好设想,却无法教会农民如何避免灾荒。这帮没用的家伙!""不过农学家在做各种各样的研究,试图改良品种,增加抗寒能力,提高农耕技术,这样我们就不会再像以往灾年那样颗粒无收了。但是要知道,尽管如此,我们还是大约每隔五年就遭遇一次灾荒。""这帮没用的家伙!"我脱口怒骂,但心中的愤怒并非具体针对什么人。

③ 与此相反的观点见斯梅瑟斯特,《日本 1870—1940 年农业发展与佃租冲突》,第 95、98 页。

④ 托特曼,《早期的现代日本》,第 236—245 页。

⑤ H. 荒川,"日本三次大饥荒",第 212 页。

饥时有所安慰,但我觉得这几乎不太可能。

有一点很清楚,那就是饥荒在重塑萧条时期农村社会的过程中的确起到了重要作用,即便有时不那么直接。最起码,饥荒将公众注意力重新吸引到农村的贫穷和落后上来,激发公众和个人针对东北农民开展广泛的募捐慈善活动。这是日本近代史上的第一次饥荒;媒体的宣传、照片以及实地考察将农民的困境发送到全国报摊和各家各户,促使当地发生的悲剧成为全国性新闻。

城市工业经济开始反弹,而饥荒却从多方面提醒人们工业发达地区和乡村间的鸿沟有多么巨大。经济振兴运动应努力弥合这一鸿沟,尽管面对天灾人们在短期内无能为力,1934 年的粮食歉收使振兴运动的要点更加突出,强调更有针对性地面向农村进行合理规划、促进社区团结和社会改革。[1] 饥荒过后,饥荒救济很快与眼下的经济振兴紧密联系在一起,振兴运动自身也呈现出新的发展态势和目标。

1932 年的请愿运动和乡村救援国会会议刚过去两年,新一轮从东北到东京的上诉和请愿活动于 1934 年底发起。[2] 这些诉求以短期应急公共工程资助项目和政府发放余粮救济贫困家庭为首。这两项倡议受到关柴农民的欢迎,调查显示农民迫切需要资金和食物。虽然 1934 年预算会议削减了大多数公共建设项目,但应急资金(1935 年初国会再次召开特别会议针对援助东北问题投票)还是流向受灾最重的村庄,关柴就是其中一个受益村庄。

同将大米投放到重灾区一样,低息贷款是对抗饥饿的另一个工具。当局还给当地农民提供种子、免税和减免运费(这是日本农村

---

① 至少在一份福岛县的报告中做出结论认为,灾荒也许会间接为当地带来一些好处,至少可以引起人们对这一问题的极大关注。政府之所以成立东北振兴调查会,部分原因是要让该地区的人们放心,政府对他们的问题很重视,即便所取得的成效要等许多年后才能看到。见福岛县经济部,"灾荒对策概要",第 547 页。

②《福岛民报》,1934 年 9 月 29 日、11 月 29 日、1935 年 3 月 13 日。

历来应对饥荒的全部招数)。关柴虽然没有得到所期待数量的大米,但是村里进行了两次低价销售政府救济粮,第一次在 1935 年 6 月,另一次在 9 月,118 户家庭 700 多人购买了粮食。[①] 东北所有村庄都获得了政府供应的大米以及公共建设工程资金援助,两者相结合以及政府对当地需求做出的迅速反应,避免了多数农户食物完全耗尽的局面。

私人捐赠也很重要,而且表明公众已切实意识到农村的困境。三井、三菱和住友公司共向福岛县捐赠了 55.1 万日元,专门用于发展协同工作设施,改善乡村物质和精神上的福利。[②] 由《东京朝日新闻》、《东京日日新闻》等媒体机构努力组织的食品和资金捐献也源源不断地涌向灾区。就连皇室也加入进来,公开为修建社区仓库捐献 5 万日元,这些拨款连同国家补助有助于减少社区建设成本。

关柴是皇室馈赠的受益乡村之一,而且于 1935 年修建了第一个仓库。[③] 根据从县里接收救济金的规定,关柴承诺今后必须尽力保证粮食满仓,否则就要偿还受赠大米的金额。该项目的目的是保护社区今后免遭粮食短缺之苦,但意义还不止于此。存储设施的扩容、道路工程以及协同工作场所的建设很快成为经济振兴运动的一部分,并和振兴运动齐头并进。饥荒过后,振兴运动的作用开始重新界定,并促使政府发挥更广泛的作用,振兴运动因此成为塑造理想乡村的不二选择。

振兴运动最初几年,很少对运动进行大的变革。所谓的变化多为不那么重要的组织问题,或是一些无需太多花费便能完成的改善工作。在提倡增加农村投资的阵营(代表人物为农相后藤等人)和

---

① 喜多方市市志编委会编,《喜多方市市志》,第 8 卷,第 653 页。

② 日本银行福岛分行,"辖区内东北四县灾荒实情",第 689 页。

③ 喜多方市市志编委会编,《喜多方市市志》,第 8 卷,第 652 页。其他仓库都是后来建的,因此截止到 1940 年为止,该村 14 个村落中有 11 个有仓库。

反对阵营(尤其以藏相高桥为甚)之间持续不断的预算冲突中,通常以有利于仅对派的利益而告终。结果导致振兴运动的指定乡村一直缺乏物质援助,尽管他们获得了大量开展计划的指导意见。因此,在振兴运动之前未实现的创新与改善,至今大部分仍遥不可及。①

饥荒过后,扩展振兴运动援助范围的计划开始逐步清晰。基本行政机构如官员所期望的那样正常运转,这表明振兴运动十分受欢迎,很多社区都渴望参与进来。不过小平后来写道,"在那些被指定的社区(已经制定并试图实行计划),人们虽然满怀热情,但仍存在因为贫困致使计划无法实施的情况。换句话说,其中相当多的社区担心会因为资金匮乏导致计划以失败告终。"②

特别援助计划是经济振兴部根据小平的建议所提出的方案。官员将这一计划补充到现有的振兴运动中,以确保那些更有前途和更需要的指定乡村得到资金。通过低息贷款、社区自筹和政府直接拨款几种方法,规划者预计能够帮助一些村庄全面实现由于缺乏资金而停滞的计划。经济振兴在地方一级大多提倡的是廉价的改革,但一些项目对社区振兴的重要性不言而喻,却都远远超出其能力范围。道路、灌溉工程、生产设施以及购买农场牲畜耗资巨大,但是作为和振兴计划组织上、"精神上"等低成本的配套设施来说不可或缺。饥荒突显出农村不堪一击,显然最初构想的振兴运动等国家规划都未能提供农村社会实际需要的帮助。

特别援助计划还涉及预防医学。坐视乡村计划毫无建树的时

---

① 楠本昌弘编著,《农林渔村经济振兴运动与小平权一》,第 38 页。高桥还暗示,由于人们非常关注规划失利,促使政府重新审视该问题,从而推动了特别资助政策的进展。见高桥康隆,"日本法西斯主义与农业经济振兴运动的展开",第 16—17 页。

② 小平权一,"农村经济振兴运动研究史",第 83—84 页。小平似乎把农林省经济振兴部的主旨解释了一遍,"农村经济振兴特别协助救济的要求",1935 年 11 月(绝密文件),第 2 页,楠本昌弘编著,《农林渔村经济振兴运动与小平权一》,第 408 页。

间越长，经济振兴就越难取得具体成效。如果政府对农村复苏计划许诺食言的话，项目无疑以失利告终。人们期待某些议会成员表达其不满。第63届议会期间，对于复苏计划的评论往往是在质疑经济振兴计划如何能少投入多办事。还有一点值得注意的是，该运动在遏制农村动荡方面也毫无建树。佃租纠纷逐年大幅增加，从1933年的4 000件增加到1934年的5 828件，1935年则增至6 824件。时年佃租冲突的数字创下了纪录，此后该数字从未被超越。

然而1934年预算会议的结果清晰地表明，藏相高桥和大藏省不愿在农村投入额外的资金。任何资金投入都需事先在农林省内进行一番激烈的争论，这也是不争的事实。道路工程、灌溉工程、土地开发和其他基础设施工程在农林省内通常属于不同的权限部门。如何设法使资金绕过这些部门从经济振兴部流出，从而能够监管上述公共工程，小平和其他特别援助计划的规划者面临权限和财政方面的重大挑战。[①]

为特别援助计划争取资金的斗争始于1935年夏天。经济振兴部官员实施的第一步是将一千个特别指定乡村的资金需求编辑并打印出来。他们连续几天奋战至深夜，小平助手收集的方案摞起来有一人多高。[②] 第二步小平采取非常规手段，没有凭借这些资料在农林省内部寻求支持，而是直接将计划上呈给农林省山崎农相，避

---

① 为了确保经济振兴计划顺利进行，资助流程做了很大改动。资助资格的授予不再是按照项目逐个进行，而是以村庄为单位。中央对资金和项目的监管较为宽松，虽然不鼓励，但是也允许地方参与决断。例子参见竹山，引自楠本昌弘编著，《农林渔村经济振兴运动与小平权一》，第47页。

② 承办资料印刷的印刷厂坐落在新桥街中部，报社制作过于嘈杂的噪音，导致竹山被警察传唤，要求他向饱受噪音骚扰无法入眠的周围邻居说明情况并道歉。这一做法起了作用，但他回忆道，"我有一阵子非常担心整个工作会停下来，几乎止步不前。"引自楠本昌弘编著，《农林渔村经济振兴运动与小平权一》，第45页。

免在内部磋商过程中导致计划流产。山崎同意在会见藏相时争取这项特别资金计划。①

接下来要全力以赴赢得高桥藏相的支持。此举显示了小平高超的为官技巧，他复印了前田正名的《兴业意见》并在办公室内分发，确保高桥也收到了一份。小平根据他对高桥的一贯了解，阐明经济振兴部官员非常重视前田的工作经验（认真关注细节，仔细考虑当地条件以及在花钱方面精打细算）。高桥年轻时曾在前田手下工作，而且很早就参与了《兴业意见》的撰写。② 把该书的新版本当作礼物送给高桥，此举极为耐人寻味，因为这在藏相高桥的过去经历和经济振兴运动之间架起了一座桥梁。据说藏相十分满意这份礼物。③

山崎和高桥也的确召开了会议讨论特别援助资金，据说高桥压根就没看经济振兴部编辑的冗长报告。当山崎解释完毕时，藏相问道："到底是哪些项目需要援助？"山崎回答"它援助的是村里的骨干人物"，也就是在振兴运动中承诺并愿意带头行动的当地农民。高桥同意了这项富有人性化的请求。他告诉山崎，"如果是你在某些'事情'上花钱，我就会拒绝你的请求，吸引我的是你正在帮助的那些人。"④他投赞成票的唯一条件就是他要看到这上千个村庄选出的"骨干人物"名单，这项要求促使小平的助手冲出办公室，给每个村庄发电报让他们将候选人姓名及个人履历发送过来。有关信息发来后在编辑名单时要特别慎重，为求把误差降低到最低。一位官员回忆："哪怕只是一项藏相高桥认识的姓名或个人履历出了错，那么

---

① 据报道，农林省大臣山崎对小平评价很高。他和高桥都对小平为农村改革做出的贡献印象深刻。见同上，第48页。

② 小平权一，"农村经济振兴运动研究史"，第87页。1884年高桥已年过三十。

③ 楠本昌弘编著，《农林渔村经济振兴运动与小平权一》，第47页。

④ 竹山，引自楠本昌弘编著，《农林渔村经济振兴运动与小平权一》，第46页。

不管我们列出的名单有多长，都将前功尽弃。"[1]从藏相最终支持了该项目的结果来看，他们没有出现丝毫差错。

1935 年深秋，经济振兴部的规划者为特别援助计划进行更明确的界定。[2] 问题的关键在于务必要选出合适的社区。要优先选择那些最需要的地区，而不是把贫困程度作为唯一的衡量标准。那些在自救或与别人合作方面缺乏正确态度的乡村绝不会得到资助，"不管他们有多么穷困"[3]。

同样，社区必须跟踪计划的实施进程，计划允诺将特别资助名额公平地分配给最需要的人们，而不是分给"少数地主"或是"有大米出售的家庭"。[4] 最终特别援助计划设置了四个入选条件，满足条件的村子方有资格获选：

1. 获选村庄必须至少一年前就已制定经济振兴计划。

2. 村民必须和谐相处，各类组织健全，必须全力以赴实施振兴计划。

3. 社区在实施计划的重要部分时，一定要避免以贫穷为由仅仅依托自身资源。

4. 社区里一定要有骨干人物来领军。[5]

---

① 楠本昌弘编著，《农林渔村经济振兴运动与小平权一》，第 46 页。

② 两份文件勾勒出经济振兴部的方法："农村经济振兴特别协助救济的要求"和"农村经济振兴特别协助指导监督施政方案要求"，两份绝密文件都是 1935 年 11 月起草的。

③ 小平权一，"农村经济振兴运动研究史"，第 84 页。

④ 高桥康隆，"日本法西斯主义与农业经济振兴运动的展开"，第 17 页，引用了农林省经济振兴部，《农村经济振兴特别救济说明书》，1935 年。

⑤ 这些反复出现在"农村经济振兴特别协助救济金扩充要求"中，1936 年 7 月 27 日。小平权一也提到这类情况。见小平权一，"农村经济振兴运动研究史"，第 84 页。农林省经济振兴部，"农村经济振兴特别协助救济的要求"，1935 年 11 月（绝密文件），第 6—7 页，见楠本昌弘编著，《农林渔村经济振兴运动与小平权一》，第 412—413 页。

根据规划者所预期的条件,特别援助计划准许那些愿意实现经济振兴的村庄参选。上述条件虽然重申的是振兴运动的基本原则,但如果与饥荒后推行的特别指定计划联系起来看,具有新的意义。有两点特别突出,一是强调了骨干人物的重要性,即重视那些有意愿、有领袖力的当地生产者。这种对个人条件的重视反映出政府和农民组织对确定和培训合格的生产者作为社区领导人越来越感兴趣。

第二个突出特点是按贫富程度来划分社区。过去振兴运动没有区分富裕和非富裕社区,而特别指定计划这样做了。1937 年挑选程序再次变更,要优先选择贫困社区,进一步将天平向有利于贫困社区的一方倾斜。即便如此,规划者还是解释说特别资助并非公共救济项目的另一种形式。小平于 1936 年年中撰文表达了他的观点,农林省关注的不仅是将钱分给身无分文的农民。特别资助计划"完全反对那种给雇员发薪水式的失业救济计划"。村民希望参加计划的初衷源自一种振兴经济与重建社区的服务精神。该项目"不仅不会催生人们的依赖思想,反而会日益激发农民对经济振兴的渴望,我可以肯定这必将引导人们迅速执行并完成计划"。①

焦点仍然集中在振兴计划和预计达到的目标上:债务协议、收支平衡以及社会稳定。与此同时,特别指定意味着有条件的允许,即使是出于自愿也并非所有社区都能采取措施实现振兴。它们需要更多帮助,也就是额外的资金援助。以这种方式扩大振兴运动,农业部为仍在努力实现理想和振兴的村庄做出诱人但难以兑现的承诺。当别的方法失去吸引力时,资金援助成为特别指定计划押的又一赌注。

最初计划给予所有指定的 7 700 个社区为期五年的特别援助,

---

① 小平权一,"农村经济振兴特别协助救济",第 8 页。工资低得可怜,"连一顿午餐盒饭都买不起"。

每个社区平均收到 15 000 日元拨款和额外 20 000 日元的低息贷款。[1] 虽然农林省已将数字减少到 1 000 个乡村和 10 000 日元发款，大藏省却进一步将数字减少至每年 500 个乡村，每个乡村平均拨款 10 000 日元。实际上，每年真正被选中的社区数量远远低于 500 个。最多的一年，大藏省也才选出了 407 个村子；1941 年，这个数字下降至 69 个。在特别援助项目开展六年后，总共有 1 595 个社区受到特别援助，大大低于最初预期的数字。[2] 小平估计给每个社区的拨款从最少的 8 000 日元到最多的 30 000 日元。这个范围合乎情理；1936 年全部拨款预算给 350 个指定村庄平均拨款 14 000 日元。未来几年中受援者收到的资金预计会减少，不过仍高出大藏省最初"每村 10 000 日元"的估算。[3]

虽然特别指定计划未能实现其作为公共机构的目标，但这并不会使我们忽略它对所选社区的重要性。1936 年至 1941 年间，福岛共有 36 个镇和村庄被选为"特别指定"社区。在这 36 个社区中，耶麻郡只有 4 个，其中 3 个是喜多方的邻居：西南的山都（1938 年）、西北的上三宫（1938 年）以及关柴，关柴于 1937 年被选为特别指定社区。[4] 由于入选村庄数量很少，因此被选中的村庄和当地新闻界把入选看成一件大事。[5] 特别指定计划从多方面认可了关柴自饥荒以来所付出的艰苦努力，其目标同样也是政府和国家重视的。关柴的

---

[1] 小平权一，"农村经济振兴运动研究史"，第 85 页。国家将实行五年期贷款利息补贴。

[2] 同上，第 101、120 页。每年的水平如下：1936 年，350；1937 年，403；1938 年，407；1939 年，235；1940 年，131；1941 年，69。

[3] 同上，第 119—120 页。

[4] 1936 年山郡第四大村东岛村也入选。农林省农政局，"农林渔村经济振兴特别协助町村名一览"，1942 年 3 月，重印于楠本昌弘编著，《农林渔村经济振兴运动与小平权一》，第 596 页。

[5] 见《福岛民报》，1937 年 6 月 26 日。《关柴村报》，第 6 期，1938 年 6 月。

目标在 1934 年和 1935 年初步成形,具体内容将在下文加以讨论,第 8 章和第 10 章则是探讨目标如何扩展以适应振兴运动的变化(其中包括特别指定计划)。

一份乡村计划

1935 年春,关柴经济振兴委员会用长达 45 页的手稿勾勒出关柴的未来。振兴计划吸取了各家各户和各个村落的建议,并描述了在社区范围内开展的改革细节。目录清楚地列出了计划的各个组成部分:

1. 加速推进生产
2. 减少购买化肥的开支
3. 与木材相关的计划
4. 改革农业管理
5. 扩充与改良耕地
6. 销售和采购
7. 资金问题
8. 发展产业合作
9. 债务整理的方法
10. 改革日常生活
11. 改善卫生设施
12. 改善社会设施
13. 改善教育设施
14. 与村民有关的道德教化事务

村里对计划实施的范围几乎不做控制。关柴的计划与 1934 年福岛大约 40 个社区起草的计划相比,二者所探讨的主题虽不能说完全一样,但也较为类似。① 由于当局已确定计划的类别,当地规划者只需决定在金融改革或水稻种植方面采取何种行动,而不必考虑这些议题是否已包含在计划内。这种安排有助于社区忽略次要方面,保证他们有充足精力处理更重大的问题。社区必须面对的任务是围绕改进农业经营、减少化肥开支以及加强家庭财务管理等问题制定计划。人们普遍认为需要就这些问题进行改革,而经济振兴计划就是改革的出路所在。以下几节总结了关柴计划中倡导的若干关键因素。

生产

不足为奇的是,小松村计划的许多方面在关柴计划中都有所体现。如小松村计划中,建议村民在无需扩大耕地面积的情况下种植更多更好的作物。计划中的 7 种主要经济作物中,只有小麦的耕地面积比开始时增多了。②

在五年计划中,村民希望水稻和大麦增产 20%、西红柿增产 37%、小麦增收 60%、大豆增产超过 70%、柿子增产超过 75%、蔬菜产量翻番,因此提高现有土地利用率的重要性显而易见。对于农民来说,提高某种作物产量的做法很简单,只需投入更多土地;如果种植面积加倍,种植密度不变,就可以得到 2 倍的产量。但是关柴农民很难扩大耕地面积,这就意味着他们要利用现有土地提高收成。换句话说,1933 年村子平均水稻收成是每 1/10 公顷稻田收获 2.7 石,第一个计划阶段结束时,他们计划在不扩大种植面积的基础上收获 3.3 石水稻。其他作物也属于类似情况,只有小麦和柿子除外,小麦在提高单位面积产量的同时扩大了种植面积,而要想柿子增收就需要

① 见福岛县,"昭和九年计划制定农林渔村经济振兴计划概要",对当年制定的计划进行简要概述。关柴的计划出现在第 123—126 页。
② 其他 6 种作物是稻米、大麦、黄豆、土豆、蔬菜和柿子。

多种树,或许可以在那些不能种庄稼的土地上种柿子树。①

这项计划并没有停留在提出目标上,而是列出简短的清单,告诉农民实现目标的具体途径。除建议使用更为优质的种子和秧苗外,计划还提倡吸收当地农业协会和农耕协会的指导意见,改良耕作方法,提倡合作苗床的技术应用以及"合理使用肥料"。村农业协会负责公布计划,通过农协技术员进行新农技和技术改良讲座,此外还负责督促改革的贯彻执行。

复苏计划随后还提供其他农作物生产改良的手段,虽然列在"改善农业经营"一栏中,在这里却很适用。通过增加土地总量的方式已实现产量翻番,也能帮助社区种植更多大麦和茶叶。农户被鼓励各家在房前屋后种植新品种树木(并设定每家种植一棵樱桃树、两棵柿子树和两棵葡萄树的目标)。计划还建议农民利用桑树的间隙种植蔬菜,提高土地的利用率。最后,村里还制定灌溉和排水设施的建设计划,这样可以提高部分农田的产量。②

计划对村里诸如牲畜饲养、养蚕、副业和林业等其他重要的生产领域也提出类似建议。例如,在农业协会、工业合作社和农业实践协会的协助下,村里养鸡数量将由 1933 年的 2 300 只增至 5 年后的 12 000 只。通过帮助农户饲养更多的牲畜,预计能为当地居民增加 200 只羊(1933 年村里没有羊)、3 000 多只兔子和几十头猪。③ 规划者还提倡必要时联合购买牲畜以及牲畜饲料,并合力销售牲畜,这项任务由工业合作社负责。

家庭还要在其他有利可图的领域扩大经营范围。在"副业"一栏中,经济振兴委员会提出计划大幅增加草编包、草编绳、竹工艺

---

① 猪俣津南雄,"穷困的农村",从农民的角度充分论证了作物多样化种植的潜在风险。尤其参见第 353—363 页。
② 后面这一话题在规划的第 6 部分有所提及,涉及到土地扩耕和改良。
③ 农民可以拿猪粪作肥料,减少对化肥商品的依赖。

品、豆腐和土布衣服产量，这里仅列举几个项目。1933 年全村此类产品的收入不足 3 000 日元，然而在振兴运动的推动下，收入预计增至 14 000 多日元，据粗略估计，1/3 的增收来自草编包。规划者预计在已有 200 户的基础上再增加 50 个草包编织户，草包年产量从 14 000 个激增至 50 000 个。针对那些对开展牲畜饲养副业有积极性的个人，农业协会进行讲座培训，并支持他们统购统销。这样一来，相关各方就了有畅通的信息渠道，不仅可以购买便宜的原料，还获得了联合销售这一经营手段。①

养蚕业是经济振兴计划中唯一没有增长的一个方面。规划者认真考虑了未来五年内农业的发展态势，得出的结论是整体上村子蚕茧产量会略有减少，这样做的结果是收入虽然少了一些，但也削减了种植桑树所占用的土地。然而这些变革并没有带来剧烈动荡。桑树种植面积减少了 13 町，但与此同时，改良剩余土地带来的增产弥补了桑树用地减少造成的收入损失。实际的结果是由于上述变革，预计桑数产量不减反增。以前曾用来种桑树的土地可以种植其他作物，例如种小麦的土地就是从这里来的。同时，农民计划将蚕茧产品生产从春季移至夏秋两季进行。最终结果是养蚕业收入将略微下降（幅度在 2% 到 3% 之间），但这部分收入减少微不足道。和其他农作物一样，桑蚕产品改革将获得当地农业组织在技术上的全力支持及统购统销的帮助。

降低成本，增加利润

农民除减少开销外，更要尽量降低成本。经济振兴计划鼓励农民削减奢侈品消费和不必要的日常开支，并呼吁各家各户尽可能自给自足。这意味着农民自己做衣服而不是买衣服，自家吃的食物也

---

① 除了承担农业组织的常规性职责外，规划还希望地方青年妇女协会能够帮助做豆腐、纺线织布，并将蚕茧织成丝线。

需要自己种植。比如当地养鱼计划就来源于自给自足的原则。然而唯一也是最为重要的项目是用自制农家肥替代购买化肥,这一点在小松村显而易见。

关柴的振兴计划号召村里五年内将"购买化肥"的开支减少40%。1933年,当地农民每1/10公顷农田平均施加25贯化肥(贯是重量单位,1贯约为3.75公斤——译者注),根据计划这一数量将减至15贯。为补偿土壤流失的养分,农民计划增加堆肥产量并在农田里多施自产肥料,相当于减少使用40%的购买化肥。而且他们日益增加种植被称作"绿肥庄稼"的作物,作为常规肥料的辅助肥料。所有这些做法都在当地农业协会、工业合作社和农业实践协会的督促下进行。当地农业组织一致鼓励农民通过工业合作社购买肥料,这样做至少能降低成本,还鼓励他们参加有关堆肥生产、肥料合理使用的培训讲座。村里还开展一系列竞赛,比比谁堆的肥最多以及谁培育的绿肥作物最大。① 农民已经承诺在不增加耕地的情况下多种庄稼,并尽量保持土地肥沃。计划的目标是提倡农民少用化肥,同时保持现有的生产力水平,显然这项任务棘手而艰巨。

存款和债务

基础调查有助于社区掌握资金动态,或者至少能了解资金的去向。比如关柴就通过调查摸清了具体的负债情况以及债主是谁。居民知道可以省下多少钱以及将钱存在何处。经济振兴运动的作用就是指导农民如何有效处理现有债务、应对未来债务以及合理利用存款,以便更大限度地令整个社区受益。

为打造更为坚实有力的金融前景,当前关柴计划的工作重心就

---

① 在推行经济振兴规划之前,村子就一直在鼓励农民多造堆肥,并开展公开竞赛。1934年4月13日,《福岛民报》上的一篇文章就描述了关柴举办了长达20天的农家肥节,据报道该村制成的肥料已经远远超过前一年。

是促进工业合作社发挥更大作用，使其承担起发放信贷以及吸收存款的任务。合作社是理想的低息借贷人，因为它既能利用政府为乡村工程建设提供的资金，又比其他借贷机构更倾向于为农民提供个人贷款。和当地银行等机构相比，合作社是居民储蓄的首选。合作社受青睐的原因在于它将吸收来的存款通过各种方法为社区服务，这一点是银行难以企及的；就这样，振兴计划倡导的若干倡议（如储蓄运动等）促使人们将更多辛苦赚来的钱存入工业合作社。

直到 1935 年，债务问题仍然十分棘手。1933 年村里估计居民负债 80 万日元；计划拟定措施，试图通过工业合作社偿还一小部分债务，但由于缺少具体措施而被迫中止。① 关柴对债务整理反应非常迟钝，尽管几年前这早已成为潜在可利用的工具。村里不仅没有债务整理联盟，而且未来也不打算成立该组织。在这方面，经济振兴委员会一直回避大胆冒进的举措，倾向采取谨慎策略。

协同事业

"令人遗憾的是，"复苏计划的制定人注意到，"村工业合作社在组织和行动上存在诸多缺陷，它仅在少数领域改善了居民的经济状况。"由此而产生了对工业合作社进行扩张和改革的呼吁。一直以来，村民参与关柴合作社的比率远远低于规划者的预期，这一点令他们备受困扰。1933 年大约 299 人成为合格成员，仅占符合条件人口的 3/4。成员往往来自社区"有钱"阶级，而且集中住在平林、关柴和下芝。这几个村庄以外的村民，特别是较贫困的居民不大可能参与进来。规划者承诺采取更积极的措施吸收成员。五年后合作社预计吸收关柴其他农业合作组织成员。既然每个务农家庭理应成

---

① 规划中债务整理那一部分提到债务整理联盟法案，但后来做了删减，只留下工业合作社和原来就有的债务整理联盟作为农村债务政策的核心内容。见振兴规划的第10 部分。

为村农业组织成员，那么将这些人纳入工业合作社确保了全村范围的参与。五年计划末期，全村396户农业家庭每户至少将有一名成员加入合作社。

合作社在社区的作用也随着成员的增多而不断扩大。它可以继续担当地方金融机构的角色，提供更多贷款并扩大存款业务，但其更为重要的角色是充当农户和外部市场之间的调解员。1933年，关柴农民出售的10 000石水稻中只有2 160石通过合作社销售，然而在经济振兴计划的指导下，五年后所有出售的9 000石水稻都是通过合作社销售的。其他主要作物也取得了类似突破。合作社希望说服农民通过该组织购买大部分肥料和牲畜饲料，或者至少购买一些橡胶靴、米酒和茶叶。

振兴计划准备在村里四个不同地区建设协同生产设施。计划购买四台制绳机和四台稻谷脱壳机供全村使用。这一系列具体行动标志着联盟的队伍更为壮大、职能也更为有效。此外联盟还承诺充当村农业协会、青年团体和其他"有力组织"之间的协调员，为振兴社区增添动力。合作社组织乡村和村落两级讲座，刊印信息分发到各家各户（包括工业合作社的全国性杂志《家之光》），并在小学建立了销售联盟示范典型，合作社还计划为提高乡村教育质量勾勒出更为清晰的未来。

改革日常生活

完成了农业、金融以及地方经济重组等环节之后，关柴经济振兴计划腾出精力关注乡村生活的其他方面。从诸多方面来看，这些环节在措辞和意图上都和以前大不相同。毫无疑问，这部分计划并非着重于经济改革，而是更多地试图去改变农村日常生活中某些最为基本的要素。解决问题的思路与框架也不一样，因为确定村子的"思想问题"或"公共精神"比统计工业合作社吸纳了多少成员或农民种了多少水稻要难得多。

提出的解决方案也不尽相同：壮大工业合作社的方法是增加成员和扩大活动范围，因而五年后很容易回顾并衡量农村的进展情况。但人们该如何改善关柴农民的"公众精神"？又何以得知其发展的成果呢？

当地规划者相信他们能够找到上述问题的答案，因为关柴日常生活改善计划罗列了半打力所能及并迫切需要改进的领域。他们特别关注守时这一问题；"尽管选区内和村民委员会领导开会总是准时的，"该计划的附加注释中这样解释，"但一般而言并不是这样。"[1]村领导希望促进居民中更多人养成看表的习惯。家庭开支的浪费也被视为需要解决的问题，他们认为铺张浪费是"旧传统"在作祟。对于这一缺点的补救方法就是进行大力宣传：分发印好的资料，召开基层村落会议鼓励农户在各项日常用度上更多实现自给自足。制定计划帮助村民自己制作更多的泡菜、酱油和其他用品。农民自产日用品的越多，在当地商店购买的就越少。节俭和其他技巧一样需要大力地传授经验和充分的重视。

既然关注重点是改善日常生活，关柴还提出了与之相配套的改善营养结构（通过烹饪讲习班）和家庭卫生（通过改良当地厨房和卫生设备）的计划。[2] 村子里需要改良厕所、饮用水井（大多数人还依赖江水和河水），以及普及应对肠道寄生虫方面的知识。这些项目促使村里重视综合利用各种公共教育资源；在全村范围提升对乡村本土文化的热爱也在委员会的重大议事日程上。最后振兴运动做出承诺，号召社区敢想敢做，鼓励人们大力发挥想象力，大胆制定可能达到的目标。

---

① 见第 12 部分，"改善生活的计划"。

② 许多经济振兴计划中都出台了改善营养的方法，在关柴，村里建议村民多利用泡菜、时令菜和多样化食谱中的菜品，必要时还拨款进行厨房改革，希望该村最终有一半厨房能够得到改善。

制定最完美的计划

本章探讨了关柴为摆脱经济萧条寻找出路的最初努力进程。在经济振兴运动的指导下，乡村以振兴计划为蓝图，提出重塑社区生活和经济生活。计划涉及到农村生活的方方面面，从承诺通过开源节流改善生活，到提出设想和规划以提高农田管理水平和资金利用率，总之目的只有一个，就是要实现利益最大化。不难理解振兴运动为何具有如此巨大的吸引力，特别是看到知事热心投身改革以及身兼商人和大地主的矢部善兵卫的大力支持（这两方面将在第9章作深入探讨）。运动的吸引力还在于它付出良多而要求甚少，只需要激发出村民自身的潜质——勤奋、刻苦、节俭和想像力。况且除振兴外也别无良方。运动给试图拼命摆脱当前困境的农村社会提供了唯一的安全途径。国家没有为农村提供其他更好的选择，至少目前还没有。

有计划的、高效的农业及其前景的吸引力毫无新意可言。如1822年流行的大藏永常编著的农业手册《农具便利论》充斥着拓展农技、合理分配时间和劳力以及谨慎利用现有资源的告诫。[①] 早在20世纪30年代之前，农民就已经意识到节俭和时间的价值及其重要性。规划这一理念多年前早已存在，振兴运动在某种程度上印证了一句人们视为宝藏的古话：倘若目标难以实现，承诺必定虚假。

然而20世纪30年代这一独特的时代背景为农村提供了史无前例的振兴目标和全新使命。以前制定计划的重点往往集中在单个农民所取得的成绩上，而振兴运动则把乡村乃至整个国家作为考虑的对象。到20世纪30年代为止，行政管理和教育改革已赢得整个

---

① 对此话题探讨最充分的英文版材料是 T. C. 史密斯，"日本的农民时代和工业时代"；又见同上，"大藏永常和技师"。

社区的支持,社会共同精心制定计划是德川幕府时代的改革者所不敢奢求的。过去计划涵盖的范围是富裕家庭和受过良好教育的家庭,而在大萧条时期运动涵盖了所有农民,无论贫富、地主还是佃农,所有农民都包含在内。运动主张在重建过程中将所有社会成员纳入进来,不仅具有可能性,也是大势所趋,而且很有必要。

这种理念催生出新的社区实践,即在几乎所有公共领域进行计划和记录保存,例如小松村就见证了村民起草振兴文件的整个进程。为了同一目的,社区内每个家庭填写相同的表格,村民被分为农民、社区资产管理者和家庭成员三类,并严格按照这类别规范人们生活方式的细枝末节。这种集体起草的文件所暗含的信息确实很有趣;就投入和可以衡量的品质而言,如果能在规划文件中找到成功秘诀的话,那么谁又会去责备哪位农民个体的失败呢? 当然,只要运动所规划的繁荣之路保持不变,那么成功的动力就不是来自农村社会的外部,甚至也不取决于政府。计划促使乡村内部担负起振兴的责任;个人努力和技术也是成功的因素之一,当然还包括乡村机构改革,这两者都是振兴走向成功的必要条件。

相比德川时代农民手册,振兴规划所涉及的内容要多(虽然出现较晚但同样能激发斗志)。涉及范围更广,人们不再局限于扩大庄稼种植种类,小松村委会成员和家庭接受广泛的改革,赚更多钱只是其中一个目标。大规模的社会转型得到公众的支持,前提是这种转型朝着国家认可的方向发展。这也是 20 世纪 30 年代另一个时代背景:虽然地方的积极性一直是自我振兴的前提,但国家向来都是改革者的心之所系。自始至终该运动也受到政府的资助。甚至在振兴运动激发了整个农村社会的热情之时,它仍在全国范围对振兴进程做出承诺。每个人都做了自己份内的工作,每个人也都理解他所背负的希望。

如果经过一年的饥荒后,村民仍质疑实行经济振兴的必要性,知事就会尽力消除这一疑虑。1935 年 9 月,他在给村领导人概述复

苏计划实施进程时,首先对当地领导人在起草计划时所提供的帮助
表示感谢,他继续说道:

> 目前农村贫困的原因并不仅仅是因为近来国内外的
> 经济大衰退。显然贫困也同农村经济管理和组织方式紧
> 密相关。为确保农户保持警惕性,也为了剔除导致困境的
> 不利因素,第一步是要在每个村落推动老式互助的优良传
> 统。要想使这种互助式传统在经济生活中产生全面影响,
> 我们必须在组织上创新,实行计划生产和计划经济。①

鉴于大萧条后发生饥荒的可能性很大,知事已做好充分准备,
着手全力执行村振兴计划,第 8 章至第 10 章将对执行计划所付出努
力及其对社区的影响力进行探讨。

---

① **SMY**,佐藤佐吉和区町,"关于经济振兴计划实施",1935 年 9 月 9 日,《1934 年经济
振兴》,**KST**。

第 8 章
1935—1939 年的农村经济

逐渐走出大饥荒阴影的关柴居民正准备大力振兴经济,同时有迹象表明日本一些行业的经济发展也开始回暖。截至 1934 年底,日本的国民生产总值(GNP)已恢复到大萧条前的水平。出口和制造业回升到了经济危机前的水平。实际上,1934 年制造业总产值比 1929 年提高了 1/5。即便是在福岛,工业部门的增长幅度也显而易见。1931 年至 1936 年间,福岛重工业的雇工数增长超过 10 倍,产值增长 15 倍。[1]

然而,对包括关柴在内的日本农村而言,经济危机仍令人堪忧。截至 1935 年,大多数农产品的售价仍低于 1929 年。仅有大米价格回升到大萧条前的水平,其他农产品价格到 1937 年才恢复到先前的正常水平。[2] 即使价格开始上扬,农民也无从得知这种向好趋势能持续多久。上次价格暴跌来得如此迅猛,这表明世事难料,没有人

----

[1] 福岛县编,《产业经济》第一期,《福岛县志》第 18 卷,第 97—100 页。工厂和雇工数字针对的是 5 人以上的工厂。纺织厂和其他轻工业工厂一般都从农村雇佣大量工人,但在福岛县这一数字的增长幅度却非常缓慢。又见中村政则,《昭和恐慌》第 2 卷,第 272—273 页。

[2] 又治梅村等,《农业与林业》,第 9 卷,《对 1868 年以来经济数据的长期估计》,第 161 页。如果把 1925—1927 年看作基准线,而不是拿 1929 年来衡量,那么农产品价格的恢复过程就一定会更慢一些。稻米的价格直到 1938 年才回到 1925—1927 年间水平,而农产品均价直到 1939 年才恢复到原来的水平。有学者曾应用这一方法,实例参见清水洋二,"农业和地主制",第 256—258 页。

能保证市场会一直保持稳定。1935 年佐藤知事仍在谈论"克服大萧条"的必要性,他深知这一观点一定能得到大家的认同。①

关柴改革沿着家庭、村庄和乡村振兴计划的路线展开,从 1935 年开始一直持续到 1941 年经济振兴运动结束。本章和第 9 章着重探讨大萧条后农村社会在自我振兴方面做出的努力。在此过程中,第一步或许也是最重要的一步就是调整农村经济结构,这也是本章所要讨论的主题。大萧条后农村经济的关键在于发展新型经营模式、促进农业组织间的有效协作以并普及作物多样化种植。随着时间的流逝,这些举措也日益成为动员的内在需求。

正当知事等人积极推进经济振兴计划时,他们发现需要调整目标和策略,以适应战时的现实需要。政府要求农民投入最少的资源获得更多的产出,这充分符合振兴运动的初衷与宗旨。运动有两大目标,一是通过规划和改革以重建社区,二是支援对华战争,为之提供一个稳定高产的大后方;随着时间的推移,这两大目标合为一体。因此,从 1935 年到 1939 年这段时期既是关柴经济振兴运动的第一个五年,又是从和平时期过渡到动员经济的初期阶段。

振兴和动员运动还改变了地方领导阶层的性质和范畴;这既是农村改革的第二大核心,也是下一章要讨论的主题之一。新机构的创建形成了新的经济和社会领导阶层,经济振兴委员会可以说明这一点。该机构汇集了众多掌权的领导人物,同时也吸收了一些新面孔来担当重要职位,新旧领导阶层共同致力于农村经济复苏。知事及其振兴运动的盟友(其中包括当地商人矢部善兵卫)充分利用这一平台,把它当作论坛,宣讲、组织并领导振兴运动。振兴运动及随后的动员运动造成农村权力重心非常微妙的转移,生产者和乡村"骨干"更受青睐,而原先地位稳固的地主精英则风光不再。

----

① 1935 年底,佐藤在发给村庄负责人的指令中就曾用过该词。见 SMY,佐藤佐吉与和区町,"关于经济振兴计划实施",1935 年 9 月 9 日,《1934 年经济振兴》,KST。

社会改革成为关柴大萧条后复苏的第三大要素。佐藤知事和矢部极力向村民宣扬道德改革、日常生活方式改进以及社会责任和国家使命感的重要性,并认为社会改革存在巨大潜力。正像经济和机构改革一样,振兴运动和动员运动之间的界限日益模糊。起先那种期待农村更繁荣和更具活力的美好愿景已经变味,演变成宣扬现代化、为国效力甚至为国捐躯的大肆鼓动。

为了振兴组织起来

20 世纪 30 年代,关柴是三大农业组织的发源地。农业协会和工业合作社在整个乡村运转;而农业实践协会严格来说属于村落级别的村庄基层协会。如前面第 3 章所述,这些机构早已存在,但在大萧条时期并未发挥什么实质性作用。因此振兴运动着力改革这些农村组织。在农村开展经济振兴运动的几年中,这三大组织都改变了运行方式,并扩大了活动范围。农业协会和工业合作社加强了与村庄各个基层组织的联系,并通过他们与更多农业社区进行紧密的合作。而村庄基层协会则负责将这两大组织的革新和技术直接提供给当地农民。

在这三个组织中,最直接参与日常农业实践和农业经济振兴实际工作的当属农业实践协会。遗憾的是,其具体活动无据可查。但我们所掌握的情况是,乡村中的每个村庄都有农业实践协会,几乎所有农户都隶属该组织。农业实践协会帮助协调村庄内的耕作方式(或必要时在村落之间进行协调)、引进新技术和新品种、实施由农业协会或工业合作社发起的农业管理改革。[1] 如果没有农业实践协会,经济振兴运动只能发动农村上层社会;而有了农业实践协会,

---

[1] 至于农协应当承担何种工程,具体事例可参见,"经济振兴计划制定执行状况调查",1936 年 3 月,《1935 年经济振兴计划制定执行情况调查》,KST。

地方规划者就更有信心动员整个农村社会参与振兴。

30 年代初,通过立法,农业实践协会被纳为法人组织,因而能够以法人实体的形式加入当地工业合作社。这样做有诸多好处。将实践协会吸收进来是因为它能够确保每个会员无需缴纳额外费用就可以共享合作资源。对于工业合作社而言,允许加入协会大大提高了农民的参与率,因为现实情况是大多数农民都已加入村庄基层的农业实践协会。

到 1938 年,关柴每户都派代表加入工业合作社。这是个可喜的势头,但是村里希望做得更好。农业协会和乡村官员许诺支付 70 日元给农业实践协会,这在法律上使其从私人机构转变为公共实体。[①] 到 1940 年,关柴所有的农业协会都被吸纳进来。虽然这一周期比当地规划者所预期的要漫长许多,但总算是实现了乡村自上而下的覆盖面,耗时 5 年终于实现了早在 1935 年规划中所制定的目标。

这种自上而下的覆盖面至关重要,为恢复农会和工业合作社的活力奠定了基础。虽然这两个组织扮演完全不同的角色,但它们对振兴运动起到不可或缺的作用。例如,农会的支持者往往处于当地经济等级的高端阶层。它所关注的问题和谋求的政策对地主农民比对佃户更有利。在农会的总体目标中,先进技术和手段对改善农业具有显著影响力,虽然振兴运动没有做太多工作来改变农会的总体目标,但它确保了农会目标得到农村人口更为广泛的支持。根据这项新指令,农会选中地主农民和佃户作为其潜在对象。

农会通过各种途径为农民提供援助。从 1933 年起,农会开始雇佣专职技术员帮助改善当地农作物的质量和数量。技术员经常出现在村庄集会上(将在第 10 章讨论),使本来属于他的私人知识成了公共"财产"。技术人员由此成为社会资源,而不单单是协会

---

① SMY,"对特别援助的核对与制定计划有关事项的经济振兴计划秘密文件",未注明出版日期,KST。村落级会议也收到少量援助金。

的财富。整个 20 世纪 30 年代,协会还主办更多活动,旨在提高农民对特殊作物和农耕技术的兴趣。当地商品交易和展览会把各种不同种类的堆肥、种苗和农产品作为其展销特色,让农民有机会近距离考察有可能选择的项目。

举办展览的想法并不新鲜,经济振兴计划启动前农会就已经举办过堆肥和化肥展览。不同的是,1934 年后展览只是更为广泛的振兴运动的一部分,与之配套的措施还包括讲座和农业技术员现场指导,举办产品展销会这类活动将农业改革的可能性变为现实,同时为那些对展览产品和农业技术改革感兴趣的农民提供工业合作社贷款。[①] 振兴运动为协会在农村扮演的传统角色指出新的方向,那就是农会要充当技术指导的源头和贯彻政府农业政策的渠道。

工业合作社的职责更加复杂。虽然关柴合作社对经济振兴的成功至关重要,但它过去的表现并不尽如人意。30 年代初,银行破产导致合作社许多资产打了水漂,过去合作社的服务对象一直倾向于乡村较富裕的农民。合作社必须恢复并发挥最大潜力扩大成员。社区里没有其他机构能够给合作社提供财政支持,或是取而代之成为地方和全国市场间的中介。合作社对于运动的重要意义早已明确,1932 年农业省出台五年计划,为扩大其影响和行动范围提供支持。按该计划的提议,几乎所有农民最终都加入了合作社,并确保每个合作社为社区提供四项主要服务内容:信贷、农产品销售、物资采购以及合作使用农业设备。[②]

该计划在很大程度上取得了成功。合作社从 1932 年不到 500 万

---

① 见《福岛民报》,1935 年 12 月 4 日,描述了由农协赞助的关柴农产品交易会和农业竞赛。

② 安达生津,"自力更生运动家的《家之光》",第 110 页;照冈修三,《日本农业问题的展开》,第 2 卷,第 173 页。

的群众基础,到 1937 年发展到 620 万成员,1940 年底超过 710 万。[1]
全国范围内,农户成员由 1931 年的 61.1%增至 1936 年的 76.6%。[2]
工业合作社杂志《家之光》的发行量从 1932 年的 20 万份扶摇直上达
到 1935 年的 1 000 万份,合作社的服务范围迅速扩大,以便满足当地
需求。1932 年在所有合作社中仅有不到 1/3 向会员提供全部四项服
务(见上文);到 1937 年则有 71%的合作社达到了这一要求。[3]

当关柴首次草拟振兴计划时,优先考虑的是扩大当地合作社的
覆盖范围和服务项目。合作社成员的素质参差不齐,在村里的作用
也同样杂乱无序。在经济振兴运动的推动下,这种情况得到了改
观。合作社新发布的每月通讯(见图 4)在 1936 年初面世,旨在表明
该组织日益增长的信心与活力。通讯包括提醒合作社成员当地即
将举办的活动、合作社所提供的服务并敦促读者更好地利用合作社
这一资源。[4] 同时刊登了类似《家之光》的有关信息,并详细解读了
运动在当地的最新进展和具体目标。

1937 年,村里开始将经济振兴运动特别援助资金拨出一些分配
给合作社,这种现金注入的方式受到了欢迎。合作社代表定期出席
村庄集会,解释合作社将如何发挥作用,并敦促那些尚未入会的农
民加入进来。许多人确实因此成为会员,到 1938 年村里每户都派代
表参加了合作社,而且村庄一级的农业实践协会也成为合格会员。
在运动的推动下,较以往社区有更多家庭加入合作社。

---

[1] 照冈修三,《日本农业问题的展开》,第 2 卷,第 173 页。

[2] 在东北地区的覆盖面迅速扩大,1936 年从 53.9%扩散到 76%的农户。在福岛从
54.9%扩张到 75.1%。森武麻吕,《战时日本农村社会研究》,第 217 页。

[3] 板垣邦子《昭和战前与战中的农村生活》,第 56 页;照冈修三,《日本农业问题的展
开》,第 2 卷,第 173 页。

[4] 一份摘自《合作社月报》的节选出现在《喜多方市市志》上,见第 6 卷,第 520—521
页。其他参见 SMY,《产业合作社文件》,KST。

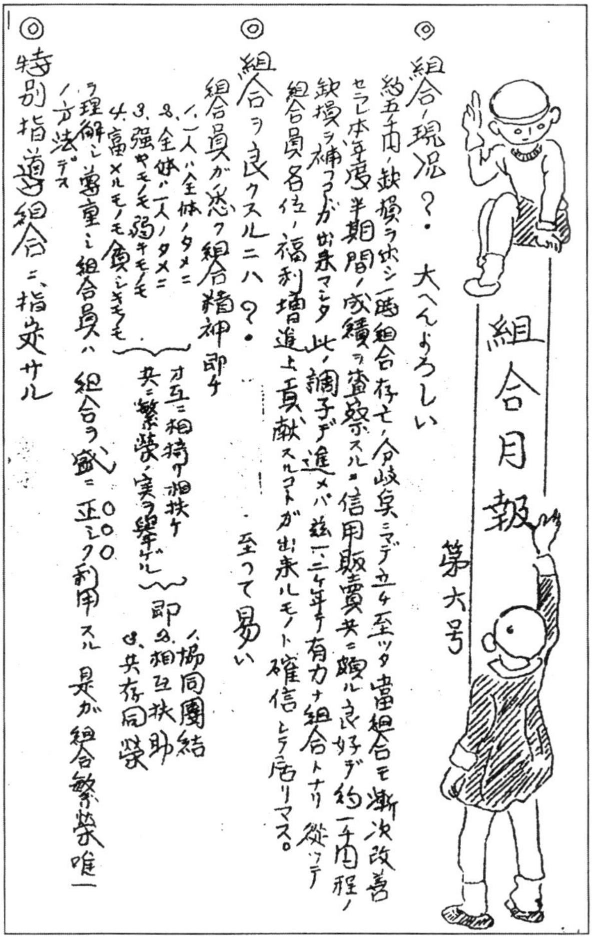

組合月報 第六号

◎組合ノ現況？ 大へんよろしい

約五千円ノ欠損ヲ出シ一時組合存亡ノ分岐点ニマデ立チ至ッタ当組合モ漸次改善セラレ本年度半期間ノ成績ヲ査察スルニ信用販売共ニ頗ル良好デ約一千円程ノ欠損ヲ補フコトガ出来マシタ 此ノ調子デ進メバ茲ニ二ケ年デ有力ナ組合トナリ 従ッテ組合員各位ノ福利増進上貢献スルコトガ出来ルモノト確信シテ居リマス。

◎組合ヲ良クスルニハ？ 至って易い

組合員ガ総ベテ組合精神即チ

1、一人ハ全体ノタメニ
2、全体ハ一人ノタメニ
3、強キモノモ弱キモノモ
4、富メルモノモ貧シキモノモ

お互ニ相持チ相扶ケ共ニ繁栄ノ実ヲ挙ゲル

即チ 1、協同團結 2、相互扶助 3、共存同栄

ノ理解ニ基キ組合員ハ組合ヲ盛ニ正シク利用スル 是ガ組合繁栄唯一ノ方法デス

◎特別指導組合ニ指定サル

图4 1936年关柴工业合作社通讯（资料来源：喜多方市市志编纂办公室，关柴村文件）。

合作社承担了经济振兴发起人和中间人角色，在某些关键领域的作用也同样得到加强。化肥对现代农业而言不可或缺，而合作社在农村化肥市场所起的导向作用是衡量该机构对当地经济重要与否的重要指标。振兴运动的目标之一是让农民多使用自产肥料，这样既可以节省现金支出又能减少对化肥经销商的依赖。当地农民

推行了这一政策,当然也不能完全取消购买化肥的做法。运动所要达到的目标是在农作物多样化基础上扩大产量,要实现这一目标,只有借助优质化肥才能达到,而并非所有化肥都能够自行生产。

全国化肥的使用情况反映出大萧条后多种经营的现状和为提高作物产量所做的努力。1925 年至 1929 年和 1934 年至 1939 年间,氮肥的使用量增长了 1/3,磷酸盐增长了 27%,钾肥增长了 42%。和购买化肥相比,上述各类化肥的自产品种略有增加。不过,与此同时农民逐渐摆脱多年来的化肥消费习惯,不再倾向于从商店大宗买入由鱼和大豆制成的化肥,而是青睐更精致、更昂贵而且有效的人造化肥。[1] 即使在某些方面农民能够自给自足,他们仍依赖人造化肥。和谋求更高产量以及作物多样化一样,自制堆肥和化肥也是运动的重要部分,但毫无疑问,为增加土地肥沃程度,农民将不得不继续求助于市场。

问题在于到哪里以及在什么条件下购买化肥。许多农民赊购化肥,等有了收成再连本带利偿还。虽然当地商人有利可图(在全国这类企业多为地主所有),但农民有陷入债务循环的风险。在关柴,运动的前提之一是当地合作社将有可能取代零售商,成为农民与化肥生产商之间的中介。合作社有着自身优势:它可以利用其购买力与销售商进行谈判,以获得比单个农户更便宜的价格,还可以在信贷上提供比当地经销商更为优惠的条件。而以往做法和已有信贷关系的砝码显然倾向于化肥经销商的利益。

随着时间的流逝,上述相关因素在关柴找到了平衡点。1933年,合作社控制了近 14.7 万磅的化肥销售,仅占村里化肥市场约

---

[1] 照冈修三,《日本农业史》,第 176—177 页。1933 年日本的平均每公顷土地的施肥量在全世界名列前茅。荷兰最高,日本排第 5 位。约翰逊,《二战时期日本的食品管理》,第 12 页。

10%的份额,相当于全国合作社19%市场份额的一半。① 随着宣传和动员工作全面展开,乡村合作社一直努力争取新客户,收效甚好。到1937年,合作社销售的化肥比1933年增长了近4倍,一份报告中曾记述合作社的化肥销售是1933年的5倍。② 关柴合作社的这一增长速率大大高于1937年全国39%的平均水平。③

合作社还设法为其他商品充当中介。在第一个五年振兴计划内居民通过乡村合作社购买物资的金额增长了一倍以上。1933年,合作社组织所控制的乡村购买资金还不足1/5;到1938年,其份额接近1/3。合作社虽然远未达到对当地经济强有力控制的程度,但显然正在大展拳脚。④

合作社在当地农产品销售中所起的中介作用也取得了类似成效。规划者曾希望农民通过合作社出售更多产品;当地和外地商人提供产品销往市场的常规渠道,但合作社承诺以更低价格向农民提供同样质量的服务。在关柴,合作社首先要设法得到当地大米销售权,毫无疑问大米是首选,部分原因在于农民如何销售这一最重要的作物中还有很大的改进余地。在计划的开始阶段,合作社的大米销售量不到村民销售总量的1/5(按体积计算)。到1939年,规划者预计市场上90%的大米销售将经合作社之手。1937年的数字表明,合作社控制了将近60%的大米销售,和初期水平相比增幅很大。由

---

① 照冈修三,《日本农业问题的展开》,第2卷,第173页。

② 1933年的数据源自乡村振兴规划,显示了由工业合作社组织销售的复合肥、硫酸和氮肥和其他各类农用物资,当时仅仅出售这四类物资。因此规划呼吁合作社曾加化肥销量并丰富其他物资种类。来自SMY1937至1939年间的数据,"关于经济振兴规划制定执行情况调查(不包括生产计划)",《1935年、1938—1940年经济振兴规划实施情况报告》,只提到了"化肥"销售情况。

③ 照冈修三,《日本农业问题的展开》,第2卷,第173页。

④ 见SMY,"农林渔村经济振兴特别援助经济振兴的成绩报告书,"1939年5月1日、1940年5月14日,《1938年经济振兴》,KST。

于记录保存的问题,很难与 1937 年后的数字进行比较,但没有理由认为合作社在其后一年里表现会更糟糕。[1] 以日元计算,计划生效之初,村里大约 30% 销售都由合作社来经手,货物价值约 7.8 万日元。到 1938 年,工业合作社和村庄组织共同控制了当地超过 12 万日元的销售,占当年销售总额的 36%。[2]

农村经济振兴之初,工业合作社几乎形同摆设,由此形成的反差足以证明合作社重振旗鼓是经济振兴计划的一大成果。居民虽不情愿完全放弃依靠个体经济创造奇迹的念头,但他们乐于将其开销的可观份额分给合作社,并委托其销售大部分产品。这两大进展表明改革已经深入人心,而且对当地农民来说合作社和其他乡村组织的重要性也在与日俱增。

社区基础设施建设

第一个五年振兴计划结束时,社区面貌在许多重要方面发生了显著变化。合作生产场所和农作物仓存设施建设始于 1935 年,工期持续了好几年。建设仓储设施的经费部分来自 1934 年饥荒过后的

---

[1] 1937 年之后,村里在报告稻米产量时开始拿捆代替石作为计量单位。尽管 1938 年到 1939 年间的水稻捆数有所增加,但是无法和以前的收成作比较。后来有人试图用每石 2.5 捆的计算比例推算了一下之前几年的产量,但所得数值和 1936 到 1937 年间的实际产量对不上。不管怎样,问题并非在于合作社做得好与否,而在于如何做得更好。SMY,"经济振兴规划制定的执行情况调查(不包括生产计划)",《1935 年、1939—1940 年经济振兴规划实施情况报告》,KST。1937 年一份像是村里报送县里的报告草案中显示,合作社占 40% 的购销份额,但没有提供其他方面的证据来支持这一点。见 SMY,在报道后是一份福岛县经济部向参加规划运动的制定农户发出的指令,标题为"农林渔村经济振兴规划执行情况调查",1937 年 10 月 18 日,《1938 年经济振兴》,KST。

[2] SMY,"农林渔村经济振兴特别援助经济振兴的成绩报告",1939 年 5 月 1 日,《1938 年经济振兴》,KST。

皇室捐款。粮仓首先在下柴、平林、京出、上高额和中里建成；到1940年，村里14个自然村中的11个至少拥有一个。这些仓库满足了当地仓储的需求，最明显的就是为收获的稻米储存提供安全的场所。1935年以前，当地并没有这样的常规存储设施，因此大多数农民在水稻从田间收割后被迫立即出手，哪怕是储存一部分大米等到价格上涨也无法做到。仓库使得需要大米的家庭可以在两季收成之间向社区借用大米，而无需向市场高价购买，另外仓库还是预防饥荒的基本设施。1934年饥荒后政府向乡村供应大米时就规定村里要将相等数额的大米存储起来，作为防御未来灾害的手段。仓库的建成使这一政策能够实现。①

协同工作场所（共同作业场）建设得益于三井、三菱公司的援助，和皇室一样，它们将资金提供给全国各地的乡村，协助政府进行饥荒救济。1935年至1940年间建造了8幢建筑，振兴运动前这类公共场地十分短缺，新建场地被迅速投入广泛使用。例如，在小松，一楼是工作室，二楼用于村庄定期集会。当地农民依靠工作室开展副业和其他室内劳动，这也是振兴运动强调利用所有可用资源赚取利润的典型表现。社区工作室通过降低取暖和照明费节省资金，工作气氛想必也很愉快。此外，一些有特色的作业场还为社区提供作物加工的机械和其他工具。②

这些新型机械和新建建筑都是大萧条后席卷农村的技术革新和基础设施改良浪潮的一部分。一些小规模的土地和灌溉改良工程在紧急援助资金用完后继续得到资金援助，但农村社区仍在努力满足城市不断增长的农产品需求。那些有幸被指定为特别援助接

---

① 见"粮仓的作用"，1935年4月，KST。

② 喜多方市市志编委会编，《喜多方市市志》，第8卷，第652页。见"经济振兴规划制定情况调查（不包括生产计划）"，（例子见注释14）其中报道了工作地点的使用情况。

受者的社区（例如 1937 年的关柴）可以做得更好。关柴不仅制定了
道路改善、维修和补充灌溉系统的详细计划，而且承诺开展一系列
其他项目来提高效率和生产力。①

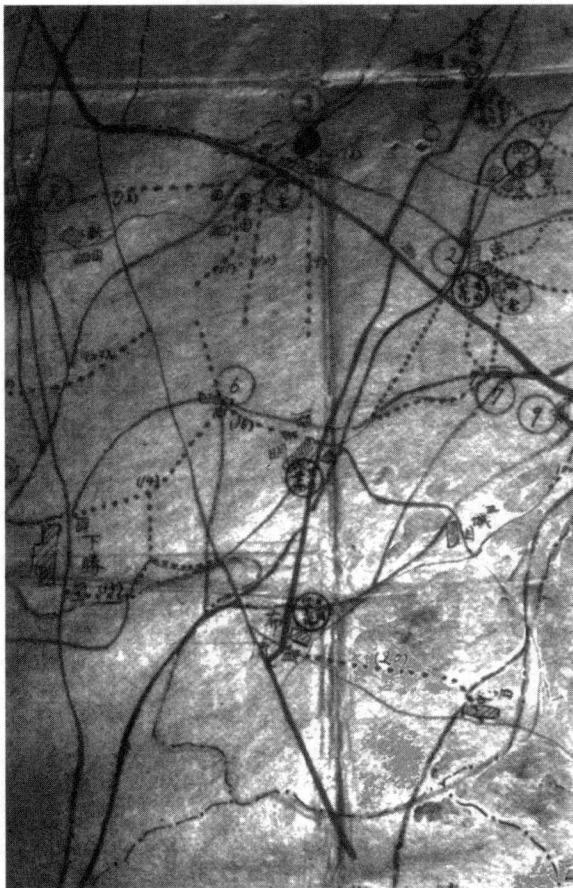

图 5　1937 年至 1938 年关柴特别援助振兴项目图（资料来源：喜多方
市市志编纂办公室，关柴村文件）。

----

① **SMY** 中描述了这些工程，"对特别援助的核对与制定计划有关事项的经济振兴计
划秘密文件，"未注明出版日期，KST。

尽管每个工程规模很小而且涉及范围较窄,但总体来看它们重新打造了当地基础设施的格局,因此即便算不上史无前例也是意义重大。如图 5 所示,特别援助项目的范围相当大。村中未能获得项目的地区几乎没有,而且有些地区获得的项目不止一个。规划者通过一张全村地图表现出特别指定项目的影响力。它显示了 1937 至 1938 年乡村改造的程度和覆盖面,同时表明这也是整个社区连贯进程的一个组成部分。工程涵盖了各个层次,从道路工程到新建筑建设,反映出当地地理格局的变化。

其他方面的改进虽然并未在图 5 所示的地图中显示,但仍很重要。村里在一些新的协同工作场所安装了机动农具,包括野田碾米机、制绳机、碾面机等设备,这些装备对一般家庭来说简直遥不可及。[①] 关柴之所以能负担得起,是因为它动用了经济振兴运动特别援助资金和低息贷款,再加上村里和工业合作社的直接捐助才得以凑齐所需成本。

引入高效的新机械是关柴追赶全国水平的大势所趋。农村机械化进程已持续多年,但进展缓慢,到 20 世纪 30 年代末开始加速。例如,1937 年全国范围内只使用了 537 辆拖拉机,但 1941 年达到 7 968 辆,增长超过 15 倍。[②] 1935 年全国有 9 万台自动脱粒机,7 年后,这一数字已攀升至 36 万台。[③] 机械化在一定程度上缘于对华战争开始后健壮男性越来越短缺,农民寻求用马力替代人力。然而在关柴,这一推动力明显早于动员运动,并在某种程度上归功于经济

---

① 1937 年单是两种造船方法的预算就多达 5 560 日元,KST。

② 照冈修三,《日本农业问题的展开》,第 2 卷,第 245—246 页。

③ 照冈修三,《日本农业史》,第 176 页。农村柴油或电动摩托车的数量由 1920 年约 2 500 辆增加到 1927 年的 50 000 辆,到 1939 年更是达到 300 000 辆。约翰逊,《二战时期日本的食品管理》,第 11 页。有关新潟地区农用机械发展的具体事例参见西山浩一等的《西山浩一日记》。西山其中一个非农业收入来源是修理小型发动机,这一工作使他格外忙碌。

振兴运动。① 当地农民以低廉成本使用机器,节约了劳力和资金,而节省下来的时间和金钱都能转向其他有利的用途。②

虽然关柴的新建筑从外观上看与周围其他建筑并无二致,但仓库和协同工作室恰恰是社会承诺改革的具体表现。无论得到资助与否,建筑成本并不便宜,做出投资建设这一决定并非易事。村民要权衡其潜在利益回报和具体的建设投资。很多村民相信这些建筑带来的好处将大于成本。而设施最终将归属小村落而不是乡村这一事实,在做决定时可能也起一定辅助作用。建筑给许多村庄提供了一个属于自己的场所,不仅令当地的注意力高度集中到农业上来,并且促使居民为了共同目标努力工作。在功能和形式上,它们也许集中体现了经济振兴运动的理想。

农业生产

关柴 1935 年的农业生产目标在之后的五年中几乎保持不变。这些目标在很大程度上难以实现。即便竭尽所能,多数关柴农民仍无法将作物产量提高到规划所希望的水平。在制订计划时,村里将生产目标分配到近 50 个不同类型的农作物、牲畜以及农产品上。截至 1939 年,农民只在 12 个项目上达到了目标。表 11 显示了经济振

---

① 正如照冈所说,现代化的发展也存在着局限性;零部件、燃料甚至机器本身的短缺,使得 1939 后农民最终减少了对机器的依赖。有一点很有意思,尽管拖拉机数量急剧增加,但到 1941 年时每千户仅有 1.4 台拖拉机,这和 1980 年的每千户拥有 906 台相比,显然还存在巨大的上升空间。照冈修三,《日本农业问题的展开》,第 2 卷,第 246 页。

② 正如佩内洛普·弗兰克斯所言,新技术和新组织并没有消除进行合作的必要性,恰恰相反,"这种局面使合作成为必要,而且成员间并不是赞助商和客户的关系,而更像是生意上的合伙人,然而在很多方面并没有削弱村组织的凝聚力"。弗兰克斯,《日本战前的技术与农业发展》,第 275—276 页。

兴计划所涵盖的少量作物。

表 11 1935 年至 1940 年关柴经济振兴规划中选定作物收成计划

农作物	1935	1936	1937	1938	1939	1940
水稻(石)						
年度计划	14 828	15 459	16 089	16 720	17 351	13 271
年度产量	12 698	13 769	13 918	12 557	14 383	14 760
完成目标百分比	86%	89%	87%	75%	83%	111%
洋葱(贯)						
年度计划	3 600	4 200	4 800	5 400	6 000	6 000
年度产量	4 250	5 250	5 500	5 700	6 000	6 200
完成目标百分比	118%	125%	115%	106%	100%	103%
李子树(棵)						
年度计划	560	600	无	1 100	2 000	2 000
年度产量	417	433	无	1 400	1 800	1 850
完成目标百分比	74%	72%	无	127%	90%	93%
绵羊(头)						
年度计划	40	80	120	170	200	250
年度产量	6	68	152	169	269	253
完成目标百分比	15%	85%	127%	99%	135%	101%
丝茧(贯)						
年度计划	6 596	6 696	6 671	6 680	6 545	6 545
年度产量	5 082	5 082	5 588	4 701	5 424	5 080
完成目标百分比	77%	76%	84%	70%	83%	78%
绳索(日元)						
年度计划	1 142	1 462	1 782	1 810	2 422	2 000
年度产量	1 400	1 600	1 623	1 650	2 560	1 378
完成目标百分比	123%	109%	91%	91%	106%	69%

注释：一份不完整的农作物列表(1 石 = 180 升；1 贯 = 3.75 公斤)。
来源：基于 SMY，"经济振兴规划事项报告"。

事实证明,1935 年的计划似乎过于乐观。从表 11 可以清楚地看到,即使按 1934 年确定的标准振兴计划也只是取得部分成功。1939 年收获季节结束时农民进行了盘点,多数农作物远未达标。以水稻的收成为例,大大低于预期的 17 351 石的指标。小麦、大麦和大豆作物的产量也一直令规划者失望,因为产量也低于预计水平(通常低于其 1933 年,甚至是 1935 年的产量)。

当然也有一些亮点。洋葱、桑叶、牛、羊和木材的产量超过了既定目标,这成为村里的炫耀资本。村里养了 55 头牛,比计划多 20 头,甚至比振兴运动刚起步时多 32 头。1933 年之前村里没有养羊,但到了 1939 年农民养羊 266 只,这一数字比原计划高出很多。草绳、稻草和蚕种纸也是社区成功开发的副产品,因为每一项收入都略高于规划者的预计。[①]

村里原本希望在这五年中有更大作为,这样也许就不会因为订下的标准过高而遭受批评。当地农民未能达到或超过既定目标,并不意味着为改善农业管理和生产技术所采取的措施不起作用。正如我们在第 7 章所看到的,关柴经济振兴计划的制定是基于 1933 年这一丰收之年的收成数据。这实际上意味着,即便是将目标定为重现 1933 年大丰收,农民也会处于非常不利的地位,更不用说超过它了。直到 1940 年水稻的收成才超过 1933 年的水平,但即使如此增长幅度也是微乎其微。[②]

虽然并未实现经济振兴计划的既定目标,但与过去的业绩相比,对村子取得成绩的更积极评价出现了。虽然一些作物产量与计划确定的目标之间存在较大差距,但产量要高于振兴初期。1933 年村里只有 400 棵李子树,而到 1939 年增加了 1 400 棵。计划实施过

---

① SMY,"增产计划制定的执行情况调查",1936—1940 年,KST。

② 根据计划,稻米产量将在 5 年内增加 20%,这种想法未必不能实现。1930 至 1933 年的年均产量比 1925 至 1928 年增加了 20%。(1929 年的数据不详。)见喜多方市市志编委会编,《喜多方市市志》,第 6 卷,第 796—797 页。

程中柿子的种植面积增加了一倍,黄瓜的种植面积也接近这一增长幅度。归功于复苏计划,牛蒡、茄子、南瓜等蔬菜产量显著增加,村里还新增 15 头猪,新增鸡和兔子的数量都超过了 1 500 只(兔子养殖显然获得了一些贷款扶持)。

值得一提的还有村民在技能改进的关键技术上取得了成功。经济振兴计划开始后,村里每町稻田的平均收成显著增长。1926 年至 1932 年间产量提高约 4%,略低于 1932 年至 1935 年间。而随后几年稻田的收成激增。1936 年单位土地面积上的收成比 1935 年增长了约 8% 以上;1939 年增长了 12% 以上,到 1940 年增幅则达到 15%。①

与此同时,村里削减购买化肥的开支。农会技术员在这方面相当活跃,他们尽力鼓励村民多用自制化肥。1933 年至 1939 年间堆肥产量增长近 20%,而且农民的报告称堆肥使用量显著增加。农民还留出更多土地来种植被视为“绿肥作物”的庄稼。② 这样做的一个结果就是减少了村里购买各类化肥的开支。究竟节省了多少目前尚不清楚,但村委在这个问题上相当积极。“虽然化肥价格在逐年上升,”官员于 1937 年写道,“但目前的状况和 1934 年大不相同,每年的化肥成本减少约几千日元。”③换句话说,农民已能找到办法在较少使用购买化肥的同时提高作物产量,这并非易事。

当地农作物的多样化和产量增长也符合全国趋势。从 1935 年到 1939 年,全日本农民都与关柴农民的目标一致。20 世纪 30 年代

① 见喜多方市市志编委会编,《喜多方市市志》,第 8 卷,第 670—671 页;SMY,“增产计划制定的执行情况调查”,1940—1941 年,KST。关柴的产量一直都比山郡高。
② 1938、1939 和 1940 年,连年的雪灾导致紫巢菜减产。农民尝试用一种豆类来代替化肥,幸运的是收效不错,因而 1937 至 1939 年的平均收成几乎是 1933 年的 5 倍。
③ 见 SMT,福岛县经济部负责人在向指定参加规划运动的村庄发布指令后的一份报道,题为“农林渔村经济振兴规划情况调查”,1937 年 10 月 18 日,《1938 年经济振兴》,KST。

后期,农民更是增加了作物产量和品种。虽然水稻作为最重要的作物仍处于绝对的主导地位,但养蚕业开始让位于苹果、小麦和牲畜业。新作物的普及反映出日本饮食方面正在发生的变化,不断攀升的城市人口开始享受农村的劳动成果。[1] 农民积极捕捉新兴城市市场带来的商机,经济作物源源不断地流入城市。关柴农民能很好地把握新机遇,随着时间的推移,大部分家庭开始苦尽甘来。

家庭和农村财务

20 世纪 30 年代中期,农户的生活状况开始有所改善,到 30 年代末,这一趋势更加明朗。表 2 表明,到 1937 年(可能更早,1935 年和 1936 年的数据缺失),村里平均每户的农业生产值超过 1 000 日元,创造了关柴自 1924 年以来的新高。到 1939 年,也是有据可查的最后一年,户均农业收入已达 1 700 余日元。换句话说,这十年(即振兴计划五年届满)间,普通关柴家庭的产值是 1931 年产值的近 3 倍。而仅在 1937 年和 1939 年间产值就增长了 56%。

虽然在产值增长的过程中,无法排除通货膨胀的因素,但绝对不能抹杀所有成果。1931 年和 1937 年间大米价格小幅上涨较快,超过了产值的上升速度。据村里计算,在此期间本地大米价格接近翻番,而每户产值仅增长 85%。[2] 但 1937 年以后,每户产值增长速度超过了大米价格上升速度。1939 年,大米售价约是 1931 年价格的 2.7 倍,而家庭产值增长了 2.9 倍。1939 年的价格分别比 1937 年高出 41%,而每户产值增长了 56%。如果我们以大米以外的指标来衡量的话,这一差距更为明显。一般消费品的价格 1937 年比

---

[1] 照冈修三,《日本农业史》,第 172 页。

[2] 根据村里的统计数据,1931 年计算稻米产值的依据是每石 15 日元,1937 年的价格水平约每石 29 日元,1938 年是 31 日元,而 1941 年则涨到 41 日元。

1931 年高出 27%，1939 年高出 50% 以上，1937 年至 1939 年间上升了大约 1/5。化肥费用确实有所增加，很可能影响到农民的收入，但在关柴并没有超过农业产值的增长。①

农村状况的改善从其他方面也得到佐证。1938 年至 1940 年间，关柴当地的行政官员制定了本村总收入和总支出的年度预算。他们发现，村里的收入显著超过了支出；整个社区 1938 年盈余已超过 34 000 日元，次年达到了 94 700 日元，1940 年更是超过了 10 万日元。再回溯 1935 年村里报告的赤字接近 96 000 日元，由此可以清晰地看到大萧条的影响正在逐渐减弱。② 关柴取得的成绩与全国所报导的类似。调查表明，平均而言，1936 年农民重新盈利，即使在最艰难的战争岁月中他们仍有盈余。③

这样的好运气至少一定程度上使当地人的口袋鼓了起来，存款增加的同时家庭负债也减少了。根据村民之间相互借贷以及对外借贷的具体情况，估算金额各不相同。20 世纪 40 年代初乡村提交给县里的报告指出，1933 年居民负债近 31.3 万日元（约每农户 780 日元）。尽管报告没有披露各农户的具体做法，但其作者确实澄清了一点，那就是家庭负债正在逐步消失。1938 年，乡村债务总额比 30 年代中期的水平仅下降了 28 000 日元，但一年之内居民已设法偿还另外 83 000 日元。随后到 1940 年，他们又偿还了 8 700 日元，这

---

① 消费价格的数据来源于大川一志、筱原三代平和拉里·迈斯纳的《日本的经济发展模式》，第 138 页。化肥价格见农林省农牧局，《1939 年肥料要览》，第 52 页。

② 1935 年的数据源自 SMY，"经济振兴规划情况秘件"，日期不详，《1937 年经济振兴》，第 1 卷。1938 至 1940 年的数据源自佐藤和福岛县知事，"农林渔村经济振兴特别援助经济振兴成绩报告"，1939 年 5 月 1 日；佐藤和福岛县知事，"农林渔村经济振兴特别援助经济振兴成绩报告书"，1940 年 5 月 14 日；和 KST 的一份同名文件，1941 年 5 月 6 日。

③ 照冈修三，《日本农业史》，第 184 页。

样 40 年代初估计平均每户负债约 480 日元。①

　　复苏计划中也讨论过官方曾经有组织地尝试减少地方债务，通常这些做法也得到提倡，但鲜有证据表明，这究竟起到多大的作用。尽管早在 1932 年就已经选定了候选人，但是直至 1937 年村里才成立官方债务整理委员会。到 30 年代末，整个乡村只有古里村成立了债务整理协会。要当地农民在谈判中投入大量时间和精力并承担债务整理的额外费用似乎不太可能。削减关柴债务很大程度上应归功于通货膨胀；随着价格上涨，背负债务比还清债务容易得多。

　　村民在储蓄方面的运气比债务方面更好，但仍有很大改进空间。1933 年，只有 25 000 日元左右的存款存入当地信用社，而另外 15 000 日元流向银行和邮政储蓄账户。它们合起来仅占关柴所有"存款"的 1/4，当地资金大多数都流入放债者和储蓄俱乐部手中。复苏计划呼吁居民每年向合法机构增加 1 000 日元的存款，或者说 20 年增加 20 万。（工业合作社希望在五年内的存款数翻一番，达到 5 万日元。）1933 年到 1938 年间关柴储蓄仅增长 16%，或者说每户的存款由约 360 日元增至 400 日元多一点。这意味着每年村里存款平均增加 5 000 日元。虽说任何一点进步都值得关注，但物价上涨和农作物价格的增长速度都超过了储蓄水平的增长幅度。

　　直到 1939 年，储蓄存款才开始反映出农业经济有所改善，当时村里报告的存款价值近 330 000 日元，比上一年增加 176 487 日元，是 1933 年存款的两倍多。1940 年存款数目更大。这些变化或许反映出经济正在复苏，但更可能是国家推出新政（并且最终发布政令）的直接结果，促使居民将越来越多的钱存入公共持有账户，而政府可能因战时需要动用这些账户。

---

① SMY，"农林渔村经济振兴特别援助经济振兴成绩报告"，1939 年 5 月 1 日、1940 年 5 月 14 日、1941 年 5 月 6 日，《1938 年经济振兴》，KST。

从复苏到战争：30 年代末的农村经济

有一点似乎很清楚，第一个五年计划行将结束时，关柴的财务
状况比过去十年任何时候都要好，但是这一繁荣对乡村的意义却难
以确定。知事等人在报告和公开声明中经常提到关柴取得的巨大
进步，但将关柴的发展成就转换成当地名流眼中实实在在的好处却
很难估算。一方面村里再次由于产量的增加而产生盈余，农民成功
地向多样化种植过渡，沉重的债务负担几乎成为回忆。蛰伏多年的
地方机构再次活跃起来并产生影响力。按照这些衡量标准，关柴在
30 年代末正在成为当地规划者 1934 年所描述的振兴社区。而另一
方面当地评论在肯定关柴发展的同时，也提到继续推行改革的必要
性。原因在于农村振兴的潜力似乎已挖掘殆尽，而当地领导似乎并
不重视这种说法，但之所以产生这一观点至少有以下两个原因。

首先，尽管通胀和农产品上涨带来一定有利影响，但有充分证
据表明农村经济仍困难重重。尽管有关柴这样的先进典范，但政府
在 30 年代末开展的调查显示农村贫困和健康状况不佳是持续存在
的问题。为更好地了解迅速扩张的对华战争对农村社会的影响，
1938 年农业部派遣 24 个观察员到农村进行细致的评估。1939 年 3
月观察员所写的机密报告中，警告和惊讶语气出现的频繁程度令人
吃惊。不仅婴儿死亡率居高不下、卫生条件差和营养不足问题仍亟
待解决，而且动员运动对经济的需求似乎使农村的整体状况更为恶
化。① 显然令人担忧的是，尽管早在 20 世纪 30 年代初许多社区就
接触到改革方案并体会到经济复苏所带来的影响，但他们一直未能
解决为所有人提供衣食住这类基本生存问题。关柴在处理这些问

① 农林省经济振兴部，"后方农林渔村情况视察报告"。对 1938 年底福岛和会津的情
况做出评论，尤其参见第 295—298 页。

题时比许多社区做得好,并由此而得到认可和奖励,而那些不太成功的乡村则不断提醒人们以前的困境和有可能重现的悲剧。

30 年代末关柴所面临的另一个问题是动员。随着越来越多的军队和资源投入到对华战争中,国家和地方经济都被卷入军队的荒唐行径。这一最新的经济转型对于农村社会而言影响深远。1939 年关柴开始重新审视振兴运动的结构和目的,以便能够反映动员现状,有效采取各种方法使农村走出经济萧条的阴影并为国家和战争服务。

第9章
重建社区：1935—1937年的关柴

　　与经济复苏同样重要的是，关柴还有更为紧要的问题亟待解决。激发振兴运动的因素不仅源自乡村经济崩溃引发的危机意识，还源于农村社会结构调整的内在需要。请愿者和当地活动家一致认为，衡量农村社会繁荣与否，不仅要看物质上是否富裕，更要从精神层面上来衡量农民是否幸福。在乡村同步开展经济和社会改革，这一想法在二宫尊德先生的教义中早已有之。然而到了30年代人们才坚定地认为，经济与社会改革二者相辅相成、缺一不可。农本论者过去总是强调日益拉大的城乡差距所带来的良性后果，认为现代化给工业带来的好处更多，而农业却从中受益甚少。然而物质层面的价值只是其中一个衡量标准；农村社会似乎正在丧失其固有的传统价值观，因为农民不知道他们辛勤劳作的动力何在。本章着重分析关柴振兴运动的倡导人创立繁荣稳定的社区的设想和实现过程。

　　在这方面他们取得了官方支持，政府一直在积极推动农村社会沿若干轴线进行重建。1934年初，对于振兴运动如何增强农民的集体荣誉感以及怎样鼓励他们代表乡村采取行动进行了更为广泛的讨论，其中小平权一提出鼓动村民的士气以及"提升农民的精神面貌"。他认为，互助精神不仅向农民灌输了互助思想，还体现了农村社会的优良传统。

　　小平认为"农村是大和民族精神的真正摇篮"，并将"农民精神"

总结为热爱家园、辛勤劳动、热爱国家与土地。① 几乎与此同时,其他农林省官员以及参与监督经济振兴运动的人也开始认同这一精神。早些时候关于农民精神的表述唤起了农业社会的传统和村庄对计划进程的支持,但并没有解决农村文化或农业精神等问题。1934 年中期,振兴运动开始面对这些精神层面的问题,并着手同步推进经济复苏和社会改革的进程。

对农村社会振兴的全国大讨论及其在关柴当地实践中突显出两个主题。一是通过新的居民机构建立更强大的社区;经济振兴委员会就是个例子,另两个例子是当地报德社和村庄集会。运动通过将村民引入新的集会场所,试图以一种合作方式取代农村生活中根深蒂固的冲突和阶级关系。作为进程的一部分,振兴运动也开始逐步转变,不仅关注乡村自身如何组织,而且关注由谁来负责组织。

如下面第 10 章所述,搜寻"农村中坚人物"的工作始于 30 年代中期,1937 年之后,人才的重要性更是显得尤为突出。然而,即使在对华战争爆发之前,也可以明显看出振兴运动的确帮助一些新人走上社区领导职位。许多现有乡村领导和机构管理模式青睐地主和当地名流;而振兴运动则致力于重用那些受过良好教育、训练有素的青年,而新近涌现出的年轻一代属于中等阶层农民,这一趋势表明在某种程度上旧势力已无力把农村团结起来。通过加强培训符合条件的年轻男子并放宽他们获取领导地位的限制条件,运动有望逐步转变农村领导阶层的面貌。②

在全国上下关于振兴运动讨论中,日益突出的另一主题是如何推动社区发展与维护农民精神品质和"农村文化"。在小平权一看

---

① 小平权一,"向经济振兴第三年迈进的决心",第 15 页。
② 见农林省经济振兴部编,"第二次农村经济振兴中央委员会",NSS1:2,第 288 页。地方土地运动期间,内务省试图和乡村主流力量合作,见派尔,"日本民族主义技术",第 61、65 页。

来,"农民精神"涵盖范围广泛,包括"献身农业"、互助精神以及克服万难做好事情的恒心。① 农村文化是相对其对立面"都市文化"提出来的,代表的价值标准是勤劳与互助的协作精神,而后者则代表贪婪和肆意妄为的个人主义。从这个意义上讲,农村是尚未被城市文化污染的、为数不多的一片净土。

1934 年经济振兴运动中央委员会会议开始对这些问题表示关注。小组讨论期间,委员们商议在号召农村及农村组织"促进文化"的过程中,应如何定义"农民精神"以及怎样激发农民积极性这两大中心议题。上面提到过,小平曾试图解决这些问题。当被问及实施经济振兴计划和推广"农村文化"二者间的关系时,他回答说:"这意味着农民一方面要大力振兴经济,而另一方面要远离'垃圾'杂志或抵制城市不良文化的侵蚀。更确切地说,就是农村在汲取城市文化良性成分的同时,避免受其负面影响。"②

委员会后来决定将"促进文化"的指导方针改称为"促进农村文化",一位与会者解释说:"原有指导方针只称'文化'给人的感觉不对。"③当讨论到第三条也是最后一条方针时,城市和农村间的界线甚至划分地更加明显。讨论原文如下:

> 由于农村是我国公民稳定思想的来源,农村经济振兴计划将保持传统文化并创造新的农村文化。此外将尽力避免重蹈现代都市文化的覆辙。④

为实现这些目标而采取的具体措施包括:合作购买"值得"阅读

---

① 农林省经济振兴部编,"第二次农村经济振兴中央委员会",NSS1:2,第 285 页。
② 小平和委员会委员丹羽七郎交换了意见,见农林省经济振兴部编,"第二次农村经济振兴中央委员会",NSS1:2,第 287 页。
③ 这是委员会委员关谷隆吉的发言。
④《农林渔村经济振兴计划制定农林省政令方针》,NSS1:2,第 182 页。

的材料,推广和普及当地博物馆和图书馆,在青年和妇女团体之间
开展合作以及生产型组织要防止引入"不健康"的思想和文化。① 有
人建议引导农民从正反两方面充分了解城市文化,让他们认识到农
村文化的应有价值,委员会主席有马伯爵对该项提议的答复如下:

> 人们络绎不绝地从乡下来到东京,但我认为这是个问
> 题。皇宫和明治神宫确实不错,但如果他们只是在银座周
> 围走走看看的话,就只能看到东京光鲜亮丽的一面。最
> 近,我听说一位农村来的老师[带着他的学生]在本庄区和
> 穷人的聚居地深川附近走访,这种做法值得我们思考。我
> 认为,要想让农民了解城市文化中极其糟粕的一面,就要
> 多看看负面影响。②

有马伯爵和其他委员显然担心城市文化的负面影响会波及到
农村青年。但让年轻人透彻了解城市文化的危害还远远不够,因为
他们并没有领会到传统农村文化的魅力所在。令他们一直困惑的
是,经济振兴运动究竟该如何帮助农村文化抵御各种不良影响。③
和许多其他社区一样,关柴并不缺少开展文化改良运动的设想。

---

① 《农林渔村经济振兴计划制定农林省政令方针》,NSS1:2,第182—183页。
② 农林省经济振兴部编,"第二次农村经济振兴中央委员会",NSS1:2,第292页。本
庄和深川是东京较为贫穷的两个区。1932年东京进行城市扩张前,只有这两个区
位于隅田川以东。有马还希望采取措施告诫人们警惕录音带和电影的负面影响,
(来自大藏省存款局的)委员川越则对无线电广播的不利影响做出评论。
③ 有迹象表明农村社会至少对东京当局规划者提出的文化和精神方面的政策动向有
所察觉。来自地区观察员的一份报告对经济振兴运动的效果进行评价,认为有趋
势显示妇女和年轻人正在力图摆脱都市文明的影响,开始转向"热爱土地"和"回归
土地"。引自小平权一,"农村经济振兴运动研究史",第106页。

知事、商人和委员会

两个男人连同一个委员会不仅赋予关柴振兴鲜明的个性，而且造就了独特的景象。知事佐藤佐吉和喜多方的年轻商人矢部善兵卫，在传播二宫尊德的教义方面志同道合。矢部之所以关注农村，部分原因是因为他拥有土地，祖上就是地主，而且一直与佃户联系密切。他和知事都有望从经济振兴运动改革中受益，因此在关柴的改革进程中，他们将这一可能性发挥到极致。知事是村经济振兴委员会成员之一，另外还汇集了 30 位关柴农民、管理人员和地方领导人作为振兴运动的中间协调人。连同佐藤和矢部，新成立的委员会为农村的未来指明了方向。

关柴的管理工作由一名知事、一名知事助理、一名司库、几个办事员，以及由 12 人组成的村委会（其职责之一是选举知事）来承担。① 知事的任期长短不一，但关柴似乎比其他多数村庄知事的任职时间更长。从 1889 年到二战结束，关柴仅有五任知事，远远少于附近其他村庄。其中有两位知事任期漫长且圆满，因而知事一职的轮换率非常低。自由民权运动的宿将宇田诚一从 1905 年到 1917 年一直在位。宇田的继任者任职短短数年之后，由佐藤佐吉接替。佐藤的地位几乎不可动摇。他在 1924 年 1 月至 1946 年 11 月间一直担任知事。②

---

① 1942 至 1947 年间，委员会有 16 位委员，在 1929 年 5 月 29 日、1933 年、和 1937 年进行了选举。喜多方市市志编委会编，《喜多方市市志》，第 8 卷，第 664 页。
② 同上，第 314—316、586—587、661—662、746—747、820—821、897—899 页。

图6　1932年9月11日,知事佐藤佐吉(坐在前排右四)和关柴村领导在新村公所落成典礼上的合影。照片中还包括未来的经济振兴委员会成员五十岚章喜、梁取八五郎(前排左三、左四)、田部诚至(前排右一),福岛隆光、穴泽正泰(站立,右一、右二)、远藤传太郎、史织千代一和菅沼荣八(站立,左一、左二、左三)。(照片由喜多方市市志编纂办公室提供)

佐藤佐吉(图6)出生于1880年,是关柴当地最小的乡村之一小松村村民。1902年毕业于福岛县师范学校,1909年返回喜多方前他一直在岩濑郡和忍郡任教。随后经过多次的晋升和调动,1920年退出教学领域;此前他曾在耶麻县所有学校担任过教员和校长,并获得众多奖项。佐藤虽然从未在关柴教过学,但在自己家乡从教师转型从政,其间似乎并没有遇到什么麻烦。1921年他第一次也是最后一次入选村委会,并在那里直接接替知事的职位。当选知事时他相当年轻,年仅44岁,他用任知事的薪水和农耕收入供养11口之家。尽管知事也是个小型地主,但他所拥有的土地在小松村位列第五。①

---

① SMY,阿布正和福岛县经济部长,"对农林渔村振兴有功者的表彰",1936年5月30日,《1937年经济振兴》,第1卷,KST。又见喜多方市市志编委会编,《喜多方市市志》,第8卷,第702页。佐藤所在的乡村仅有18户人家,因而土地拥有量排第5位并不像听起来那么可观。

佐藤为农村和农村管理投入了一位改革者极大的热诚。佐藤绝非权力的象征，他精力充沛，积极参与社区生活的各个方面。佐藤对社区的贡献在于他凭借无私奉献的精神成功地把大家团结在一起。一位观察者注意到，身为认真工作楷模的佐藤知事，总是提前一小时到办公室，下班后还要持续工作 2 或 3 个小时。他很少休假，经常周日加班，据说在 1932 年的 336 天里佐藤都在全天工作。在提高村公所工作效率和改善社区内部关系方面，佐藤也是功不可没（他的政绩还包括消除关柴所有的政治摩擦苗头）。但佐藤的政治立场并不鲜明。

他给社区带来的好处更为具体。佐藤上台后处理的一个首要任务就是劝说没有缴纳乡村税款的村民缴税。据说由于报上来的欠税名单包括一些社区中最具影响力的居民，说服所有人支付税款是项艰巨任务。20 年代村里到了依靠短期贷款支付教师工资的地步。佐藤的做法是一大早就造访那些没有纳税的人家，在他们出门之前拦截或是深夜等待其回家说服他们兑现欠款。他一直坚持这样做并取得成功。从那时起他所协助组织的纳税协会就一直敦促居民按时纳税，而且关柴税收征管也成了福岛其他地方学习的榜样。

在确保村预算协调有序的同时，将资金投入到 1929 年就开始修建的道路工程中去，这一成就也要归功于佐藤。[1] 这之后他投入到了最伟大的事业，即通过经济振兴计划和二宫先生的教义来

---

[1] SMY，阿布正和福岛县经济部长，"对农林渔村振兴有功者的表彰"，1936 年 5 月 30 日，《1937 年经济振兴》，第 1 卷，KST。注意这份文件是阿布代表县政府授予佐藤的表彰，很有可能对佐藤所起的作用有夸大的成分。有关对关柴这一示范村的描述实例见《福岛民报》，1937 年 6 月 1 日和 1938 年 4 月 17 日。

改造农村。① 在这一方面，他和矢部善兵卫不谋而合。

1930 年春，矢部善兵卫（图 7）在东京待了几年后返回了喜多方，他知道至少有两件棘手问题在等他处理。第一个也是最紧迫的问题是家里的财务问题，在他父亲去世前几年家庭财务状况就已开始下滑。虽然他家是会津电力、会津银行和该地区的其他大型企业的大股东，但 20 年代末的金融危机和随后这些企业股票的欠佳表现，使事态并不像以前那样令人乐观。家庭内部在资产控制上出现了纠纷，矢部必须解决这个问题，还要考虑

图 7　矢部善兵卫和矢部经子 1933 年合影（资料来源：渡边英一和矢部经子合编，《矢部善兵卫传》，第 v 页）。

他家的干货店必须每天有人照管。矢部在东京短时间逗留以完成他在东京商科大学（前身为东京商学院，即现在的一桥大学）的学位已推迟了对这些问题的处理。在他毕业前他母亲一直亲力亲为，把各项事务处理得井井有条，但矢部知道他有责任把房产和生意打理

---

① 尽管不清楚 1928 年和 1932 年具体发生了什么事情，但是到 1936 年为止，没有人对佐藤的知事职位发出挑战。报纸刊登了一篇题为"关柴知事一职会再次选举吗？"的文章，指出尽管村委会多数成员原则上反对佐藤担任知事，但是没有人能够和他把关柴建成示范村的功绩相匹敌，因此他连任的可能性很大。东条玄平和副主席阿布正就在知事候选人之列，但佐藤还是获得连任。《福岛民报》，1936 年 1 月 13 日。

好。22 岁时，他回到喜多方。

他家在关柴还拥有数量可观的耕地，这意味着矢部也将卷入农村危机。在他从父亲手中接手生意的同时，也接管了家中的土地成为地主。无论他喜欢与否，一夜之间矢部就成了关柴的大地主之一。1933 年，他家拥有近 25 公顷稻田和一些小块旱田，几乎和整个上高额村一样大。[1] 在关柴没人能比他拥有的土地更多。[2] 村里众所周知的是，矢部一家与许多农户都保持着长期的合作关系。[3]

然而家庭财务问题只是困扰矢部问题的很小部分。甚至在他去学校读书前，矢部就意识到他所面临的根本性问题。像父亲一样，他似乎命中注定要从商，但和父亲不同的是，他对商业抱有强烈的厌恶情绪。"在我还是小孩子时，"他后来回忆道，"我就不喜欢我家的生意。父亲给我灌输强烈的爱国意识，但生意和爱国主义并不能混为一谈。"[4]社会整体需求和商人的利润需求之间的矛盾令他十分困惑。他后来说，生意兴隆的唯一途径就是业主以某种方式利用客户来获取利润，这种方式似乎并不正确。这种"只要能盈利即便是说谎也无所谓"的观念令矢部十分厌恶。"我无法忍受浪费生命去做这样毫无意义又庸俗透顶的工作。"他回忆道。于是矢部开始

① SMY，《地形记载町数、稻田町村的位置》，KST。1931 年矢部一家在上高额拥有稻田约 22 町，在丰桥有 1 町，在三井和平林各有 1 町的稻田。在上高额有 1/5 的稻田属于矢部家。
② 1928 年，只有一户非本地居民的稻田拥有量能抵得上矢部一家。喜多方市市志编委会编，《喜多方市市志》，第 6 卷，第 480 页。
③ 传记材料来自由渡边英一和矢部经子编的《矢部善兵卫传》，第 96—97 页。有关矢部父亲的情况详见喜多方市市志编委会编，《喜多方市市志》，第 8 卷，第 412—413 页。
④ 矢部善兵卫，"根据对报德主义中心思想的体验批判我国经济生活"，第 1 部分，第 125 页。这篇文章及其后续文章源自 1937 年矢部对报德经济学研究会发表的一篇演讲。重印于渡边英一和矢部经子编的《矢部善兵卫传》，第 429—474 页，矢部的其他发表在《公民》上的文章也来自于这本书。

第 9 章
重建社区：
1935—1937 年
的关柴

343

寻求某种方式让自己的人生变得更有价值。

他在东京求学时运气也不算太好。在矢部对那个时代的记忆中，无论是日常的学生生活还是课堂上的学业生活都不能令他满意，原因是当时校内的主流不是左翼分子就是终日无所事事游手好闲的人。[1] 但他在校外运气要好一些。他把兴趣转向著名思想家嘉庆胜彦和贵平雅美，以及名气不大但极具影响力的神道思想倡导人。这三人都是"国学"的坚定拥护者。[2] 矢部从他们的爱国观以及"帝国精神"中汲取力量，但他仍难以忍受当时校园的整体气氛。他写道："我是如此愤怒、急躁与彷徨，以至于夜不能寐。"[3]

二宫尊德的教诲使矢部有了自己的世界观。"给处于痛苦深渊的灵魂带来光明的，"矢部后来写道，"正是父亲教导我的二宫尊德思想。"上大学时，矢部就开始研究二宫的报德法了，不过直到毕业并在耗时数月理顺家庭事务之后，他才开始潜心研读二宫和日本报德社副社长石原慎太郎的学说。

矢部与石原进行了多次会面，第一次碰面是在 1931 年 1 月，当时矢部正就如何解决好家庭问题而困惑，急于寻求帮助和指导。显然石原能够慷慨地给予他时间和建议，他们两人在一起的时间越长，矢部对报德法的兴趣就越浓厚，他发现这一思想对他的店铺和关柴的未来影响深远。1933 年 2 月，他出席了日本报德社首次集会，聆听了"重塑公民生活领导讲座"。石原是主要发

---

[1] 矢部经子，"根据对报德主义中心思想的体验批判我国经济生活"，第 1 部分，第 120—121 页。

[2] 例如，贵平是研究黑格尔的杰出学者，于 1915 年发表了日本第一篇研究认识论的论文，随后自立学派，开创了该领域和日本实践结合的哲学思想。嘉庆也是一名资深法学学者，后来转向研究神道并推行以天皇为中心的民族主义。

[3] 矢部善兵卫，《春天的回忆》，第 56—58 页。

言人，为期六周的会议给矢部留下了深刻印象。[1] 接下来的几年里，他不仅努力改良店铺的经营方式，而且也更加积极地投身关柴的改革。他和佐藤知事一起协同经济振兴委员会致力于追求他们共同勾勒的振兴目标。

振兴经济委员会（图8）从村子内部着手解决"农村问题"。农林省官员指派委员会为每个指定社区振兴工作的中心机构，负责基本调查与村级规划监督，并起草村庄经济振兴计划。一旦这些步骤完成后，委员会在村里充当所有振兴工作的协调机构。委员会的组织和成员构成使我们能够了解改革的机制以及是什么样的人在解决关柴所面临的问题。

委员会成员包含来自农村多个领域的代表。实际上，这意味着吸收当地所有农业机构和协会的领导人、教师、消防队队长以及社区其他有经验和有身份的人。通过将这些人组成一个独立组织，农林省官员希望委员会能够实现地方政府和现有领导人一直未能实现或主观上不愿实现的目标，那就是在振兴过程中推进各农业组织间的协调发展和农村社会的广泛参与。同时委员会将成为信息传播和思想沟通的渠道，深入到各村各户。[2]

委员会的组织结构反映出振兴工作覆盖面广泛而深入。如图8所示，成员被分为四个小组委员会，各自都有不同领域的专业知识和职责分工。[3] 总务部致力于研究怎样扩大自给自足生产、处理有关公有制经济、公共工程、人事和就业的一切事务，并负责管理其他三个部门。

---

[1] 矢部给参加讲座的与会者留下相当深刻的印象。邻座还记得矢部认真听讲的专注神态，感觉他绝非"等闲之辈"。见渡边英一和矢部经子编的《矢部善兵卫传》，第215—216页。

[2] SMY，"关柴村经济振兴委员会规定"，《1934年经济振兴》，KST。

[3] SMY，佐藤和区町，"经济振兴规划的实施"，1935年9月9日，《1934年经济振兴》，KST。佐藤任命的各部门领导人任期为5年。

```
                    ┌─────────────────┐
                    │  经济振兴委员会  │
                    └─────────────────┘
        ┌──────────────────────────────────────────┐
        │              关键人物                      │
        │  农耕协会领导           乡村官员            │
        │  蚕业协会领导           学校校长            │
        │  工业合作社领导         青年团体领导        │
        │  妇女组织成员           村委会成员          │
        │  农业协会领导           行政区领导          │
        └──────────────────────────────────────────┘
        ┌──────────────────────────────────────────┐
        │              委员会目标                    │
        │           进行基础调查                      │
        │          制定经济振兴计划                   │
        │        为执行计划提供必需的指导             │
        │      履行与经济振兴相关的其他责任           │
        └──────────────────────────────────────────┘
```

	总务部	生产部	经济部	道德教化部
代表成员	乡村官员	农业协会 农耕协会	工业合作社 农耕协会	校长、教师 当地宗教领袖
职责范围	公有经济；调查；卫生；公共设施；奖励；协调其他部门	公共经济；调查、改革并鼓励农业生产；自制化肥；农业管理改革；与农业协会和农耕协会相关的事宜	个体经济；生活方式改革；产业合作社；销售与购买；债务管理	普遍教化；教育和社会设施；青年男女团体

```
              ┌──────────────────────┐
              │  每个村庄以及每户家庭  │
              └──────────────────────┘
```

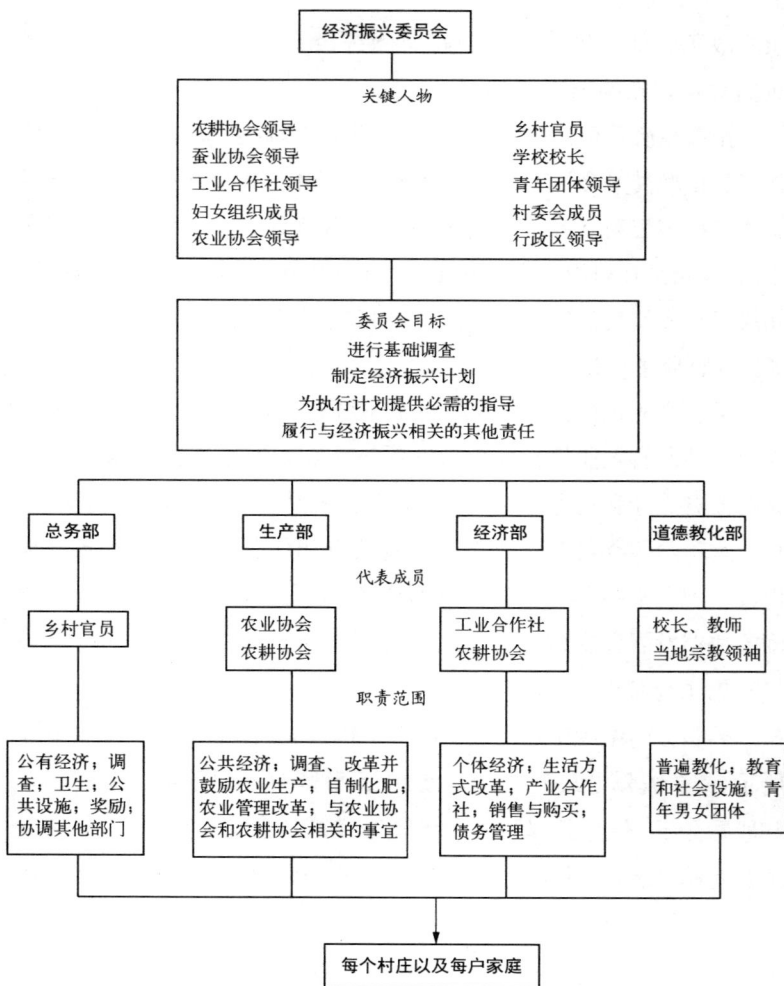

图 8　1934 年至 1935 年关柴经济振兴委员会结构图（来源：佐藤和区町，"经济振兴规划的实施"，1935 年 9 月，《经济振兴》材料，KST。又见"经济振兴委员会记事"图表，上三宫村，《经济振兴规划所》，1936 年 4 月，KST）。

生产部有更具体的任务:监督农耕特别是那些与作物产量相关的改进措施,并鼓励农民用自制农家肥取代商品化肥。此外,生产部门还负责改善与推广农业管理、负责农业公共工程以及与农业协会和农业实践协会相关的所有事务。

与此同时,由于工业合作社在其管辖范围内,经济部负责处理销售、采购及合作生产的管理工作。涉及"个体经济"的一切事务都归属于经济部,因此债务调查、防止贫困、贫困救济、鼓励储蓄、分发簿记物资以及日常生活的整体改善都属于该部门的职责范畴。

第四个也是最后一个分支机构是道德教化部。顾名思义,其任务是恢复农村社会的道德和精神面貌。当地教育、社会设施以及信息传播由教化部委员会成员负责。教化部的另一个职责是与村报德社、青年团体以及在乡军人协会进行协调。

身为一村之长的佐藤佐吉知事同时还担任经济振兴委员会主席,由他负责挑选约 30 个其他成员。根据委员会的方针,知事要在几类候选人中选择。选举出来的和已任命的官员是一组候选人,另一组则包括村里各种经济组织的参与者(工业合作社、农业实践协会以及农业协会等等)。青年团、妇女团体、在乡军人协会、消防队的成员、学校教师和校长以及具有丰富种植经验的人也有资格成为会员。①

佐藤从关柴政务活动积极分子中挑选候选人组成委员会。乡村行政管理由知事、知事助理兼工业合作社主任阿布正以及村书记员负责。他们在委员会承担类似的职责。代表学校的委员有小学校长兼青年男子协会会长渡边久五、1 名该校教员。此外还有 3 名教师,其中包括委员会仅有的 2 名女性成员。工业合作社和当地在乡军人协会负责人双双入选,而圆部主计是农业协会的代表,他是

① SMY,"经济振兴委员会非救助金交付请愿书",1934 年 7 月 20 日,《1934 年经济振兴》;SMY,"关柴村经济振兴委员会规定",《1934 年经济振兴》,均来自 KST。

村里的农业技术员。每个乡村至少有一个委员会代表,有的还不止一个。1934 年,委员会成员中有 7 名村委会成员;另外两人此前至少一次入选委员会。

正如农林省规划者所希望的,关柴委员会有足够的专业知识,对管辖范围内的事务能够做出明智裁决。乡村每个经济组织都派代表参加该委员会,而众多社会团体也派代表参加。(值得注意的例外情况是,委员会把妇女和妇女团体排斥在外,尽管她们对"日常生活改革"很重要。本章稍后将讨论该问题。)这些组织的代表在委员会占有一席之地,意味着委员会做出的决定可以由类似农业协会或工业合作社这样的机构来执行。例如,小松村选区的领袖渡边新太,有望带领村民在振兴进程中跟上步伐。委员会构建的这种组织结构既能为社区发展制定整体目标,又能照顾到大多数村民的追求与需要。

除了个别例外情况,委员们在村里大都属于纳税户大户。由于特别税是基于对家庭资产和对(某些类型的)收入的估计,因而支出较高的家庭在村里具有较高的经济地位。相比左邻右舍甚至村里其他家庭,委员们在纳税方面都做得很好。1934 年有据可查的 23 位委员平均纳税为 42.5 日元;而全村平均纳税水平则刚过 11 日元。[1]

他们支付的税金高于平均水平也许反映了一个事实,即委员的户均耕地面积高于平均数。从关柴的整体情况来看,委员们普遍拥有更多土地,因此种植水稻的面积也就更多。(见 1934 年土地利用排名附录。)委员平均拥有稻田 1.73 町,几乎比村平均数多出 0.5 町。[2] 委员正常年份的水稻平均产量接近 50 石,明显高于 36 石的村平均水平。(尽管这一数据没有出现在附录中),记录还显示出委

---

[1] 目前村里收入最高是的远藤玄吾,其工资是委员会其他成员的 7 倍,如果我们抽去远藤 460 日元的工资,委员平均工资降到 23 日元,仍是当年村民平均收入的 2 倍。

[2] 例外的情况包括穴泽正泰、远藤传太郎(二人皆为村职员)和五十岚章喜及宇津木太极。穴泽耕种的稻田约有半町,显然他不是全职农民;其他人的土地就更少了。

员们耕种的旱田也比平均数多，此外许多人还养蚕。根据他们自己所申报的数据显示，平常年份其从农业中获得的农业年收入比村平均收入大约高出 40%。[1] 显然，委员会成员深谙农业的经营之道。

尽管对于我们所关心的这些问题村里的记录并不十分准确，但是（相对于先前讨论的土地使用问题而言）土地所有权问题仍值得探究。委员们代表的不是佃农，而是中等以上规模的土地所有者以及小规模的地主。但村里并不是所有大地主都是委员会成员。在佐藤知事 1936 年认定的拥有超过 10 町稻田的 7 个家庭中，有 3 人是委员会成员。[2] 关柴最大的地主远藤玄吾就是其中之一。但是像远藤传太郎、五十岚章喜和穴泽正泰这样的成员只拥有很少的土地。事实上，五十岚很可能一点土地都没有。[3]

就我们所掌握的有关 1934 年委员经济地位的现有资料来看，关柴的"振兴代表人物"是村里的中上阶层农民。这些人与地方农业经济及其现行组织密切联系在一起。因而凡是盼望委员会代表完全取代现有村领导的人将会非常失望。正如我们所见，佐藤选择的成员正是那些振兴运动开始之初管理关柴的代表人物。他们不仅带来了协会组织和辖区领导等方面的经验，还代表着某个阶层的群体利益。凭借委员资格以及受到官方认可的当地经济和社会组织领导人这一双重身份，他们通过正式和公开的方式将当地学校、联

---

[1] 1934 年委员申报的山地面积平均不到半町，和关柴人均高地面积约 1/3 町相比要多。委员平均农业年收入为 1 190 日元，而村民人均年收入则是 845 日元。

[2] 他们是远藤玄吾、小田切阳五和穴泽喜三八。见佐藤和福岛县经济部负责人，"自耕农创业、维修、试验贷款事项"，1936 年 7 月 11 日，"1935—1937 年自耕农文件，KST。东条玄平和丸山作马也出现在缴纳土地税的名单中，因为他们土地拥有量超过 4 町。

[3] 有关地主和佃租问题的信息非常少，我从 1923 年村土地调查查到 17 位委员中有 9 位租种土地，8 位种的部分土地是借来的，在土地调查期间只有五十岚章喜一个人的土地完全是借来的。SMY，《1923 年田地自耕耕作段别町》，KST。

合会、农业协会与经济振兴运动联系起来。鉴于他们在村里的经济地位,人们希望委员代表能够为中上层农户所关心的问题建言献策。①

由此可以从知事、矢部和委员会这一有趣组合来综合解读关柴振兴运动。一方面,矢部参与农村改革很容易被理解为一种家长式地主关注其佃户的范例(在东北地区这已成为一种传统)。矢部此举的唯一新意在于,振兴运动以及他对报德运动的兴趣使他广泛接触到其他村庄和其佃农之外的农民。如果没有振兴运动,很难想像出矢部的所作所为会对乡村事务产生如此巨大的影响。

佐藤知事的情况尽管更为复杂,但和矢部的背景也有些相同。身为受过良好教育的地主,佐藤不仅经验丰富,而且与外界有广泛的接触,他轻松扮演着政府与社区间调停人的角色,并在许多方面试图实现报德运动和经济振兴运动的理想。

然而,综合考量矢部和佐藤的情况,加之二人的委员身份,可以看出大萧条后关柴不再是简单重建过去以地主精英为主导的经济社会模式。由于运动领导人和委员所代表的社会成分,乡村社会阶层与振兴运动目标之间存在矛盾。虽然其中许多身居要职的成员长期代表地主利益(在东北地区再次成为特有的典型现象),但多数情况下,振兴运动主张重视农民和生产者的利益。委员会组织庞

----

① 然而有迹象表明,许多农村社区并不像农林省期待的那样对委员会热情洋溢。1936 年年中,福岛县经济部的负责人感觉很有必要写信给那些指定参加经济规划运动的农户,对其加强委员会的力量提出指导性意见。他在信中写道,他非常关切究竟有多少个乡村在虚设委员会,不能真正开展活动发挥其应有作用。他给出的其中一条建议是希望指定参加规划运动的村知事淡化委员会成员官职的概念。他还非常隐晦地暗示,应该提倡工业合作社、农协和妇女协会负责人担任委员,此外还应吸纳一些领导能力强的平民百姓参与经济振兴运动。来自福岛县经济部长和经济振兴指定町村负责人的通告,"经济振兴委员会的协作事宜",1936 年 5 月 16 日,《1934 年经济振兴》,KST。

大，既包括众多现任村领导，也包括许多之前并未担任过领导的人，能否成为委员凭借的是素质而不是拥有土地的数量。不论是从东京对振兴运动的构想，还是从关柴的运动实践来看，都显示出振兴运动在构建领导阶层时并非以拥有土地的多寡为依据，而是更侧重农民身份。1937年后，这一点更明确地体现出来，其中的原因不言自明。

从某些方面看，矢部出现在这种领导组合中并不符合常规。虽然他未曾在关柴运动基层组织中获得一官半职，但作为思想的传播者和农村生活的具体化身，他显然颇具影响力。佐藤知事和报德思想的拥趸者都基本认同矢部的观念和设想。然而从另一方面来看，矢部并不属于具体哪一个乡村，也不属于哪一片土地。由于自始至终他与土地和佃户都有着千丝万缕的物质联系和社会联系，他终究难以回避地主这一身份。因而他加入到运动中来从许多方面说明振兴运动不会严重威胁到地主的利益。矢部不大可能支持那些将其家庭财产置于危险境地或是危及他社会地位的改革措施。显然他并不担心振兴运动的目标及其影响力会对他不利。相反，矢部在农村改革的思想中发现了一套解决日本问题的办法，所以他自然会全力支持振兴运动。众所周知的是，矢部厌恶左翼分子，而且偏爱国学；显然在他看来，农村改革并没有偏离他一贯重视并固守的日本传统。

振兴运动具有自身的内在特点，不会因为领导人的背景受到影响，而且自身存在的矛盾也很难被领导人轻易化解。就关柴的情况来看，如下面几节所述，基于古老传统的振兴运动及其思想预示着截然不同的，甚至有别于矢部最初所设想的未来。

和谐、文化与纪律

关柴振兴运动的重要意义在于改变了农村的农耕习惯和农民的日常生活。在此进程中，知事、矢部和经济振兴委员会都着力改变村民的个人生活习惯。这些变革把关柴带向看似两个不同的发展方向。一是促进社区团结和社会和谐。当地报德社和村庄协会尝试用新的方式将村民召集起来，有意识地剔除诸多不利于和谐的因素，更侧重村民的共同利益。报德社和其他新媒体（下面会谈到）成为知事、矢部等人呼吁村民结束纷争和消除不良习惯的宣传平台。显然，"农村文化"是振兴运动诉求的一个组成部分，地方领导人向村民宣讲农村新的生活价值观的同时，也证明了这一进程的艰辛。

另一发展方向是就个人日常生活和自律性开展一系列改革，并以此为标准来衡量关柴的进步。如家庭营养、厨房改进、家庭健康、儿童日托以及农村教育问题都属于这类范畴。许多改善日常生活的项目以及一些长期项目，从 1935 年起也开始大力推行。

与公共改善密切相关的是个人的自律性。其中还包括振兴运动希望村民能够秉承的行为和信念。节俭和勤奋是运动的主旨，鉴于前人有过类似做法，这点不足为奇，乍看之下，村里倡导农民节俭持家、辛勤劳作的做法与 18 世纪所颁布的法令十分相似。然而仔细再看，这一倡议并非局限于劝说农民节衣缩食，明显增加了新的内容。在关柴，当然也是在流行的振兴文化影响下，追求个人自律一下子蒙上了现代的光环。这些改变并非要倒退到过去沿袭传统做法，而是向更为理性的生活方式迈进，这种生活方式将充分发挥现代性的优点，为参与改革的人们带来好处。

关柴振兴运动非常重视改革日常生活和社区建设。为尽快实现这两个目标，有许多工作需要居民来做。为了消除分歧、促进和谐、化解冲突，振兴运动要求村民尽量淡化佃租矛盾，对其他方面的分歧更是闭口不谈。之所以主张互助与合作，目的是要回到过去的理想生活状态，而二宫尊德的思想恰恰能够发挥这样的作用，避免农村受到外界的不良影响。与此同时，他们一方面借助农村社会传统的固有本质来推动社区建设，另一方面敦促农民接受现代生活方式,鼓励农户记录帐目、制定经济规划以及缔造富有活力的农村文化。关柴必须针对过去、现在和未来的乡村命运进行综合解读。

矢部和报德社

矢部善兵卫对其产业和社区面临问题的看法反映在他30年代后期所著的文章里,那几年他在关柴非常活跃。此外,为表达对母亲的敬意,1940年他自行出版的传记和小册子,也是其观点的补充。1938年1月、2月发行的《公民》杂志分两期刊登了他首篇也是最长篇幅的文章。文章首先介绍矢部组织了一个名为报德经济学会的团体,谈到他学习报德思想的切身体验,并概括了他对日本社会现状的看法。大约一年后,同样也是在《公民》上,刊登了一篇篇幅较短的文章,其中矢部对此前文章所引发的评论予以了回应。在与石原慎太郎等报德社领导人的对话中也有矢部的身影。[1]

当然,由于30年代末大环境的影响以及他与石原慎太郎同报德运动多年的接触,矢部的观点和阐述难免有夸大成分。如果把我们在文章中所了解的矢部和1933年甚至1935年关柴村民所认识的矢部混为一谈的话,那就谬之千里了。之所以这么说,是因为矢部在文章中描绘的是他对喜多方一带农村目标的诸多设想。尽管我们应当牢记矢部在全国的公众形象与关柴会议上演讲的形象在时间上存在偏差,但在这一形象转变过程中,他的内心并未经历过重大改变。事实上,1938年矢部所描述的自身信念与石原在30年代初发表的文章与演讲有许多相似之处。矢部在其早期著作中就把石

---

[1] 见矢部经子,"根据对报德主义中心思想的体验批判我国经济生活",第1、2部分;同上,"守住正门";同上,"对国家经济生活的批判",第1、2部分。发表矢部文章的杂志上同期还刊登了海军大将后来担任内务省大臣的末次信正的文章"持久性战争和公民的决心"和大藏省大臣贺屋兴宣的文章"希望能够唤醒民众共度胜利战争第一年的春天"。

原的教诲奉为真理，并把这一思想吸收为其地方领导人经验的一部分。因此，文中的见解与他在关柴传播信息的方式非常近似，矢部首先设法让本地听众接受其观点，这样一来到 30 年代末这些观点就能在更大范围内传播。

矢部发表在《公民》的文章观点概括如下。在矢部看来，日本所面临核心问题是冲突和谋取私利。这些倾向并不是日本特有的问题，而是与西方思想的发展和经济增长相随而至。为摆脱西方经济生活方式给日本带来的负面影响，就必须使经济理论和方法符合日本的民族精神。这意味着要发展矢部所倡导的"报德经济"，即采用二宫尊德的思想作为家庭和商业经济行为的指导方针。谦让、分度（稳健的财政政策）与和谐将取代现有的私利、自私和冲突。与此同时，西方经济发展背离社会道德的理念即将让步于报德思想启发下的道德与经济协调发展的理念。①

30 年代末国家所面临问题的确切性质留待读者去想象。矢部闭口不谈细节，而是更倾向于比较二宫思想给人们世界观带来的益处与西方思想引发的无法避免的伤害。他用一个农民的例子来说明两者的差异。在矢部看来，凡是那些认为种水稻可以赚钱的农民是在追逐个人"私利"。相反，那些认为种水稻是为了让他人吃饱饭的农民则是"为世界和他人的公共利益而生活"的范例。前者的生活充斥着斗争和冲突，而后者则充满了共赢与和谐。毫无疑问，矢部认为后者更可取。②

---

① 矢部不是唯一一对这一话题感兴趣的人。致力于打造经济新秩序的人还包括石原慎太郎、后藤文夫、农林省的石黑忠笃以及东京大学的那须弘，大家都十分期待他们对此能够发表见解。有上百名官员、学者和商人（其中包括矢部经子）加入到这一行列，形成报德经济学研究会。尽管研究会无意在短时间内成为亚当·斯密，但是《公民》杂志印发了研究会成员的演讲文章，促进了更大范围内对"日本风格的经济模式"的大讨论。

② 矢部，"对报德主义中心思想的体验"，第 1 部分，第 128 页。

当然矢部也乐于赞扬西方思想的可取之处，他认为从西方引进的科学、技术和管理技能都取得了良好的效果。"自 1660 年王政复辟以来，日本迅速吸收西方文化，"矢部写道，"由于沿用了西方经济模式，日本的经济发展取得了巨大进步。"但他又接着指出，"斗争和冲突导致多条战线完全停滞，经济和思想政治领域都隐藏着极大的动荡不安因素，已经到了濒临崩溃的危险境地。虽然表面上看来一切都很好，但人们并没有真正得到幸福。"[1]

矢部没有同西方经济理论的缺陷做过多纠缠，而是将问题归咎于国内。显然，国家面临"完全瘫痪"的危机，并不能单靠实施厂项重点政策就能解决。[2] 这一问题是系统性的，只有彻底改变人们对社会的看法和参与方式，才能有效解决眼前的危机。

鉴于西方思想是把不断满足自身欲望作为经济生活的基础，报德经济起初与天照大神建立日本列岛的精神相同，即在一无所有的基础上创造"价值"，并在此过程中获得乐趣。矢部是这样说的：

> 西式预算优先考虑支出，然后才考虑收入。也就是说，把人的诉求和欲望放在第一位，而将辛勤工作排在其次。而报德提倡"分度"思想，主张实行稳健的财政政策，在侧重人性需求的基础上仔细衡量收入，其次再决定如何使用和花费金钱。也就是说在消费之前先要努力创造价值。[3]

---

[1] 矢部，"对报德主义中心思想的体验"，第 1 部分，第 128—129 页。和石原一样，矢部也把中国看做一个重要的导致非西方国家问题的源头。在 129 页中他对源自中国的"自私自利和追求私利"的诟病进行分析，认为这一习气会使和谐统一的伟大日本陷入混乱，如果听之任之，终将导致日本战乱不断。

[2] 早期使用"停顿"来描述日本状况的实例详见威尔逊，"日本的官僚与农民"。

[3] 矢部，"对报德主义中心思想的体验"，第 1 部分，第 107—108 页。

矢部还暗示说,日本农民已渐渐淡忘如何从开垦和保养土地中汲取乐趣。他们关心的只是土地能带来多少收入。矢部认为,先人的做法是在开垦土地之后维持土地肥沃来保证农作物生长。如今,农民不仅厌恶辛苦劳作,而且急于消费所获报酬,用于娱乐消遣和满足自身欲望。矢部将这一新旧态度的转变时间锁定在日俄战争之后。在此之前,人们乐于为国家的强大辛勤工作,但战争胜利后不知何故人们将兴趣转移到满足个人需求上。①

矢部认为必须采取措施消除上述不良倾向,而且他已想出对策。就如之前他的老师所教诲的那样,矢部打算用报德思想来取代西方的经济学思想。他在《公民》上发表的第一篇文章给出了具体例子说明迄今为止他为实现这个目标所做的努力,并概述了下一步应采取的步骤。

在矢部已经完成的工作中,有一部分涉及到改变其家族企业的惯例做法。这些改革是在矢部从学校回到喜多方后不久开始实施的,之所以要改革,一方面是由于石原的指导,另一方面是因为矢部认为在领导他人之前有必要展示一下自己的创造力和成就。他家开的大全干货店已有 200 年历史,矢部描述了他将干货店改造成验证报德思想的实验室时所做的尝试。他的"实验"形式多样,然而在矢部看来,最重要的莫过于处理好商店雇员和客户间的关系。要知道,矢部早就不满家人为其选择的商人职业,原因在于唯利是图的商人本质驱使他们千方百计地从客户那里谋取利益。因此矢部首先尝试改善店主与顾客关系也就不足为奇了。

他第一步先改变了过去那种由店铺为货物定价的方式。他说,大部分商店都给所售商品贴上价格标签,但客户仍想讨价还价。这意味着每次客户和商人之间的冲突都是一场双方都想占上风的斗

---

① 值得注意的是,日俄战争结束之时正是日本开始利用报德社稳定农村,并以此作为
地方改良运动的一个组成部分。

争。矢部的解决办法是把产品价格固定下来，不容许员工和顾客之间有任何讨价还价的余地。其次，他取消了赊账，要求所有销售都用现金即时给付。这样就避免了他所谓的"高压推销技巧"，即鼓励客户购买更多不需要的商品，虽然这些技巧在短期内对经销商有利，但最终会损害买卖双方的利益。矢部还希望能够降低商品售价，这反映出一种新的利润意识。他着手在登帐方面进行改革，并与员工定期举行例会，而员工刚开始很不愿意按他的方式进行尝试。[①]

起初这些举措并不被看好。除店内的反对声音外，矢部的改革措施还造成了顾客流失。潜在的顾客显然将不许还价和赊账的新举措与高价联系起来，无论是靠商店散发传单还是通过人们口耳相传都没能说服他们。销售不佳的状况持续了好几个月，但矢部为其员工逐渐接受报德思想感到欣慰。最终他们认同了他的理念，即商店不单只是为店主服务也是在为顾客服务。他们不遗余力地向顾客解释新举措，以至于矢部记得他曾嘱咐员工不要工作得太辛苦。

采用报德法之后曾经一度流失的客户也开始逐步回流。矢部说，自1931年以来，销售每年递增20%，这样到1936年销售额几乎是1930年的3倍。据矢部说："'合适的价格'和报德思想指导下的现金销售方法暂时遭致客户不满，但员工的悉心解释和服务态度最终打消了客户的疑虑并使他们感到满意。"矢部通过报德法取得了非凡的成功。不仅振兴了家族企业，也向雇员和客户证明了报德思想的成效。接下来就是将商店的经验推广到社区。[②]

重振家业和振兴农村社会完全是两码事。矢部对这一点非常清楚。他缺少农耕经验、较为年轻，而肩负的家庭责任日益加重。

① 矢部，"对报德主义中心思想的体验"，第1部分，第126—127页。
② 同上，第1部分，第127页。第2部分，第117—118页。另据矢部报道，1930年至1936年间成本和销售的比率下降了一半。

但报德思想的初衷就是为了农村社区,矢部对二宫尊德的教义进行了仔细研究,这使他对报德法的成果有了充分认识。必要时矢部还可以借鉴石原慎太郎在土方村的经验并不断得到导师的指导与帮助。最重要的是,矢部坚定不移地认为他为社区谋划事业意义重大。无疑他对报德法缔造的美好前景信心满满。

在矢部看来,要想实现振兴农村的理想,采用报德法可谓是直截了当。具体的实施步骤是:首先向居民讲授二宫尊德及其学说,在他们充分了解报德的基本教义后,组建报德社,接下来切实开展经济振兴和文化振兴工作。报德社将实施节约计划、债务整理以及免息贷款政策。每月的例会将参与者聚集起来,这样他们可以继续接受报德思想的指导,另外例会还为讨论具体的农业问题提供论坛。定期集会为构建没有冲突的和谐农村奠定了基础,只有这样,经济和道德建设才能齐头并进。

矢部认为,经济复苏每做一次尝试都应当在制定切实计划的同时,拥有坚实可靠的精神基础,他一再强调二者兼顾的重要性。当他谈到报德法对政府经济振兴措施的辅助作用时,这一重要意义显得尤为突出。和石原一样,矢部赞成经济振兴运动的想法,但也承认运动的潜力几乎从未被充分挖掘。他认为优秀的领导水平和热情的报德运动赋予了经济振兴计划真正需要的有效力量。对大多数社区而言,经济振兴意味着"开展一项计划并讨论各种实现途径,但忽略了对村民全面的领导,道德劝诫也被排除在外"。

计划通常仅仅是理论层面的尝试。矢部抱怨说:"人们在尽力提高产量或实现自给自足的同时,却很少去尝试建立一种健康的金融信贷方式。令人不可思议的是,不论经济衰退还是繁荣,不论收成是好还是坏,发放的贷款很少能成功收回。在改善道德以及化解冲突方面毫无建树,农村仍旧在争名夺利,对政府的依赖却是有增无减。"①

---

① 矢部,"对报德主义中心思想的体验",第 1 部分,第 134 页,第 2 部分,第 115 页。

当然也有例外,矢部对那些采用报德法走出低谷的乡村赞不绝口。他以福岛县相马郡的大田村为例,指出它是 1933 年福岛受到表彰的五个村庄之一。大田的领导人长期参加报德系列讲座,成立了报德社,并完全实现了对村里其他组织的统一领导。据矢部说,经济指标不仅得到全面改善,在社会领域也同样成果卓著。人们不仅缴纳了税款,乡村的捐款也增加了,"值得赞扬的自我奉献"的例子很多。① 矢部列举了更多受报德思想影响的乡村,肯定他们的领导和组织所取得的卓越成效。

尽管矢部从未否认在缺少报德思想指导的情况下也能实现振兴的可能性,但他明确表示如果没有报德思想,经济振兴必将困难重重。他回顾了 1936 年由福岛县政府经济部召集的一次会议。此次会议汇集了县内前 15 位经济振兴的农村代表,进行"经济振兴圆桌讨论"。人员聚齐之后,矢部写道,"县官员和乡村领导人惊奇地发现,大多数乡村在实施振兴计划的同时,也推行了报德计划。"② 和村社团结合、定期集会以及用报德思想解读社会运转是矢部的成功法则,他渴望在关柴尝试这一法则。

矢部参与组织了喜多方和附近乡村的报德社。直到 1937 年喜多方南町报德社才成立,正如矢部所分析,之所以耗费这么长时间,是因为居民过了很久才体会到报德思想的实用性。当地乡村和矢部店铺所发生的事实至少可以说服一部分喜多方居民先行一步。在矢部的指导下,在其店铺周边地区成立的报德社已初具规模,而在当时那里已沦落为日渐萧条的购物区。他周围有 34 人签署协议成为报德社成员,矢部迅速组织他们参与当地会议,举行活动,为当

---

① 矢部,"对报德主义中心思想的体验",第 2 部分,第 115—117 页。有关道德劝诫的简要讨论见安富邦夫,"福岛县经济振兴运动",第 219—221 页。其他四村是忍郡的大森、田村郡的中里、南会津的苗原和河沼郡的野泽町村。

② 同上,第 2 部分,第 117 页。石原慎太郎也倾向于把经济振兴规划和报德运动结合起来。见石原慎太郎,《国民振兴和报德》,第 38 页。

地争取额外路灯,并促成当地商人之间的合作销售。根据矢部撰写给《公民》杂志的第一篇文章记述,虽然在该组织存在时间不长,但他对城里其他人即将纷纷效仿此举寄予厚望。矢部还认为"从最初报德法在其店铺中试运行到将其应用到乡村的经济振兴中,这一进展令我非常欣慰"。[1]

然而正如前文所言,在矢部开展组织工作的几年之后,喜多方的各个社团才走到一起。在现存的资料中,该地区首个报德社是1933年由矢部在关柴上高额村建立的。矢部选择这个村庄出于几个原因。首先,和邻村相比,无论是喜多方还是上高额村都比较贫困。矢部还认为,乡村比城镇有更大潜力实现其目标。他写道:

> 虽然我无力为城镇居民有所作为,但当时农村亟待推行救济政策,因而我在邻近关柴的上高额村成立了报德社。在乡村复苏方面取得了进展,因为我们在关柴发现了最早的振兴迹象,而在当时该村远远落后于周围乡村。关柴领导人按照报德思想制定了管理计划,不到三年就一跃成为福岛最突出的优秀乡村。[2]

当初矢部提出在农村推行报德计划时,遭到母亲和新婚妻子的反对。更糟的是,许多上高额村民的质疑甚至超过其家人,而且他很快发现自己对农村生活知之甚少。他虽然坚持每天风雨无阻地到村里去游说,但仍难以赢得众人的支持。"我无法让他们明白,"

---

[1] 矢部,"对报德主义中心思想的体验",第1部分,第124页;第2部分,第120—121页。矢部之所以对喜多方其他地区持乐观态度,是因为政府正努力推行全国精神鼓动运动。

[2] 同上,第1部分,第124页。

他回忆说，"他们反对我、嘲笑我，甚至阻挠我，对眼下局势听之任之。"某种程度上，不难理解为何村民如此排斥这位缺乏经验的年轻人的观点，这同他的地主身份并无太大关系。他不是农民，甚至算不上村里的一员。要消除人们的怀疑，矢部唯一能做的就是尽可能展示自己的执著与真诚。

矢部充分具备这两个素质，他尽力使村民的看法朝其期望的方向转变。他经常外出试图说服农民赞同他的理念，午夜过后才回家。（他的遗孀曾回忆丈夫天黑后手提纸灯笼回家的情形，这一景象在 20 世纪 90 年代回想起来仍然栩栩如生。）[1]经过几个月的独自努力，矢部开始寻求外界帮助。他请求石原慎太郎于 1933 年 7 月初到村里开展为期 3 天的报德法讲座。石原欣然应允，他的出现似乎起到了作用，一个月之内该村居民成立了报德社。

上高额报德社的创建标志着报德法在会津地区人气高涨的开始。在矢部的协助下，该地区组织了一系列讲座和研讨会；他和石原先生多次担当发言人。1934 年 9 月举行的为期 3 天的"振兴人民生活报德领导研讨会"，吸引了福岛各地 500 位参会者来到喜多方中学；一年后该论坛吸引了大约 800 人到会。

为促进二宫尊德的思想的传播，当地建立了伞型组织。例如，会津报德发展协会成立于 1935 年，领导人正是矢部。[2] 他在加强宣传攻势的同时，还帮助引导其他村庄成立报德社。1933 年至 1939 年底，会津地区有 6 个村庄组成了 15 个报德社，其中关柴就有 5 个。继 1933 年上高额成立报德社后，大古报德社于 1936 年 10 月成立。

----

[1] 矢部善兵卫，《春天的回忆》，第 62—63 页。1993 年 3 月 2 日和矢部经子的个人交流。

[2] 会津报德社年表编委会，《会津报德社年表》，第 10—13 页。关柴村的一份文件称"第二次国民振兴报德讲习会"于 1934 年 9 月 6 日至 8 日举行，会上谈及讲座对于加深对乡村振兴理解的重要性，并敦促经济振兴委员会成员参加讲习班。见SMY，"关于第二次国民振兴报德讲习会"，《1934 年经济振兴》，KST。

1937 年初,东条玄平协助成立了堂下报德社,第二年年春中里报德社也相继成立,小松村很有可能在 1939 年组建报德社。①

成立报德社的村庄与其他村庄的区别不仅在于他们公开信奉二宫先生的教诲,还在于他们参加更复杂的推动储蓄活动,并获得更详细的家庭规划指导。村庄集会的讨论内容多与报德思想相关,地方领导人也经常参加"大日本报德社"系列讲座。这样做是否对农村经济复苏有显著影响有待进一步讨论,因为缺乏证据来显示村庄经济振兴的区分度。不妨把关柴报德社的扩张看做是对佐藤知事和矢部善兵卫将该理念引入社区的认可。有充分证据表明,许多村民并不满足于在重塑社区文化的尝试中持消极态度。村民们感到加入报德社能确保他们在家庭、村庄乃至整个农村的振兴进程中发挥更大作用。

村庄集会

1934 年初秋,关柴举行了第一次村庄集会。在整个经济振兴运动期间,坚持每月集会一次。从 1934 年 9 月到 1937 年 2 月的两年半时间内,每个村庄平均每月开一次会,共集会 30 次。(1937 年 2 月后的会议记录不完整,但并不表明 1937 年后村里对集会失去兴趣。)会议通常持续两小时,会场地点的选取也不固定。私人住宅、当地寺庙或神社、小学以及上高额报德社,都是他们常去的地方。集会的出席率很高,即便是出席率最低的关柴也达到 69%,整个乡

---

① 喜多方市市志编委会编,《喜多方市市志》,第 8 卷,第 654—655 页。会津报德社年表编委会,《会津报德社年表》,第 10—13 页。小松村报德社 1939 年初参加会津附属乡村会议。小松村报德社首次出现在乡村会议记录中式 1939 年 5 月。见 SMY,《乡村会议日志》,第 4 卷,KST。

村平均参与率接近 98%。①

会议发挥了许多作用。通过会议，村干部不仅将经济振兴计划以及农村管理信息传达到农户，而且就有关问题取得村民的理解。从这个意义上讲，集会不失为解决问题的切实可行的途径，不仅确保信息通畅，又推动村民参与到经济振兴运动的长期进程中。定期将全村人召集起来是不现实的，但事实证明集会能够促使村干部深入到乡村，便于开展工作。

集会还成为客座演讲者向农户宣传振兴精神的论坛，成为维系经济振兴、村庄文化生活和社会改革之间的纽带。从规章制度开始，"集会就秉持增强凝聚力、保持生活安定、促进互助以及村庄振兴这一宗旨来制定计划"。② 和关柴的管理层一样，农林省也相当重视集会。关于集会的讨论内容、授课人以及参加人数等都有详细记录。

在关柴，地方领导人在会议上所传递的信息受报德教义的影响很大。"官方"的经济振兴实施计划和非官方的报德信条（和皇室的象征）一起展示在会议室的前面，每个人都可以看到。每当会议开始和结束时，与会者都一致向前，恭敬地鞠躬。仪式开始后会宣读一道天皇指令；必要时还会宣读报告和决议。通常在 4 月，集会每年都要对一系列行政问题进行详细通告，内容包括乡村财政预算等诸多事项。集会还将听取各社区组织的汇报；农业协会、在乡军人协会和工业合作社代表汇报过去一年的工作。4 月，村里还必须公开评估实施经济振兴计划的进展情况。由于这些回顾性的汇报工作

---

① 五个乡村的报告称比率超过 100%，这意味着超过了所需要的户均 2 人的参加人数。关柴和上高额村的参加人数比率为 70%，低于平均水平，

② SMY，佐藤和区町，"经济振兴规划的实施"，1935 年 9 月 9 日，《1934 年经济振兴》，KST。见 SMY，《乡村会议章程》。

一年只需一次,其余时间召集的会议就可以涉及许多其他主题。①

通常村庄集会至少举办一场讲座,有时多达三四场。佐藤知事几乎每次都会出席会议,他时常担任讲座的主讲。知事助理阿布正（当地工业合作社主任）、农业协会技术员以及当地小学校长经常发表演说,矢部善兵卫也常常露面。②

讲座涉及几个主题,有时这些主题会交叉重叠。表12列举了早期集会涉及的主题。其中常常涉及经济振兴运动和规划讲座。农业技术革新和农业管理改革也是集会的一贯内容。会谈通常由农会技术员负责,有时也有外地特邀发言人。村庄集会经常会安排某些领域的专家进行评论。一种常见形式是讨论村民在某月应该做什么。讲座题目包括化肥的使用、兔子的养殖、加工和销售、木炭制作和南瓜种植。通过会谈,农会技术员和专家给农民提供有关作物耕种实践的最新信息,帮他们做出扩大生产的决定。

在农会技术员发言的基础上,工业合作社进行补充发言:通报工业合作社在村里各项计划和具体执行情况,指导农民如何从中受益;详细解释入会资格和程序,以及如何申报合作社的信贷项目。呼吁农民依托合作社进行农产品销售及大宗货物的采购。发言者概述了债务整理的做法并为建立债务整理协会举办"指导"讲座。这类讲座推动居民充分参与到运动中来,并进一步促进经济振兴目标的实现。同时鼓励村民开展有组织的经济活动来提高生产效率。

并不是所有讲座都直接涉及经济问题。事实上,如表12中所列,佐藤知事等地方领导人和当地听众分享改革、报德法以及社区生活的理念。虽然对于发言的确切内容我们只能作一番推测,但可

---

① SMY,佐藤和区町,"经济振兴规划的实施",1935 年 9 月 9 日,《1934 年经济振兴》,KST。见 SMY,《乡村会议章程》。

② 有关乡村集会的评论全都是基于关柴 4 卷本的《乡村会议日志》。起初共有 5 卷,第 2 卷记录的是 1936 年 8 月至 1937 年 12 月会议情况,但该卷已丢失。

以想见的是,矢部的讲话内容势必与他撰文讨论的许多问题是一致的。佐藤、渡边校长、内海春树等人在报德法上所获得的体会不说全部,多数也来自矢部先生或是大日本报德法系列讲座。因此,他们向听众传播的观点,很可能反映了石原慎太郎和矢部合力推行的理念。

据1936年初书记员做的一次上高额村庄集会(集会也是该村报德社例会)记录显示,矢部谈论的话题是他所熟悉的日本与西方经济学对比论述。在讨论了国际形势之后,矢部指出,欧洲和美国的情况并不稳定。为进行对比,他转而讨论"东方文明的古老习俗[在这方面日本是先行者]",并随后讨论了"日本的发展、日本精神和报德思想"。当他谈到上高额村的进展情况时,日本报德法的优势无疑突显出来。为使报德法成为自己毕生的事业,他呼吁家庭成员定期举行例会,回顾反思过去的一年,并为来年做好筹划。① 做好生活规划并按二宫尊德的报德准则生活,一定能够维持家庭及农村社会的安定和繁荣。

除了重视信息本身,人们也不应忽视信息传播者的作用。矢部不是唯一呼吁改革的人。乡村行政机构的主要成员不仅普遍表态支持经济振兴,还特别支持按照报德思想进行改革。他们包括知事助理阿布正、国民小学校长渡边、村书计穴泽、村委员会成员远藤玄吾和史织千代一,以及小松村的内海春树。这份名单虽然不完备,但反映出地方领导人对社会改革寄予了持续而广泛的关注与期待。在七年内召开的上百次会议中,他们积极宣传振兴和改革,②呼吁村民采取措施改善生活及改良农村社会。

---

① 见SMY,《上高额报德社日志》,第3卷,第105页,KST,记载了1935年1月10日召开的一次持续几分钟的会议。

② 如果算上1941到1945年的会议,这一期间就更长一些。虽然缺少这些会议的会议纪要,但有其他记录显示会议仍在定期召开。见喜多方市市志编委会编,《喜多方市市志》,第8卷,第654页。

表 12 1934 年至 1935 年关柴乡村集会讲座摘要

发言人	题目
佐藤知事	静冈县杉山村报德式村庄集会程序 静冈县土方村的真实故事 如何开展村庄集会 我们如何转变农村的困难处境? 经济振兴规划和村庄集会 报德法和税金支付 "良好的财务状况" 通过报德社实现农村振兴 静冈之旅的考察感想 村庄集会的目的 二宫尊德的一生 我们是这样节约用钱的 日本轻工业产品的出口
矢部善兵卫	报德思想的必要性 静冈县山口报德社 报德思想解说 报德运动的发展历程
渡边校长	日常生活改革 农业家庭经济 青年学校和"农民精神"
农会技术员圆部	本月农户要做的事项 生活薄记指导 关于秧苗栽种的问题
市长助理阿布	经济振兴和村庄集会的必要性 重建经济 发展组织间的纽带作用 合作和团结 经济振兴规划说明
内海春树	报德方法 报德生活模式 如何建立报德社
远藤玄吾	上高额报德社的情况介绍

注释:许多讲座在不同的村庄举办了不止一次,尽管佐藤知事本人很少重复做讲座。
来源:SMY,《乡村集会日志》,第 1 卷,1934 年。

据知事说，村庄集会带来的好处很快见效。佐藤在一份给县里的报告中解释说，村里各个乡都比集会前更加和谐统一。关于小松，他写道："虽然这个小乡村早已存在和谐的合作关系，但自从定期召开集会之后，这种关系更加密切了。"[1]他还描述了其他村庄所获得的类似好处。曾曾木村的两个地区之间关系改善也要归功于村庄集会，过去它们并无太多联系。报告指出，由于关柴地域辽阔，住宅聚集区彼此相距甚远，结果导致"有些地方，缺乏合作和团结精神"。自从经常召集村庄集会后，关柴欣喜地报告，"这些坏习惯一扫而空，村里开始盛行与人为善。"

集会还带来其他好处。其中一个收益是纳税额增长。1933年，在截止日期之前缴纳了约 72% 的税金；这一数字逐渐上升，到1937 年大约 97% 的税金都能按时缴纳。人们守时观念也增强了，自村庄集会以来，很少再出现迟到现象。最为重要的是，整个村子充满了团结意识。居民对村子是如何运行以及其中的道理有了更好的了解。结果反对村公所的声音消失了，社区真正实现了和谐。知事毫不迟疑地将这些改进归功于村庄集会的影响。他这样写道：

> 自 1934 年关柴村被确定为经济振兴社区以来，村公所就没有再发生冲突事件，各村之间也没有发生过任何冲突。整个关柴村格外平静，村公所基本无事可干。乡村和村庄集会是在进步精神和报德信条的引领下举行的。[2]

---

[1] SMY，佐藤和区町，"市町村振兴委员会及乡村会议等事项调查开放"，1937 年 2 月 7 日，《1937 年经济振兴》，KST。他还公布了自调查以来小松村的会议出勤率为 100%，关柴出勤率最低，为 69%，而小乡村三津井的出勤率为 150%。

[2] SMY，佐藤和区町，"市町村振兴委员会及乡村会议等事项调查开放"，1937 年 2 月 7 日，《1937 年经济振兴》，KST。

在关柴领导人反思社区建设时，团结与合作这两个主题反复出现。报告坚持认为，村庄和个人间的冲突销声匿迹，取而代之的是相互支持的合作氛围。那种个人利益至上的思想逐渐被睦邻互助与和谐合作的精神所取代。

30 年代中期的选举净化运动就是一个很好的例子。在全国报德运动的热情感召下，这项运动旨在"净化"被各个政党的罪恶行为玷污的选举活动。在某种程度上，选举净化所做的努力，目的是缓解地方冲突，同时也是振兴运动和实施报德法的辅助性措施。"今天是决定性的选举，"一张传单中写道："我们必须投票。放弃投票是民族的耻辱。怀着最美好的意图，本着国家利益至上的原则，我们一定要选出优秀人才。"[1]对石原来说，作为报德思想发言人的他丝毫没有掩饰对地方政党的不信任，他经常劝导村民不要让政党支配社区。因此，加强农村组织也可以限制政党等团体的影响力，取而代之的是更为亲民的民间组织。在关柴，这一思想获得了积极的响应。[2]

日常生活改革

"关柴村经济紧缩和道德改革协定"的出台可能是佐藤佐吉的

---

[1] 传单等材料均来自 SMY，《战况守势关系文件集》，1935 年 7 月，KST。

[2] 石原慎太郎向新潟一个村的领导人提出建议，指导当地社会如何摆脱党派倾轧，具体实例见八木茂树的《报德运动百年进程》，第 246—250 页。1937 年关柴有 3 个村的投票率达到 100%，因而有资格获得选举纯净奖；小松村也由于 97%的选举率获得这一奖项。SMY，《战况守势关系文件集》，1935 年 7 月，KST。关柴的选举并没有明显受选举纯净运动的影响。36%的居民将票投给政友会候选人，而民政党得票率为 41%。这样的选举结果并和往年并无二致。政战纪念史勘校会，《政战之后》，第 55、56、58 页。众议院事务局，《第 18 次众议院议员大选一览》(1932 年)；第 19 次(1936 年)；第 20 次(1943 年)分布在不同页码。

主意。① 这份长达6页的协定对村振兴计划中的既定目标做出补充，就个人的日常生活改革提出具体建议。振兴运动倡导的"日常生活改革"包罗万象，而且此项倡议的提出比经济振兴早了许多年。② 关柴"日常生活改革"既包括改善社区基础设施，也涉及较为隐性的微观方面，如改进个人生活习惯。其中一项改革建议是养成守时、准时的习惯（一篇报告中曾提出"经济振兴从准时开始！"）；其他目标则包括普及簿记方法、改善营养、改造厨房以及改进医疗水平和医疗设施。③ 下面的例子涉及几项具体建议，从中可以看出关柴日常生活改革的实施范围和目的。

在知事看来，消除浪费等不良习惯是振兴运动日常生活改革的途径之一，这点在"关柴村经济紧缩和道德改革协定"的表述中往往与重大生活事件相关联。正如谢尔登·加龙所言，政府和许多私人团体早就是节俭习惯的热情推动者，因而它成为农村改革的一个重要组成部分也就不足为奇了。④ 振兴运动在强力推进家庭储蓄（最好通过工业合作社）的同时，还提出"今天的节制是为了明天能攒出更多的钱"。协定倡议大幅削减婚礼、葬礼、生小孩甚至是年轻人离家当兵聚会的开支。

此项建议并非要停办所有仪式，而是大幅缩减仪式的规模。⑤ 以一个家庭成员的葬礼为例，家人被告知应尽量通过信件通知直系亲属，避免使用信使和电报。（为了省钱，信使通过骑自行车送信。）

---

① 或是"关柴村经济紧缩及整风规约"，出现在 SMY；佐藤和区町，"经济振兴规划的实施"，1935年9月9日，《1934年经济振兴》，KST。

② 圆子玉井的《在民族主义的阴影下》也谈及改进日常生活方式。

③ T.C.史密斯，"日本的农民时代和工厂时代"，第199—235页，暗示德川时代的农民已经非常清楚时间之宝贵。

④ 加龙，《塑造现代日本的心灵》；同上，"塑造勤俭文化"。

⑤ 在《盛产牛奶和蜂蜜的土地》中，相比父亲辞世，田中东助对葬礼的铺张浪费更加感到不安；仪式和相关花费令东助倾其所有。

守丧时可以焚香,但不能插花。除非家里特别要求,否则不会有吊唁礼物,原本盛大的葬礼也因此变得简朴而迅捷。

针对年轻士兵离乡和返乡时为表达敬意而举办的聚会,协定也提出了类似的削减要求。"基本调查"描述了家人、邻居和朋友过去召开多次惜别会,并大量饮酒。军旅生涯开始或结束时在车站迎送也是人之常情。根据协议,今后这些活动统统由地方神社、学校或村庄集会举行的庄严仪式取代。禁止私人举办惜别会,不仅要求祝福者有秩序地"排队送行,尽可能不离开队伍",而且不允许向到会人员提供酒水。

佐藤建议各乡成立委员会,由委员会来决定婚礼等庆祝活动占总开支的合理比例;他建议将婚礼费用缩减到年收入的1/3以内,并将其作为一项指导方针。村委会的任务是走访当地筹备婚葬仪式的家庭,说服他们遵照协议条款从简办事。村领导将协议内容抄写在一张大纸上并悬挂于仪式现场,有助于推动村民遵守准则。

协定提高了村民对日常生活改革的重视程度,强化了村庄的核心地位。协定将人们日常生活中重大事件的规模、时间和活动细节的决定权交给了社区。虽然之前可能也存在类似非正式的机制,但新规则授予日常生活改革更广泛的权力去干预那时被认为是家庭内部的私事。

为达到节俭与克制的目标,村里把教育作为日常生活改革的重要组成部分。关柴振兴运动力图从几个方面进行改革:规划者坚持认为教育应鼓舞人心并服务大众。[1] 除了教导学生爱国主义和为国效力的意识外,教育还应切合实际,合乎农村社区的需要。人们对课程设置抱怨已久,许多村民觉得课程的培养目标更倾向于官员而

---

[1] 振兴规划和教育相关的话题包括树立民族理想和健全的国民精神;崇敬神灵与祖先;塑造大众精神、推广雇佣常识和敬业精神、培养节约意识、普及教育实践以及增强身体素质。

不是农民；高成本的师资经费无疑成为呼吁教育改革的另一个动因。

在关柴，振兴运动呼吁教育工作者帮助儿童和成年村民了解农民的责任与使命。人们普遍认为，由于农民悲惨的境遇，年轻人找不到留在农村的动机。计划提出设想来改变这种想法，引导农民树立成就感，让他们感到完全有理由在农村开创一番作为，并为能成为一名农民感到自豪。帮助农民认识到"农业在全国的地位"以及"农村和国家的依存关系"，了解这两点尤为重要。规划者坚持认为，通过培养艰苦劳作的习惯，促进完成校内农业项目以及敦促儿童在家帮忙务农，学校在向学生灌输"农民精神"上能发挥很大作用。[1]

村里报告了日常生活改革的积极成果。虽然居民在厨房建设上没什么进展，当地的饮食习惯也没有什么变化，但到 30 年代末，婚礼等仪式的开支下降了。在经济回暖时仍坚持节俭是个好兆头。据报道，和以前相比，居民的饮酒量减少了，更多家庭有了预算和家庭帐薄，这也是表明当地生活发生了显著变化的另一个迹象。[2] 和村庄集会一样，当地政府在谈及改革对居民的影响时不吝溢美之辞。

村里荣获的众多奖项和荣誉证明了一个事实，即外界认同了农村改革的观点。1937 年关柴获得农林省颁发的特殊援助资金，得到这笔款项的乡村屈指可数。同年，福岛县推选佐藤佐吉知事为"经

---

[1] 另一个和教育改革相关的方面是在村里选拔并培训中坚力量，这一点在第 10 章中会做详细讨论。

[2] "精神鼓动的实施成果"，日期不详，《1938 年经济振兴》，KST。SMY 报道了由福岛县经济部负责人向指定参与运动的村庄发布的指令，标题为"农林渔村经济振兴规划实施调查"，1937 年 10 月 18 日，《1938 年经济振兴》，KST。同一篇报道也提到，尽管 350 户都执行登帐制度，但他们的收获并不大。类似评价可参见"经济振兴规划制定实施状况调查"，1936 年，KST。

济振兴给人们生活方式带来惊人改善"的代表。[①] 虽然关柴村从未成为振兴运动海报宣传的社区，但关柴社会改革的累累硕果令人心悦诚服，赢得外界的一致好评。

结论

关柴振兴运动及其后续改革是日本30年代农村社会改革国策的一部分。1935年后，在承诺加强农村建设和振兴农村文化的同时，国家在实际行动上持续支持农村复兴。经济振兴运动中的特别援助项目就是专门针对农村骨干进行的选拔和培训资助。农村公民重组等资助计划也同样是政府和半私人资金项目的援助对象。第10章描述了这些方面的工作。

和讨论国家利益这一话题相比，《家之光》认为把日常生活改革摆在醒目位置也许更加有效。《家之光》刊登了圆桌会议的讨论内容以及30年代初以及随后10年的一系列文章，使读者感受到关柴在追求变革过程中全身心投入的状态。节俭、守时、"厨房改革"、登账以及家庭预算等建议频频出现在当地的成功范例和劝诫意见中，引导农民付出更多努力。[②]

特别令我关注的是关柴以及整个农村在农民生活改革所做的两方面的尝试，部分是因为这两方面普遍揭示了30年代农村生活的变化。第一方面有关性别和家庭。显然妇女在推进社会改革和振兴的各个方面都发挥了核心作用。簿记、兼职就业、家庭手工业和改善厨房设施对农村妇女的时间和精力都提出了更高要求，更不用

---

① 《福岛民报》，1937年2月11日。1938年，政府授予关柴更高的荣誉，作为两个当选的福岛县乡村之一，关柴被挑选接受表彰并参加传播地方自治思想50周年纪念活动。《福岛民报》，1938年4月17日。
② 板垣邦子，《昭和战前、战中在农村生活》对这一发展过程进行了详细追踪报道。见下文具体的引用文章。

说她们还需要在田间劳作，以维持更高产量和作物多样化，此外还需多次出席会议讨论社区建设。关柴妇女协会于1936年重获新生，该组织赋闲多年，此时正好可以发挥作用，动员妇女充分参与振兴运动。根据章程，妇女协会的宗旨是"通过改革日常生活和培养女性美德所需知识，尽可能为家庭主妇提供最好的培训，真正实现经济振兴"。[1]

到30年代末，关柴等地的农村妇女活动更加多样化，为农村振兴提供强有力的后方支援。《家之光》所收录的信件和评论中，她们的需求得到普遍认可，有时被认为付出太多而回报太少。[2] 同时，也描述了妇女对改革的巨大热情和具体措施。农村妇女，或者至少是参与《家之光》讨论的或费心写信给杂志的一部分妇女，谈到在无穷无尽而又无法解脱的育儿、农活以及家务劳动负担中，振兴运动是她们创造自我空间的唯一出路。对妇女来说，振兴运动为她们追求更为现代的生活方式提供了可能，而闲暇是她们的生活目标之一。

振兴运动在承诺妇女享受现代生活方式与拥有闲暇时间的同时，却要求妇女在农活和家庭事务上付出更多精力，这无疑同农村社会改革的设想相矛盾。农村改革建议培训妇女管理家庭账簿、理性处理家庭事务、科学调配营养，这些举措赋予了妇女新的角色。家庭中的性别角色分化已较为明显地体现在城市中产阶层中，在关

---

[1] 更多信息详见《福岛民报》，1936年1月17日、2月19日。妇女会章程副本见喜多方市市志编委会编，《喜多方市市志》，第6卷，第2部分，第436页。随后成立的大日本国防妇女会更为关注士兵，并支持他们的家人。还树立了一个竞争对手，也就是爱国妇女会。这三大妇女团体并存，直到1942年合并。

[2] "农村妇女座谈会"（1932年6月），第104—114页。"（来自女性青年团团长和小学校助教员）对农村社会的不满和期望"（1936年6月），第72—78页。"发泄不平与不满的座谈会"（1937年9月），第56—64页。"村町留守妇女的活动座谈会"（1940年7月），第82—89页。

柴也出现了分化迹象。①

当然,农村妇女劳动力实际上无法真正获得解放,特别是在时间和精力上。因为尽管有着种种承诺,但振兴运动并没有为农村经济引入节省劳动力的技术和设备。包括妇女在内的农民不得不长时间辛苦劳作,以实现大萧条后农村的经济稳定。一旦动员和征兵开始,振兴所提供给妇女构建新角色的空间更小了。从长远来看,30 年代战后土地改革和农业技术革新将催生出一个中产阶级,成为城市家庭生活在农村的翻版,虽然这只是昙花一现,但它的存在值得关注。②

振兴运动改变家庭和个人生活的第二个方面在于它对纪律的追求,包含勤奋以及福柯等人所描述的规训。运动明确呼吁人们要加倍努力,比过去更理性地工作。与此同时,在讨论报德思想和经济振兴时,农村改革还使用了非常"老式"的冠冕措辞。在地方和国家的运动讨论中,一时间"过去好的做法"一词被频繁引用,但重要的是越是不提这种说法就越是有可能重新沿袭过去的做法。

就 20 世纪 30 年代而言,传统言论与改革共存的现状很容易被许多人认为是农村社会实现现代化的必要步骤。《家之光》在这方面的评论十分明确。③ 该杂志笔下的农民一直将上述更具普遍意义的振兴运动等同于提高效率的手段,从而有望提供时间和资源促

---

① 宇野,"妇女与家庭劳动分工变化",第 17—41 页;圆子玉井的《在民族主义的阴影下》也谈及该话题。

② 玛丽·内瑟描述了新政期间发生在美国农村的类似过程,政府在农村尝试建立由男性来经营的商业化农业的企图遭遇到阻力。内瑟,《保留家庭式农业》。

③ 例子参见板垣邦子,《昭和战前、战中在农村生活》以及(针对宫城县的)"农村青年团座谈会",(1932 年 11 月),第 34—48 页。"农家生活改善座谈会"(1933 年 7 月),第 54—62 页;"精神振兴与经济振兴,究竟应当先发展哪个?"(1935 年 3 月),第 60—69 页;"经济振兴的进程与未来座谈会"(1936 年 3 月),第 46—57 页;"(来自女性青年团团长与小学校助教员)对农村社会的不满和期望"(1936 年 6 月),第 72—78 页。

农村生活和农村文化的蓬勃发展。事实上，许多人抱怨正是因为受制于落后的做法和浪费行为，使得他们从未获得成功；例如，《盛产乳品和蜂蜜的土地》一书的作者田中藤佑，对"传统"积习所造成的农村社会止步不前的现象感到万分痛苦。因此"勤奋"作为达到目的和改良农村社区途径的重要性显现了出来。

纪律的另一种形式通过振兴运动的具体实践体现出来。强调在日常生活中养成簿记、规划、记录和注重日常生活细节这些习惯，不仅反映出努力工作的勤奋精神，而且体现了经济活动和个人行为的规范化以及国民的共同品格。虽然笔者无意于把 30 年代的日本农村与法国哲学家福柯所指的学校、工厂和监狱等同起来，但是在对大萧条时期农村生活的思考中，他对纪律的定义似乎有一定的启发意义。例如，采取振兴措施的其中一个结果是将个人生活、农村家庭和与整个农村的经济振兴维系在一起，从而最终与全国经济振兴联系起来。振兴过程中的每一步措施都受到观察或监督，无论是通过规划和报告，还是通过参与村庄集会，抑或是通过日常生活中许多看似平淡无奇的做法。有迹象表明这种"全景式"做法的推行远远早于经济萧条，但它给我留下的印象是 1932 年后农村家庭才更深入地涉足于其中。这些发展在许多方面标志着农村现代化的到来，或者至少是对于推动经济发展、个人纪律方面的现代思维方式有了更为普遍的应用，而农村社会以外的城市已经意识到了这一变化趋势。

第 10 章

战争时期的关柴

1937 年 10 月下旬的五天内,对华战争中首批关柴村民伤亡事件接连发生。有两人相继阵亡,他们不仅同村、同姓小林,而且同样在江苏阵亡,当时日军正在攻打南京,那里的战斗十分激烈。他们可能并不沾亲带故,因为下柴有许多姓小林的人家,但他们的死给村里带来沉重一击。他们都很年轻,一个 26 岁,另一个 30 岁,都到了成家和孩子需要照顾的岁数。虽然村里被告知失去另一个青年是两年后的事了,但当时战争就已开始影响并重塑农村社会和国家。[①] 本章考察了关柴从复苏和振兴过渡到战时的过程。

1937 年 7 月对华战争爆发伊始,看上去这一冲突像日军和国民党政府军队间的其他局部战争一样,有望就地解决。军队和民间战略策划者中的许多人也的确希望如此。他们虽然将战争定位为一场即将爆发的全面冲突,但不一定是与中国打,也不一定是在 1937年打这一仗。在这一指导方针的影响下,国家已经开始为军事战略家所预计 30 年代末或 40 年代初到来的战争冲突做准备。战争的假想敌是苏联,而非中国。打败苏联被认为是日本在满洲继续发挥作用的必要条件;这场战争有望给为时不远的与美英的另一场战争打

---

① 村里官方公布的士兵与海军阵亡人数为 124 人。而 1941 年底这一数字仅为 10人。关柴士兵有几乎 70% 都是在 1944 年 1 月 1 日后阵亡的,而在 1945 年 1 月 1日后阵亡军人更是占到 2/5 的比例。喜多方市市志编委会编,《喜多方市市志》,第6 卷,第 766—769 页。

下良好的基础。① 以上大约就是军方的如意算盘。

战略家面临的问题是,他们无法遏制卢沟桥一带的战事。迫于形势,蒋介石采取了强硬的抗日政策,而面对中国的武力反抗,日本也实施拒绝撤军的强硬决策,一时间那里的局势十分复杂。在东京,具有讽刺意味的是,一度主张日本扩张至满洲里并准备同苏联作战的呼声,被那些把对华战争视为高回报低风险的对华主战派呼声所淹没。双方都在不断增援,东京的天平倾向于主战派,他们还承诺只要有军需资源支持就能速战速决。就这样,军队和物资源源不断地运往中国,但战争并没有结束。不仅 1937 年没能结束,即使攻陷了南京,战事也没能结束,经过多年血腥残酷的战斗,战争仍然无法终止。军方当初对中国战事速战速决的承诺真是愚不可及,而对西方的撤兵要求不理不睬则为 1941 年 12 月战争扩大到太平洋地区埋下了伏笔。②

1945 年 8 月 15 日,当国民聚集在收音机旁,听到天皇宣布战争结束的消息时,日本的经济、政治体制和社会面貌已经发生了深刻变化。战争当然要对此负责,因为农户和工人被迫倾其所有来应对轰炸和持续的物资短缺,当人们一无所有时却不得不打起精神继续前行。而其他方面的发展与变革则是刻意所为,其中包括为支援战争开展的各个层面的全国总动员。这项工作早在 30 年代初就开始悄然进行,军方和民间规划者通过法律、规章以及促进军方和军需公司合作这些途径,为加强政府和行业间的紧密联系奠定了基础。1937 后加速了经济动员,尽管从未达到军方所希望的水准,而且在地方一级几乎没有任何起色,但是政府的确做到了对资源、劳动力

---

① 对规划和策略思考有价值的描述见巴恩哈特,《日本备战全面战争》;又见皮蒂,《石原宽治与日本和西方的对峙》。

② 入江昭,《亚太地区的二战导火索》。

和产品的严格控制。这些发展对战后经济也产生了重要影响。①

在始于1937年的由和平转向战争的过渡期内,对于像关柴这种地方的村民而言,经济只是众多元素中的一个,战事几乎触及人们生活的各个方面。经济动员呼吁村民死心塌地德效忠天皇,这意味着在思想和行动上都要支持战争。普通公民被势不可挡的运动、标语口号及法令条例的洪流淹没,不仅鼓舞了士气而且明确了态度。本来就不宽松的政治和个人自由受到了更加严格的限制。

1940年开始,各政党和大多数民间组织先是被解散,之后又重新组织成为帝国统治援助协会(**IRAA**)的成员,政府用这个庞大的新机构取代之前的民间团体。② 地方行政部门也被吸收到组织内,并与公民、政党、社区协会以及农民团体联系在一起。作为关柴知事,佐藤佐吉被默认为帝国统治援助协会的官员。其他成员的遴选则更倾向于个人,1941年矢部善兵卫被任命为帝国统治援助协会福岛分部的高级官员。据说,他在履职时投入了极大的热情和精力,他的努力最终促使他在战后获得在东京内务省短暂任职的机会。③

几乎所有反对政府的声音都被吸收同化了。政党、组织机构和众多宗教组织公开表态支持政府和战争,那些惧怕威胁的反对者遭到警察和军队等国家机器的野蛮镇压,持不同政见者受到迫害与压制,从而被迫顺从。公众与个人、公民与国家间的界限先是模糊不

---

① 约翰逊,《通产省和日本奇迹》;多尔,《战时与和平时期的日本》。

② 托马斯·R.H.黑文斯将帝国统治援助协会这一组织形容为"一块巨大的海绵,任由穷兵黩武的政府肆意挥舞。一旦吸足水分就变得格外笨重,毫无疑问,正是由于这一原因在1942年中期将所有公民组织纳入麾下之后,这个臃肿庞大的组织就对当局几乎毫无用处了";黑文斯,《黑暗之谷》,第60页。

③ 渡边英一和矢部经子编的《矢部善兵卫传》,第101、249—250页、第418—423页;矢部善兵卫,"对报德主义中心思想的体验",第1部分,第124页。《矢部善兵卫传》还详细描述了其妻经子(两人于1932年结婚)于1939年被选为贵子公主的护士。这一事件带来的荣耀有可能为矢部日后在县帝国统治援助协会谋求的地位起到助推作用。渡边英一和矢部经子编,《矢部善兵卫传》,第111—120页。

清,而后又重新界定,制造出愿意以天皇名义自我牺牲的表象。

和德国、意大利这两个最终盟友不同的是,日本既没有轰轰烈烈的群众运动也没有魅力超凡的领导人来充当这一变革的催化剂。令人费解的是,在缺乏自下而上的社会和经济改革计划的情况下,日本全民动员的程度之彻底以及民主被剥夺的程度之彻底使其一度成为 20 世纪 20 年代乃至 30 年代的时代特征。通过分析,我们看到日本显然不靠什么群众运动和领袖魅力,而是靠一个强权的政府,一套高效的官僚组织制度和一支不惜一切代价志在必得的军队。日本也因此常常被形容为"自上而下的法西斯主义"而不是"自下而上的法西斯主义",这对于反思 30 年代后期的日本国情不失为一种有效的思考方式。许多研究描述了思想界对变革的适应过程以及政府为促使这一观念形成所采取的举措。①

关柴在 30 年代末和 40 年代所经历的仅仅是对上级要求和指示的适应过程。帝国统治援助协会、征兵、配给以及审查都是对东京指示的服从,或者为了与上级精神保持一致。类似的政策和做法显然反映了自上而下强制力在起作用;日本学者不仅经常而且自始至终都在讨论战时"法西斯主义",并不是因为这些年来他们一直在误解这一词汇,而是因为政府对权力的行使无所不能以及组织所涉及的层面无所不及,因此这一用词的准确程度是其他词语难以比拟的。虽然某种程度上日本的政治现实与纳粹德国和墨索里尼统治下的意大利相似程度较低,但 1940 年的日本与 1920 年或 1930 年相比却有很大差异。几乎日本国民生活的每个方面都发生了巨大变化,并朝着法西斯主义方向迈进。②

与此同时,和关柴一样,广大农村地区正努力适应并配合政府

---

① 丸山真男的《现代日本政治的思想与行为》清楚地阐释了这一方法;又见弗莱彻,《寻求新秩序》。

② 加龙,《战前日本的劳力和帝国民主》,第 333—339 页;西龙尼,《战时日本的政治与文化》。

的举措,他们也在努力调整振兴时期的许多想法和做法以满足战时农村的需要。并非所有地方一级的转变都是被迫接受高层指示的结果。和指定"振兴"乡村的特点一样,开展动员运动的乡村渴望经济重建、振兴村级机构和合作组织以及迫切寻求社会改革。了解地方层面的这些特点,认识到在大萧条时期振兴运动所做的努力和以发动全面战争为目的的国家动员运动之间存在延续性特点,对于我们了解日本近代史的这一段时期具有重要意义。为探讨关柴的这一延续性特点,本章主要探讨 1937 年至 1941 年期间农村经历的经济、社会和政治资源的快速动员,原因是日军在继续对华作战的同时,还在准备对西方发动另一场战争。

直到 1945 年,这场战争才结束,但笔者之所以关注战争初期有两个原因。一则是因为经济振兴运动于 1941 年初就已接近尾声,在地方以及全国,振兴运动的氛围已不再浓厚。另一个原因是那些影响农村经济和生活的众多重大新政策于 1940 年底之前就已到位。例外情况将在以后讨论,但 1940 年后农村发展大多是在已有基础上完成的,并不能说明这是意识形态或政策层面的严重偏离。①

本章从以下三方面考察关柴向动员运动过渡的转型过程。首先探讨振兴运动为重振本地经济所进行的尝试,以及农村为应对战争对农民及其家庭的提出的要求和这些尝试之间的关系。萧条时期农村经济振兴所采用的许多方法也被应用到新的战时经济中。第二个方面着眼于农村的社会动员,也就是调整居民结构和地方领导人,并修改振兴运动的某些言论,以适应全国动员的需要。最后一个方面尝试将这些发展动态置于更广泛的现代日本农村改革的背景之下。

---

① 黑文斯提供了国内的战争时间表:1937 年 7 月至 1940 年 9 月为早期动员阶段,1940 年 9 月至 1942 年 5 月为巩固与严格管制阶段,1942 年中期至 1944 年底为大规模的全民参与阶段,1944 年底至 1945 年 8 月为溃败阶段。黑文斯,《黑暗之谷》,第 7 页。

振兴、农村经济和战争初期阶段

发动对华战争致使日本经济和政治缓慢瓦解。事后看来，崩溃的迹象已确凿无疑：官员有着令人难以置信的乐观态度，他们不仅对战事的发展态势做出过于乐观的估计，对国家维持长期以及全面战争的能力同样过于乐观。多年以来，国内经济和国家社会秩序似乎一直都很稳健，直到 1944 年底经济才完全陷入停顿，而日本投降时社会秩序还算完好无损。

制造业和重工业等领域尽力满足军队对飞机、船舶和弹药无休止的需求，直到资源耗尽。扩大和多样化生产以满足不断增长和日益富裕的消费人口需求也使农业获得了新经济的回报。政府努力维持社会秩序，确保国内对战争持支援态度而非进行抵制。新运动的兴起，使一直被忽视的道德和普通公民社会生活受到关注，而这正符合国家的需要。和参与经济振兴运动一样，参与这些新兴运动需要一如既往的无限热情。运动在支持战争时所融入的多种情绪，折射出对国内政党的不信任和对日本在海外命运的信心，其中也反映出相当一部分人的价值观和态度。例如关柴农民就发现动员经济与其当地的经济振兴运动存在诸多共同之处。

经济振兴运动第三阶段也是最后的阶段始于 1938 年底。1938 年 12 月，农村经济振兴中央委员会更名为农林规划委员会，这标志着从普遍性改革向转向重点提高关键农作物产量。[①] 1940 年，政府部门发布指示，进一步加强振兴运动在动员运动的窗口作用。这些新的指导方针对经济振兴规划进行修正，将目标定为提高产量、严格控制

---

① 农林省农政局，"农村经济振兴实施计划概要"，1943 年 4 月，NSS1：7，第 283 页。又见农林省"农林渔村经济振兴计划设备方针"（1940 年 3 月），见楠本昌弘编著，《农林渔村经济振兴运动与小平权一》，第 437—450 页。

现有资源(特别是劳动力和化肥),并加强公民对战争的责任感。[1]

从某种程度上来说,振兴运动和动员运动有更多相同之处。振兴运动长期以来主张劳动力和农业技术的合理应用,提高生产力这一目标始终萦绕在当地规划者的脑海中。正是因为振兴运动奠定的物质基础,才实现了关柴从经济复苏到经济动员运动的自然过渡,至少只是表现出程度上的差别而非方向上的突然变化。生产力就是一个很好的例子。关柴和许多其他参与运动的地区一样,农民已经证明了他们有能力收获前所未有的更高产量,而且甘愿付出更多劳动。动员运动要求他们事半功倍,在一段时间内他们确实做到了这一点。1940年的稻米产量达到关柴有史以来的最高水平,其他作物的产量也显著增加。这些结果说明振兴运动数年努力的成果达到了顶峰,同时还表明振兴运动的方法和目标可以轻松地转化为动员运动的方法和目标。

佐藤知事很早就明确认识到动员运动的双重作用,同时把农村所谋求的改变和他们为战争带来的好处联系起来,佐藤所指的不仅是作物产量的提高,还有社区改组经济机构对当地社会实现全方位动员的重要作用。他指出工业行会、村落协会和其他团体促进了农村对劳动力、化肥等资源的利用效率。[2] 但他对运动是否能像应对大萧条一样对国家的新需求做出有效反应还心存疑虑。[3]

....

[1] 农林省农政局,"农村经济振兴实施计划概要",1943年4月,NSS1:7,第290页。还包括对渔村和山村进行的类似指导意见。见农林省"农林渔村经济振兴计划设备方针"(1940年3月),见楠本昌弘编著,《农林渔村经济振兴运动与小平权一》,第445—449页。

[2] SMY,"对经济振兴特别援助实施及战时对策情况展开综合分析的结果",《1938年经济振兴》,KST。这份日期不详的文件很有可能出自1939年。

[3] 后来的报道更为直白地传达了他们所宣称的放弃早先那种以个人利益为重的信仰,更推崇互助和无条件合作的精神。这一变化要归功于经济振兴运动。SMY,佐藤知事向福岛县知事作的报告"农林渔村经济振兴特别援助经济振兴的成绩报告",1941年5月6日,《1940年经济振兴》,KST。

30 年代末农村和政府面临一个同样的问题：农村地区在经历了若干年的劳动力过剩之后（部分是因为经济大萧条早期大量失业男女返乡造成的），已经越来越难以将壮劳力留下来。相对于务农，工厂就业日益成为广受欢迎的另一选择。1930 年，接近 190 万日本人曾在有 5 名以上员工的工厂工作，但 1940 年这个数字超过 440 万，几乎是 1930 年的 2.5 倍。[①] 1930 年农民占劳动力总数的 49%，1940 年只占 42%。虽然新的制造业岗位大多只是吸引工人离开其他非农业部门，然而工厂的确造成了农村劳动力的大量流失。从绝对数字来看，1940 年农民数量比 1935 年减少了 50 万还多，相比之下有近 200 万新工人在二级制造部门工作。[②]

工业经济升温使长期存在的工厂雇佣兼职农民的模式开始被打破。过去农民在农闲期间远离家乡，这种季节性的制造业劳动给农民带来了现金收入。随着对华战争的一再拖延，这一态势发生了改变。1935 年，男性工人首次多于女性，1938 底，重工业工厂的就业人数超过了轻工业。[③] 越来越多的男人离开村庄后就一去不返。对他们而言，从事工厂劳动和城市生活给他们带来的转变是永久性的，这一结果对农民来说显而易见。1930 年，43% 的农业劳动力为男性，而 1940 年男性只占 36%，1944 年只有不到 30%。[④] 男性壮劳力的流失显然会造成农业生产力的大幅度下降。30 年代末，节省劳力的机械设备出现，但随着战争的持续，越来越多的机械产品用于军事用途，机械的普及速度也由此放缓了。最后，日益减少的燃料和零部件供应甚至致使现有机器无法使用。

政府所采取的措施是基于经济振兴运动的经验。为克服上述

---

① 照冈修三，《日本农业史》，第 185 页。

② 梅村又次，《劳动力》，第 210—211 页、第 214—215 页。

③ 森武麿，《战时日本农村社会研究》，第 206 页。

④ 照冈修三，《日本农业史》，第 186—190 页；同上，《日本农业问题的展开》，第 2 卷，第 258—260 页。

困难,政府大力鼓励合作,同时立足社区来解决劳动力短缺的问题。例如,从 1939 年起,关柴经济振兴委员会就负责确保为劳动力短缺的家庭在急需时提供额外帮助。[①] 加强当地农业组织间的协调也是运动改革的成果,而且这种做法切实可行。同样,详细记录振兴运动、经济规划和资源管理使当局能够密切关注乡村、小村落和农户的发展动态。政府和地方社区对经济行为的监督和控制能力显然由于经济振兴运动的开展而提高了。

虽然直到 1942 年(大城市要早一些),大米等农产品的实际配给还未在全国范围内实施,但此前已经采取措施收紧了许多农产品的配给。控制农村关键作物的职责落在那些从运动改革中获益最多的地方机构身上。工业行会、农会和村级农耕协会在推动当地经济动员中起到关键作用。政府借助这些层次更高、规模更大的机构来控制化肥和大米等物资的配给。

制造化肥的化学原料大多依靠进口,但随着国际形势的恶化,这种做法越来越难以为继。30 年代末,政府认为有必要将原先用于国内化肥生产的资源转为军用,这意味着化肥物资的整体供应必然会减少。1937 年建立了化肥临时配给机制,两年后转为永久性配给制。[②]

对大米供应量的担心也导致了工业合作社更深入地参与到农民的生活中。1939 年,韩国干旱导致大米进口量大幅减少,加之1940 年国内收成普遍不好。那年秋天,由合作社负责收购现有大米

----

① SMY,"经济振兴委员会妇女补助金申请书",1939 年 3 月 17 日,《1938 年经济振兴》,KST。

② 硫酸铵是人造化肥的主要原料,日本从中国进口硫酸铵,来满足国内对人造化肥的需求。1937 年后,该产品的进口量自然就减少了,而到 1940 年这一供应几乎中断。本应当用于制造化肥的其他化学原料却越来越多地改作生产炸药。照冈修三,《日本农业问题的展开》,第 2 卷,第 243—244 页。

再交由政府分配给消费者的条例开始生效。① 1941 年,农业生产管理条例确定了产品等级、物资分配以及对农产品的多种控制,所有这些管理工作都由当地农业协会负责。②

作为货物和资讯交流的渠道,地方合作社、联合会甚至是农业协会都发挥出超乎寻常的作用。作为政府的代言人,这些组织机构执行政府法规和配额,还负责生产时令作物并送达目的地。他们执行任务的效率以及政府对他们的信心也是大萧条后振兴运动的成果。30 年代初的经济复苏期间,合作社、农业协会以及村级联合会进入全盛时期,并在 30 年代末萧条期间吸收借鉴了专家的评议意见。日本学术界有学者认为军方和官方在刻意强化这些团体的重要性,原因在于在全面战争的新时期他们即将发挥重要作用,而另一种更为实际的观点干脆就认为经济复苏与战争动员从来就不存在什么区别。③

双重危机似乎需要社会各界的参与和协调、做出信誓旦旦的承诺以及在个人需求和社会需求之间小心翼翼地平衡。当然,和大萧条复苏时期不同的是,战争时期这些特点被更加尖锐地突显出来并被强制性地加以应用。经济振兴是自愿参与的;那些选择不参加的家庭和乡村也并未因此受到惩罚。经济动员运动则不同,40 年代初几乎没有人是自愿参与的。动员最终取代了振兴运动,目标是通过严厉措施确保生产步入正轨,同时与蓬勃发展的消费经济协调发展。

当政府放弃对大萧条以来现存农村机构的依赖,转而赞成对整个体系进行彻底革新时,战争差不多快要结束了。1943 年,政府决

---

① 这些规章最终成为《1942 年食品管理法》的一部分。见照冈修三,《日本农业问题的展开》,第 2 卷,第 243—244 页、270 页。

② 约翰逊,《二战期间日本的食品管理》,第 94—95 页;照冈修三,《日本农业问题的展开》,第 2 卷,第 289—290、332—366 页。

③ 例如见石田武,《近代日本政治构造研究》,第 35—36 页。

定在村级农业协会之外建立农业会,这一独立机构迅速瓦解了村里数十年的机构建设。然而,农业会的成立也同时意味着自成立经济振兴委员会以来,农村振兴运动达到了顶峰。决策者援引首次讨论振兴运动时的措辞,借以形容这一新成立机构的活动宗旨。他们声称该农业组织能够领导农民提高效率、促进沟通,并能为动荡的农村带来稳定,所有目标对于参与过振兴运动的人来说都耳熟能详。[1](关柴农业会在大萧条时期的改革与战时做法之间建立了另一种连贯性:该组织的许多成员本身就是振兴委员会的宿将。)

和振兴委员会相同,农业会的职责是协调当地农民、消除社区机构间的纷争。不同的是,农业会在执行政府命令上更具强制性。[2]振兴运动鼓励多种经营和种植经济作物,而经济动员和农业会则一再限制农民作物种植的选择权和对收获庄稼的处置权。[3]

在农村实行战争经济动员就是利用现有的地方机构执行配给、生产和劳动力的指令,无需对振兴运动采用的方法进行任何重大修改。规划蓝图、机构协调和社区是社会繁荣的基本构成要素,这些对振兴运动都非常重要,也很容易适应新的战时需要。这一点实际上意味着当地农民可以积极参与社区振兴与动员运动,同时也可以参与到战争的进程中来。振兴运动号召关柴农民将其劳动和产品视为更大社区的一部分并最终视为国家的一部分,其中理性和勤劳

---

[1] 小平权一,"农业会的本质与使命",第540—546页。

[2] 农业会吸收了当地的农业组织、工业合作社以及茶叶、牲畜、丝绸协会,不仅负责保障这些机构发挥现有职能来服务当地社会,而且还协调各级地方生产来保障战时需要。正如小平权一所言,在界定类似规章制度来加强工业和生产组织的凝聚力时,总是会用到"配合国家政策"这样一个词汇。然而,在针对农业会制定政策时,政策制定者却认为"配合"一次并不能涵盖农业对国家的贡献,因此他们决定采用"完全协调一致"来界定该政策。同上。

[3] 一件轶事能够说明措施的有效性,村里鼓励村民自行享用附近农田的"非法"作物,希望可以阻止村民偷种违规庄稼,而此举比条条框框的禁种规定更有效。B. F. 约翰逊,《二战期间日本的食品管理》,第118页。

是实现繁荣的先决条件。当一个危机取代于另一个危机时,农民感到他们追求的是同一个目标。

振兴运动之所以对当地许多农民具有吸引力是因为它许诺了一个更美好的未来——到那时农村将和城市一样现代与繁荣。调动农村生产力来支持战争的动员运动起初并没有向这些目标发起冲击。正如佐藤知事所强调的,振兴很好地与战时需求相匹配;振兴所采用的方法和战时动员运动并无二致。支持动员运动并不会让农民重蹈覆辙,听凭命运的摆布。正相反,经济振兴和动员运动如此相似,公民可以把此前参与振兴的热情投入到动员运动中去。农民这样做的动机并不抽象,1939 年,农村的经济状况相较 30 年代初大为改善,而且至少地方行政当局将他们的好运气归功于采用了与经济振兴运动有关的实践和观念。因此,在战争初期,仍然有可能规划并展望更美好的未来。

动员农村

对华冲突和筹划发动更大范围的战争改变的并不仅仅是经济。30 年代中期起,农民的生活就开始成为一系列政府和半民间运动的中心阵地,不仅时刻提醒他们公民的职责,同时警告他们如果无法尽到天皇子民(日益增长的)应尽责任,他们即将承担怎样的后果。选举净化运动就是一个例子,1937 年近卫内阁发起的国民精神动员运动是另一个例子。[①] 在他的主持下,政府大力宣扬战争目标和为国效力的荣耀,全国各地都做出了回应,承诺更加勤劳和节省。

---

① 黑文斯,《黑暗之谷》,第 11—33 页。伯杰,《日本 1931—1941 年的政治派别》,第 149—161、186—187、207—208 页;照冈修三,《日本农业问题的展开》,第 2 卷,第 263—264 页。1938 年通过的《全国总动员法令》赋予政府强大力量来控制工业、分配资源(包括人力)以及引导经济发展与战时需要相配合,而所有这些都不需要国会投入精力。

关柴动员运动做出的承诺与经济振兴运动有着惊人的相似，只是对日常生活的改革更具体了。关柴国民精神动员运动的指导方针涵盖社会生活的方方面面，包括拜访邻居的时机、婚丧嫁娶场合的礼仪等。指导方针还规劝村民循环利用物资、修补衣物、减少抽烟喝酒，总之，所有努力都是为了全力支持战争。虽然未能提出比三年前乡村经济振兴计划更有新意的建议，但是政府不再依靠地方的主动性和热情来取得成功。1937 年后公民对运动表示淡漠的自由度越来越少了，他们无法自由选择，只能以热情的态度参与运动。①

1938 年底，关柴宣布将在 12 月专门抽出一周时间举行讲座，推动大家更好地理解"国家政策和在这个节骨眼上进行经济战争的重要性"，这也为政府如何在广泛范围内将政令传达给公众提供了范例。讲座的主要目的是要求居民大幅限制年终庆祝活动（并发送更少的贺年卡），尽量少花钱、多储蓄。② 这些目标都很高尚，并再次与经济振兴运动的宗旨不谋而合。很少有人不熟悉这些目标。1937 年前，就已经有很多条政府规劝和道德教化，此后又通过新途径大举卷土重来，这些新渠道在运动之前并不存在。

村落集会就是一个很好的例子。自 1934 年起关柴各个乡村每月举行一次会议，每家至少一人参加集会但通常都会有好几位家庭成员参会。会议宗旨是支持振兴运动和促进村内合作，此外，集会还成为传播政府指令和鼓舞士气的重要途径。虽然 1936 年 9 月至 1937 年 12 月下旬这一时期的关柴会议记录缺失了，但显而易见的是对华战争开始后会议的讨论气氛和主题与以前有显著区别。直到 1936 年夏末，会议通常都是由知事等人讲授振兴、经济规划和报德教义的系列讲座。

----

① 《关柴村报》第 20 期，1939 年 8 月。
② 同上，第 12 期，1938 年 12 月。

虽然 1937 年 7 月后上述话题并未完全绝迹,但新增加的讨论内容反映出战时动员日益增长的重要性。新课题既有教育作用又能鼓舞人心。与会者听取了有关中国形势的讲座,讨论增加储蓄以援助战争,并审查防空演习的操练过程。到 30 年代末,村落集会上有关肥料、水稻等受管制物品分配渠道的讲座已经司空见惯。对于监管问题,佐藤知事、当地小学校长等人增加了从"大和民族与日本精神"(1938 年 6 月),"精神动员"(1938 年 11 月、1939 年 8 月)到"会津武士"(1941 年 10 月)以及"日本的周边环境"(1939 年 1 月)为主题的讨论。[1] 一部分报德讲座由矢部善兵卫主讲,这也一直是村落集会的保留节目。[2]

我们无从得知这些会谈究竟是安静的思考抑或是好战的咆哮,但显然集会所反映的主题在早些年间并没有出现过。有趣的是,也是从 1937 年起,一位当地警察成了定期的参会人员,他还频繁担任客座演讲人。起初他提出廉洁选举的意见,但他适时地将讲授范围扩大到防空演习、犯罪预防以及经济法规等方面。[3] 他的出现是一个新鲜事物,也标志着振兴运动的相关机构和手段是如何被用来为战争服务的。[4]

关柴在政府、地方行政部门和村民之间开辟了另一个新沟通渠道。新的月度乡村报纸《关柴村报》于 1938 年 1 月创刊(见图 9),至

---

① SMY,《村落会议日志》第 1、3、4、5 卷,KST。

② 矢部并没有把视线局限在关柴村;1938 年在附近山都村的一次演讲中,他面对 300 名听众发表了近 5 小时的演讲。《福岛民报》,1938 年 4 月 6 日。

③ 所有村落集会评论内容都基于 4 卷本的《村落会议日志》。起初有 5 卷,第 2 卷记载的是 1936 年 8 月至 1937 年 12 月的会议日志,但已丢失。

④ 警察在监控资金分配方面起了重要作用。1940 年底,警察在村落集会中发表了题为"关于经济警察"的演讲。例子可见堂上村于 1940 年 9 月 16 日的会议记录,SMY,《村落会议日志》,第 5 卷,KST。

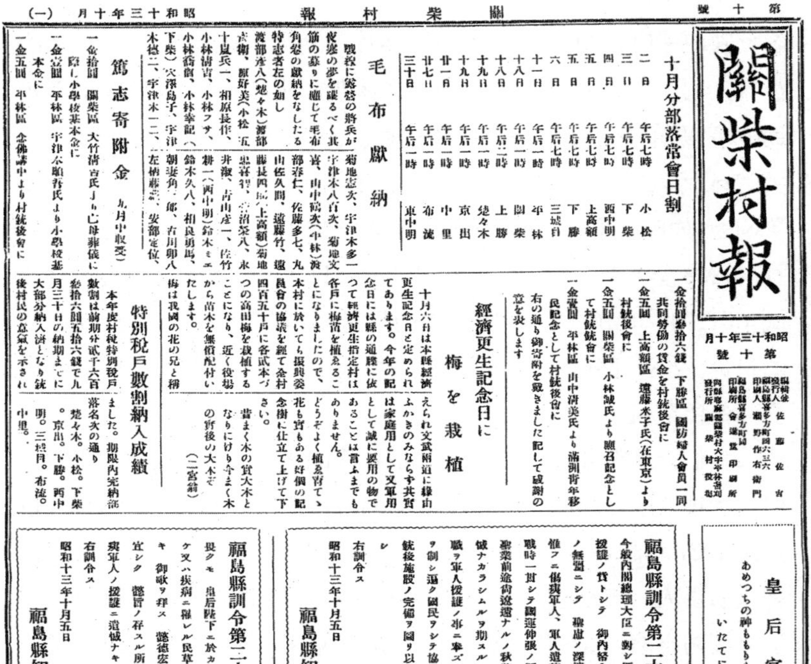
第十號　關柴村報　昭和十三年十月（一）

關柴村報

昭和十三年十月　第十號

編輯兼發行人　福島縣喜多方町四六三六　佐藤佐吉
印刷人　細野作右衛門
印刷所　福島縣喜多方町　會津印刷所
發行所　同縣耶麻郡關柴村大字平林　關柴村役場

十月分部落常會日割

二日	午后七時	小松
三日	午后七時	下柴
四日	午后七時	西中明
五日	午后七時	上高額
五日	午后七時	下勝
六日	午后七時	三城目
十一日	午后一時	平林
十八日	午后一時	關柴
十八日	午后二時	上勝
十九日	午后一時	楚々木
十九日	午后一時	京出
廿一日	午后一時	中里
廿七日	午后一時	布流
三十日	午后一時	東中明

一金拾圓參拾六錢　下勝區　國防婦人會員一同共同勞働の賃金を村銃後會に
一金五圓　上高額區　遠藤米子氏（在東京）より村銃後會に
一金五圓　關柴區　小林誠氏より應召記念として村銃後會に
一金壹圓　平林區　山中清美氏より滿洲青年移民記念として村銃後會に
右の通り御寄附を戴きました記して感謝の意を表します

經濟更生記念日に　梅を栽植

十月六日は本縣經濟更生記念日と定められてあります。今年の記念日には縣の通牒に依つて經濟更生指定村は各戸に梅苗を植えることになりましたので、本村に於いても振興委員會の協議を經て全村四百五十戸に各貳本づつの高田梅を栽植することになり、近く役場から苗木を無償配付いたします。梅は我國の花の兄と稱えられ文武兩道に縁由ふかきのみならず其實は家庭用として又軍用として誠に要用の物であることは言ふまでもありません。どうぞよく植ゑ育てゝ花も實もある好個の記念樹に仕立て上げて下さい。

昔まく木の實大木となりにけり今まく木の實後の大木ぞ（二宮翁）

毛布獻納

戰線に露營の將兵が夜寒の夢を護るべく其筋の募りに應じて毛布角巻の獻納をなしたる特志者左の如し

渡部彦八（楚々木）渡部忠衞、瓶好美（小松）五十嵐兵一、相原長作、小林清吉、小林フサ、小林裔、小林幸記（下柴）宍戸島子、宇津木德二、宇津木一二、菊地忠次、宇津木多一、宇津木八百次、菊地文吉、山中鶴次（平林）渡部春仁、佐藤多七、丸山佐久間、遠藤竹、遠藤長四郎（上高額）菊地忠吉、菅沼榮八、永井淑、青山彦一、佐竹耕一（西中明）鈴木ミエ、鈴木久八、相良勇馬、朝妻角三郎、古川卯八、左納藤吉、安部定位、

篤志寄附金（九月中收受）

一金拾圓　關柴區　大竹清吉氏より亡母葬儀に際し小學校基本金に
一金壹圓　平林區　宇津木順吉氏より小學校基本金に
一金五圓　平林區　念佛講中より村銃後會に

特別税戸數割納入成績

本年度村税特別税戸數割は前期分貳千六百參拾六圓五拾六錢で九月三十日の納期までに大部分納入済となり銃後村民の意氣を示されました。期限内完納部落名次の通り

楚々木。小松。下柴。京出。下勝。西中明。三城目。布流。中里。

皇后宮御歌

あめつちの神ももりませいたつきに
いたてになやむますらをの身を

福島縣訓令第二十一號

今般内閣總理大臣ニ對シ優渥ナル　勅語ヲ下シ給ヒ且ッ軍人援護ノ資トシテ　御内帑金下賜ノ恩命ヲ辱フセシメ給フ　皇恩ノ無窮ニシテ　聖慮ノ深遠ナル洵ニ恐懼感激ノ至ニ堪ヘズ　惟フニ傷痍軍人、軍人遺族家族ノ援護ノ完璧ヲ期スルハ平時戰時一貫シテ國運伸張ノ要諦ナリ今ヤ時局愈々擴大シ帝國ノ聖業前途尚遼遠ナルノ秋將兵ヲシテ一意忠誠ヲ盡スニ些ノ遺憾ナカラシムルヲ期スルハ現下喫緊ノ要務ニ屬ス　職ヲ軍人援護ノ事ニ奉ズル者宜シク淬勵任ニ當リ運營宜シキヲ制シ遍ク國民ヲシテ協心戮力報效ノ誠ヲ輸サシメ擧國一體銃後施設ノ完備ヲ圖リ以テ　聖旨ニ副ヒ奉ラムコトヲ期スベシ

右訓令ス

昭和十三年十月五日

福島縣知事　君島清吉

福島縣訓令第二十二號

畏クモ　皇后陛下ニ於カセラレテハ陸海軍人トシテ傷痍ヲ受ケ又ハ疾病ニ罹レル民草ノ上ニ　御心ヲ注カセ給ヒ今般有難キ　御歌ヲ拜ス　懿德宏遠洵ニ恐懼感激ノ至ニ堪ヘズ　宜シク　懿旨ノ存スル所ヲ奉體シ一層淬勵ノ誠ヲ效シ以テ傷痍軍人ノ援護ニ遺憾ナキヲ期スベシ

右訓令ス

昭和十三年十月五日

福島縣知事　君島清吉

知事より出征將兵家族へ慰問

今次國民精神總動員銃後後援強調週間に際し、支那事變出征勇士の遺族全部に對し本縣知事より左記慰問状に金壹封づつを添へ送付し越されたるに依り役場當局はそれぞれ各家庭を訪問して傳達贈呈したり

拜啓今次事變に際し貴家より出征勇士を出され御一門の御名譽此上なきことゝ拜察仕り候
忠勇無双の將兵諸士が硝煙彈雨を冒し日夜勇猛果敢なる戰鬪を續けられつゝある勞苦を想ひ辛酸を察し官民一同常に感謝感激致し只管武運の長久を御祈り申居候時局重大の折柄皆々様一層御健康に留意せられ御精勵の上武門の譽を益々高揚せらるゝ樣祈上候
今般全國官幣職員一同より醵出致し候恤兵金を以て聊か慰問の意を表し度別封贈呈申上候間御受納被下度候　敬具
昭和十三年十月
福島縣知事君島清吉

青年修練道場棟式

本村經濟更生特別助成事業昭和十三年度事業の一として進捗中の標記修練道場は十月六日午後二時役場吏員、學校職員、學務委員、村會議員參列し嚴粛に上棟式を擧行したり。

國防婦人會耶麻郡支部總會

十月十一日午時半喜多方小學校東講堂に於て國防婦人會本耶麻支部總會を兼ね、小松縣會議長、佐藤社會教育課長、功刀義興氏の時局講演會がありますから會員方出席下さいます様御通知申上げます。

慰問袋募集に就て

今回支那派遣將兵の分さ滿洲駐劄將兵の分は近く當地發送の事となつて居ります御承知の通り現地に於て勇躍奮戰中の我將兵を慰むる爲に贈るこの慰問袋こそ銃後村民熱誠の表象であり且亦將兵活動の源泉と相成るものと存じます各部落の割當は區長さんに御依頼して置きましたから格別の御配慮を御願致します

图 9　关柴每月一期的村报，1938 年 10 月期的《关柴村报》（来源：喜多方市市志编纂办公室，关柴村文件）。

少发行到 1944 年 4 月。[①] 特有的两页报纸上刊登了本地新闻与公告,偶尔也有富有人情味的专栏。(后者通常由当地学童写给村里的士兵或由士兵捎给回乡记者的书信编辑而成。报纸的办报宗旨之一是帮助弥合前线士兵与家乡间的距离,所以村里也尽量将报纸发给现役军人。)报纸重申了村庄集会的相关信息,提供即将召开的会议日程,简要解释了重要的农业政策和村委会对众多议题的调查结果。通过把所有政策列表及说明和村里参与的项目汇集在一个公开文件上,《关柴村报》为谋求社会进步提供了切实可行的表达方式,而正是通过丰富多样的途径,关柴走出了大萧条的阴影并一步步地迈向未来。随着战争的延续,该报版面被越来越多的新法规占据,除了描述何种行为在被禁止之列,还规劝人们更加节省、辛勤工作以及忠实服役。[②]

与村庄集会没什么不同,报纸也为政府与农户间提供了另一个渠道,是农村机构的协调过滤器。这家报纸专门为关柴发行,对其他乡村所发生的事不发表见解,和经济振兴运动的做法一样,把注意力集中在调动当地积极性上。《关柴村报》提醒读者所肩负的振兴农村的责任、农村对国家的重要意义,以及他们所扮演的农村公民与战时国家公民的双重角色。

农村骨干

运动带给农村生活的影响之一是扩大了参与农村振兴运动的成员范围,增加了村民参与运动的机会。这些变化所暗含的意义非

---

① 文件现存版本有缺失,但出版的版本整体上非常完整。

② 《家之光》经历了类似变革;自 1941 年起,农林省利用该杂志来推行其政策法规。有了农林省的支持,杂志一直能够发行报纸,直至战争快要结束时为止,因此到 1944 年底时,发行量达到 1 400 000。板垣邦子,《战前、战中的农村社会》,第 187 页。

常有趣。有别于早期的改革（例如局部改善运动），30 年代的重点不仅很明确，而且很成功，那就是吸收尽可能多的住户参与振兴运动。当地地主曾一度充当将改革和进步思想及实践传达到农村的主流渠道，为获得不同类型的支持者，振兴运动改变了这一做法。从强化农民在工业合作社等机构的领导作用来看，这一政策意图十分明显，而政府计划与经济振兴运动合力发掘并培养当地"农村骨干"的举措使这一意图更加显而易见。在特殊援助资金到位后更强调了这种做法，并一直持续到运动结束。①

运动鼓励乡村发掘有潜力的领导人。如果缺了地方领导人，乡村必将一片混乱。有了地方领袖人物，一切就有了可能，但是要找到有见地、可信赖的人并非易事。为了解决这一问题，关柴申请了一部分特别援助资金来确定和培训乡村骨干。

培训工作的重中之重莫过于把关柴当地村民送去参加大日本报德协会主办的讲座。1936 年去了 3 人，当地规划者希望每个乡村至少有 1 人能够获得培训机会。到 1939 年，有 10 人参加了讲座。②更多的村民参与了当地研讨会和讲座，村落集会定期安排参训人员做经验交流。村里还安排了其他类型的培训。

在对特别援助资金如何使用的记述中，规划者表示将每年派 2 位年轻人到农民培训中心进行村干部培训。福岛县有两个培训中心，而村里计划同时向两个中心派遣学生。一个设在薮矢吹原，另

---

① 农林省有一些类似想法，也曾一度尝试着付诸实践，后来这些想法借地方改良运动之机得以推行。见派尔，"日本民族主义的技术"，第 51—65 页，尤其是第 61、65 页。农林省的倡议见农林省经济振兴部编，"第二次农村经济振兴中央委员会"，NSS1：2，第 288 页。
② SMY，"经济振兴规划制定实施状况调查"，《1940 年经济振兴》，KST。1939 年是该机构举办的长期演进的最后一年。

一个则位于南郡新贝村的会津山村会馆（会津山村道场）。[①] 1937年，当地中学校长和农会技师共同出席了在薮矢吹原举行的"经济振兴领导培训讲座"。在接下来的两年内，村里还陆续派出其他人参加了薮矢吹原和会津的培训。[②]

动员运动强调乡村经济和社会机构间的协调与合作，这被很多学者形容为许多青年农民谋求权力职位的重要手段，原因在于运动重视他们为社区改革带来技能和知识。[③] 在地方一级，类似工业合作社这样的组织机构的发展推动了这一进程，让有技术、有能力的年轻人有机会在社区改革中发挥更大的作用。1937 年之前这一进程就开始了，并在振兴运动与动员运动之间的界限日益模糊的情况下延续了下来。这些训练方案促使一批新领导人涌现出来。就像冈田正胜所说的那样，农林省确定为"骨干"的那些人都是村里相对年轻的公职人员，而且都参加过技术培训。而在以前即便拥有这些品质，也未必能获得地方决策层的充分认可。然而 30 年代后期，乡村和政府在确定和培养领导人时正需要这些素质。[④] 那些在大萧条危机时代开始领导社区的新面孔，成为应对此次战争危机的动员运

---

① 会津山村会馆（会津山村道场）在 1937 年初开办之始叫福岛县山村会馆，6 个月后更名，目的是为了吸引更多学生。

② 会津会馆的课程设置倾向于实用性与实习培训。在为期一年的课程中，全职学生要接受 21 门共计 3 300 多小时的授课培训。科目涵盖体育到农业法律，涉及面很广。还设置有精神塑造方面的培训课程，但整体上而言多数课时分配给了农业实践课程。一年的课时分配中精神塑造方面的课时量仅占 5%。1938 年讲堂仅有 40名学生，其中有 26 人来自南会津，仅有 2 人来自山郡。见 SMY，"会津山村讲堂一览"，1939 年 1 月，《1938 年经济振兴》，KST。在薮矢吹原开设的课程不详，因而无法进行比较。

③ 森武摩，"日本法西斯主义的振兴与农村经济振兴运动，"第 135—152 页。西田美昭编，《昭和恐慌的农村社会运动》；森武摩，"农村危机的信号"，第 135—166 页；沃斯沃，"1900—1950 年农村社会的转型"，第 598—602 页；近一段时期的相关评论见冈田正胜《近代日本的农村社会》。

④ 冈田正胜，《近代日本的农村社会》，第 310—318 页。

动领导人。

关柴经济振兴委员会就是一个过渡时期的例子。1939 年运动中的变化赋予委员会多种新任务。"在目前情况下",新规则调整了委员会在村里的职能,其权限包括"负责重要粮食作物增产的总体规划,负责重要粮食生产所需物资的分发,并负责劳动力供给的调控"。[1] 这些都是委员会的新职责,而之前它仅负责"为农户经济振兴进行规划"。

随着新职责而来的是新的组织结构和新的成员。原来的委员会已经有四个分支机构:总务部、生产部、经济部和道德教化部(见第 9 章)。1939 年后这些分支机构都不复存在。五个新的分支机构取而代之:经济振兴部负责监督委员会各部门的协调和总体规划;生产计划部负责提高重要粮食和农产品产量;肥料分配控制部和物资分配控制部以及改组后的劳动力供给调控部的作用都显而易见。

新规定决定委员会委员的人选。学校教师、"荣民"和原来委员会的候选人资格不复存在。继任者从乡村领导和农会领导队伍中选择,换句话说,从那些最接近农业实践和乡村居民的人中选择。(此规则的唯一例外是佐藤知事、知事助理、学校校长以及工业合作社领导。)随着战争对农村人口、牲畜和生活必需品的掠夺,这一参选条件变得越来越重要。到 1939 年,由于从军和农民远离村庄前往工厂工作,关柴已经流失了许多男性人口。事实上,新委员会的职责之一是寻找维持农田耕种所需的劳动力。(佐藤知事报告说,他们越来越多地求助于村里的妇女组织以提供额外帮助。)[2]考虑到他

---

[1] SMY,"经济振兴委员会妇女补助金申请书",1939 年 3 月 17 日,《1938 年经济振兴》,KST。另见《关柴村报》第 15 期刊登的通告(1939 年 3 月),对修改法案做出解释。

[2] 见 SMY,佐藤对福岛县经济部负责人作的报告,"昭和十三年县市町村经济振兴委员会事业成绩报告",1939 年 6 月 26 日,《1938 年经济振兴》,KST。

们曾做过的工作,指派村落和农会领导负责协调工作也在情理之中。①

在新委员会的 32 位成员中,原委员会成员少于一半。而这些续任者中,只有少数在委员会机构中担任要职。佐藤及其助手都是资深成员,但 5 个新部门领导中只有 1 人从成立之初就一直在委员会工作。有充分的理由可以表明,原有成员被替换并非可以选择而是形势所迫。有些人可能应征入伍,其他人可能离开村子到工厂寻找就业机会。由于无法排除在委员会结构调整过程中存在一定程度的偶然性,有人建议引入精心设计的遴选机制,这样可以培养出中等阶层的农民骨干。

1934 年组成的委员会代表的是全村中上阶层,汇集了地主、自耕农和少数拥有少量土地的农民。1939 年该委员会仍然保留了类似的人员结构,因为它至少包括了一个大地主(小田切约戈),而其他人土地拥有量相对较小但仍相当可观(如知事本人)。如果分析一下新成员的构成(结合复杂的土地记录所施加的限制),不难看出该委员会成员的经济规模正在轻微下调并向中等土地所有者转移。② 1934 年和 1939 年两个委员会中 11 名成员都拥有不到 1 町的稻田。然而 1934 年,委员会 23 名成员中 10 人拥有 2 町或 2 町以上稻田,而 1939 年只有 7 人(新委员会中没人超过 10 町稻田,而 1934 年委员会中有一位委员土地超过 10 町)。1939 年有 6 名委员拥有 1 至 2 町稻田,这近似于中等农民所拥有的土地面积,而 1934 年只有 2 名委员。1939 年对于 22 名"新"委员而言,笔者可以估算出其中 15 人拥有的土地量,在 10 个老委员中,可以估算出 8 个。15 个新成

---

① 尽管没有办法有效衡量委员会的新职能,但是值得一提的是关柴水稻大丰收一直持续到 1943 年。

② 我能估算出 1934 年委员会 34 名委员有 23 人拥有土地;到 1939 年时共有 32 名委员,其中 23 人有地。

员平均有 1.5 町土地,而老成员平均土地拥有量是2.3 町。因此,新委员会 1939 年平均土地拥有量只有 1.7 町,比 1934 年 2.2 町的平均水平减少了 0.5 町。[1]

新委员会的另一个新特点是成员都比较年轻。1934 年委员会成员的平均年龄为 48 岁;5 年后,尽管包括原来委员会的 12 个成员,平均年龄还是下降到 45 岁。1939 年委员会新成员的平均年龄为 41 岁,比起老成员平均 53 岁来说年轻了许多。[2] 与经历了类似变革但并变化不太显著的村公所相比较有助于说明这一特点。村公所成员的平均年龄从 1933 年的 53 岁下降到 1937 年的 52 岁以及 1942 年的 50 岁,这表明与经济振兴委员会一样,年轻化这一因素在起作用。

通过这次运动,更多年轻中产阶级农民开始担任重要职位,这一趋势在关柴动员运动期间保持延续。但改革的深度仍存在局限性,现有地方领导人的地位并没有受到威胁,他们不会轻易地被年轻一代取代。这一变化虽然缓慢却具有实质性的意义,从许多方面来看,农业生产者的重要性日益凸显,其培训经历和为农民的利益代言时所表现出的能力也很重要。

与日本各地乡村发生的类似变化相比,关柴取得的成就更为显著。在一系列乡村个案研究中,日本学者记录下中等阶层青年农民的崛起势头及其对农村社会的影响力。青年农民在当地工业合作社等组织及振兴委员会担当重要位置,甚至在村公所也扮演着新角色。森武摩对群马县哈加村的研究、西田美昭对长野县盐田村的广

---

① SMY,"经济振兴委员会妇女补助金申请书",1941 年 1 月 17 日,《1940 年经济振兴》,KST。又见不同年份的土地税收记录,数字包括稻田和山地。

② 我能(从选举名单中)查出 1934 年委员会 34 名委员中 29 人的出生日期;至于 1939 年委员会,可以确认 32 名委员中 31 人的年龄。1934 年最年轻的委员 35 岁(能够确认所有人的年龄区间),最年长的 67 岁。1939 年最年轻的 26 岁,年龄最大的 70 岁。

泛分析、中村政则对长野县浦里村的研究，以及冈田正胜对长野等地的研究都指出自耕农、半租自耕农等被归为"骨干"，他们在当地发挥着越来越大的作用。[1]

和长野相比，关柴的发展在一定程度上并不突出，这一现象在东北更为普遍。[2] 关柴的发展之所以相对温和，受制于三个因素：地主的权威地位、农业商业化的滞后以及东北与其他地方流行的社会运动的绝缘。但对所有社区来说，权力转移模式是区分大萧条时间分界线的标志。新一代地方领导人在走马上任时提出施政方针，表示要深入参与振兴运动并最终参与到农村社会的动员运动中云。尽管养蚕业的崩溃引发了一些地区的社会经济剧烈动荡，但这一显著变化无疑在全国范围内都是普遍现象。

关柴等地中等阶层农民崛起的意义体现在以下几方面。首先，它表明到 30 年代后期，中间阶层农民已成为国家努力塑造农村社会的焦点。经济振兴运动确定和培训农村骨干的努力都得以在基层农村有所体现；正如前面所讨论的，运动的意义还远不止如此。1937 年后，政府也开始更直接地干预并改变地主、佃户及稻米市场间的关系。这些政策是将萧条时期的振兴运动、战时动员运动、战后农村以及中等阶层农民联系起来的另一条线索。同时，运动为这些农民敞开了大门，新政策采用其他方式鼓励了可靠、多产的自耕农阶层的形成。

1926 年，政府开始向那些想要购买自有土地的（或虽有自己的

---

[1] 西田美昭编，《昭和恐慌的农村社会运动》；中村政则，"经济振兴运动与农村统合"，森武摩针对经济振兴运动撰写了几篇具有开创性的文章被收录在一起，见森武摩《战时日本农村社会研究》。沃斯沃总结了森武摩的结论性观点，见沃斯沃，"农村社会的转型"，第 599—603 页。最近出版的相关研究是冈田的著作，在某种程度上也是影响最为深远的；冈田正胜，"农村经济振兴运动与村落统合"，同上《近代日本的农村社会》。

[2] 森武摩，《战时日本农村社会研究》，第 193—194 页。

土地但有失去危险的)农民提供援助。农林省颁布的"建立和维护自耕农援助条例"首开先河,对于想要购买土地的农民来说,这一条例实质上是低息贷款项目。如若成功申请到该项目,就能以 3.5% 的利率偿还 24 年的贷款。根据西田美昭的研究,政府的提案存在问题,用来确定土地购买价格的方案几乎无一例外地把地价定得过高,让佃户感到遥不可及。土地价格的设定是为了保证地主有可观的回报,所以很少能低到佃户用合理价格购买的程度。1926 年和 1932 年间,无论是出售土地数量还是购买土地家庭的数目都不足以有效缓解佃租问题。[1] 1937 年底对华战争爆发后不久,政府虽然对定价方案做出了细微修订,但仍难以推广。

直到 1937 年政府采取了一系列稳定农业生产的措施,买家的前景才有所改观。1938 年颁布《农地调整法》,随后出台法规减少租金或设置租金上限。[2] 1940 年国家允许佃农(除了自留一部分食用外)可以把所有稻米都直接卖给政府。1942 年通过了《粮食管理法案》,并强制执行该法案。水稻双重定价体系自此开始,这一举措致使地主地租收入远远低于佃户种稻收入。[3]

由于对土地出让和单方面终止租赁合同的双重限制,地主的处境随着战争的延续越来越糟糕。正如近来一本有关琦玉县战争时期和占领时期的著作所言,战争结束时租金已成为那些租地家庭微不足道的开支,而土地对于地主而言,原先的不菲价值几乎消失殆

---

[1] 笔者对规划的分析很大程度上依赖于西田美昭的《近代日本农民运动史研究》,第 240—241 页。又见农林大臣办公厅总务科编,《农林行政史》,第 2 卷,第 187—188 页。

[2] 当农林省第一次向国会提交法案建议时,部分内容如下:"本次提案的目的是要维护农民地位,发展并维持农业生产力,保持经济振兴和农村和平。"国会在原文的基础上增加了一项新条款,内容如下:"**在妥协和互助的基础上**,本法案的目的是要维护**地主**和农民地位(新增内容为黑体)。"森武摩,《战时日本农村社会研究》,第 220 页。

[3] 西田美昭的《近代日本农民运动史研究》,第 252—253 页。又见清水要次,"食品生产和农村土地改革",第 331—368 页。

尽。这一结果令农民感到生产配额和粮食分配问题在某些方面比土地改革更重要。到 1946 年,由于这些政策可能会影响农户的经济地位,土地转让不再盛行。① 正是因为政府不惜一切代价稳定生产,官员才得以实行几年前在政治上根本行不通的政策。

1943 年确立自耕农阶层的政策再次发生了变化,在某种程度上这次变化给潜在的买家带来了新的机会。修改内容包括土地购买价格计算方法上的变化,这也反映出国家开始控制土地价格。该方案首次为潜在买家提供了以合理价格购买土地的机会。1943 年大约15 000家农户参加了自耕农确立项目。次年,由于新规则的推行差不多有 80 000 户参与该项目。到战争最后一年数量达到 155 122 户,而到 1946 年土地改革取消这一项目之前,参与户数更是超过了241 000 户。②

这些政策的导向十分明确。即使农林省的规划者并非有意要削弱地主的经济地位,但恰恰导致了这样的实际结果。把确立中间阶层农民作为保持农业生产和农村稳定的一种手段,政府给他们创造了许多机会来重塑当地社会。③ 但这并不是所有结果。从 1937年起,振兴运动、动员运动乃至中等阶层的农民都开始从另一层面共同参与重建农村——这就是移民。

移民与振兴

30 年代到 40 年代初,在日本所有县中,福岛是移民满洲的第三

---

① 西田美昭编,《战后改革期的农业问题》。

② 西田美昭的《近代日本农民运动史研究》,第 241 页。1926 至 1941 年间,有 7.7%的农户参与了地租关系确立规划,1943 至 1946 年,全国参与规划的平均比例跃至13%。森武摩,《战时日本农村社会研究》,第 225 页。

③ 有关佃农如何参与地租关系确立规划的实例见西山浩一、西田美昭和久保康男,《西山浩一日记,1925—1950 年》,尤其参见 1944—1945 年间的日记。

大来源地；长野无疑占据了第一的位置，山形则位居其次。① 到 1945
年中期，超过 30 万的日本人成为有组织地创建满洲里移民社区的一
部分。1932 年关东军建立满洲国傀儡政府后不久，最早的定居者就
开始抵达，但直到 1936 年后全民迁移的帷幕才正式拉开。这一年，
关东军和广田内阁都宣布了其雄心勃勃的日本移民满洲里的长期
计划。内阁呼吁在 1937 年至 1942 年间招募并派遣 10 万户家庭。②
1938 年，经济振兴运动把满洲移民当作一项重要的新政策和其一揽
子农村改革计划的一部分，开始积极推动其移民计划。直到 1945 年
末，政府仍在鼓励其公民在满洲开始新的生活。③

　　移民满足了多种需要。它助长了日本在亚洲的使命意识，这为
其他列强开拓殖民地和移民提供了参照。其中也包含了战略利益，
尽管这些益处并不真实，反而更像凭空的臆像。关东军的决策者倾
向于将移民安置在边远地区，并有意把新社区安置在危险境地。其
目的是在同当地武装分子作战时甚至和苏军争夺腹地时充当额外
的防御屏障，也就是用现成的平民"士兵"补充兵源。身强力壮的年
轻人特别受青睐，"发展满洲里及蒙古青年志愿者特别征募计划"吸
引了大批人选。虽然理论上要求挑选 16 岁至 19 岁的青年，但正如
桑德拉·威尔逊指出的，"许多青年，也许是大多数人实际上只有 15
岁或 16 岁。"④

　　通过移民特别是移民到满洲里，还能解决农村人口过剩和耕地

---

① 1945 年 5 月，长野派出 37 859 人，山形派出 17 177 人，福岛派出 12 673 人。数字
　包括迁居居民和前往发展满洲里和蒙古的青年志愿者。见扬，《日本极权帝国》，威
　尔逊，"'新天堂'"和森武摩，《战时日本农村社会研究》，第 160—164 页，对移民规
　划进行分析。
② 威尔逊，"'新天堂'"，第 273—274 页；高桥康隆，"日本法西斯主义和农村经济振兴
　运动的展开"，第 19—25 页。
③ 威尔逊，"'新天堂'"，第 282 页。
④ 同上，第 281 页。

不足的问题。这一主张有着强大的号召力和众多的支持者。将移民作为缓解人口过剩和弥补国内农田不足的手段,东京大学的那须弘教授和名誉教授矢作艺卓对此给予有力的学术支持;其他学者和官员也表示认同。① 加藤宽治是著名农本主义理论家和教育家,他很早就提出并多次重申在满洲里建立理想农村社区的好处。丰富和肥沃的土地(这是加藤主张移民政策的理由所在)不仅能让迁移到满洲里的农民实现自给自足、拥有土地及建设和谐社区的梦想,而且每个离开的农民给那些留下来的人创造了机会去实现同样的梦想。② 这些讨论促使决策者把移民作为经济振兴运动改革的一个途径。

在振兴运动的策划者看来,移民能够满足人们的多种寻求。在倡导家庭立即重新安置或是在满洲里建立"分支村庄"的过程中,运动认为这会给原社区带来好处。由耕地不足引发的冲突减少了,更多农民将有望成为自耕农。佃租和与之相关的许多问题就会迎刃而解,乡村也不再忧心忡忡,因为农民将拥有充足的土地,最终可以提高效率和产量。事实上,移民政策之所以吸引运动策划者,关键在于它和振兴运动一样都支持培育"农村骨干",而且中等阶层农民和地方领导人日益成为运动关注的焦点。

在支持农村骨干方面,移民政策与振兴运动至少存在两个方面的联系。首先,鼓励贫苦农民移民推动了当地独立自耕农阶层的产生。他们的离开可以提高当地可用资源的利用率,其中最重要的资源就是土地。一旦人均农田面积扩大到接近理想数量,生产力就会提高,而留下来的农民也会从中获益,中等阶层农民将更有能力控制新的可用土地。最终会形成一个更加稳定与繁荣的社区,这与振兴运动建立理想农村的目标不谋而合。

① 威尔逊,"'新天堂'",第259—261页;
② 同上,第259—261页;扬,《日本极权帝国》,第7章。

我们还可以这样认为,在分支村庄重新安置的过程中,运动策划者和农民都看到了实现他们期待以久的梦想的最佳机遇。精心规划的经济、高度的自给自足、科学的现代化方法以及蓬勃发展的合作式企业,所有这些理想蓝图都和乡村的现实相去甚远,但谁说这些梦想不会在满洲里轻松实现呢?移民招募的主要对象正是那些怀有这一理想的人们。比如山形县的规划者就明确将"那些将来有望成为重新安置社区骨干的人"作为招募的首选条件。少地或无地的农民列在第三等级之列,排在有特殊技能者之后。[1]

令人费解的是,移民动议提出的时机是在对华战争开始后不久。对华冲突不仅增加了满洲里移民业已存在的巨大风险,还迫使刚刚复苏的工业部门一再提高生产效率。正如之前提到的,自 1937 年以来,由于国内经济扩张,人们开始远离农村,涌向城市和工厂。满洲里的吸引力有限,用移民来解决农村问题的效能也相应降低,移民计划收效甚微。1945 年 5 月被派遣到满洲里的家庭有 69 822 户,不及政府原定目标的 1/4,仅占全国农户的 1.2%。[2] 对于那些已经到达满洲里的移民来说,令他们震惊的是,情况远没有宣传中说的那么好。那里的条件不仅原始而且恶劣,农业生产的前景堪忧。无论日本国内振兴的吸引力如何,在满洲里几乎没有可能创造出加藤等人所设想的理想农村社会。

关柴周边对移民政策的态度都经历了由最初的热衷支持到热情逐渐消退的过程。1937 年 7 月,福岛宣布移民支援计划,正值对华战争爆发。当地官员承诺未来 5 年内将派遣 55 个乡村的 2 502

---

① 森武摩,《战时日本农村社会研究》,第 162 页;扬,《日本极权帝国》,第 7 章。

② 仅有 3.7% 的农户耕种不到半町土地;森武摩,《战时日本农村社会研究》,第 219 页。

户到满洲里,其中 1937 年计划派遣 296 户。① 作为入选村庄之一,关柴计划到 1942 年底将派遣 33 户。② 矢部善兵卫是积极推行移民政策的地方领导人之一。1938 年和 1939 他在村庄集会等众多场合都谈及移民问题;1940 年 7 月,矢部报告了他最近访问满洲里的情况。后来他以福岛县帝国统治援助协会(IRAA)官员的身份推进移民计划,以实现他在满洲里建立模范"会津乡村"的设想。③

然而满洲里的吸引力显然被高估,截至 1941 年 3 月,已经没有社区能完成分配给他们的移民指标,尤其是那些配额过高的社区。县里声称将派出 2500 多户,而 1941 年官方统计出 2 891 户的数字误导性较高,之所以这样说是因为这个数字里包括了 2 001 名发展满洲里和蒙古青年志愿者,每个人都被视作一户来计算。④ 这些年轻人无疑代表了对满洲里发展潜力的充分肯定(和一定程度上的鼓励,当然前提是在没有被教师和其他权威人物强迫的情况下)。关柴派出 17 名青年志愿者,比县里其他乡村都多。但是他们的热情并没有感染到其他人,关柴只有 3 户家庭同他们一起去了满洲里。这意味着就运动和县里原本希望派遣完整的农业家庭这一预期而言,关柴实际派遣的农户还不到配额的 1/10。县里整体状况略有好转,

---

① 移民在福岛接受了为期一个月的培训,对前往满洲里的旅费进行打折优惠,去满洲里的火车票是免费的,还对到那定居的移民进行补助,大石嘉一郎,《福岛县百年史》,第 238 页。

② 喜多方市市志编委会编,《喜多方市市志》第 6 卷,609 页;数据最初出现在《福岛民报》,1937 年 7 月 8 日。这一数字比附近上三宫村承诺移民 50 户和热盐村承诺的 75 户要少。

③ 1938 年 1 月、12 月与 1939 年 1 月矢部在村落集会上发表了有关移民的演讲。1940 年 7 月矢部对满洲里进行了报道。SMY,《村落会议日志》第 4—5 卷,KMT。见渡边英一和矢部经子编,《矢部善兵卫传》,第 105 页。

④ 喜多方市市志编委会编,《喜多方市市志》,第 6 卷,第 609—610 页;威尔逊,"'新天堂'",第 281—282 页。

但即使如此福岛也只有 890 户移民至满洲里,仅为原先承诺的 36%。[①]

移民的命运被永远地改写了。而留下来的人则发现,无论国家对满洲里的集体想象意味着什么,他们的现实生活基本上没有受到移民的影响。

精神动员与农业现代化

1939 年,关柴被县里指定为教化社区,即"道德劝戒"村。[②] 虽然给村里带来的物质利益有限,但广受公众认可。全县只有 7 个村庄获得这一机会,关柴作为示范社区的声誉明显上升。这不仅仅是村里 30 年代末所获得的众多荣誉之一:被指定为"道德劝戒"村与被选为经济振兴运动的参与者不同,因为它会对特定目标作出公开承诺,并力求达到目标。正如下面所描述的那样,"道德劝戒"意味着计划"建立一个集生产、教育、道德和经济于一体的理想村庄。"[③]

对于村里参加过振兴运动的老将们而言,在关柴管理者正式起草的五年计划中鲜有他们不熟悉的条款。接下来的五年里,村子按比例对骨干进行培训,定期举行会议,并通过乡村社区建设的一系列指标来监测进展情况。据村里人记述,大萧条后关柴不断向更为和谐、高效以及有组织的社区努力,而经济振兴运动几乎被人遗

---

① 上三官村仅派去 7 户移民,热盐村的移民仅有 3 户。喜多方市市志编委会编,《喜多方市市志》,第 6 卷,第 610 页。

② 道德劝诫中央委员会也参与到挑选过程。见喜多方市市志编委会编,《喜多方市市志》,第 6 卷,第 2 部分,第 334—338 页。

③《福岛民报》,1939 年 3 月 28 日。起初福岛县计划制定 5 个村,但后来又把关柴和另一个村加了上去。

忘了。①

令人惊讶的是,30 年代末和 40 年代初的公共议题频繁谈及经济和日常生活的交叉问题,以致对许多社区而言从大萧条走向复苏仍是其工作的突出问题。关柴不仅坚持参与农村改革和振兴运动,而且在其他方面也不乏典型事例。一时间《家之光》充斥着写给编辑的文章和来信,描述了旧式陋习和新式的理性方法之间的冲突。比如,1940 年一位妇女在信中哀叹道,她在当地农业培训中心参加了为期三周的培训,那里井然有序、纪律严明的生活与她回到村庄后慵懒散漫的生活节奏之间的反差令她茫然失措。她抱怨说,正是这种虚度生活、荒废光阴的态度迫使青少年远离农村。只有采用更合理的方法来分配时间和精力,才能阻止更多(包括她自己在内)的人奔向城市寻求更美好的生活。② 人们不禁好奇,当年刚从监狱释放的桔孝三郎究竟是怎样为把现代性带到乡下而不懈努力的。

1941 年后,这种抱怨声就鲜有耳闻了。③ 但此时此刻,《家之光》当初向农村几大战线(经济、卫生、教育)进军的雄心壮志已荡然无存,取而代之的是为防止节节败退而做出的日益绝望困顿的挣扎。在农村,仅种植庄稼就已令农民殚精竭虑,举步维艰,所以多数情况下更难有余力再去尝试任何改变。像其读者一样,《家之光》对未来也是一筹莫展,更无法奢谈什么期望。

战时消耗在一定程度上引发了这些变化,劳动力和资源短缺致使日常生活更加困难,倘若想购买奢侈品则更需要长期筹划。然而显

---

① 有关制定村庄的发展情况见喜多方市市志编委会编,《喜多方市市志》,第 6 卷,第 2 部分,第 338—341 页。

②《家之光》,1940 年 6 月。只有一位来自长野县的年轻人对这一问题持不同观点。他写道,人们之所以离开农村是因为生活太单调,缺少娱乐。他建议工业合作社配备便携式的发电机和电影放映器,便于农村能够接触到现代媒体。他认为人不能只靠面包活着。《家之光》1938 年 7 月,第 202—203 页。

③ 板垣邦子,《昭和战前、战中的农村生活》,第 281 页。

而易见的是,更重要的原因或许在于战时日本把太多野蛮的非理性思想传递到公民的生活中。本章已经指出了战争初期农村改革工作中一些即谈不上现代性但称得上更理性的方面(下文会进一步论述),但重要的是我们绝不能忽略时代大背景。在此背景下的日本社会中,任何形式的持不同政见者都受到监禁或更严厉的惩罚,对天皇的话不容争辩,大量种族、恐惧和征服的言论更是左右了人们对外来思想和外国民族的感受。这听上去可能有些自相矛盾,但这些现实都不能轻易地脱离另一些主题,那就是理性、科学、纪律与和谐,这也是在此期间有关农村社会的讨论中反复出现的话题。

这些主题融合在一起说明了一个事实,那就是振兴强调社区的作用和发展道德经济显然与政府为呼吁公民绝对服从而提出的"一亿颗心一起跳动"的口号存在共同之处。正如振兴所设想的,从大萧条走向复苏必须建立在没有冲突、合作团结的前提之下。虽然实际上很少有社区能够实现这一理想状况,但重要的是,即使从理论层面讲,繁荣和稳定也需要绝对服从。无论是振兴社区的候选指定村庄,还是特别援助资金的潜在援助对象,都不会考虑那些爆发佃租纠纷冲突的乡村。显而易见的是,大萧条后,冲突危及复苏和改革。繁荣需要的是团结一致,战争则需要绝对的服从。

同样,振兴给农村带来的体制变革不仅有利于动员运动思想的传播,而且最终推动了政府政令的执行。业已壮大的工业合作社、农业协会、村庄集会和经济振兴委员会能够轻松适应并协助当地经济动员。乡村利用许多现有(往往经过振兴规划改良)组织渡过战争初期;如上所述,战争开始没多久,政府为精简机构就放弃了这些维持已久的组织。

促使乡村从大萧条中复苏的许多措施,在经济和当地社会动员中也同样是强有力的工具。30 年代初以来,在农村改革者曾成功倡导的农业经济和日常生活方法中,经济规划、使用家庭账簿以及自给自足等只是其中少数几个例子。正因为采用了上述方法,战争爆发时农民才有能力响应号召，为政府和天皇效劳。

农村骨干及其所代表的农村中产阶层是调和新旧力量的最终要素，他们要做的是在理性的新生活和把农村拉回到过去的旧势力之间进行平衡。农村骨干和中产阶级无疑处于振兴运动和动员运动的中心。在关柴，从事具体工作的参与者和泛泛的参与者之间存在延续性。一些与关柴的（成功）振兴紧密联系在一起的居民在动员中继续发挥关键作用；知事就是其中之一，但他肯定不是唯一。

由于中等阶层农民在农村改革中发挥的作用日益扩大，振兴和动员运动从某种程度上反映了他们心目中的目标和理想社区蓝图。当地名流和地主显然没有在一夜之间消失，但 30 年代他们手中的权力和为社区建言践行的能力日渐式微。取而代之的是骨干和中间阶层农民，他们日益成为政府和农村间的纽带，并沟通着农村的过去与未来。

代表合理和效率的现代性以及承诺能够提高生活水平的经济实践，强有力地吸引着农村中产阶层。[1] 为了使农村从大萧条的苦难中解除出来，决策者将这两大特性融入到政策之中，这一做法显然引起了东京官员和社会改革者的共鸣。这些特性仍是农村动员的一个要素或许不足为奇，尽管它们很少与战时日本的严格管制和独裁形象联系起来。每当日本政体的其他方面和社会局面似乎在向截然不同的方向发展时，现代性对于日常和社会生活某些领域做出的持续承诺，也许有助于我们理解民意为何会深入广泛地支持日本战时的独裁主义。从大萧条危机到战争危机，农民和为其请命者努力应对政府、地方领导人、现代（国际）经济、农业以及几乎完全域

---

[1] 丸山真男认为中产阶级愿意支持极权主义，原因在于该阶层害怕变革和现代性，而这一观点在板垣邦子和当代研究学者加龙看来，中产阶级有可能同时接纳极权主义和现代性。丸山真男，《现代日本政治的思想和行为》；板垣邦子，《昭和战前、战中的农村生活》，第 281 页；加龙，"对日本历史现代化和现代性的再思考"。

市化的国家之间错综复杂关系的挑战。现代性的前景显然既存在于战争时代又存在于农村本身,而乡村正处在从农村到城市、从农田到工厂以及从帝治到民治的更为广泛的转型过程。

第 11 章
难以琢磨的农村振兴

《盛产牛奶与蜂蜜的地方》一书于 1968 年重印,由《家之光》杂志面向新一代读者发行。人们十分好奇书中都记述了些什么。由于 1954 年的大合并,大盐村成为北盐原社区的一部分,如今既不产牛奶,也不产蜂蜜,而是偏安一隅,把高尔夫球场、主题公园和温泉作为摆脱困境之道。

关柴的情形和大盐十分相似。50 年代中期,关柴与邻镇及附近六个村合并为喜多方市,成了更大社区的一部分。此后,曾为农民的新城区居民要应对大萧条带来的诸多类似问题:在发达的现代经济模式下,农业应当如何蓬勃发展? 在一个现代都市化的国家里,乡村或者大而言之整个农村社会应当处于何种地位? 本书最后一章试图探求不断变化的答案,来尝试解答上述问题。

占领时期的改革

大萧条清晰地暴露出农村经济的诸多问题,单靠振兴运动并不能解决这些矛盾。30 年代的经济振兴运动和 40 年代初的改革都没有处理好土地所有权和佃租制度这两大根本问题,因未能提出解决农村危机的可行方案而停顿下来。这些措施从某些方面鼓励农民改善农村生活,同时又限制其他方面的发展。关柴居民积极优化生产,迫切提高生活水平。他们一方面追求闲适的现代化生活,另一方面又排斥都市文化,这样并无益于他们改变农村社会不平等的基本现状。改革无法改变现有佃租制度和农田稀少的窘境，由于条件所限，振兴运动能做的也只有这么多了。

战争影响到佃租关系和稻米市场，并且预示了日本战败投降后农村的社会转型走向。太平洋战争结束时，由于施行稻米的双重定价制度，对自己种植稻米的自耕农（包括佃农）是一个价格，而对靠地租收入地主的定价则要低得多，因而令地主无利可图。对农田产权变化和租赁的严格约束限制了地主摄取更多利益，而自耕农的经济利益日益增长。尽管如前所述，这些变化不仅缓慢，而且充其量也只是试验性的尝试，但将政治权力赋予自耕农甚至是佃农这一趋势已初露端倪。

换言之，在战争即将结束时，有迹象表明长期以来被视为禁区的土地所有权及其衍生问题，最终都纳入了改革者的视线。以新潟的西山浩一为代表的佃农被改革态势鼓舞，开始主动着手解决这个问题。随着战争接近尾声，他们在政府的支持下与地主谈判，以合理的价格大规模购买农田。[①] 其他社区的佃农纷纷效仿。[②] 这为逐步转变土地所有权模式以及佃农和地主相互制约的方式奠定了基础，也为振兴急需寻求发展提供了必要的补充。

美国占领者对渐进式变革毫无耐心。虽然他们对日本农村生活现状的熟悉程度大相径庭，但对于农村贫困、地主权力和军国主义三者之间联系的认识却几近一致。占领期间广泛任务之一便是促使战败日本实现民主化和非军事化，农村因此受到认真彻底的审视与关注。美国决策者把乡村的社会与经济实践视为日本军事力量的基石以及民主的绊脚石。这种认识部分源于英译本的日本学

---

① 西山浩一、西田美昭和久保康男，《西山浩一日记，1925—1950 年》，尤其参见 1944—1945 年间的日记。

② 在和美方占领官员的交谈过程中，当谈及战时他们通过"地租关系确立规划"成为地主的经历，农民时常流露出自豪之情。内皮尔，《日本农村的转型》，第 162—163 页。

者著作和少数熟悉日本农业及农村生活的西方学者著述,其中许多
着重描写了战前处于现代初期的日本农村所表现出的封建特点。
美国决策者显然受到了战时日本政府和军队宣传的影响,当时的宣
传强调农村对于战争的重要性,并明确了农村社会和军队之间的联
系。① 因而美国决策者相信,落后的农村社会对稳定日本构成了潜
在的威胁,除了激进式的改革,没有其他途径能在短期内消除贫穷。

　　土地改革是处理农村诸多问题的首选途径。② 连同占领时期改
革的其他组成部分,特别是公民生活的民主化,美国规划者对土地
改革可能带来的好处寄予厚望。从短期看,改进租佃条款或降低佃
租普及率有望提高农业生产率,一定程度上缓解日本原殖民地粮食
供应中断这一严重问题。从长远看,土地改革有望在农村更公平地
分配财富和权力。③ 改革者认为,一个更加繁荣的农村不大可能支
持军国主义政府或轻易屈服于国家意志。

　　即使占领者过于简化农民与国家之间的复杂关系,并夸大了军
事支援的深度和性质,但他们最终提出了土地改革方案,以弥补他
们最关注的发展所引发的缺陷,而这些问题在乡村日益凸显。日本
学者迅速做出回应,正如他们指出的那样,是日本政府而非占领当
局第一个提出土地改革。这些早期土改建议仅限于解决问题本身
而并不利于佃农。美国决策者则提出了一套更彻底和更具包容性
的改革方案,但更为重要的是占领当局能够加速推进并修正这一业

----

① 沃尔夫·I.拉德金斯基是美国土地改革倡议的起草人之一,他非常熟悉那须弘和
　八木义之介的著作。E.H.诺曼和约翰 F.恩布里有关农业和农村生活的著作对决
　策者也有一定启发。集拉,《审慎的革命》第 25、31、54—55 页。瓦林斯基编,《农业
　改革的未竟事业》。
② 对这些政策和执行情况的经典研究参见多尔,《日本土地改革》。
③ 道格拉斯·麦克阿瑟将军最终也认同了这一观点,其一直致力于的土地改革和泰
　比利奥斯·森普罗涅斯·格拉克斯及其兄弟盖约的观点有相似之处,这兄弟二人
　主张的土地改革限制了地主的权利,因而对农民有利。集拉,《审慎的革命》,第 38 页。

已开展的土改进程。[1] 日本投降前后,这些政策上的连续性以及政策本身的内在逻辑,解释了土地改革取得巨大成功并长盛不衰的原因。

正在讨论的土地改革有三个组成部分。第一个组成要素是强制削减佃农租金并强制转为现金支付(相对于物物交换而言)。战时价格体系在一定程度上为这一做法奠定了基础,占领时期政策做进一步补充。由此产生的结果是相对于作物价值而言佃农的租金极低,因此 1949 年地主的租金所得仅占收成的 1%,远远低于战前的 30% 至 50%。[2] 其他规定也严格限制地主提高租金和将佃农从耕种土地上转移出去的做法。

改革的第二个要素是形成自耕农阶层。日本战败投降前,这一进程在从 20 年代起实施的自耕农建立计划中就已有先例。该计划有助于促进佃农通过低息贷款购买出租土地(见第 10 章)。占领时期的做法在某些方面与过去有所不同。一方面,它是强制性的,而日本投降前的方案是自愿的。此外,通过设立限制自耕农和本地地主最大耕种面积,以及全面禁止外地地主拥有土地,截至 1950 年 8 月,改革已强制销售 100 多万町水田和近 80 万町旱田,约占 4/5 的出租土地,涉及近 3/4 的农户(2 341 000 位地主和地主数量两倍多的佃农家庭)。[3] 销售方式不包括地主和佃户间的直接谈判,这一点也与老方案不同。相反,由地方委员会负责指定以及最终农田转让手续,知事则负责为土地购买和转售的实际操作。

土地委员会的民主化进程是改革的第三个要素。战争时期的委员会负责监督土地耕种与荒芜的动态并规范租金,然而不管谁占多数,他们往往被地主所左右,因而缺乏彻底执行改革的权威。而

---

① 大石嘉一郎,"土地改革的历史意义",第 5 页。

② 多尔,《日本土地改革》,第 186—187 页。

③ 同上,第 174 页;大石嘉一郎,"土地改革的历史意义",第 34 页。

更为强势的占领时期委员会则一贯倾向于佃农利益,10 位委员中有 5 位佃农,3 位地主和 2 位自耕农。[1] 他们需要具备一定的管理技巧,以应对确定土地出售对象和出售价格等复杂业务。地主的抵制在东北地区尤为明显,但最终意义不大。

很难对土地改革的影响力作过高的评价。在关柴,战争结束时佃农租种了村里 47% 的土地;到 1950 年,只有不到 8%。由于跻身于不断壮大的自耕农行列,佃户数目迅速下滑。类似趋势在福岛等东北其他地区乃至全国都很明显。[2] 农村改革进行得迅速而彻底,至少土地所有权改革是这样的。[3] 几乎在一夜之间,租佃制度不再是一个社会问题,高额租金负担以及难以确定是否续租以获得土地等问题也都迎刃而解。

改革还带来了一些意想不到的后果。当时偶尔出现一些声音,担心这项改革不够深入,不足以撼动地主的权威,还有人担忧改革在许多社区不能很好地坚持下去。[4] 改革的书面条款并没有剥夺地主的财产,1946 年支付给他们的土地价格还算合理。这就出现了一种可能性,即地主虽有可能失去土地但不会丧失财富,从而维持了他们在村里的地位和权力。然而,对地主来说不幸的是,战后通货膨胀势头猛烈,政府用债券支付土地款,而不是预先一次付清现金,这就相当于地主在短时间内几乎将土地拱手相送。[5] 不管 1946 年土地交易的价值几何,到土地流转完成时其实际价值已丧失大半。地主无法防止这种局面的发生,许多家庭眼睁睁看着其资产几乎在

---

[1] 多尔,《日本的土地改革》,第 139—141 页。还可以增添中立党派。

[2] 喜多方市市志编委会编,《喜多方市市志》,第 8 卷,第 657—659 页;大石嘉一郎,《土地改革的历史意义》,第 30 页;同上,《福岛县百年史》,第 237 页。

[3] 当然,农村社会内部还存在多种其他途径获取基础服务及非农业收入。我使用"农村"一词并非有意将"同质性"强加在并不存在这一特性的农村现实中。

[4] 西田美昭,《近代日本农民运动史研究》,第 262—263 页。

[5] 威廉森,"日本的农业规划,1945—1951 年",第 103 页。

一夜之间消失殆尽。土地改革以尝试重新分配土地的机会开始,又以多种方式铲除竞争环境告终。

对关柴来说,民主化进程还带来了另一些初期成果。宪法的巨大变化深刻改变了政治格局和公民生活,首次普选村知事(县知事选举也同样创下先例),妇女获得选举权,村委会比战前要求更多自主权和权威。此外,作为统一的农民组织,农会开始崛起,相较日本投降之前,该组织在制度上的延续性显然不够。当地领导人也有相当大的变化;1956年,农会只有12%的官员曾在投降前担任过全国性公职,其他职位的流动性也较高。[1] 当地的村知事和其他官员是战后第一批离职的。就官方职位来说,不少人担任过村最高级别的帝国统治援助协会(IRAA)的代表;在这类组织任职的领导人几乎全部遭到清洗,自动免职。[2] 自1924年1月以来,佐藤佐吉一直担任知事,直到1946年底,他完成了最后几个月的任期。他于1966年辞世。

矢部善卫兵不止失去了官职。由于他在福岛帝国统治援助协会(IRAA)的任职经历,矢部被清除出公共生活,他只好花费几年时间重整旗鼓,尽力打理家里的干货店。不这样做,他就无法维持生活:土地改革剥夺了其大量的土地,切断了他与关柴的直接联系,矢部不再是有影响力的大地主,经济地位也受到损害。战争的最后几年,干货店差点关门,而这是仅存的家产。然而,矢部依然全身心投入到报德运动中去,1951年针对他的清除指令一经撤销,他又回归到公共生活中来。在接下来19年里,矢部一直是报德法和现代日本教育的大力倡导者,他还协助会津及周边地区重新发动轰轰烈烈的地方运动。他于1970年辞世。[3]

---

[1] 石田武,"政治制度变化对土地改革与农村的影响",第230页。
[2] 内皮尔,《日本农村的转型》,第201页。
[3] 渡边英一和矢部经子的《矢部善兵卫传》追忆了矢部在战后的各种活动。

缔造繁荣的农村

20 世纪 50 年代中期,当罗纳德·多尔完成其土地改革的经典著作时,丝毫看不出形势会向有利于农民的方向转化。事实上,种种迹象表明土地改革虽然重要,但还不足以弥补城乡以及工农间的差距。1948 年农村再次濒临萧条危机,尽管收成并没有像人们担心的那样差,但没人能保证未来两年不会更糟糕。[①] 显然租佃问题的解决并不能保证农民能够避免严重的经济困难;占领结束时仍有许多问题无法解决,其中一些问题还很严重。

例如,农民收入的增长滞后于工人,而且 50 年代大多数时候这一状况仍在继续。由于手握土地所有权并掌握了农业技术,农民的生产效率比以往任何时候都高,但是收入增长仍远远落后于产业工人。50 年代中期,种植水稻的农民明显趋于稳定,此后水稻产量只是缓慢增长。虽然租佃不再是一个问题,但由于耕种面积所限,生产力和生产率仍受束缚。即使拥有占领时期土地改革转手的所有土地,50 年代普通农民的耕种面积仍与 1945 年前大致持平。战后人均耕地面积差不多保持在 1.2 公顷(或1.2 町)。[②]

小块农田之所以长期存在,原因很多而且复杂。由于自耕田和水稻种植涉及到的税收和经济利益,农民不愿将土地出售或出租。1947 年 3 月至 1954 年 3 月间,仅稻田价格就上涨了 20 多倍;正如西

---

① 美国观察家对这种恐惧情绪进行评价,但认为总体而言人们对未来依旧乐观。内皮尔,《日本农村的转型》,第 78—79 页。

② 例子可参见裕次郎速水优,《围困中的日本农业》,第 27 页。受土地改革思想的影响,朝鲜和台湾的农民经历类似改革,他们和日本农民一样普遍拥有小型农场。台湾农民的人均土地面积略有下降,从 1952 年的 1.3 公顷减少到 1990 年的 1.03 公顷。严鲍青(音译,原文为 Ai-Ching Yen),"20 世纪 50 年代台湾土地改革对农业结构变革的影响",第 373 页。

田美昭指出的,农田成了一种商品,其价值与所种植何种作物无关。[1] 城市化和经济复苏往往引发地价暴涨,农田价格也不例外。对土地改革记忆犹新的土地所有者,因为担心今后收不回土地而不愿将地租给别人,这使问题进一步复杂化。[2]

由于土地改革后仍保持小块种植和低效落后的农耕模式,战时及战后的农民收入、生活水平和步入现代化的各种指标每况愈下。[3] 随着重工业和制造业的复苏,加之战前就已经存在的趋势和战后国际市场提供的机遇,农村似乎注定会越来越落后于城市。

农民和决策者最终找到了一劳永逸的办法,来摆脱农村与日俱增的危机感。1959 年,作为首相办公室的顾问团体,"农林渔根本问题研究小组"开始进行研讨。他们提出的建议被纳入 1961 年出台的《农业基本法案》中,该法案试图彻底解决农业和其他经济领域之间日益扩大的差距。《基本法》为政府支付给农民的稻米价格设立了一条新的基准线。[4] 在这些新的指导方针下,政府从农民手中收购稻米的价格不仅要考虑产品的实际成本(这样农民不会被迫以低于成本的价格出售),还要考虑产业工人工资水平的变化,也就是说在双方都采用合理生产率的前提下,全职农民的收入与全职蓝领工人大致相当。政府再以更低的价格将稻米销售给公众以消化这样做的成本。换言之,新政策让政府做出了从前不乐意做的事,那就是保证农民获得和工人对等的收入。1960 年至 1968 年间付给农民的

---

[1] 西田还认为战后农村支持日本保守派政党至少有部分原因在于土地价值的大幅增长,此外还因为农民不愿意看到这一现状受到挑战。西田美昭,《近代日本农民运动史研究》,第 267 页。

[2] 裕次郎速水优,《围困中的日本农业》,第 88—89 页。

[3] 裕次郎速水优,《围困中的日本农业》,第 47 页。

[4] 照冈修三,《日本农业史》,第 288 页。基本法一部分参照了欧洲的立法模式,也就是 1955 年德国土地法、1957 年英国农业法以及 1960 年法国农业法;裕次郎速水优,《围困中的日本农业》,第 77 页。

稻米价格翻了一番,农业与工业间的人均收入差距缩小了。20 世纪 80 年代,农民收入实际上前所未有地超过了工人。①

总而言之,土地改革和基本法案相结合给农民带来了很大收益,既保证了农民收入的稳定,又实现了整个农村的繁荣。日本战后经济增长所带来的惊人财富使农村分得了一杯羹,这一局面即便不是农村应得的,也必定是受农民欢迎的。② 30 年代困扰农民的经济问题短期内不会卷土重来。显然和其他形式的消费债务相比,农业债务并不会更差,农民以土地持有人的身份所积累的账面财富自然是前所未有的。

几十年来,政府一直维持着巨额的财政补贴和排斥国际竞争的贸易保护体系,部分收效是农民游说团坚定地支持维护其利益的保守党政府获得连任。由于国家政策的变化以及国民消费者不愿继续承担高额成本来取悦农民,近年来这种关系受到外部压力的考验,要求开放获利空间巨大的农产品进口的呼声日益高涨。自80 年代初以来,政府缓慢但稳步地修正了扶持农业的性质和程度,消除进口贸易壁垒,削减其他形式的补助。1999 年 7 月通过的《食品、农业及农村地区基本法案》,标志着与过去的做法分道扬镳,几乎完全改写了 1961 年以来的制度体系。在此新环境下,农村的发展走向难以预料,但政府不可能听任农民自生自灭。③

城市和农村

日本战败投降后的几年中,随着农村最紧迫的经济问题的解决,农民和城市居民一样都面临一个问题,那就是在一个现代都市

---

① 裕次郎速水优,《围困中的日本农业》,第 20、48—49 页。
② 沃斯沃,《现代日本社会,1868—1994 年》,第 138 页。
③ 奥里里亚·乔治的《日本的农业政治》对这一问题进行了彻底分析。

化的国家里，乡村或者大而言之农村社会应当处于何种地位呢？农本主义者，一定程度上也是经济振兴运动的支持者，坚持认为农村与城市截然不同，农村不会被城市化，因为它具有独特性和值得保留的价值。即使改革者会敦促农民学习变得更理性、更有效和更彻底的节俭以期更具现代性，他们无疑将在此过程中变得更加"城市化"或"西化"。农本主义者和振兴运动的支持者的目标不谋而合，那就是保留日本农村生活的特殊品质并建立引以为傲的现代化农村。

面对同一问题，战后给出的解答则略有不同。从50年代中期的新生活、新农村运动中可以发现某些趋势。农林省大臣河野一郎在1955年末的一个新闻发布会上宣布了新农村发展运动。在其讲话以及随后对内阁的评论中，河野尖锐地提到农村的没落和依靠农、林、渔业生活的乡村需要一套"新的"解决方案。他抱怨说，农村社会在某些关键方面落后于全国其他地区。河野指出，不仅相对于西方国家，即便相对于日本现有其他职业类型来说，农民的收入水平都比较低。由于农村在现代经济中徘徊不前，年轻人逐渐对农村失去了希望。① 所以必须采取措施维持农业的生存能力，并且巩固农村在全社会中的地位。

河野倡导的运动反映出经济振兴既注重社区的独立性，又强调将政策主动权向地方转移。作为其"强化农村核心"计划的一部分，河野表示要创建乡村委员会来协调规划；这一基层组织不免令人联想起经济振兴委员会，其成员将包括知事、各村代表、社区公民和经济组织负责人。新农村运动强调日常生活和经济行为的合理化，计划培训新一代年轻领导人，不仅为社区提供正规的财政援助渠道，还为受到特别援助的社区开通额外的渠道，河野期待为此次农村危

---

① 农林水产行政研究会，《农林水产》，第286页。

机提供一揽子完整的解决方案。[1]

他是否清楚自己提出的解决方案与早已失效的经济振兴运动存在明显的相似之处，我们不得而知。然而，对于许多部门来说，战前和战后推行的政策之间有着相当大的连贯性，人事上也有一定的延续性。由于在帝国统治援助协会（IRAA）中担任过职务，小平权一在 1946 年的大清洗中被解除公职，但仍继续活跃在众多私人团体中，而且担任农业问题顾问，很受公众欢迎。[2]（1951 年，对小平权一的清除命令被撤销；8 天后他接受了公共咨询和行政机关多项正式任命中的首个委任。）[3]当时，小平等人详尽记录了他们在运动执行过程中的经验和目标，并得出结论认为这一途径从根本上来说是行之有效的。早在 1948 年，小平就已提出经济振兴运动的目标是稳定农业社区确保其经济实力，并指出过去的做法与战后农村需求之间存在明确的联系。[4] 小平意识到振兴规划从来都不是由政府简单宣布一下而已，而是由农村来具体付诸实践，他还指出运动具有民主的属性。他强调说，始终都是人民而不是政府在为规划的发展和实施负责。从总体上讲，规划本身以及整个经济振兴运动都是"完全民主的"。[5]

政府所谋求的农村改革与官方和大众对日常生活改革重燃的热情非常契合；因此"新农村"运动与"新生活"运动并行展开。新生

---

① 山本治编，《农业政策与实施近况》，第 105—106 页。

② 小平一生出版了 396 部著作，其中的 313 部都是 1946 年以前发表的。楠本昌弘编，《农林渔村经济振兴运动与小平权一》，第 1—18 页。

③ 同上，第 688、692 页。

④ 小平权一，"农产经济振兴运动研究史与农村标准确立运动"，楠本昌弘编，《农林渔村经济振兴运动与小平权一》，第 65—66 页。

⑤ 楠本昌弘编，《农林渔村经济振兴运动与小平权一》，第 82—83 页。小平进一步指出，"扩大工业合作社和合作联盟的运动也属于民主组织"。小平一直都活跃在众多农业组织中，而且富有影响力，直到 1976 年以 92 岁高龄去世。

活运动"承袭了实现现代化的使命,实际上是沿用了战前日常生活改革运动的语言",与河野倡导的农村改革有许多相似之处,号召公民节俭、理性、健康以及相互合作。[1] 新生活没有将重点放在乡村或农民身上,而是特别关注家庭主妇,鼓励她们实现家庭日常行为"专业化",此外还培养她们的性别意识,要求她们区分和配偶在家庭中所担当的不同角色。

人们对1955年同时兴起的新生活运动给予广泛而持久的支持。该运动使几十年来支持其理念的公众和社团产生共鸣。[2] 正如谢尔登·加龙所言,"纵观战后时期,不论公众持有怎样的政治倾向,绝大多数日本民众仍然确信他们生活在一个贫困的国家,提高生活水平的关键在于实现日常生活的现代化或合理化,而不是一味地扩大消费。"[3]战后时期的道德劝诫运动(那时有很多类似的运动)似乎把重点从区分城乡选区转向关注阶层、性别甚至民族认同的共同特征上。新农村运动是个并不太成功的例外。

和新生活运动不同的是,新农村发展运动既没有被广为接受,也没有持续多久时间。自1956年以来,官方仅支持了7年时间,在此期间新生活运动在农村的进展也微乎其微。比起对新生活运动热烈欢迎和积极响应,公众对新农村运动的支持是零星散漫的。[4] 包括农民在内的普通公民秉承理性、节俭和现代的生活方式,而拒绝将新农村运动视作现实中解决农业经济问题的答案。从全国来讲,农会拒绝支持这一运动,尽管一些乡村的地方分支机构报告说有参与行动,希望运动能带来资金援助,显然对大多数观察者来说这一运动的影响力可以忽略不计。和早期经济振兴运动

---

[1] 加龙,"对日本历史现代化和现代性的再思考",第357页。

[2] 加龙,"日本家庭管理"也提到科技和合理化的重要性,而且是日本战败后重建的关键因素;见多尔,《接受战败》,第494—495页。

[3] 加龙,"对日本历史现代化和现代性的再思考",第358页。

[4] 谷野晃,《国土与农村规划》,第128—132页。

不同的是,新农村运动没有获得地方拥护,所产生的成效也不够具体。

在某种程度上,新农村运动的终结标志着日本农村与全国其他地方全新关系的开始。战争末期的混乱和破坏力暂时平衡了城乡之间以及工农之间的竞争,但并没有解决二者之间的巨大差异。这些差距是引发 30 年代改革的部分源动力,同时也是许多农民最关注的核心问题。战后仅靠土地改革和《基本农业法案》来防止这种差距再次演变成危机。从 50 年代开始,农村家庭就已完全接受分享全国(有限)的消费文化和现代生活方式,这一做法在富裕农民中相当普遍,并非个例。威廉·凯利指出,由于教育这一"巨大主宰力量"所取得的成就,50 年代末城乡间的界限日渐模糊,有组织有计划的生活和小型三口之家的出现几乎把所有日本人都纳入了中产阶级。[①] 经济繁荣通过创造出农村家庭强烈渴望实现的中产阶级文化,缩短了城乡之间的距离。中等阶层的农民能将这些节俭、认真、勤奋以及理性行为品质输送到整个农村社会,这和战前极力弘扬和努力倡导具有一定程度的连续性。[②]

城乡关系以另一种模棱两可的方式展现出来。乡村实际上变成了城市,农民可能会出现在办公桌后,就像出现在田间地头一样。农业和小型农村社区越来越遭到"现代"日本的忽视。尽管在两次战争之间城市化的进程加快了,30 年代 70% 的人口仍生活在城镇或乡村里,每 5 个日本人中就有 2 个人住在人口少于 5 000 人的社区中。城市与农村的这种平衡在此后 20 年中相当稳定,1950 年城市

[①] 凯利,"合理化和怀乡情结",第 605 页。又见同上,"在日本大都会中找寻一席之地",第 189—216 页。

[②] 战后《家之光》反映了这些变化。尽管该杂志继续强调农协对农村社会生活的有利影响,但其刊登的文章多是在倡导和城市中的职员完全一样的生活方式。安达生津,"《家之光》的战后调整",第 91—95 页。

居民还是只占少数,低于人口的 40%。[1] 人们逐渐迁入城市,重回被战争摧毁的城市,但进度缓慢。

50 年代中期,这种逐步向城市移民的模式让位于更加迅速的人口迁移和行政控制。这一举措首先由占领美军委派的休普使节团提出,最终也获得了日本同僚的认同,此建议认为融合或合并全国 10 000 多个城镇和乡村会带来实质性的行政收益和经济效益。在鼓励城镇和乡村合并期间,赋予各县很大程度上的自由度,1953 年 9 月,政府首次提出并通过了《城镇乡村合并推进法案》,并于 3 年后通过了《新城镇乡村建设推进法案》。[2]

这些工作取得了令人瞩目的成效。1953 年 9 月至 1956 年 10 月间,日本乡村的数量从 7 640 个锐减至 1 600 个以下。合并后乡村的面积和人口是合并前的 3 倍。[3] 此外,通过将临近的城镇和乡村合并到相邻的城市,政府设法使日本转变成一个城市化国家。到 1960 年,超过 60% 的人口居住在城市。[4] 关柴和喜多方其他相邻的村庄——松山、岩月、熊仓、丰川、山都和上三宫——也是这次城乡转变的一部分。1954 年,这 7 个村子和 1 个市合并成立了喜多

----

[1] 加田良平、后藤顺子,"可持续性土地使用和日本农村社会的现实问题",第 43 页。

[2] 有关社区成功抵制合并倡议的有趣事例见贝利,《平凡人们的不凡人生》;斯坦纳,《日本的地方政府》,第 187—189 页。

[3] 斯坦纳,《日本的地方政府》,第 192 页。也提到由于日本对土地使用和区域划分没有做出严格规定,因此农业区和非农业区的界限比起欧洲来非常模糊,很难区分农场的界限。西田美昭,"火车窗外"。

[4] 当然,事实是处于城市管辖范围内的居民对"都市"氛围知之甚少。20 世纪 50 年代和 60 年代初的城市扩张和合并导致城乡间的界限日渐模糊,因此自 60 年代以来报出的统计数据都依据当地人口的相对人口密度(包含较大管辖单位的人口),这样才能保证数字的精确度。1960 年超过一半的人口居住在城外人口密集区(人口密度每平方公里超过 4 000 人),但到 1970 年时,这一数据仅有 47%。加田良平、后藤顺子,"可持续性土地使用和日本农村社会的现实问题",第 43—44 页。

方市。①

农业在其他方面也逐渐失去地位。整个三四十年代以及 50 年代的大部分时间里,农业生产在日本 GNP(国民生产总值)中占 20% 至 25%。1960 年仅占 15%,10 年后所占比例又下降了一半。1990 年农业仅占日本 GNP 的 2.6%。按照一位学者的标准,这个数字基本可以忽略不计。②

劳动力方面的变化也反映出类似趋势。20 年代,农民占了约一半的劳动力,1940 年占 40%,1960 年停滞在 30% 的水平。农民劳动人口下降是相对的,因为从 1920 年到 1960 年被划分为农民的人口数量几乎不变,大约保持在 1 300 万或 1 400 万。直到 1960 年后,农业人口才开始经历迅速且显著的下降,1965 年下降到不足 1 100 万,而 1975 年下降到 1960 年的一半。1990 年农民人口只有 30 年前的 1/3 了,当时每 15 个劳动力里仅有 1 个农民。

即使是数字也可能具有欺骗性,因为农业补贴、机械化进步以及引入其他节省劳动力的设备意味着对大多数家庭来说农业日益成为兼职工作。从全国来看,1989 年农业只占日本农民平均收入的 18%。③ 60 年代中期喜多方居民倾向于把农业做为兼职:1965 年,在城市范围内有 1 061 个全职农业家庭;10 年后只有 366 个。④

一个相关现象可以说明农业劳动力的前景"惨淡"。在农村,人

---

① 喜多方市市志编委会编,《喜多方市市志》,第 8 卷,第 247、643 页。

② 西田美昭,《近代日本农民运动史研究》,第 1 页。

③ 西田美昭,"火车窗外"。

④ 1965 年有 35% 的农户是全职农民;1975 年降至 13%。见喜多方市市志编委会编,《喜多方市市志》,第 7 卷,第 635 页。农民比例以及农业地位的双重下降这一现状并非日本独有。1930 年至 1959 年间美国农民的比例降低了 40%,而在 1930 至 1987 年间更是减少了 2/3。美国和日本不同的经历是自 30 年代以来耕地总在不断变化,越来越多的土地成为大型农场的一部分。到 1959 年美国有 1/5 的农场面积超过 105 公顷。而日本却与之相反,平均每个农场面积仅仅有 1.2 公顷。斯坦顿,"进入新世纪以来美国农业的结构性变化",第 118、121 页。

们很快就会注意到田间管理庄稼主力是上年纪的男人和女人。一些人是退休后重返农田,而其他人则是耕了一辈子地,他们也是家里唯一的留守人口,将最好的劳动力用于耕种,而不是去当地工厂或零售公司挣钱。农村婚龄男性的共同悲哀是没人愿意嫁给农民,这反映出年轻妇女有其他择偶对象,同时也说明为何很少有年轻男子愿意务农。

难以琢磨的乡村振兴

当会津若松市(1955 年更名,以纪念原来的市与附近几个乡村合并)的管理者将其描述为"一座没有烟囱的城市"时,暗含着一种积极的心态,丝毫没有告别重工业的不舍之情。和其北邻喜多方一样,90 年代会津若松市想方设法、最大限度地开发它的传统特质。农业和传统产业(如味增、清酒等)仍在当地经济(和在火车站纪念品商店)中发挥着显著作用,这一事实并非意味着落后,而是体现了当地特有的生活品质。努力吸引"无污染"的高科技工厂进驻该地区的策略取得了一定成功,1993 年会津大学开办,以计算机和软件设计为机构教育重点,这是向正确方向迈进的另一举措。作为一项可观的收入和就业机会,旅游业脱颖而出,这在一定程度上是受到本国游客内在需求的驱动,因为许多日本人渴望亲身经历当地农民的生活片段,而会津若松市和会津盆地的其他地区都非常乐意提供这个机会。城市和乡村这种具有讽刺意味的新型关系对当地居民来说倒也是巨大乐趣的来源。

会津若松市及类似社区为日本农村如何适应现代日本社会其他组成部分这个顽固问题给出了答案。在过去三四十年中,当地领导人为发挥社区作用所做的尝试与公众对农村的期待等因素以一种复杂的方式相互作用着。一部分营销计划、社会政策以及政府和个人的种种努力,促使大家把注意力都集中在故土或者说"故里"

上,这对几乎脱离农村生活的市民具有重要意义。①

"故土"不仅激发了广泛含义的联想,而且蕴含着一种与水稻种植区的原始联系,它是现代社会发展的根基,将城市家庭与农村家庭连结起来,帮助人们回归到迷失已久的"家园"。考虑到许多城市居民世代远离稻田,所以他们对回"家"必定会犹豫不决。寻找"传统"以及与农村生活和农耕相关的品质,这其中包括与自然和邻居和谐相处,也是人们对农村重拾兴趣的另一个原因;②此外还包括人们渴望体验奇异的情调,希望在国内找到一个地方来挑战千篇一律的单调生活,同时还能彰显团结一致的民族凝聚力。旅行社和铁路率先激起人们前往农村寻根的冲动,去体验一下失落的传统,哪怕是刻意制造出这一旅游需求。③

昔日的关柴也就是如今的喜多方经历了漫漫长路才走出危机。接下来也许需要重新确立它的地域身份,究竟其代表的是落后的农村,还是想象中的过去?这种确立身份的过程标志着难以琢磨的农村振兴已发展到最后阶段。大萧条之后,居民试图努力挣脱过去;而 90 年代,当地领导却发现要靠追忆过去来缔造社区的未来。④

和会津若松市一样,喜多方围绕"田园情调"主题兴起了繁荣的旅游产业。喜多方有两个最重要的引人之处。第一个亮点是关柴拥有两千多座'藏',也就是青瓦灰浆的仓库,在城市及其周边地区

---

① 奈特在"日本的乡村振兴"中对农村社会自行实现市场化以及获得和都市同样平等地位的过程进行了丰富详实的分析;另见贝利,《平凡人们的不凡人生》。

② 正如安·沃斯沃指出的那样,老一辈的日本人对农村现实的理解太过痛切,结果就导致他们很难把它理想化。直到最近公众对于农耕不再关注,才使这种理想化的农村得以成功实现。

③ 不断有著作对当代日本故里的含义进行探究;尤其参见艾维,"大众文化的形成";凯利,"合理化与怀乡情结";罗伯特森,"需要村庄"。

④ 喜多方 1995 年的人口为 37 532,仅仅比 20 年代末稍多一些,比 1953 年的 43 273 人口数少得多。喜多方市市志编委会编,《喜多方市市志》,第 8 卷,第 256 页。总务厅统计局编,《日本统计年刊》。

星罗棋布。明治时期,许多城镇和乡村依靠"藏"防火、防虫、防盗,但喜多方的不寻常之处在于它保存下来的"藏"数量众多。1880年的一次火灾后一切几乎化为灰烬,唯有'藏'仍然屹立不倒(故事大约是这么讲的)。此后居民开始利用一切空闲到处修建"藏"。拥有属于自己的"藏"成为成功的标志,也使"藏"这种建筑风格和建造方法延续了下来。近年来,喜多方市发现"藏"这种构造虽然渐渐失去了实用价值,但却令那些见惯了现代日本建筑的人们为之倾倒。为迎合游客的兴趣(当地一位企业家开发出新型的城市光项目,为游客提供复制品"藏"制成的马车),原有的现存的"藏"被一一修复,新的"藏"被建起,当地领导和商人都大力宣扬"'藏'之都——喜多方"的魅力。[①]

喜多方另一大亮点是拉面,这是一种源自中国并由日本人世代流传下来的带汤汁的面条,如今已是随处可见。喜多方有一百多家拉面馆,专门制作一种"卷曲"的面条,辅以很多薄薄的肉片的清汤;这样的独特搭配的确与众不同,足以使喜多方拉面成为首屈一指的地方风味。预先包装好的速食拉面被送往全国各地的超市,展现出这一特产的吸引力。一车车的游客在其钟爱的本地餐馆外排队也成了一个旅行团的必备项目,这标志着喜多方市找到了另一种成功模式。"藏"和拉面相结合使喜多方崭露头角,使它比众多类似的乡村有更多收获。喜多方展示了这座城市的自身特点及其在日本的地理位置,这些特质表明在其旅游宣传册中不仅可以把东京作为出发点,游客也可以从北海道和九州方向出发。

将喜多方提升为旅游目的地的举措非常成功。70年代中期自从第一部展示该地区的电视节目由日本放送协会(NHK)播出后,游客数量首次攀升至5万余人。随着积极的宣传工作和在电视旅行节目中频繁露面,该地区成为全国最受欢迎的"新"旅游目的地。1989

---

① "仓库之城"是喜多方当地宣传册、地图和旅游手册中惯用的宣传口号。

年游客数量突破 50 万,截止到有效统计数据的最后一年,从 1993 年到 1998 年,该市每年接待的游客数量超过 100 万。[1]

这种愿意触及过去,并借过去来维系与界定现在,是喜多方展现自我的一种方式。喜多方市市志编纂办公室坐落在一幢楼房的顶层,和市立图书馆及小型地方民俗博物馆在同一层。办公室从 1978 年开始工作至今,其职员一直对当地档案和其他有历史价值的资料进行收集并编纂成册,在此过程中,还召集了当地史学家、教师等人协助编纂工作。90 年代初,开始出版十二卷本的《喜多方市市志》的第一卷。将一个地方的历史结集出版并非喜多方独创,但也并非每个社区都能尝试。此举不仅吸引了对地方兴趣浓厚的读者群,而且由于当地(一些是专业的)历史学家的参与,确保了著作创作的高质量水准。

我这里特别提到历史,是要同密切关注关柴和其居民的其他研究建立一种联系。相比之下,《喜多方市市志》不是将 1 个而是 8 个村庄的过去放在一起,也就是喜多方镇和与其接壤的 7 个乡村。重新划定的行政边界催生出一段由独立村庄叙述组成的历史;出版的第一卷的序言是对该地区历史的概述,主要由单个村庄的历史集合而成。这些章节虽然有一个共同框架,但对各个村庄的不同特点做了充分论述,不仅介绍了社会、经济发展情况,还描述了他们对危机和变革所作的回应。没有两个乡村是完全一样的,而谈及的 7 个乡村与喜多方镇也不尽相同。

与此同时,《喜多方市市志》创造了独特的元叙事方式,抹去了村庄间的界限。出版的第二卷是一组文件,根据不同主题按照年代顺序组织而成,从 7 个乡村及喜多方镇收集了教育、经济和管理类资料,并一一列举出来。各村之间的横向关系在涉及单个村庄历史的章节中脉络清晰,但以元叙事方式列出就不那么一目了然了。这种

---

[1] 喜多方市市志编委会编,《喜多方市市志》,第 7 卷,第 848—849 页。

方式至少部分颠覆了事件发生的常规轨道。此外,共享叙述还暗含了从农村到城市、从农业到服务业以及从乡村到"'藏'之都——喜多方"的转型过程。

人们可能会用任意一种方式来分析当地历史的构造方法,借以探讨现代日本的"理想社区"模式,然而更令我感兴趣的是它所传递出的真实情况。着眼于单个的独立乡村是该书多数情况下所选用的做法,但很容易忽略关柴对周边社会和经济全景的重要性。《喜多方市市志》提醒我们即使在社区间差异较大的情况下,从一个地方事件也可以反观其他地方的类似事件。

借鉴关柴的特定历史,我并非有意忽略其他社区,而是希望通过关柴的经历来说明日本农村其他地方的经历。在我看来,《喜多方市市志》还反映出农村、城市和政府之间正在进行一场谈判,这一过程不仅涉及地方的身份认同,还涉及经济生存能力问题。在喜多方,乡村变成了城市,但并不意味着每个人把这一转型视为农民在现代工业化中所面临问题的最终答案,或是一个特别理想的答案。喜多方积极投身于旅游业转型就表明农村身份和地位问题仍未得到解决,正如30年代当地居民一直在尽力争取的那样。

市志编纂办公室的北边毫无遮蔽,视野开阔,大大的玻璃门通向一个小阳台。在那里喜多方大部分的景色尽收眼底,风和日丽的日子里还能看到沿盆地边缘向山脉方向游走的灯光。或者像我常常做的那样,可以向右探出头瞥一眼大桥另一面的景物,而过了河向东就是关柴。

附　录

1934 年关柴经济振兴委员会成员

姓名	村落	资历	村排名	
			土地	缴税户数比例
佐藤佐吉	小松	知事、农协会长、养蚕农业协同组合联合会会长	10(18)	5(18)
阿布正	东卷田	知事助理、生产联合会主任	2(16)	2(21)
渡边久五		小学校长、青年男子协会会长	不详	不详
渡边晋六		教师	不详	不详
圆部主计		农协技术员	不详	不详
梁取八五郎	关柴	村会计	16(69)	5(71)
铃木绿		教师	不详	不详
佐藤三井		教师	不详	不详
宇津木太极	平林	生产联合会会长、曾为教师	36(40)	4(50)
史织武		在乡军人协会会长、青年男子协会顾问	不详	不详
渡边初治	曾曾木	农协官员	不详	不详
田部诚至	关柴	村委会、区长	14	12
莲沼佐一①	关柴	农协官员	2	7
大竹清吉	关柴	农协官员、区长	6	3
渡边新太	小松	村委会、福利委员会、区长、蚕业协会官员、曾为小学校长	6	10
小林太郎八	下柴	区长、农协官员	9(22)	6(27)
菊池文记	平林	蚕业协会官员、农协	5	8

① 表中关柴农协官员 Hasanuma Saichi 恐为 Hasunuma Saichi，译为莲沼佐一。——译者注

姓名	村落	资历	村排名	
			土地	缴税户数比例
菊池宗三郎	平林	村委会、区长	11	13
伊藤文平	京出	农业实践协会负责人	4(22)	6(25)
菊池勇	堂上	农协官员	不详	不详
远藤玄吾	上高额	村委会、农协官员、区长、上高额报德社副会长	26(56)	1(63)
丸山作马	上高额	荣誉村民	15	3
五十岚章喜	上高额	蚕业协会主任	不详	51
东条玄平	堂下	生产联合会主任、消防队队长、农协副会长、区长、村委会、曾为教师	2(15)	2(16)
菅沼荣八	西卷田	区长、生产联合会主任、蚕业协会主任	4(23)	3(25)
猪俣忠广		教师	不详	不详
穴泽正泰	西卷田	村书记员	19	10
小田切阳五	东卷田	区长、生产联合会主任、农协官员	4	3
相良由马	中里	数据调查员、荣誉村民	不详	不详
穴泽喜三八	三津井	蚕业协会主任	1(7)	1(7)
史织千代一	大古	村委会	14(29)	16(31)
高桥重八	大古	农业实践协会负责人、数据调查员、农协	13	12
福岛隆光		村书记员	不详	不详
远藤传太郎	平林	村书记员	37	49

来源:这里"不详"是指相关数据无从考证。成员资格和机密信息出现在三个略有出入的版本中,参见 SMY,"经济振兴委员会非救助金交付请愿书",1934 年 7 月 20 日,《1934 年经济振兴》,KST;和 SMY,"关柴村经济振兴委员会规定";"经济振兴委员的任命"均来自《1934 年经济振兴》,KST。这里所列名单是基于 1934 年 7 月 20 日的文件。在"村排名"下的"土地"一栏中,反映了 1934 年水田的耕种情况,而户数比例一栏则反映出 1934 年的纳税估值总额。参见 SMY,"山郡关柴村特别税按户缴纳比例负担额度决定书",出自《参会记录》,1934 年,KST。

Adachi Ikitsune. "*Ie no hikari* no sengo tekiō." *Shisō no kagaku* 21 (September 1960): 79–96.

————. "*Ie no hikari* no rekishi: aru nōhon shugi to sono baitai." *Shisō no kagaku* 18 (June 1960): 59–76.

————. "Jiriki kōsei undōka no *Ie no hikari*." (*Kikan*) *Gendai shi* 2 (May 1973): 105–114.

Aizu Hōtokusha nenpyō henshū iinkai. *Aizu Hōtokusha nenpyō.* Bange-machi: Suzuki insatsu, 1981.

Aizu-Wakamatsu-shi shuppankai, ed. *Aizu no rekishi.* Aizu-Wakamatsu-shi: Aizu-Wakamatsu-shi shuppankai, 1969.

Arai Masao. "Jiriki kōsei o kataru." *Minsei* 6 (November 1932): 24–28.

Arakawa Gorō. "Jiriki shinkō keikaku ni tsuite." *Minsei* 6 (October 1932): 62–68.

Arakawa, H. "Three Great Famines in Japan." *Weather* 12, no. 7 (1957): 211–217.

Armstrong, Robert Cornell. *Just Before the Dawn: The Life and Work of Ninomiya Sontoku.* New York: Macmillan, 1912.

Asahi shinbunsha. *Asahi jinbutsu jiten: gendai Nihon.* Tokyo: Asahi shinbunsha, 1990.

Azuma Takeshi. "Nōsei mondai ni kansuru shitsumon." *Seiyū,* no. 390 (February 1933): 38–48.

————. "Nōson no san dai mondai." *Seiyū,* no. 402 (February 1934): 24–26.

Baba Eiichi. "Nōson keizai no shinkō to jiriki kōsei undō." *Shimin* 28 (February 1933): 1–3.

Bailey, Jackson H. *Ordinary People, Extraordinary Lives: Political and Economic Change in a Tōhoku Village.* Honolulu: University of Hawai`i Press, 1991.

Barnhart, Michael. *Japan Prepares for Total War: The Search for Economic Security, 1919–1941.* Ithaca, N.Y.: Cornell University Press, 1987.

Bashō, Matsuo. *The Narrow Road to Oku.* Translated by Donald Keene. Tokyo, New York, and London: Kodansha, 1996.

Berger, Gordon. *Parties out of Power in Japan, 1931–1941*. Princeton, N.J.: Princeton University Press, 1977.

Bowen, Roger W. *Rebellion and Democracy in Meiji Japan: A Study of the Commoners in the Popular Rights Movement*. Berkeley: University of California Press, 1980.

Brinkley, Alan. *Voices of Protest*. New York: Vintage–Random House, 1982.

Case, H. C. M. "Farm Debt Adjustment During the Early 1930s." *Agricultural History* 34 (October 1960): 173–181.

Chira, Susan Deborah. *Cautious Revolutionaries: Occupation Planners and Japan's Post-War Land Reform*. Tokyo: Agricultural Policy Research Center, 1982.

Crawcour, E. Sydney. "Industrialization and Technological Change, 1885–1920." In *The Economic Emergence of Modern Japan*, ed. Kozo Yamamura, 50–115. Cambridge, Eng., and New York: Cambridge University Press, 1997.

Dai Nihon teikoku tōkei nenkan. 1920–1937.

Dazai, Osamu. *Return to Tsugaru*. Translated by James Westerhoven. Tokyo, New York, and San Francisco: Kodansha, 1985.

Den Akira. "Shōwa 9 nendo sōyosan hihan." *Minsei* 8 (January 1934): 24–25.

Dore, Ronald P. *Land Reform in Japan*. New York: Schocken Books, 1985.

————. *Shinohata: A Portrait of a Japanese Village*. 1st American ed. New York: Pantheon Books, 1978.

Dore, Ronald P., and Tsutomu Ōuchi. "Rural Origins of Japanese Fascism." In *Dilemmas of Growth in Prewar Japan*, ed. James W. Morley, 181–209. Princeton, N.J.: Princeton University Press, 1971.

Dower, John W. *Embracing Defeat: Japan in the Wake of World War II*. New York: W. W. Norton, New Press, 1999.

————. *Japan in War and Peace: Selected Essays*. New York: New Press; distributed by W. W. Norton, 1993.

Downard, Jack Douglas. "Tokyo: The Depression Years, 1927–1933." Ph.D. dissertation, Indiana University, 1976.

Duus, Peter. "Introduction, Japan's Informal Empire in China, 1895–1937: An Overview." In *The Japanese Informal Empire in China, 1895–1937*, ed. Peter Duus, Ramon Hawley Myers, and Mark R. Peattie, xi–xxix. Princeton, N.J.: Princeton University Press, 1989.

Duus, Peter, Ramon Hawley Myers, and Mark R. Peattie, eds. *The Japanese Informal Empire in China, 1895–1937*. Princeton, N.J.: Princeton University Press, 1989.

Economisuto. 1930.

Farquharson, John E. *The Plough and the Swastika: The NSDAP and Agriculture in Germany, 1928–45*. Sage Studies in Twentieth Century History, vol. 5. London and Beverly Hills, Calif.: Sage Publications, 1976.

Fletcher, William Miles, III. *The Search for a New Order: Intellectuals and Fascism in Prewar Japan*. Chapel Hill: University of North Carolina Press, 1982.

Francks, Penelope. *Technology and Agricultural Development in Pre-War Japan.* New Haven and London: Yale University Press, 1984.

Fukushima-ken. *Fukushima-ken tōkei sho.* Vol. 1. Fukushima-shi: Fukushima-ken, 1931.

————, ed. *Sangyō keizai 1.* Vol. 18 of *Fukushima-ken shi.* Fukushima: Kohama insatsu, 1969.

————, ed. *Seiji 1.* Vol. 15 of *Fukushima-ken shi.* Fukushima: Kohama insatsu, 1968.

————, ed. *Seiji 2.* Vol. 16 of *Fukushima-ken shi.* Fukushima: Kohama insatsu, 1969.

Fukushima-ken keizaibu. *Shōwa 9 nendo nōsangyoson keizai kōsei keikaku gaiyō: keikaku juritsu.* Fukushima-shi: Fukushima-ken keizaibu, 1935.

Fukushima minpō. 1930–1939.

Fukutake, Tadashi. *Japanese Rural Society.* Translated by Ronald P. Dore. Tokyo, London, and New York: Oxford University Press, 1967.

Garon, Sheldon. "Fashioning a Culture of Diligence and Thrift: Savings and Frugality Campaigns in Japan, 1900–1931." In *Japan's Competing Modernities: Issues in Culture and Democracy, 1900–1930,* ed. Sharon A. Minichiello, 312–334. Honolulu: University of Hawai`i Press, 1998.

————. *Molding Japanese Minds: The State in Everyday Life.* Princeton, N.J.: Princeton University Press, 1997.

————. "Rethinking Modernization and Modernity in Japanese History: A Focus on State-Society Relations." *Journal of Asian Studies* 53, no. 2 (May 1994): 346–366.

George, Aurelia. *The Politics of Agriculture in Japan.* Nissan Institute / Routledge Japanese Studies Series. New York: Routledge, 2000.

Gluck, Carol. *Japan's Modern Myths: Ideology in the Late Meiji Period.* Princeton, N.J.: Princeton University Press, 1985.

Gordon, Andrew. *Labor and Imperial Democracy in Prewar Japan.* Berkeley: University of California Press, 1991.

————. "Managing the Japanese Household: The New Life Movement in Postwar Japan." *Social Politics* (Summer 1997): 245–283.

Haley, John Owen. *Authority Without Power: Law and the Japanese Paradox.* Oxford and New York: Oxford University Press, 1991.

Hall, John Whitney. "Changing Conceptions of the Modernization of Japan." In *Changing Japanese Attitudes Towards Modernization,* ed. Marius B. Jansen, 7–41. Princeton, N.J.: Princeton University Press, 1965.

Hanes, Jeffrey E. "Media Culture in Taishō Osaka." In *Japan's Competing Modernities: Issues in Culture and Democracy, 1900–1930,* ed. Sharon A. Minichiello, 267–287. Honolulu: University of Hawai`i Press, 1998.

Hara Akira. "Keiki junkan." In *Sekai daikyōkōki,* ed. Ōishi Kaichirō, vol. 2 of *Nihon teikokushugishi,* 367–410. Tokyo: Tōkyō daigaku shuppankai, 1987.

Harada Katsumasa. *Manga irasuto Shōwa no rekishi.* Vol. 2. Tokyo: Kodansha, 1984.

Harada Kumao. *Saionji Kō to seikyoku.* Vol. 3. Tokyo: Iwanami shoten, 1950.

Hastings, Sally Ann. *Neighborhood and Nation in Tokyo, 1905–1937.* Pitt Series in Policy and Institutional Studies. Pittsburgh: University of Pittsburgh Press, 1995.

Hatade Isao. "Shōwa kyōkō to kyūnō doboku." In *Tochi kairyō hyakunenshi,* ed. Zenkoku tochi kairyō jigyō dantai rengōkai nijū shūnen kinenshi henshū iinkai, 177–190. Tokyo: Heibonsha, 1977.

Havens, Thomas R. H. *Farm and Nation in Modern Japan: Agrarian Nationalism, 1870–1940.* Princeton, N.J.: Princeton University Press, 1974.

————. "Religion and Agriculture in Nineteenth Century Japan: Ninomiya Sontoku and the Hōtoku Movement." *Japan Christian Quarterly* 38, no. 2 (Spring 1972): 100–102.

————. "Two Popular Views of Rural Self-Rule in Modern Japan." *Studies on Japanese Culture* 2 (1973): 249–256.

————. *Valley of Darkness: The Japanese People and World War Two.* New York: Norton, 1978.

Hayami, Yujiro. *Japanese Agriculture Under Siege: The Political Economy of Agricultural Policies.* New York: St. Martin's Press, 1988.

Higashinari Tetsugorō, ed. *Hōtoku Ninomiya ō kyōkun dōwa.* Tokyo: Aizensha, 1907.

Hokushin fukyō taisakukai daihyōsha. "Nōson kyūsai no chinjō o kiku." *Tōyō keizai shinpō,* June 18, 1932.

Holt, John Bradshaw. *German Agricultural Policy, 1918–1934: The Development of a National Philosophy Toward Agriculture in Postwar Germany.* Chapel Hill: University of North Carolina Press, 1936.

Hosaka Masayasu. *Go-ichigo jiken: Tachibana Kōzaburō to Aikyōjuku no kiseki.* Tokyo: Sōshisha, 1974.

Ie no hikari. 1932–1940.

Iinuma Jirō. "Seitō seiji to Shōwa nōgyō kyōkō." *Shisō,* no. 624 (June 1976): 155–173.

Ikeda Miyoji. *Shin Nihon no tenbō.* Tokyo: Kokumin kyōikukai, 1936.

Inamura Ryūichi. *Inamura Ryūichi shi danwa (dai ni) sokkiroku.* Naiseishi kenkyū shiryō, no. 188. Tokyo: Naiseishi kenkyūkai, 1974.

Inomata Etsuzō. "Shūsen zengo no kiroku kara." In Kitakata-shi shi hensan junbi iinkai, ed., *Kitakata-shi shi nenpō,* no. 4. Kitakata-shi: Kitakata-shi shi hensan junbi iinkai, 1987, 1–73.

Inomata Tsunao. *Kyūbō no nōson.* In *Shōwa zenki nōsei keizai meichoshū,* ed. Kondō Michio, vol. 1, 279–438. Tokyo: Nōsangyoson bunka kyōkai, 1978.

Inoue Harumaru. *Nihon shihon shugi no hatten to nōgyō oyobi nōsei.* Tokyo: Chūō kōron sha, 1957.

Iriye, Akira. *The Origins of the Second World War in Asia and the Pacific.* London and New York: Longman, 1987.

Ishida Takeshi. *Kindai Nihon seiji kōzō no kenkyū.* Tokyo: Miraisha, 1956.

———. "Nōchi kaikaku to nōson ni okeru seiji shidō no henka." In *Nōchi kaikaku*, ed. Tōkyō daigaku shakai kagaku kenkyūjo, vol. 6 of *Sengo kaikaku*, 217–250. Tokyo: Tōkyō daigaku shuppankai, 1975.

Itagaki Kuniko. *Shōwa senzen, senchūki no nōson seikatsu.* Tokyo: Mitsumine shobō, 1992.

Ivy, Marilyn. "Formations of Mass Culture." In *Postwar Japan as History*, ed. Andrew Gordon, 239–258. Berkeley: University of California Press, 1993.

Iwasaki Akira. "Atarashii media no tenkai." *Shisō*, no. 624 (June 1976): 240–255.

Johnson, Chalmers A. *MITI and the Japanese Miracle: The Growth of Industrial Policy, 1925–1975.* Stanford, Calif.: Stanford University Press, 1982.

Johnston, B. F. *Japanese Food Management in World War II.* Stanford, Calif.: Stanford University Press, 1953.

Kada, Ryohei, and Junko Goto. "Present Issues of Sustainable Land Use Systems and Rural Communities in Japan." In *Japanese and American Agriculture: Tradition and Progress in Conflict*, ed. Luther Tweeten, Cynthia L. Dishon, Wen S. Chern, Naraomi Imamura, and Masaru Morishima, 31–50. Boulder, Colo.: Westview Press, 1993.

Kagawa, Toyohiko. *The Land of Milk and Honey.* Translated by Marion Romer Draper. London: Hodder & Stoughton, 1937.

Kagawa Toyohiko. *Chichi to mitsu no nagaruru sato.* In *Kagawa Toyohiko zenshū*, ed. Kagawa Toyohiko zenshū kankōkai, vol. 17. Tokyo: Kirisuto shinbunsha, 1935 (1982).

Kageyama Shikazō. "Fusai o seyo!" *Fukushima-ken nōkai hō* (April–June 1931): 120–122.

Kaizō. 1932–1933.

Kano Masanao. *Taishō demokurashii no teiryū.* Tokyo: Nihon hōsō shuppan kyōkai, 1973.

Kase Kazutoshi. "Keizai seisaku." In *1920 nendai no Nihon shihon shugi*, ed. 1920 nendai shi kenkyūkai, 373–411. Tokyo: Tōkyō daigaku shuppankai, 1983.

———. "Nōson fusai seiri seisaku no ritsuan katei—Manshū jihenki nōgyō seisaku taikei no ichisokumen." *Tōkyō suisan daigaku ronshū*, no. 14 (March 1979): 11–38.

———. "Senzen Nihon ni okeru shitsugyō kyūsai jigyō no tenkai katei." 2 pts. *Shakai kagaku kenkyū* 43, no. 3 (October 1991): 159–229; 43, no. 5 (January 1992): 201–288.

Kasza, Gregory J. *The State and the Mass Media in Japan, 1918–1945.* Berkeley and Los Angeles: University of California Press, 1988.

Kayo Nobufumi. *Nihon nōgyō kiso tōkei.* Tokyo: Nōrin tōkei kyōkai, 1977.

Kazahara Yasoji. *Nihon shakai seisaku shi.* Tokyo: Nihon hyōronsha, 1937.

Keizai ōrai. 1932–1935.

Kelly, William W. *Deference and Defiance in Nineteenth-Century Japan.* Princeton, N.J.: Princeton University Press, 1985.

————. "Finding A Place in Metropolitan Japan: Ideologies, Institutions, and Everyday Life." In *Postwar Japan as History*, ed. Andrew Gordon, 189–216. Berkeley: University of California Press, 1992.

————. "Rationalization and Nostalgia: Cultural Dynamics of New Middle-Class Japan." *American Ethnologist* 13, no. 4 (1986): 603–618.

Kenmochi Seiichi. "Shōwa kyōkō ki to hoppō no kyōshi-tachi." In *Minshū to shite no Tōhoku*, ed. Makabe Jin and Nozoe Kenji, 205–224. Tokyo: Nihon hōsō shuppan kyōkai, 1976.

Kikkawa Manabu. *Arashi to tatakau tesshō Araki*. Vol. 2. Tokyo: Araki Sadao shōgun denki hensan kankōkai, 1955.

Kindai Nihon shi kenkyūkai. *Manshū Jihen zengo*. Tokyo: Hakuyōsha, 1943.

Kinmonth, Earl H. *The Self-Made Man in Meiji Japanese Thought*. Berkeley: University of California Press, 1981.

Kitakata no ayumi henshū iinkai, ed. *Aizu Kitakata no ayumi*. Aizu-Wakamatsu shi: Kitakata no ayumi hensan iinkai, 1966.

Kitakata-shi shi hensan iinkai, ed. *Kitakata-shi shi*. Vol. 6. Kitakata City: Kita Nihon insatsu, 1993.

————, ed. *Kitakata-shi shi*. Vol. 7. Kitakata City: Kita Nihon insatsu, 1998.

————, ed. *Kitakata-shi shi*. Vol. 8. Kitakata City: Kita Nihon insatsu, 1991.

Knight, John. "Rural Revitalization in Japan: Spirit of the Village and Taste of the Country." *Asian Survey* 34, no. 7 (1994): 634–646.

Kodaira Gonichi. "Hōtoku shisō to nōson kōsei." *Shimin* 30 (October 1935): 1–4.

————. "Keizai kōsei dai san nen ni mukau no kakugo." *Shimin* 29 (January 1934): 5–18.

————. *Nōgyō kinyūron*. Tokyo: Iwamatsudō shoten, 1930.

————. "Nōgyōkai no honshitsu to shimei." February 1944. In *Senji nōgyō seisaku shiryōshū*, ed. Kusumoto Masahiro and Hiraga Akihiko, pt. I, vol. 6, 540–546. Tokyo: Kashiwa shobō, 1988.

————. "Nōsangyoson keizai kōsei tokubetsu josei shisetsu." *Shimin* 31, no. 6 (1936): 8.

————. "Nōson jiji no shin kenkyū." *Shimin* 25 (October 1930): 141–154.

————. "Nōson keizai kōsei undō o kentō shi, hyōjun nōson kakuritsu undō ni oyobu." January 1948. In *Nōsangyoson keizai kōsei undō to Kodaira Gonichi*, ed. Kusumoto Masahiro, 57–168. Tokyo: Fuji shuppan, 1983.

————. "Nōson taisaku no kichō." *Shimin* 27 (August 1932): 1–3.

————. *Saikin ni okeru naigai nōgyō kinyū jijō no kōsatsu*. Tokyo: Privately published, 1931.

Kodaira Gonichi to kindai nōsei henshū shuppan iinkai, ed. *Kodaira Gonichi to kindai nōsei*. Tokyo: Nihon hyōronsha, 1985.

Kusumoto Masahiro. "Shōwa kyōkō ki no kiban seibi jigyō—nōsei to nōmin." *Gendai nōgyō* (April 1979).

Kusumoto Masahiro, ed. *Nōsangyoson keizai kōsei undō shi shiryō shūsei*. Pt. II. 6 vols. Tokyo: Kashiwa shobō, 1988.

————, ed. *Nōsangyoson keizai kōsei undō to Kodaira Gonichi*. Tokyo: Fuji shuppan, 1983.

Kyōchōkai. *Tōhoku nōgyō no kenkyū*. Tokyo: Kyōchōkai, 1933.

————. *Tōhoku chihō ni okeru shakai narabi ni keizai jō no tokuisei*. Tokyo: Kyōchōkai, 1935.

Lee, Hye Kyung. "Development of Social Welfare Systems in the United States and Japan: A Comparative Study." Ph.D. dissertation, University of California, 1982.

Levine, Lawrence W. "American Culture and the Great Depression." *Yale Review* 74, no. 2 (1985): 196–223.

Lewis, Michael. *Rioters and Citizens: Mass Protest in Imperial Japan*. Berkeley: University of California Press, 1990.

Martin, Harris I. "Popular Music and Social Change in Prewar Japan." *Japan Interpreter: A Journal of Social and Political Ideas* 7, no. 3–4 (1974): 332–352.

Maruyama, Masao. *Thought and Behavior in Modern Japanese Politics*, ed. Ivan Morris. Oxford: Oxford University Press, 1963.

Matsumoto Gaku. "Nōson no keizai kaizen." *Shimin* 26 (October 1931): 5–14.

Mertz, Paul E. *New Deal Policy and Southern Rural Poverty*. Baton Rouge and London: Louisiana State University Press, 1978.

Minichiello, Sharon. *Retreat from Reform: Patterns of Political Behavior in Interwar Japan*. Honolulu: University of Hawai`i Press, 1984.

————, ed. *Japan's Competing Modernities: Issues in Culture and Democracy, 1900–1930*. Honolulu: University of Hawai`i Press, 1998.

Minsei. 1932–1935.

Miwa Ryōichi. "Takahashi zaiseiki no keizai seisaku." In *Senji Nihon keizai*, ed. Tōkyō daigaku shakai kagaku kenkyūjo, vol. 2 of *Fashizumuki no kokka to shakai*, 111–172. Tokyo: Tōkyō daigaku shuppankai, 1979.

Miyazaki Rikuji. "Taishō demokurashii ki no nōson to seitō." *Kokka gakkai zasshi* 93, no. 11 (1980): 77–145.

Mizunuma Tomokazu. "Shōwa kyōkō." In *Shōwa kyōkō*, ed. Sumiya Mikio, 81–196. Tokyo: Yūhikaku, 1974.

Mori Takemaro. "Nihon fashizumu no keisei to nōson keizai kōsei undō." *Rekishi gaku kenkyū bessatsu tokushū* (1971): 135–152.

————. "Nōson no kiki no shinkō." In *Kōza Nihon rekishi*, ed. Rekishigaku kenkyūkai, vol. 10, 135–166. Tokyo: Tōkyō daigaku shuppankai, 1985.

————. *Senji Nihon nōson shakai no kenkyū*. Tokyo: Tōkyō daigaku shuppankai, 1999.

Mori Takemaro and Ōkado Masakatsu. *Chiiki ni okeru senji to sengo: shōnai chihō no nōson, toshi, shakai undō.* Tokyo: Nihon keizai hyōronsha, 1996.

Mori Tokuhisa. *Teikoku gikai nōson mondai kaisetsu.* Tokyo: Nōson keizai chōsa-kyoku, 1933.

Mori Yoshizō. "Shōwa shōki no nōson keizai kōsei undō ni tsuite, Yamagata-ken no baai." *Keizai gaku* 29, no. 1–2 (1968): 91–116.

Moriya Hideo. "Jikyoku kyōkyū no dai issen ni tatsu nōgyosanson no tōkyokusha ni yosu." *Shimin* 27 (October 1932): 15–23.

Nagahara Yutaka. "1932 nen 'Nōson kyūsai seigan undō' no tokushitsu, Jichi nōmin kyōgikai—Nihon nōmin kyōkai no Nagano-ken ni okeru undō o megutte." *Nōgyō keizai kenkyū* 52, no. 1 (1980): 1–12.

Nagano Akira. "Genjitsu ni sokuseru Nihon no kaizō." *Keizai ōrai* (July 1932), 53–54.

———. "Hijōji haigo no hito—Gondō Seikyō shi to sono gakusetsu." *Kaizō* 15 (October 1933): 190–197.

———. "Nōson no jissō to sono kyūsai saku." *Tōyō,* vol. 37 (February 1934), 54–60.

———. "Nōson seigan undō no keika." *Kaizō* 14 (October 1932): 90–96.

———. *Shōwa nōmin sōkekki roku.* Tokyo: Jichi kenkyūkai, 1966.

———. "Takahashi zaisei to nōmin mondai." *Keizai ōrai* 10 (February 1935): 47–54.

Nagashima Sadashi. "Shōwa 7 nendo Hyōgo-ken Nōkai narabi ni gun Nōkai shisetsu jigyō no taiyō." *Nōsei kenkyū* 11 (April 1932): 23–37.

———. "Warera ga teishō suru jiriki kōsei no shingi to nōson jiriki kōsei no kaku-shin o suru jūyō shisetsu ni tsuite." *Nōsei kenkyū* 11 (August 1932): 25–29.

Naikaku tōkeikyoku, *Shōwa 10 nen kokusei chōsa hōkoku,* vol. 1, *zenkoku hen.* Tokyo: Naikaku tōkeikyoku, 1939.

Naimushō keihōkyoku. *Shakai undō no jōkyō,* vols. 4–5. Tokyo: Naimushō keihō-kyoku, 1932–1933.

———. *Shuppan mono o tsūjite mitaru Nihon kakushinron no genjō.* Vol. 6 of *Shuppan keisatsu shiryō shūsei.* Tokyo: Fuji shuppan, 1933 (1986).

Nakamura Masanori. "Keizai kōsei undō to nōson tōgō—Nagano-ken Chisagata-gun Urazato-mura no baai." In *Shōwa kyōkō,* ed. Tōkyō daigaku shakai kagaku kenkyūjo, vol. 1 of *Fashizumuki no kokka to shakai,* 197–262. Tokyo: Tōkyō daigaku shuppankai, 1979.

———. *Shōwa no kyōkō.* Vol. 2 of *Shōwa no rekishi.* Tokyo: Shōgakukan, 1988.

Nakamura Takafusa. *Meiji Taishō ki no keizai.* Tokyo: Tōkyō daigaku shuppankai, 1985.

Nanto, Dick K., and Shinji Takagi. "Koreikiyo Takahashi and Japan's Recovery from the Great Depression." *American Economic Review* 75 (May 1985): 369–374.

Napier, Arthur. *The Japanese Village in Transition.* Tokyo: General Headquarters, Supreme Commander for the Allied Powers, Natural Resources Section, 1950.

Neth, Mary. *Preserving the Family Farm: Women, Community, and the Foundations of Agribusiness in the Midwest, 1900–1940*. Baltimore and London: Johns Hopkins University Press, 1995.

Nihon ginkō chōsakyoku, ed. *Senji kinyū kankei shiryō*, vol. 29, Nihon kinyūshi soiryō, *Shōwa hen*. Tokyo: Ōkurashō insatsukyoku, 1971.

Nihon ginkō Fukushima shiten. *Fukushima-ken nōson jōkyō*. Tokyo: Ōkurashō insatsukyoku, December 1934.

———. "Kannai Tōhoku yon-ken kyōsaku jitsujō." 1935. In *Nihon kinyūshi soiryō, Shōwa zokuhen, furoku*, ed. Nihon ginkō kinyū kenkyūjo, vol. 1. Tokyo: Ōkurashō insatsukyoku, 1986.

Nihon keizai nenpō. 1931–1932.

Nihon nōgyō kenkyūkai, ed. *Nihon nōgyō nenpō*. Tokyo: Kaizōsha, 1933–1934.

Nishida Yoshiaki. "From a Train Window: Why Is Japanese Farmland So Different from That in Europe?" *Social Science Japan*, no. 3 (April 1995).

———. "Growth of the Meiji Landlord System and Tenancy Disputes After World War I: A Critique of Richard Smethurst, *Agricultural Development and Tenancy Disputes in Japan, 1870–1940*." *Journal of Japanese Studies* 15, no. 2 (Summer 1989): 389–415.

———. *Kindai Nihon nōmin undōshi kenkyū*. Tokyo: Tōkyō daigaku shuppankai, 1997.

———. "Nōmin keiei no tenkai." In *Nishikinbara tochi kairyō shi*, ed. Nishikinbara tochi kairyō ku, vol. 1, 943–990. Niigata City: Niigata nippō jigyō sha, 1981.

———. "Nōmin undō to nōgyō seisaku." In *Sekai daikyōkōki*, ed. Ōishi Kaichirō, vol. 2 of *Nihon teikokushugishi*, 295–330. Tokyo: Tōkyō daigaku shuppankai, 1987.

———. "Senzen Nihon ni okeru rōdō undō nōmin undō no seishitsu." In *Rekishi teki zentei*, vol. 4 of *Gendai Nihon shakai*, ed. Tōkyō daigaku shakai kagaku kenkyūjo. Tokyo: Tōkyō daigaku shuppankai, 1991.

———, ed. *Sengo kaikakuki no nōgyō mondai: Saitama-ken o jirei to shite*. Tōkyō daigaku shakai kagaku kenkyūjo kenkyū hōkoku, dai 51-shū. Tokyo: Nihon keizai hyōronsha, 1994.

———, ed. *Shōwa kyōkōka no nōson shakai undō: yōsanchi ni okeru tenkai to kiketsu*. Tōkyō daigaku shakai kagaku kenkyūjo kenkyū hōkoku, dai 27-shū. Tokyo: Ochanomizu shobō, 1978.

Nishiyama Kōichi, Nishida Yoshiaki, and Kubo Yasuo. *Nishiyama Kōichi nikki, 1925–1950-nen: Niigata-ken ichi kosakunō no kiroku*. Tokyo: Tōkyō daigaku shuppankai, 1991.

Nōchi seido shiryō shūsei hensan iinkai, ed. *Nōchi seido shiryō shūsei*. Vol. 2. Tokyo: Ochanomizu shobō, 1969.

Nōrin daijin kanbō sōmuka, ed. *Nōrin gyōsei shi*. Vols. 2–4. Tokyo: Nōrin kyōkai, 1957–1959.

Nōrin daijin kanbō tōkeika. *Nōrinsho tōkei hyō*. Vols. 2–14. 1925–1937.

Nōrin suisan gyōsei kenkyūkai. *Nōrin suisan*. Tokyo: Gyōsei, 1983.

Nōrinshō keizai kōseibu. "Jūgo nōsangyoson jijō shisatsu hōkokuki." In *Senji nōgyō seisaku shiryōshū*, ed. Kusumoto Masahiro and Hiraga Akihiko, pt. I, vol. 1, 257–319. Tokyo: Kashiwa shobō, 1988.

Nōrinshō nōmukyoku. *Hiryō yōran, 1939*. Tokyo: Nōrinshō, 1941.

Nōrinshō nōseikyoku, *Kosaku nenpō*. 1930, 1939.

Nōrinshō sanshikyoku. *Kenshi-ka teiraku no yōsan nōmin ni oyoboshitaru eikyō*. Tokyo: Nōrinshō sanshikyoku, September 15, 1934. Handwritten report.

Nornes, Abé Mark. "Forest of Pressure: A History of Japanese Documentary to 1946." Ph.D. dissertation, University of Southern California, 1996.

Ōe Shinobu, ed., *"Hijōji" Nihon: Shōwa no rekishi*. Tokyo: Shūeisha, 1980.

Ogawa Nobuo. "Shōwa kyōkōka ni okeru 'Jiriki kōsei' to Hōtokusha undō." *Shundai shigaku* 40 (March 1977): 60–91.

Ohkawa Kazushi, Miyohei Shinohara, and Larry Meissner. *Patterns of Japanese Economic Development: A Quantitative Appraisal*. New Haven, Conn.: Yale University Press, 1979.

Ohkawa Kazushi, Tsutomu Noda, Nobukiyo Takamatsu, Saburo Yamada, Minoru Kumazaki, Yuichi Shionoya, and Ryoshin Minami. *Prices*. Vol. 8 of *Estimates of Long-Term Economic Statistics of Japan Since 1868*, ed. Kazushi Ohkawa, Miyohei Shinohara, and Mataji Umemura. Tokyo: Tōyō keizai shinpōsha, 1967.

Ohkawa Kazushi, Nobukiyo Takamatsu, and Yuzo Yamamoto. *National Income*. Vol. 1 of *Estimates of Long-term Economic Statistics of Japan since 1868*, ed. Kazushi Ohkawa, Miyohei Shinohara, and Mataji Umemura. Tokyo: Tōyō keizai shinpōsha, 1974.

Ōishi Kaichirō. *Fukushima-ken no hyakunen*. Tokyo: Yamakawa shuppansha, 1992.

———. "Nōchi kaikaku no rekishiteki igi." In *Nōchi kaikaku*, ed. Tōkyō daigaku shakai kagaku kenkyūjo, vol. 6 of *Sengo kaikaku*, 3–48. Tokyo: Tōkyō daigaku shuppankai, 1975.

———. "Sekai daikyōkō to Nihon shihon shugi." In *Sekai daikyōkōki*, ed. Ōishi Kaichirō, vol. 2 of *Nihon teikokushugishi*, 3–37. Tokyo: Tōkyō daigaku shuppankai, 1987.

———. "Shōwa kyōkō to chihō zaisei, nōson zaisei o chūshin to shite." In *Shōwa kyōkō*, ed. Tōkyō daigaku shakai kagaku kenkyūjo, vol. 1 of *Fashizumuki no kokka to shakai*, 81–148. Tokyo: Tōkyō daigaku shuppankai, 1979.

Ōishi Kaichirō and Nishida Yoshiaki, eds. *Kindai Nihon no gyōseison: Nagano-ken Hanishina-gun Gokamura no kenkyū*. Tokyo: Tōkyō keizai hyōronsha, 1991.

Okada Atsushi. "Nōson jiriki kōsei no seishin to mokuhyō." *Teikoku nōkai jihō*, no. 57 (August 1932), 6–8.

Ōkado Masakatsu. *Kindai Nihon to nōson shakai: nōmin sekai no henyō to kokka.* Tokyo: Nihon keizai hyōronsha, 1994.

————. "Nōson keizai kōsei undō to buraku no tōgō." *Shinano* 34, no. 3 (1982): 202–228.

————. "Review of *Nishiyama Kōichi nikki*, Nishida Yoshiaki and Kubo Yasuo." *Rekishigaku kenkyū*, no. 662 (September 1994): 46–51.

Ōkurashō Shōwa zaisei shi henshūshitsu, ed. *Shōwa zaisei shi.* 18 vols. Tokyo: Tōyō keizai shinpōsha, 1951–1965.

Ōmameuda Minoru. "1920 nendai ni okeru shokuryō seisaku no tenkai." *Shigaku zasshi* 91, no. 10 (October 1982): 40–73.

Ono Seiichirō. "Shōwa kyōkō to nōson kyūsai seisaku." In *Nihon keizai seisakushi-ron*, ed. Andō Yoshio, vol. 2, 3–96. Tokyo: Tōkyō daigaku shuppankai, 1976.

Ouchi Tsutomu. *Nōka keizai.* Vol. 6 of *Keizai bunseki shirizu.* Tokyo: Chūō keizaisha, 1957.

Patrick, Hugh. "The Economic Muddle of the 1920s." In *Dilemmas of Growth in Prewar Japan*, ed. James William Morley, 211–266. Princeton, N.J.: Princeton University Press, 1971.

Peattie, Mark R. *Ishiwara Kanji and Japan's Confrontation with the West.* Princeton, N.J.: Princeton University Press, 1975.

Pyle, Kenneth B. "The Technology of Japanese Nationalism: The Local Improvement Movement, 1900–1918." *Journal of Asian Studies* 33 (November 1973): 51–65.

Rōdōshō. *Rōdō gyōsei shi.* Tokyo: Rōdō hōrei kyōkai, 1961.

Roberts, Luke S. "The Petition Box in Eighteenth-Century Tosa." *Journal of Japanese Studies* 20, no. 2 (Summer 1994): 423–458.

Robertson, Jennifer. "It Takes a Village: Internationalization and Nostalgia in Postwar Japan." In *Mirror of Modernity*, ed. Stephen Vlastos, 110–129. Berkeley: University of California Press, 1998.

Saitō shisaku kinenkai, ed. *Shisaku Saitō Makoto den.* Vol. 3. Tokyo: Kyōdō insatsu, 1941.

Sakata Masatoshi. "Kaisetsu." In *Zasshi "Shimin" mokuji sōran, 1906–1944*, ed. Nihon kindai shiryō kenkyūkai Naiseishi kenkyūkai, 1–17. Tokyo: Nihon kindai shiryō kenkyūkai Naiseishi kenkyūkai, 1972.

Sasai Shintarō. "Hōtokushiki hijōji kyōkyū hōsaku," Parts 1 and 2. *Shimin* 28 (August–September 1933): 4–13, 9–17.

————. *Kokumin kōsei to hōtoku.* Tokyo: Heibonsha, 1936.

Scheiner, Irwin. "Benevolent Lords and Honorable Peasants: Rebellion and Peasant Consciousness in Tokugawa Japan." In *Japanese Thought in the Tokugawa Period*, ed. Tetsuo Najita and Irwin Scheiner, 39–62. Chicago: University of Chicago Press, 1978.

Seisen kinenshi kankōkai. *Seisen no ato.* Fukushima-shi: Seisen kinenshi kankōkai, 1934.

Seiyū. 1932–1934.

Sekishiba village documents, Office for the Compilation of Municipal History, Kitakata Municipal Library, Fukushimá prefecture.

Sekiya Ryūkichi. "Kokumin kōsei undō no kontei." *Shimin* 27 (September 1932): 14–16.

Shimin. 1930–1939.

Shōji Kichinosuke. "Chihō ni okeru Shōwa kyōkō to nōmin-rōdōsha no undō." *Shōgaku ronshū* 40 (June 1972): 175–241.

————. "Fukushima-ken nōkai shi." In *Nōgyō hattatsushi chōsakai shiryō,* no. 51. Tokyo: Nōgyō hattatsu shi chōsakai, 1951.

Shōji Shunsaku. *Kindai Nihon nōson shakai no tenkai.* Tokyo: Minerba shobō, 1991.

Shillony, Ben-Ami. *Politics and Culture in Wartime Japan:* Oxford: Clarendon Press; New York: Oxford University Press, 1981.

Shimizu Yōji. "Nōgyō to jinushi sei." In *Sekai daikyōkō ki,* ed. Ōishi Kaichirō, vol. 2 of *Nihon teikokushugishi,* 255–294. Tokyo: Tōkyō daigaku shuppankai, 1987.

————. "Shokuryō seisan to nōchi kaikaku." In *Dai niji taisenki,* ed. Ōishi Kaichirō, vol. 3 of *Nihon teikokushugishi,* 331–368. Tokyo: Tōkyō daigaku shuppankai, 1994.

Shioda Shōichi. "Takahashi rō Zōsho no kokoro o utta nōkai gishiiin." *Mizuho,* no. 76 (March 1934): 5.

Shūgiin jimukyoku. *Shūgiin giin sōsenkyo ichiran.* Vols. 18–21. Tokyo: Shūgiin jimukyoku, 1932–1943.

Silberman, Bernard S., and Harry D. Harootunian, eds. *Japan in Crisis: Essays on Taishō Democracy.* Princeton, N.J.,: Princeton University Press, 1974.

Silverberg, Miriam. "The Cafe Waitress Serving Modern Japan." In *Mirror of Modernity: Invented Traditions of Modern Japan,* ed. Stephen Vlastos, 208–225. Berkeley: University of California Press, 1998.

————. "Remembering Pearl Harbor, Forgetting Charlie Chaplin, and the Case of the Disappearing Western Woman: A Picture Story." *Positions: East Asian Cultures Critique* 1, no. 1 (1993): 24–76.

Smethurst, Richard J. *Agricultural Development and Tenancy Disputes in Japan, 1870–1940.* Princeton, N.J.: Princeton University Press, 1986.

————. "A Challenge to Orthodoxy and Its Orthodox Critics: A Reply to Nishida Yoshiaki." *Journal of Japanese Studies* 15, no. 2 (Summer 1989): 417–437.

————. *A Social Basis for Prewar Japanese Militarism: The Army and the Rural Community.* Berkeley: University of California Press, 1974.

Smith, Robert John. *Kurusu: The Price of Progress in a Japanese Village, 1951–1975.* Stanford, Calif.: Stanford University Press, 1978.

Smith, Thomas C. *Native Sources of Japanese Industrialization, 1750–1920.* Berkeley: University of California Press, 1988.

————. *Political Change and Industrial Development in Japan: Government Enterprise, 1868–1880*: Stanford, Calif.: Stanford University Press, 1955.

Sōmucho tōkeikyoku, ed. *Nihon tōkei nenkan.* Tokyo: Ōkurashō insatsukyoku, 1997.

Stanton, Bernard F. "Structural Change in American Agriculture into the Next Century." In *Japanese and American Agriculture: Tradition and Progress in Conflict,* ed. Luther Tweeten, Cynthia L. Dishon, Wen S. Chern, Naraomi Imamura, and Masaru Morishima, 117–139. Boulder, Colo.: Westview Press, 1993.

Steiner, Kurt. *Local Government in Japan.* Stanford, Calif.: Stanford University Press, 1965.

Sugihara Masami. "Gunbu no shin shidō seiryoku to naisei kaigi." *Kaibō jidai* 4, no. 1 (January 1934): 6–16.

————. "Gunbu to kakushō shinkanryō no ōdanteki ketsugō." *Kaibō jidai* 4, no. 3 (March 1934): 6–20.

Sumiya Mikio. "Kyōkō to kokumin shōkaikyū." In *Shōwa kyōkō,* ed. Sumiya Mikio, 247–314. Tokyo: Yūhikaku, 1974.

————, ed. *Shōwa kyōkō.* Tokyo: Yūhikaku, 1974.

Sumiya Yoshiharu. "Nōson kyōkyūsaku to shakai seisaku no genkai." *Shakai seisaku jihō,* no. 146 (November 1932): 283–295.

Tago Ichimin. "Nōson kōsei ni tsuite." *Shimin* 27 (November 1932): 24–36.

Taikakai (Gotō Fumio). ed. *Naimushō shi.* 4 vols. Tokyo: Chihō zaimu kyōkai, 1970.

Taira, Koji. "Public Assistance in Japan: Development and Trends." *Journal of Asian Studies* 27 (November 1967): 95–109.

Takahashi Yasutaka. "Nihon fashizumu to nōgyō keizai kōsei undō no tenkai: Shōwa ki 'kyūnō' seisaku ni tsuite no kōsatsu." *Tochi seido shigaku* 65 (October 1974): 1–26.

Takamura, Kōtarō. *Chieko and Other Poems of Takamura Kōtarō.* Translated by Hiroaki Sato. Honolulu: University of Hawai'i Press, 1980.

Takeda Tsutomu and Kusumoto Masahiro, eds. *Nōsangyoson keizai kōsei undō shi shiryō shūsei.* Pt. I. 7 vols. Tokyo: Kashiwa shobō, 1985.

Takisawa Makoto. *Gondō Seikyō.* Tokyo: Kinokuniya shoten, 1971.

Tamaki Akira. "Kyūnō doboku jigyō seiritsu e no michi." *Nōson kenkyū* 40 (March 1973): 45–53.

Tamanoi, Mariko. *Under the Shadow of Nationalism: Politics and Poetics of Rural Japanese Women.* Honolulu: University of Hawai'i Press, 1998.

Tamura Kō. "Aomori-ken no nōson kyōkō jijō taisaku fusai chōsa." *Shakai seisaku jihō* 145 (October 1932): 134–143.

Tanaka Tokihiko. "Saitō naikaku: 'Hijōji' no chinsei o ninatte." In *Nihon naikaku shiroku,* ed. Hayashi Shigeru and Tsuji Kiyoaki, 287–341. Tokyo: Daiichi hōki shuppan, 1981.

Tanino Akira. *Kokudo to nōson no keikaku: sono shiteki tenkai.* Tokyo: Nōrin tōkei kyōkai, 1994.

Tasaki Nobuyoshi. "Toshi bunka to kokumin ishiki." In *Kōza Nihon rekishi,* ed. Rekishigaku kenkyū kai, vol. 10, 167–198. Tokyo: Tōkyō daigaku shuppankai, 1989.

Teikoku gikai shūgiin. *Dai 62 rinji teikoku gikai shūgiin hōkoku.* Tokyo: Shūgiin jimukyoku, 1932.

———. *Dai 63 rinji teikoku gikai shūgiin hōkoku.* Tokyo: Shūgiin jimukyoku, 1933.

———. *Dai 63 teikoku gikai shūgiin giji tekiyō.* Tokyo: Shūgiin jimukyoku, 1932.

———. *Dai 64 teikoku gikai shūgiin giji tekiyō.* Tokyo: Shūgiin jimukyoku, 1933.

———. *Teikoku gikai shūgiin giji sokkiroku.* Vols. 57–58. Tokyo: Tōkyō daigaku shuppankai, 1983.

Teikoku nōkai. *Tōhoku chihō nōson ni kansuru chōsa,* vol. 1, *Kyōsaku hen.* Tokyo: Teikoku nōkai, 1935.

Teikoku nōkai shikō hensankai, ed. *Teikoku nōkai shikō.* Tokyo: Nōmin kyōiku kyōkai, 1972.

Teruoka Shūzō. *Nihon nōgyō mondai no tenkai.* Vol. 2. Tokyo: Tōkyō daigaku shuppankai, 1984.

———. *Nihon nōgyō shi.* Tokyo: Yūhikaku, 1981.

Tiedemann, Arthur E. "Big Business and Politics in Prewar Japan." In *Dilemmas of Growth in Prewar Japan,* ed. James W. Morley, 267–316. Princeton, N.J.: Princeton University Press, 1971.

Tōgō Makoto. "Nōson no kōsei to kyōiku no kakushin." *Shimin* 27 (September 1932): 1–8.

Tōkyō asahi shinbun. 1932–1940.

Tōkyō daigaku shakai kagaku kenkyūjo, ed. *Shōwa kyōkō,* vol. 1 of *Fuashizumuki no kokka to shakai.* Tokyo: Tōkyō daigaku shuppankai, 1978.

Tōkyō nichi nichi shinbun keizaibu, ed. *Ikaga ni site nōson o sukūbeki ka.* Tokyo: Sōzōsha, July 1932.

Tomita Aijirō. "Kokumin kōsei undō no gaikan." *Shimin* 27 (October 1932): 12–14.

Totman, Conrad. *Early Modern Japan.* Berkeley: University of California Press, 1993.

Toyoda Takeshi. *Tōhoku no rekishi.* Vol. 2. Tokyo: Yoshikawa kōbunkan, 1973.

Turner, Victor. *Dramas, Fields, and Metaphors: Symbolic Action in Human Society.* Ithaca, N.Y.: Cornell University Press, 1974.

Umemura Mataji. *Rōdōryoku.* Vol. 2 of *Chōki keizai tōkei.* Tokyo: Tōyō keizai shinpōsha, 1988.

Umemura, Mataji, Saburo Yamada, Yujiro Hayami, Nobukiyo Takamatsu, and Minoru Kumazaki. *Agriculture and Forestry,* Vol. 9 of *Estimates of Long-Term Economic Statistics of Japan Since 1868,* ed. Kazushi Ohkawa, Miyohei Shinohara, and Mataji Umemura. Tokyo: Tōyō keizai shinpōsha, 1966.

Unno Fukuju. "Shōwa kyōkōka no nōson saihensei katei (1)." *Meiji daigaku jinbun kagaku kenkyūjo kiyō.* Extra number 1 (1981): 69–99.

———. "Nōson keizai kōsei undō to sonraku sangyō kumiai." *Kyōdō kumiai shōrei kenkyū hōkoku* 6 (August 1980): 109–133.

Uno, Kathleen S. "Women and Changes in the Household Division of Labor." In *Recreating Japanese Women, 1600–1945,* ed. Gail Lee Bernstein, 17–41. Berkeley: University of California Press, 1991.

Ushiba Keijirō. "Nōson taisaku no jūten o issu." *Minsei* 8, no. 3 (March 1934): 50–53.

Ushiyama Kenji. "Nōson keizai kōsei undōka no 'mura' no kinō to kōsei." *Rekishi hyōron,* no. 435 (July 1986): 19–31.

———. "Shōwa nōgyō kyōkō." In *Kindai Nihon keizaishi o manabu,* ed. Ishii Kanji, Unno Fukuju, and Nakamura Masanori, vol. 2, 171–188. Tokyo: Yūhikaku, 1977.

Vaporis, Constantine Nomikos. *Breaking Barriers: Travel and the State in Early Modern Japan.* Harvard East Asia Monographs, no. 163. Cambridge, Mass.: Harvard University, Council on East Asian Studies, 1994.

Vlastos, Stephen. "Agrarianism Without Tradition: The Radical Critique of Prewar Japanese Modernity." In *Mirror of Modernity: Invented Traditions of Modern Japan,* ed. Stephen Vlastos, 79–94. Berkeley: University of California, 1998.

———. *Peasant Protests and Uprisings in Tokugawa Japan.* Berkeley: University of California Press, 1986.

———. "Tradition: Past/Present Culture and Modern Japanese History." In *Mirror of Modernity: Invented Traditions of Modern Japan,* ed. Stephen Vlastos, 1–16. Berkeley: University of California Press, 1998.

Wakatsuki Reijirō. "Hijōjikyoku kōkyū no wagatō no seisaku." *Minsei* 6 (September 1932): 2–5.

Walinsky, Louis J., ed. *Agrarian Reform as Unfinished Business: The Selected Papers of Wolf Ladejinsky.* New York: Oxford University Press, 1977.

Walthall, Anne. *Social Protest and Popular Culture in Eighteenth Century Japan.* Tucson: University of Arizona Press, 1986.

———, ed. *Peasant Uprisings in Japan: A Critical Anthology of Peasant Histories.* Chicago: University of Chicago Press, 1991.

Waswo, Ann. *Japanese Landlords: The Decline of a Rural Elite.* Berkeley: University of California Press, 1977.

———. *Modern Japanese Society, 1868–1994.* Oxford and New York: Oxford University Press, 1996.

———. "Review of *Agricultural Development and Tenancy Disputes in Japan, 1870–1940.*" *Monumenta Nipponica* 42, no. 3 (Autumn 1987): 364–366.

———. "The Transformation of Rural Society, 1900–1950." In *Twentieth Century,* ed. Peter Duus, vol. 6 of *The Cambridge History of Japan,* 541–605. Cambridge, Eng.: Cambridge University Press, 1988.

Watanabe Eiichi and Yabe Tsuneko, eds. *Yabe Zenbei den*. Ishikawa-shi: Nihon ekonomisuto gurūpu sha, 1976.

Weiner, Susan Beth. "Bureaucracy and Politics in the 1930's: The Career of Goto Fumio." Ph.D. dissertation, Harvard University, 1984.

Weir, Margaret, Ann Shola Orloff, and Theda Skocpol, eds. *The Politics of Social Policy in the United States*. Princeton, N.J.: Princeton University Press, 1988.

Williamson, Mark B. *Agricultural Programs in Japan, 1945–51*. Tokyo: General Headquarters, Supreme Commander for the Allied Powers, Natural Resources Section, 1951, 148.

Wilson, Sandra. "Angry Young Men and the Japanese State: Nagano Prefecture, 1930–1933." In *Society and the State in Interwar Japan*, ed. Elise K. Tipton, 100–125. London and New York: Routledge, 1997.

————. "Bureaucrats and Villagers in Japan: *Shimin* and the Crisis of the Early 1930s." *Social Science Japan Journal* 1, no. 1 (1998): 121–140.

————. "The 'New Paradise': Japanese Emigration to Manchuria in the 1930s and 1940s." *International History Review* (August 1995): 249–286.

Yabe Zenbei. *Haha no omoide*. Tokyo: Kaimeidō, 1940.

————. "Hōtokushiki shōten keiei no taiken ni motozuku wagakuni keizai seikatsu no hihan," 2 pts. *Shimin* 33 (January 1938), 119–135; (February 1938), 105–122.

————. "Kuni nimei ronkō shokan," 2 pts. *Shimin* 34 (March 1939), 117–125; (April 1939): 115–124.

————. "Shitsumon ōmon." 2 pts. *Shimin* 33 (March 1938): 113–124; (August 1938): 119–122.

Yagi Hisato. "Hijōji ni taisuru nōshō no ninshiki." *Teikoku nōkai hō*, vol. 23 (December 1933): 44.

Yagi Shigeki. *Hōtoku undō 100 nen no ayumi*. Tokyo: Ryūkei shosha, 1980.

Yama gunyakusho, ed., *Fukushima-ken Yama-gun shi*. Tokyo: Meicho shuppan, 1972.

Yamamoto Osamu, ed. *Nōgyō seisaku no tenkai to genjō*. Tokyo: Ie no hikari kyōkai, 1988.

Yamamoto Tatsuo. "Jikyoku ni kangami kokumin no jikaku funki o nozomu." *Shimin* 27 (October 1932): 5–8.

Yamamura, Kozo. "The Japanese Economy, 1911–1930: Concentration, Conflicts, and Crises." In *Japan in Crisis: Essays on Taisho Democracy*, ed. Bernard S. Silberman and Harry D. Harootunian, 299–328. Princeton, N.J.: Princeton University Press, 1974.

Yano, Christine R. "Defining the Modern Nation in Japanese Popular Song, 1914–1932." In *Japan's Competing Modernities: Issues in Culture and Democracy, 1900–1930*, ed. Sharon A. Minichiello, 247–264. Honolulu: University of Hawai'i Press, 1998.

Yasuda Tsuneo. *Nihon fashizumu to minshū undō*. Tokyo: Renga shobō shinsha, 1979.

Yasutomi Kunio. "Fukushima-ken ni okeru keizai kōsei undō." In *Fukushima no kenkyū*, ed. Kobayashi Seiji, vol. 4, 196–223. Osaka: Kiyobundo shuppan, 1986.

———. *Shōwa kyōkōki kyūnō seisaku shiron*, vol. 5. Tokyo: Hassakusha, 1994.

———. "Shōwa shoki kyūnō seisaku no keisei shōmetsu katei ni kansuru jakkan no kōsatsu." *Shōgaku ronshū* 40, no. 3–4 (1972): 131–174.

Yen, Ai-Ching. "The Effects of Land Reform on Changes in the Structure of Agriculture in Taiwan in the 1950s." In *Land Policy Problems in East Asia: Toward New Choices*, ed. Bruce Koppel and D. Young Kim. Honolulu: East-West Center; and Seoul: Korea Research Institute for Human Settlements, 1993.

Yoshida Shigeru. "Kokumin kōsei no seishin." *Shimin* 29 (March 1934): 1–16.

Young, Louise. *Japan's Total Empire: Manchuria and the Culture of Wartime Imperialism.* Berkeley: University of California Press, 1998.

"西方日本研究丛书"书目

日本劳资关系的演变:重工业篇 1853—1955 年
[美]安德鲁·戈登 著;张锐,刘俊池 译

在垂死皇帝的王国:世纪末的日本
[美]诺玛·菲尔德 著;曾霞 译

美国的艺伎盟友:重新想象敌国日本
[美]涩泽尚子 著;油小丽,牟学苑 译

汽笛的声音:日本明治时代的铁路与国家
[美]斯蒂文·J.埃里克森 著;陈维,乐艳娜 译

中世纪的日本大名:大内家族对周防国和长门国的统治
[美]彼得·裘得·安奈森 著;王金旋 译

消逝的话语:现代性、幻象与日本
[美]玛里琳·艾维 著;牟学苑,油小丽 译

秀吉
[美]玛丽·伊丽莎白·贝里 著;赵坚,张珠江 译

寡头政治:帝国日本的制度选择
[美]J.马克·拉姆塞耶,弗朗西丝.M.罗森布鲁斯 著;邱静 译

当代日本政治的思想基础
[美]特索·纳吉塔 著;贺雷 译

明治维新(修订版)
[英]威廉·G.比斯利 著;张光 汤金旭 译

危机年代:日本、大萧条与农村振兴
[美]克里·史密斯 著;刘静 译

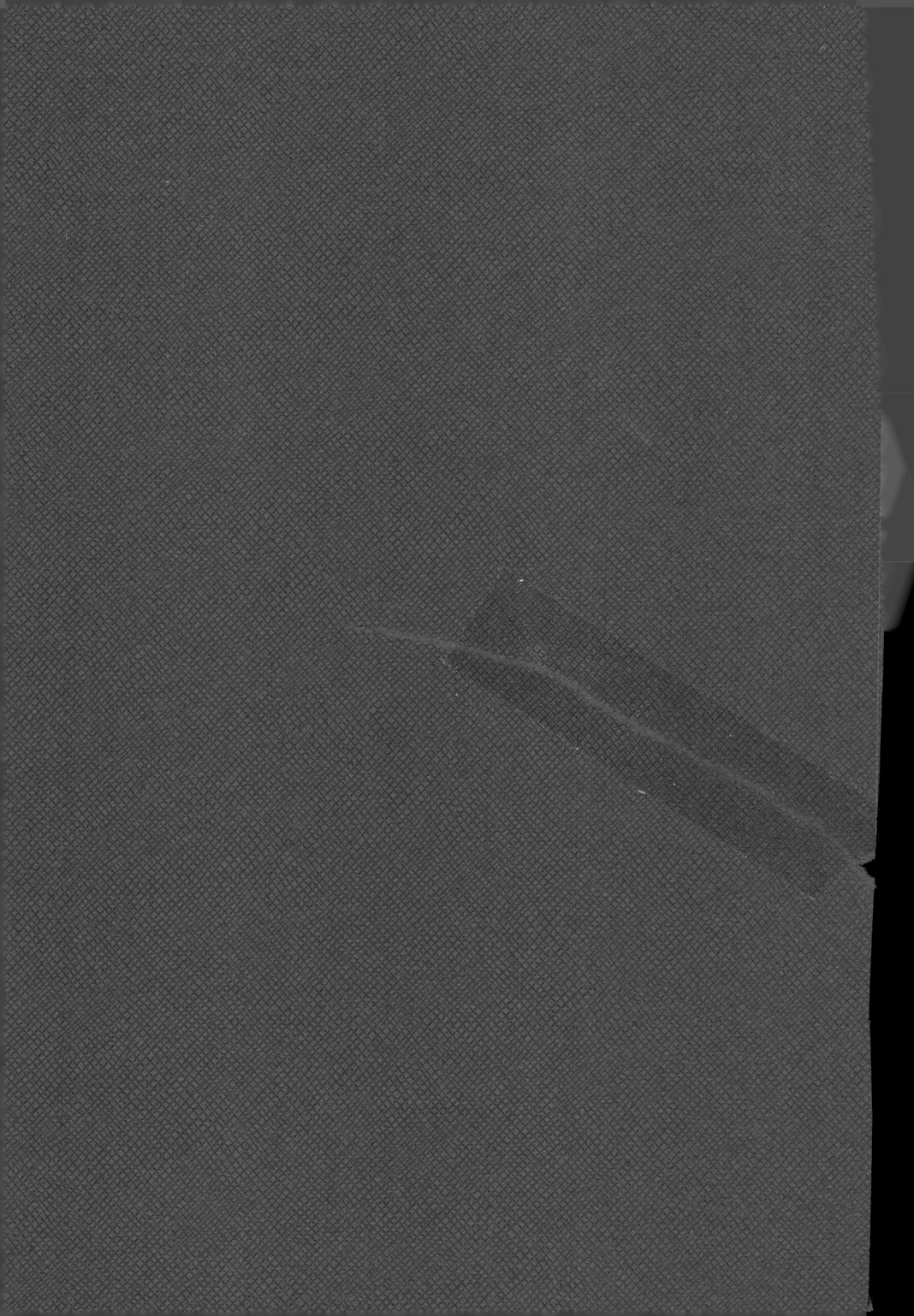